Belastungserleben und Bewältigungsressourcen
bei Lehrkräften in Berufsintegrationsklassen

BEITRÄGE ZUR ARBEITS-, BERUFS- UND WIRTSCHAFTSPÄDAGOGIK

Gegründet von Gerhard P. Bunk
Weitergeführt von Andreas Schelten
Herausgegeben von Alfred Riedl und Ralf Tenberg

BAND 38

Maria Simml

Belastungserleben und Bewältigungsressourcen bei Lehrkräften in Berufsintegrationsklassen

Bibliografische Information der Deutschen Nationalbibliothek
Die Deutsche Nationalbibliothek verzeichnet diese Publikation
in der Deutschen Nationalbibliografie; detaillierte bibliografische
Daten sind im Internet über http://dnb.d-nb.de abrufbar.

Zugl.: München, Techn. Univ., Diss., 2019

Umschlagabbildung: @Ahmet Misirligul/shutterstock.com

Gedruckt auf alterungsbeständigem, säurefreiem Papier.
Druck und Bindung: CPI books GmbH, Leck

D 91
ISSN 0721-2917
ISBN 978-3-631-80100-0 (Print)
E-ISBN 978-3-631-80888-7 (E-PDF)
E-ISBN 978-3-631-80889-4 (EPUB)
E-ISBN 978-3-631-80890-0 (MOBI)
DOI 10.3726/b16429

© Peter Lang GmbH
Internationaler Verlag der Wissenschaften
Berlin 2019
Alle Rechte vorbehalten.

Peter Lang – Berlin · Bern · Bruxelles ·
New York · Oxford · Warszawa · Wien

Das Werk einschließlich aller seiner Teile ist urheberrechtlich
geschützt. Jede Verwertung außerhalb der engen Grenzen des
Urheberrechtsgesetzes ist ohne Zustimmung des Verlages
unzulässig und strafbar. Das gilt insbesondere für
Vervielfältigungen, Übersetzungen, Mikroverfilmungen und die
Einspeicherung und Verarbeitung in elektronischen Systemen.

Diese Publikation wurde begutachtet.

www.peterlang.com

Danksagung

An dieser Stelle möchte ich mich bei allen ganz herzlich bedanken, die mich während meiner Promotionsphase begleitet und unterstützt haben.

Besonderer Dank gilt meinem Doktorvater Prof. Dr. Alfred Riedl, der mich nicht nur durch die Betreuung und fachliche Begleitung meiner Arbeit, sondern darüber hinaus durch viele Gespräche auf persönlicher Ebene nachhaltig geprägt und sehr bereichert hat.

Ein großes Dankeschön richtet sich an meine Zweitgutachterin Prof. Dr. Nicole Kimmelmann sowie an meinen Prüfungsvorsitzenden Prof. Dr. Daniel Pittich für die guten Ratschläge vor der Disputation und das konstruktive Feedback im Anschluss.

Ganz herzlich möchte ich mich auch bei der Stiftung Bildungspakt Bayern bedanken, insbesondere bei der Geschäftsführung Ralf Kaulfuß und den Projektleitungen Manfred Bäuml und Stefan Rieder. Danke für die Unterstützung und die tolle Zusammenarbeit, die mir sehr viel Spaß gemacht hat! Ebenso gilt mein Dank den am Modellprojekt „Perspektive Beruf für Asylbewerber und Flüchtlinge" beteiligten Berufsschulen, die mich stets an ihren Schulstandorten willkommen geheißen haben, jederzeit für eine offene Zusammenarbeit bereit waren und mich in all meinen Anliegen unterstützt haben.

Mein beruflicher Lebensabschnitt an der TUM wird mir in sehr schöner Erinnerung bleiben, was ich neben den bereits genannten Personen zu großen Teilen meinen Kolleginnen und Kollegen verdanke. Einen riesigen Dank von Herzen an euch für die wunderbare Atmosphäre, emotionale Unterstützung, ehrliche Hilfsbereitschaft und Rückmeldung, das viele Lachen verbunden mit lustigen Mittagessen und Feierabenden – nicht zu vergessen für den guten Kaffee, der den Fortschritt meiner Arbeit erheblich beschleunigt hat. Danke für die Gestaltung eines Arbeitsumfeldes, auf das ich mich jeden Tag gefreut habe!

Abschließend danke ich ganz herzlich meiner Familie und meinen Freunden, die mir ein privates Umfeld schaffen, das mir Halt und Mut gibt, neue Wege zu beschreiten.

Inhaltsverzeichnis

Abkürzungsverzeichnis 13

Abstract 15

1 Einleitung 17

2 Theoretischer Ausgangspunkt 19
   2.1 Untersuchungsleitende Theorien 19
      2.1.1 Transaktionales Stressmodell 21
      2.1.2 Ressourcentheorie 23
      2.1.3 Gesundheit 25
   2.2 Begrifflichkeiten 26
      2.2.1 Belastung 27
      2.2.2 Bewältigungsressourcen 30
      2.2.3 Abhängigkeitsvariablen 33

3 Zentrale Faktoren der Lehrerbelastungsforschung 35
   3.1 Überblick 35
   3.2 Belastungen von Lehrkräften 36
      3.2.1 Schüler 37
      3.2.2 Rahmenbedingungen, Abgrenzung und Arbeitszeit 39
      3.2.3 Kollegium 43
      3.2.4 Eltern 44
      3.2.5 Schulleitung 44
      3.2.6 Tätigkeiten 45
   3.3 Bewältigungsressourcen von Lehrkräften 48
   3.4 Forschungsleitendes Fazit 51

4 Forschungskontext ... 53

- 4.1 Fluchtmigration in Deutschland ... 53
- 4.2 Auswirkungen der Fluchtmigration auf die Berufsschulen ... 57
- 4.3 „Perspektive Beruf für Asylbewerber und Flüchtlinge" ... 59
- 4.4 Berufsintegrationsklassen ... 61
  - 4.4.1 Die Konzeption der Berufsintegrationsklassen ... 62
  - 4.4.2 Multidisziplinäres Team ... 64
  - 4.4.3 Einordnung der Berufsintegrationsklassen im bayerischen Schulwesen ... 65
- 4.5 Rahmenbedingungen und Anforderungen in Berufsintegrationsklassen ... 69
  - 4.5.1 Rechtliche Hintergründe ... 70
  - 4.5.2 Vorbildung ... 71
  - 4.5.3 Deutsch als Zweitsprache ... 73
  - 4.5.4 Religion, Geschlechterverteilung und Herkunft ... 74
  - 4.5.5 Lebenssituation der Schüler ... 76
  - 4.5.6 Lehrplan ... 79

5 Forschungsinteresse und Fragestellungen ... 81

6 Forschungsmethodischer Ansatz ... 83

- 6.1 Forschungsdesign und forschungsmethodischer Überblick ... 83
- 6.2 Stichprobenbedingungen ... 86
- 6.3 Quantitative Erhebung ... 87
  - 6.3.1 Allgemeines ... 87
  - 6.3.2 Begründung der Methodenwahl ... 88
  - 6.3.3 Aufbau und Inhalte von AVEM ... 89
- 6.4 Qualitative Erhebung ... 95
  - 6.4.1 Begründung der Methodenwahl ... 95
  - 6.4.2 Theoretische Vorüberlegungen zum Interview-Leitfaden ... 96
  - 6.4.3 Interview-Leitfaden ... 98

		6.4.4 Transkription	100

6.4.5 Auswertungsmethodik: Strukturierende Qualitative Inhaltsanalyse nach Mayring 101

6.5 Vergleichende Fallanalysen 110

7 Durchführung der Untersuchung 113

7.1 Qualitative Erhebung 113

7.2 Quantitative Erhebung 114

7.3 Methodenreflexion 115

    7.3.1 Reflexion des Qualitativen Forschungszugangs 115

        7.3.1.1 Zum qualitativen Forschungszugang 115

        7.3.1.2 Zur Stichprobe 116

        7.3.1.3 Durchführung und Zeitraum der Datenerhebung 117

    7.3.2 Reflexion des Quantitativen Forschungszugangs 118

        7.3.2.1 Zur Stichprobe 118

        7.3.2.2 Durchführung und Zeitraum der Datenerhebung 118

        7.3.2.3 Zur Güte des quantitativen Forschungszugangs 119

    7.3.3 Mixed-Methods und Triangulation 120

8 Ergebnisse der Untersuchung 123

8.1 Stichprobenbeschreibung 123

    8.1.1 Qualitative Erhebung 123

    8.1.2 Quantitative Erhebung 126

8.2 Häufigkeiten der (Risiko-)Muster 127

8.3 Belastungsfaktoren 129

    8.3.1 Kategorien des qualitativen Forschungszugangs und Kontextualisierung 130

    8.3.2 Besonderheiten der Abteilungsleitungen 148

    8.3.3 Unterscheidung der (Risiko-)Muster nach Geschlecht 149

    8.3.4 Unterscheidung der (Risiko-)Muster an den unterschiedlichen Bildungsträgern 152

    8.3.5 Unterscheidung der (Risiko-)Muster nach Schulstandort der Berufsschulen 154
 8.4 Motive für die Arbeit in Berufsintegrationsklassen 157
 8.5 Bewältigungsressourcen 159
    8.5.1 Kategorien des qualitativen Forschungszugangs und Kontextualisierung 160
    8.5.2 Personale Bewältigungsressourcen 162
       8.5.2.1 Mit der Tätigkeit einhergehende Belohnung 162
       8.5.2.2 Personenmerkmale und Persönlichkeitseigenschaften 166
    8.5.3 Organisationale Bewältigungsressourcen 174
    8.5.4 Soziale Unterstützung 181
 8.6 Übereinstimmende Mustertypen bei enger Zusammenarbeit 187
 8.7 Unterschiede im Vergleich zu Tendenzen der bestehenden Lehrerbelastungsforschung 188
    8.7.1 Tätigkeiten 188
    8.7.2 Schüler 190
    8.7.3 Abgrenzung 191
    8.7.4 Kollegium 192
 8.8 Vergleichende Fallanalyse 192
    8.8.1 Fallbeispiel A 193
    8.8.2 Fallbeispiel B 197
    8.8.3 Fallbeispiel C 200
    8.8.4 Fallbeispiel D 202
    8.8.5 Fallbeispiel E 204

9 Interpretation der Ergebnisse 207
 9.1 Abhängigkeitsvariablen des Belastungsempfindens 207
    9.1.1 Vergleiche und bisherige Erfahrungen 207
    9.1.2 Innere Haltung und (politische) Einstellung 211
    9.1.3 Rollenbild der Lehrkraft und persönliche Zielsetzung 212
    9.1.4 Erfolgs-/Selbstwirksamkeitserleben und Attributionsstil 215

9.1.5 Empathie, individuelle Wahrnehmung und Denkweisen 216
9.1.6 Persönliche Bedürfnisse 219
9.2 Im Überblick: Erkennbare Tendenzen und Hypothesen 219

10 Konklusion: Prävention und Intervention 225
10.1 Ansätze zur Gesundheitsförderung 225
10.2 Prä-/Interventionsbedarfe in Berufsintegrationsklassen 229

11 Zusammenfassung 231

Abbildungsverzeichnis 235

Tabellenverzeichnis 237

Literaturverzeichnis 239

Abkürzungsverzeichnis

Abs	Absatz
AsylblG	Asylbewerberleistungsgesetz
AsylG	Asylgesetz
AufenthG	Aufenthaltsgesetz
Aufl.	Auflage
AVEM	Fragebogen zum arbeitsbezogenen Verhaltens- und Erlebensmuster
BAMF	Bundesamt für Migration und Flüchtlinge
BayEUG	Bayerisches Gesetz über das Erziehungs- und Unterrichtswesen
BIK	Berufsintegrationsklasse
BIK/V	Berufsintegrationsvorklasse
bspw.	beispielsweise
DaF	Deutsch als Fremdsprache
DaZ	Deutsch als Zweitsprache
Dok	Dokument
d.h.	das heißt
etc.	et cetera
ebd.	ebenda
f	folgende
Hervorheb.	Hervorhebung
Intea	Integration durch Anschluss und Abschluss (Intensivklassen an beruflichen Schulen in Hessen)
ISB	Bayerisches Staatsinstitut für Schulqualität und Bildungsforschung
JoA	Klassenform an der Berufsschule für Jugendliche ohne Ausbildung
LA	Lehramt
SIK	Sprachintensivklasse
vgl.	vergleiche
VHS	Volkshochschule
o.ä.	oder ähnliches
u.ä.	und ähnliches
S.	Seite
s.	siehe
StMUK	Staatsministerium für Unterricht und Kultus
z.B.	zum Beispiel

Abstract

Die vorliegende Arbeit beschäftigt sich mit Belastungsfaktoren und Bewältigungsressourcen von Lehrkräften in Berufsintegrationsklassen (BIK). Berufsintegrationsklassen zeichnen sich zum Befragungszeitpunkt durch einen hohen Anteil an Schülern aus, die in Deutschland einen Antrag auf Asyl gestellt haben. Das übergeordnete Ziel der Untersuchung besteht darin, festzustellen, inwiefern für Lehrkräfte in diesen Klassen Prä-/Interventionen zur Gesundheitsförderung nötig sind.

Dazu wurden mit Hilfe eines qualitativen Zugangs (in Form von Leitfadeninterviews und Fallstudien) sowie eines quantitativen Zugangs (in Form des Fragebogens zu Arbeitsbezogenen Verhaltens- und Erlebensmustern, Abkürzung: AVEM; vgl. Schaarschmidt und Fischer 2001) Daten erhoben, die sich mit Ergebnissen der bisherigen Lehrerbelastungsforschung abgleichen lassen.

Trotz erweiterter, speziell in BIK auftretender Belastungsfaktoren wie z.B. mangelndes Distanzierungsvermögen von asylrechtlichen Hintergründen und Schicksalen der Schüler geht aus der Fragebogen-Erhebung hervor: Die befragten Lehrkräfte in Berufsintegrationsklassen fühlen sich im Durchschnitt weniger belastet als Lehrkräfte in anderen Klassen-/Schulformen. Die Arbeit knüpft im weiteren Verlauf an der Frage an, welche Ressourcen zu diesem Ergebnis beitragen und was daraus in der Konsequenz für andere Klassen-/Schulformen abgeleitet werden kann. Zwar ist ein wesentliches Ergebnis auch, dass das Belastungsempfinden und die Bewältigungsressourcen zwischen den Lehrkräften stark differieren, nichtsdestotrotz sticht diesbezüglich bei allen Lehrkräften insbesondere die Atmosphäre und Unterstützung im Kollegium als starke Ressource hervor. Neben weiteren identifizierten Bewältigungs- und Belastungsfaktoren werden im Rahmen von Fallstudien Abhängigkeitsvariablen identifiziert, die als Regulationsmechanismen dazu beitragen, dass sich Personen mit gleichen bzw. ähnlichen Arbeitsanforderungen unterschiedlich stark belastet fühlen.

Für Prä-/Interventionsmaßnahmen lässt sich aus den Ergebnissen der Arbeit ableiten, dass in erster Linie individualisierte und prozessbegleitende Angebote für (BIK-)Lehrkräfte geeignet sind. Von hoher Relevanz sind des Weiteren auf systemischer Ebene der jeweiligen Schulstandorte Teambildungsmaßnahmen. Dabei sollten auch die Einflussmöglichkeiten der Schulleitungen in den Vordergrund rücken.

1 Einleitung

In den letzten Jahren erlebte Deutschland eine starke Zuwanderung an Asylsuchenden. Der Höchststand an Asyl-Erst-/Folgeanträgen liegt bei 745.545 Anträgen im Jahr 2016 (BAMF 2017). Diese Zuwanderung macht sich in vielen gesellschaftlichen Bereichen in Deutschland bemerkbar, einen stark betroffenen Bereich stellt darin das Bildungssystem, insbesondere Grundschulen und Berufsschulen, dar. So wurden deutschlandweit in den letzten Jahren Beschulungsmaßnahmen zur Sprachförderung und/oder Berufsvorbereitung für schulpflichtige (Flucht-)Migranten an Berufsschulen aufgebaut.

In Bayern gilt nach dem BayEUG Art. 35 Satz 1 die Schulpflicht unabhängig vom Aufenthaltsstatus. Das bedeutet, dass bayernweit in einem Zeitraum von sieben Jahren (Schuljahr 2010/11 – 2017/18) über 1100 spezielle Klassen für neu zugewanderte Schüler an Berufsschulen eingerichtet wurden (Angaben des Bayerischen Kultusministeriums vom 26. November 2017). Diese in Bayern als „Berufsintegrationsklassen" bezeichnete Beschulungsmaßnahme hat zum Ziel, die jungen Menschen in den Arbeitsmarkt zu integrieren.[1] In diesen Klassen sind in erster Linie geflüchtete junge Männer aus arabischen oder afrikanischen Ländern (vgl. Baumann und Riedl 2016, S. 59).

Peer Steinbrück, einstiger Kanzlerkandidat und Finanzminister der Sozialdemokratischen Partei Deutschlands (SPD), äußert sich in einem Gastbeitrag der ZEIT im Dezember 2015 mit folgenden Worten zur Zuwanderung von Flüchtlingen und Asylbewerbern:

> „Wir werden uns darauf einzustellen haben, dass dieser Zustrom die größte gesellschaftliche, kulturelle, finanzielle, bildungs-, arbeitsmarkt- und wohnungsbaupolitische Herausforderung seit Gründung der (alten) Bundesrepublik wird" (Steinbrück 2015, S. 6).

Lehrkräfte, die an Berufsschulen (Flucht-)Migranten unterrichten, übernehmen zentrale Teile dieser Herausforderung und werden mit neuen Anforderungen konfrontiert: Die grundlegende Vermittlung der deutschen Sprache bis hin zur Alphabetisierung, Berufsvorbereitung mit Einbezug der Realitätsanpassung überzogener Erwartungen vonseiten der Schüler mit Fluchthintergrund oder die Ausbildungs- und Praktikumsvermittlung vor asylrechtlichen Hintergründen sind nur wenige Beispiele für die „in der Berufsbildung [...] gänzlich neuen

---

[1] Klassen für (Flucht-)migranten wurden bundesweit eingeführt, jedoch unterschiedlich betitelt (vgl. Kapitel 4.2).

Herausforderungen [...], deren Bewältigung nicht auf eingespielte und sichere Lösungen zurückgreifen kann" (Euler 2016, S. 342).

Lehrkräfte gelten bereits seit Langem als Risikogruppe für Burnout oder andere psychische Erkrankungen (vgl. z.b. Baeriswyl et al. 2014; Blossfeld et al. 2014; Rothland 2013; Weber und Lederer 2006). In Berufsintegrationsklassen treffen sie auf neue Herausforderungen mit veränderten Rahmenbedingungen (vgl. z.b. Heinrichs et al. 2016; Weber und Mühlemann 2018). Wie wirken sich die Anforderungen in Berufsintegrationsklassen auf das Belastungsempfinden von Lehrkräften, die darin unterrichten, aus? Was hilft ihnen im Hinblick auf die eigene Gesunderhaltung bei der Bewältigung dieser Herausforderungen?

Die vorliegende Untersuchung geht diesen Fragen nach und konzentriert sich dabei speziell auf Lehrkräfte in Berufsintegrationsklassen. Allerdings sollte nicht vergessen werden, dass es auch zahlreiche Lehrkräfte gibt, die bis zum Renteneintritt ihren Beruf gesund und erfüllt ausführen. Von besonderem Interesse ist deshalb auch, ob und warum sich Lehrkräfte von gleichen oder ähnlichen Anforderungen unterschiedlich belastet fühlen.

Diese Forschungsarbeit unterteilt sich in verschiedene Abschnitte: Nach der Erläuterung untersuchungsleitender Theorien und relevanter Begrifflichkeiten zu Beginn wird im Überblick der aktuelle Forschungsstand zur Lehrerbelastungsforschung vorgestellt, welcher wiederum zu einem späteren Zeitpunkt dieser Arbeit aufgegriffen wird. In Folge betten Informationen zum Forschungskontext das daran anschließende Forschungsinteresse sowie die Fragestellungen ein. Bevor die Ergebnisse – unterteilt in einen deskriptiven sowie einen interpretativen Teil – und die daraus konkludierenden Prä- und Interventionsansätze vorgestellt werden, schafft das Kapitel zum Forschungsmethodischen Ansatz Transparenz hinsichtlich der Vorgehensweise bei den beiden Erhebungssträngen sowie der Auswertung der Daten.

2 Theoretischer Ausgangspunkt

Das nachfolgende Kapitel zum theoretischen Ausgangspunkt erläutert, auf welchen untersuchungsleitenden Theorien die vorliegende Arbeit basiert und erklärt zentrale Schlüsselbegriffe, die in diesem Rahmen verwendet werden.

2.1 Untersuchungsleitende Theorien

Die Recherche rund um die Forschungsthemen Stress, Belastung und Bewältigungsressourcen kam, ebenso wie Hemming (2015), zu folgender Erkenntnis: „Die wissenschaftliche Stressforschung ist [...] ein schwer zu überschauendes Feld: Es existieren viele unterschiedliche Definitions- und Theorieansätze." (ebd., S. 76).[2] Um eine Übersicht zu wesentlichen Grundrichtungen innerhalb der Stressforschung zu erhalten, werden die folgenden drei Konzepte vorgestellt:

- Reaktionsbezogenes Konzept: Stress als Anpassungsreaktion des Organismus
- Situations-/reizbezogenes Modell: Reiz als Stressor im Mittelpunkt des Stressgeschehens
- Kognitiv-Transaktionale Stresstheorie: Stress als gegenseitige Beeinflussung von Umwelt und Person

Frühe Stressforscher wie Hans Selye verfolgten einen reaktionsbezogenen Ansatz (vgl. z.B. Selye 1957; 1950). Insbesondere standen darin physiologische Reaktionen auf bestimmte Stressreize im Fokus, wobei der Stressreiz an sich weitgehend unbeachtet blieb. In diese Forschungsrichtung ist beispielsweise sein „Allgemeine Anpassungssyndrom" (ASS) als Reaktionsmuster einzuordnen (vgl. Selye

---

2 Weiterführende Literatur: Übersicht zu Stressmodellen, die den Zusammenhang zwischen psychischer Belastung und gesundheitlichen Folgen berücksichtigen: Metz und Rothe 2017, S. 16ff; Überblick über die Lehrerbelastungsforschung: van Dick und Stegmann 2007, S. 34.
   Weitere Modelle innerhalb der (Lehrer-)Belastungsforschung: Job-Demand-Control (JDC) Modell (vgl. Karasek und Theorell 1990), Gratifikationskrisenmodell oder Effort Reward Imbalance (ERI) Modell (vgl. Siegrist 1996), Arbeitsanforderungs-Arbeitsressourcen-Modell oder Job-Demands-Ressources Modell (vgl. Demerouti 2012), Belastungs-Beanspruchungskonzept, Auftrags-Auseinandersetzungs-Konzept (Hacker und Richter 1984), Job Characteristics Model (vgl. Hackman und Oldham 1980), Rahmenmodell der Belastung und Beanspruchung (vgl. Rudow 1994); Handlungsregulationstheorie (vgl. Oesterreich 1981).

1950). Die menschliche Reaktion auf einen Stressreiz wurde in diesem Modell in drei Phasen unterteilt: Eine kurze „Alarmphase", nach welcher Kräfte mobilisiert werden, um in der nachfolgenden „Widerstandsphase" den auftretenden Belastungen standhalten zu können. Sobald diese Kräfte samt Reserven verbraucht sind, kommt es zum „Erschöpfungsstadium", die Widerstandskraft fällt unter das Ausgangsniveau und die Wahrscheinlichkeit zu erkranken steigt. Das bedeutet folglich, dass der Mensch unabhängig vom Stressreiz nur über gewisse Zeitspannen hinweg Belastungen bewältigen kann, da er ohne zwischenzeitige Entspannungsphasen ansonsten Schäden erleidet.

Die Gegenrichtung zum reaktionsbezogenen Ansatz stellen situations- bzw. reizbezogene Modelle dar. Diese rücken den Belastungsgrad verschiedener Umwelt- bzw. Stressreize in der Umgebung einer Person in den Mittelpunkt ihrer Forschung, wie dies beispielsweise in der Life-Event-Forschung zu finden sind. „Die Grundannahme des klassischen Life-Event-Ansatzes ist, dass Stress durch die Anzahl an bestimmten kritischen Lebensereignissen quantifiziert […] und in Verbindung mit physischen und psychischen Erkrankungen gesetzt werden kann." (Morgenroth 2015, S. 25). Kognitive Bewertungsprozesse sowie die subjektive Bewertungsdimension wurden in reiztheoretischen Ansätzen vernachlässigt, wobei im Laufe der Zeit dieser Aspekt zunehmend Aufmerksamkeit erhielt.

Durchsetzen konnten sich weder reaktionsbezogene noch reizbezogene Ansätze. Die Entwicklung führte hin zu einem transaktionalen Verständnis von Stress (vgl. z.B. Lazarus und Launier 1978; Lazarus und Folkman 1984), was bedeutet, dass nicht die Stressreize an sich als objektive Faktoren ausschlaggebend für das Stressempfinden des Menschen sind, sondern vielmehr dessen subjektive Bewertung. Das bedeutet, dass verschiedene Personen denselben Stressreiz ganz unterschiedlich (belastend) wahrnehmen können (vgl. Kapitel 2.1.1).

Auf Basis des kognitiv-transaktionalen Theoriegedankens entwickelten sich verschiedene Ressourcentheorien wie z.B. die Theorie der Ressourcenerhaltung bzw. Conservation of Resources Theory (COR) von Hobfoll (1988) oder das Salutogenese-Modell von Antonovsky (1979; 1997), wobei sich letzteres in erster Linie als ein Konzept zur Entstehung und Erhaltung von Gesundheit versteht (vgl. Kapitel 2.1.2 und 2.1.3).

Die vorliegende Untersuchung orientiert sich in Verbindung mit einem ressourcenorientierten Verständnis von Gesundheit am transaktionalen Modell nach Lazarus und Folkman (1987) sowie an der Erweiterung des Modells durch Kyriacou und Sutcliffe (1978): dem Transaktionalen Modell des Lehrerstresses (ebd., S. 3). Die ausgewählten Modelle bzw. Theorien werden in den folgenden drei Teilkapiteln vorgestellt.

2.1.1 Transaktionales Stressmodell

Die transaktionale Stresstheorie ist die untersuchungsleitende Grundlage der qualitativen sowie der quantitativen Untersuchung[3] dieser Arbeit. Sie unterscheidet sich gegenüber den vorhergehenden Ansätzen (vgl. Kapitel 2.1) durch die Reziprozität der Einflussnahme zwischen Person und Umwelt:

> „In contrast, the transactional model that underlies our cognitive theory of stress views the person and the environment in a mutually reciprocal, bidirectional relationship, so that an effekt at Time 1 can become a cause at Time 2. Further, in traditional models variables retain their separate identities. In a transactional model separate person and environment elements join together to form new meanings via appraisal; threat, for example, does not refer to separate person and environment factors, but to the integration of both in a given transaction." (Lazarus und Folkman 1984, S. 325f)

Folgende Abbildung gibt einen Überblick über die schematischen Bestandteile der transaktionalen Stresstheorie (Lazarus und Folkman 1984, S. 305), welche anschließend aufgegriffen und in Zusammenhang gebracht werden:

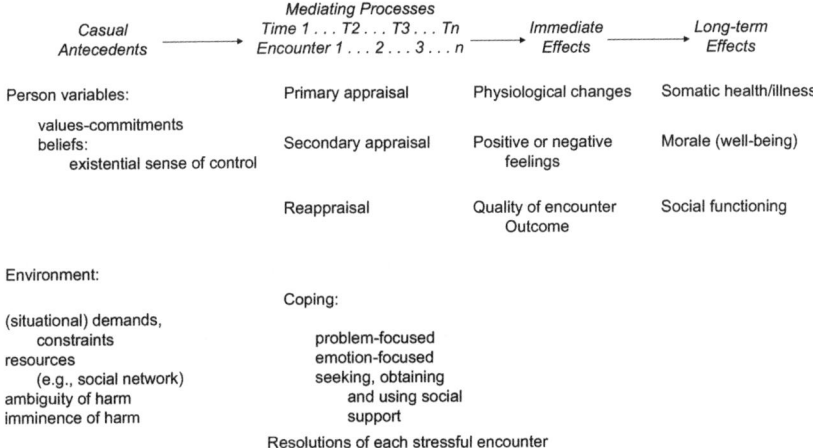

Abb. 1: A theoretical schematization of stress, coping, and adaptation (Lazarus und Folkman 1984, S. 305)

---

3   Der Fragebogen AVEM (vgl. Kapitel 6.3) orientiert sich ebenfalls am transaktionalen Stressmodell.

Das transaktionale Modell beschreibt Wechselwirkungen zwischen den Anforderungen an eine Person (Environment) und der Reaktion der Person selbst (Person variables). Diese Reiz-Reaktions-Konstellation wird durch kognitive Bewertungsprozesse (Primary appraisal; Secondary appraisal; Reappraisal) beeinflusst. Lazarus geht davon aus, dass nicht die Anforderung bzw. der Reiz, sondern die subjektive Bewertung des Betroffenen[4] Stress auslösen (vgl. Lazarus und Folkman 1984, 1987).

Das transaktionale Stressmodell unterscheidet, wie eben genannt, zwischen drei Bewertungsschritten: Nach der selektiven Wahrnehmung eines Reizes bzw. Stressors aus der Umwelt bewertet die betroffene Person in einem ersten Schritt (Primary appraisal), ob sie den Reiz bzw. den Stressor positiv, irrelevant oder gefährlich empfindet. Die Einstufung „gefährlich" passiert, sobald die Person den Stressor mit Bedrohung, Herausforderung oder Verlust verbindet. In diesen drei Fällen kommt es zu einer sekundären Bewertung (Secondary appraisal), bei welcher der Betroffene seine verfügbaren Ressourcen analysiert. Nur bei der subjektiven Erkenntnis eines Ressourcenmangels versetzt der Reiz die Person in Stress. Anschließend folgt der Versuch der Stressbewältigung (Coping) in Form der Veränderung der Situation (problem-focused) oder der Veränderung des Bezugs zur Situation (emotional-focused). Auch potentielle soziale Unterstützungsmöglichkeiten werden als Ressource für den Bewertungsprozess berücksichtigt (social supports). Je nach Erfolg oder Misserfolg wird die Bewältigungsstrategie neu bewertet (Reappraisal). Dieser Prozess hat sofortige und langfristige Auswirkungen auf die psychische und körperliche Gesundheit (Immediate and Long-term Effects).

Der transaktionale Ansatz dient innerhalb der Lehrerbelastungsforschung sehr häufig als Grundlage. „Im schulischen Kontext wurde die Theorie von Lazarus immer wieder als Ausgangsmodell zur Untersuchung von Lehrerstress herangezogen und dabei einige Male modifiziert und an die schulischen Bedingungen angepasst" (van Dick und Stegmann 2007, S. 37). So basiert beispielsweise das Modell des Lehrerstress von Kyriacou und Sutcliffe (1978)[5] auf Lazarus' Theorie. Sie erweitern das Modell um die Einflussnahme spezieller Lehrermerkmale. Als Beispiele hierfür sind im Modell die Biographie, Persönlichkeit, Bedürfnisse oder der Copingstil der Lehrkraft aufgeführt (vgl. Abb. 15).

---

4 Aus Gründen der Vereinfachung werden das generische Maskulin bzw. genderneutrale Formen verwendet.
5 Dieses Modell wird zu einem späteren Zeitpunkt der Arbeit nochmal herangezogen (vgl. Kapitel 6.5).

Auf Basis der transaktionalen Stresstheorie wird also in vorliegender Untersuchung das Belastungserleben der Lehrkräfte als kein objektiver Parameter betrachtet, sondern als Folge der subjektiven Bewertung einer Situation. Das bedeutet, dass das Belastungserleben nur nachvollzogen werden kann, wenn man bestimmte Stressoren bzw. Anforderungen aus der Umwelt durch die Augen der jeweiligen Betroffenen betrachtet. Ein geeignetes Erhebungsinstrument soll also einer hohen Subjektorientierung sowie einem niedrigen Standardisierungsgrad gerecht werden. Aus diesem Grund bezieht vorliegende Untersuchung neben dem quantitativen Zugang qualitative Forschungsmethoden mit ein (vgl. Kapitel 6.4 sowie 7.3.1). Das vordergründige Ziel dieser Arbeit ist nicht, allgemeingültige Arbeitsanforderungen als objektive Belastungsfaktoren für Lehrkräfte zu deklarieren. Vielmehr richtet sich der Fokus (insbesondere im qualitativen Teil der Untersuchung) auf die individuellen Wirklichkeitskonstruktionen der Befragten.

Die transaktionale Stresstheorie impliziert im sekundären Bewertungsschritt eine subjektive Analyse der wahrgenommenen eigenen Ressourcen. An dieser Stelle ergibt sich eine Schnittstelle zu ressourcentheoretischen Ansätzen, welche ergänzend zum transaktionalen Ansatz untersuchungsleitend für die Konzeption dieser Arbeit sind.

2.1.2 Ressourcentheorie

Ressourcentheorien verfolgen im Kern den Ansatz, dass bestimmte Ressourcen den Menschen gesund erhalten, weil sie vor negativen Einflussfaktoren schützen. Darüber hinaus stimmen Ressourcentheorien darin überein, dass sie dem Menschen eine aktive Rolle bei der Gestaltung seines Lebens und seiner Gesunderhaltung zusprechen (vgl. z.B. Antonovsky 1979, 1987; Becker 1986; Udris 1990).

In Antonovskys (1997) Theorie der Salutogenese rückt er im Gegensatz zur defizitorientierten Pathogenese die gesunden Anteile und Ressourcen einer Person in den Mittelpunkt. Anstatt auf der Linderung von kranken Anteilen und Symptomen liegt die Konzentration im Rahmen des Gesundheits-Krankheitskontinuums der Salutogenese auf der Stärkung gesund erhaltender Ressourcen. Auch Udris (1990) beschäftigt sich konstruktiv mit gesunderhaltenden Faktoren. So geht er beispielsweise nicht der Frage „Macht Arbeit krank?" nach, sondern beschäftigt sich damit, wie Arbeit gesund hält. Dabei konzentriert er sich stark auf personenbezogene und situative Faktoren zur Gesunderhaltung am Arbeitsplatz (vgl. Udris 1990). Hobfoll (1988) macht zudem darauf aufmerksam, dass das Individuum die Ressourcen bewusst wahrnehmen und wertschätzen muss, damit diese hilfreich zur „Abpufferung" oder Reduktion von Stressoren sind (ebd., S. 32).

Innerhalb der Ressourcenmodelle hat die von Hobfoll (1988) entwickelte Theorie der Ressourcenerhaltung (Conservation of Resources Theory; COR-Theorie) hohen Stellenwert. Die Grundannahme seiner Theorie ist, dass Personen ihre eigenen Ressourcen vor Verlust schützen und neue Ressourcen aufbauen wollen. Sobald Ressourcen bedroht sind, verloren gehen oder angestrebte Ressourcengewinne ausbleiben, tritt Stress bzw. das Belastungserleben ein.

Weitere ressourcenorientierte Theorien sind beispielsweise die Theorie der Verhaltensökonomie nach Schönpflug (1985) oder das systematische Anforderungs-Ressourcen-Modell (SAR-Modell) nach Becker (2006).[6] Letzteres basiert auf dem Modell der Salutogenese (vgl. Antonovky 1997), auch hier wird Gesundheit als Kontinuum betrachtet, das von verschiedenen Faktoren beeinflusst werden kann. Unter Ressourcen versteht Becker (2006) „Mittel oder individuelle Eigenschaften, auf die lebende Systeme oder Systemelemente im Bedarfsfall zurückgreifen können, um mit ihrer Hilfe externe und interne Anforderungen zu bewältigen." (ebd., S. 184).

Die Theorie der Verhaltensökonomie nach Schönpflug (1985) „hatte großen Einfluss auf die Entwicklung der COR-Theorie [...]." (Eisele 2015, S. 63). Zudem finden sich in der Theorie Überscheidungspunkte und Ähnlichkeiten zum transaktionalen Stressmodell nach Lazarus. Stress resultiert darin aus dem Diskrepanz zwischen Anforderungen einer Situation und den Ressourcen einer Person, die es zur Bewältigung der Anforderungen benötigt.

Auch die Theorie der Kapitalsorten nach Bourdieu (1986; 1992) gilt als eine wichtige soziologische Ressourcentheorie, obgleich sie das Wort „Ressource" nicht im Namen trägt. Er unterscheidet grob zwischen sozialem (zwischenmenschliche Beziehungen, Gruppenzugehörigkeiten u.ä.), ökonomischen (z.B. Geld, Besitzgüter, u.ä.) und kulturellem Kapital (Handlungswissen, kulturelle Güter, u.ä.).

All diese Theorien stimmen in dem Grundgedanken überein, dass sich der Fokus insbesondere auf diejenigen Ressourcen richtet, die eine Person als hilfreich bei der Bewältigung von Anforderungen wahrnimmt. Vorliegende Arbeit generiert demnach nicht isoliert arbeitsbezogenen Beschwerde- oder Belastungslisten, sondern geht insbesondere darauf ein, was hilft, den Belastungsgrad bei der Bewältigung von Anforderungen in Berufsintegrationsklassen zu

---

6   Eine weiterführende Übersicht über verschiedene Ressourcentheorien gibt Schubert und Knecht (2015), Eisele (2015) und Starke (2000).

senken bzw. Gesundheit zu erhalten. Diese theoretische Grundlage stimmt auch mit der ressourcenorientierten Konzeption des hier eingesetzten Fragebogens zu den arbeitsbezogenen Verhaltens- und Erlebensmuster (AVEM) überein, welcher sich sowohl am transaktionalen Stressmodell als auch am salutogenetischen Ansatz nach Antonovsky (1997) orientiert (vgl. Schaarschmidt 2006).

2.1.3 Gesundheit

Das übergeordnete Ziel der vorliegenden Untersuchung ist, einen Beitrag zur Aufrechterhaltung und Verbesserung der Lehrergesundheit zu leisten. Es stellt sich hier jedoch die grundsätzliche Frage: Was ist Gesundheit?

Zu dieser Frage gibt es differierende Ansätze an Definitionen:

Gesundheit kann definiert werden durch die „Abwesenheit von Krankheit oder Leiden. Dies ist das Gesundheitsverständnis des medizinisch-wissenschaftlichen Modells westlicher Prägung" (Ostermann 2010, S. 84). Andere Theorien verstehen unter Gesundheit einen Zustand entgegen der eben genannten Defizit- oder Pathologieorientierung. So definiert die Weltgesundheitsorganisation (WHO) Gesundheit als einen „Zustand des vollständigen körperlichen, geistigen und sozialen Wohlergehens und nicht nur das Fehlen von Krankheit oder Gebrechen" (WHO 2014, S. 1). Diese Erläuterung beinhaltet eine subjektive Wertung des Betroffenen, welche nicht zwingend mit objektiven Gefährdungsfaktoren übereinstimmt. Zwar schätzt Vögele (2013) die Definition der WHO als wesentlich ein, „weil sie das erste Mal Gesundheit als mehr als nur die Abwesenheit von Erkrankung definierte" (ebd., S. 232), so wie es lange Zeit der Fall war. Jedoch berücksichtige „die WHO-Definition nicht, dass Gesundheit kein statischer Zustand, sondern ein dynamischer Prozess ist, d.h. dass Gesundheit immer wieder neu erreicht, wiederhergestellt und aufrechterhalten werden muss" (Vögele 2013, S. 232). Darüber hinaus kritisiert Vögele die eben genannte Gesundheitsdefinition der WHO, dem „Zustand des vollständigen körperlichen, geistigen und sozialen Wohlergehens". Denn Gesundheit ist für Vögele (2013) auch dann möglich, wenn vollkommenes Glück, Beschwerdefreiheit und die beste körperliche Leistungsfähigkeit nicht gegeben sind (ebd., S. 233). Döring-Seipel (2014), die anhand ressourcenorientierten Ansätzen zur Lehrergesundheit forscht, versteht Gesundheit „als Ergebnis eines Zusammenwirkens von verschiedenen *gesundheitsbelastenden* und *-schützenden* Faktoren, die zum einen in der äußeren Situation – den *Organisations- und Arbeitsbedingungen* – und zum anderen in der *Person des Lehrers/der Lehrerin* liegen." (ebd., S. 19; Hervorheb. Im Original).

Die vorliegende Untersuchung orientiert sich am subjektiven Gesundheitsempfinden der individuellen Lehrkräfte (besonders im qualitativen Teil der Untersuchung) sowie an den aus der quantitativen Untersuchung resultierenden Mustern, die sich aus den subjektiven Selbsteinschätzungen vonseiten der Test-Teilnehmer zu verschiedenen Items ableiten. Die Auswertungen des AVEM-Fragebogens bzw. die Musterzuordnung geben Auskunft darüber, ob bzw. wie stark jemand gesundheitlich gefährdet ist oder nicht.[7] Insofern sich die beiden Perspektiven zwischen qualitativem und quantitativem Erhebungszugang nicht gegenseitig validieren, können dadurch potentielle Widersprüchlichkeiten aufgezeigt und diskutiert werden.

Das arbeitsbezogene Verhaltens- und Erlebensmuster G (= Gesundheit) zeichnet sich durch folgende Ausprägungen aus (vgl. dazu auch Tab. 4):

- hohes berufliches Engagement
- ausgeprägte Widerstandsfähigkeit gegenüber Belastungen
- positives Lebensgefühl („Gesundheitsideal")

Schaarschmidt und Fischer (2008) implizieren, wie bereits erwähnt, übereinstimmend mit dem Gesundheitsverständnis der vorliegenden Untersuchung in ihrem AVEM-Verfahren ein ressourcenorientiertes Gesundheitsverständnis (ebd., S. 8), wie es zum Beispiel bei Antonovsky (1987) oder Udris (1990) postuliert wird (vgl. Kapitel 2.1.2).

2.2 Begrifflichkeiten

Die Forschungsfragen dieser Untersuchung (vgl. Kapitel 5) richten sich sowohl auf *Belastungen* als auch auf *Bewältigungsressourcen* von Lehrkräften in der Beschulung von neu zugewanderten und geflüchteten jungen Menschen sowie auf jene *Abhängigkeitsvariablen*, die deren Belastungsempfinden sowohl positiv als auch negativ beeinflussen können. Bevor sich der Fokus auf entsprechende arbeitsbezogene Bewältigungsressourcen von Lehrkräften richtet, soll in Erfahrung gebracht werden, ob sich deren Belastungsschwerpunkte in der Beschulung von neu Zugewanderten (mit Fluchthintergrund) von zentralen Belastungsfaktoren innerhalb der Beschulung in anderen Klassen-/Schulformen unterscheiden. Folgende Teilkapitel erläutern das Begriffsverständnis der in dieser Arbeit verwendeten Termini.

---

7 Der Fragebogen teilt die Teilnehmenden in verschiedene Muster ein: die Risikomuster A = Anstrengung und B = Burnout sowie die nicht gesundheitsgefährdenden Muster G = Gesund und S = Schonung (vgl. hierzu Kapitel 6.3.1).

2.2.1 Belastung

„Es ist in der Regel keine weitere Erläuterung notwendig, um arbeitende Personen nach ihren Belastungen zu fragen, da die Befragten mit dem Begriff Belastungen etwas anfangen und darüber sprechen können. Im Rahmen einer wissenschaftlichen Auseinandersetzung ist jedoch zu klären, was mit Belastungen genau gemeint ist" (Krause 2002, S. 9).

Belastung ist ein häufig verwendeter Begriff aus dem Alltags- und Forschungsdiskurs. Die Begriffe *Stress* und *Beanspruchung* werden darin teilweise als Synonym für *Belastung* verwendet (vgl. z.B. Hemming 2015; Hoffman et al. 2010; Richartz et al. 2009), teilweise werden sie jeweils unterschiedlich definiert (Krause und Dorsemagen 2007; van Dick und Stegmann 2007). „In anderen Studien wird gar keine explizite Definition vorgenommen" (Krause 2002, S. 10). Folgende Definitionen der einzelnen Termini machen die nicht trennscharfe Unterscheidung sowie die Uneinheitlichkeit der Begriffsverwendung deutlich. Anschließend wird das Begriffsverständnis innerhalb dieser Arbeit festgelegt.

Stress/Stressoren:
Faktoren oder Reize, die Stress auslösen können, nennt man *Stressoren*. Arbeitsbezogene Stressoren sind „those physical, psychological, social, or organizational aspects of the job that require sustained physical and/or psychological (i.e., cognitive or emotional) effort and are therefore associated with certain physiological and/or psychological costs" (Schaufeli und Bakker 2004, S. 269). Das bedeutet, dass alle diejenigen Aspekte zu *Stressoren* gehören, die eine physische und bzw. oder psychologische Anstrengung, erfordern. In verschiedenen Forschungsarbeiten wird der Begriff „Stressor" synonym mit dem Begriff „Anforderung" verwendet (vgl. z.B. Hemming 2015; Hoffmann et al. 2010; Richartz et al. 2009).

Selye (1974) differenziert zwischen positivem Stress (*Eustress*) und negativem Stress (*Disstress*). Er äußert sich zum *Eustress* mit den Worten: „Wir verdanken ihm jeden persönlichen Fortschritt und erreichen durch ihn immer höhere Stufen geistiger und körperlicher Weiterentwicklung" (Selye 1974, S. 23). Im Gegensatz dazu spricht man vom *Disstress*, wenn Stress negativ (z.B. überfordernd, bedrohlich oder widrig) empfunden wird (Selye 1974; Troch et al. 1979).

Konkret bezogen auf den Lehrberuf definiert Kyriacou (1998) *Stress* als „the experience by a teacher of unpleasant emotions such as tension, frustration, anxiety, anger and depression resulting from aspects of his or her work" (ebd., S. 4). Kyriacou (1998) beschränkt seine Definition auf negative Emotionen wie beispielsweise Ärger, Angst oder Depression. Ähnlich dazu definiert Ulich (1996) Lehrerbelastung als „Beeinträchtigungen der individuellen Befindlichkeit und Stimmung, der Erlebnis-, Verarbeitungs- und Handlungsmöglichkeiten einer Person in einer gegebenen Situation, die subjektiven Leidensdruck hervorrufen" (ebd., S. 64).

Beide Definitionen unterziehen sich einem negativen Bewertungsprozess. Nach Selye (1974) wäre diese Definition demnach dem *Disstress* zuzuordnen.

Beanspruchung und Belastung

„In die psychische Beanspruchung gehen neben den objektiven psychischen Belastungen immer die subjektiven Leistungsvoraussetzungen und Ressourcen (z.B. Fähigkeiten, Fertigkeiten, soziale und kommunikative Kompetenzen, Handlungs- und Bewältigungsstile) mit ein. Gleiche Belastungen – beispielsweise objektiv gleiche Aufgabenschwierigkeiten – können individuell völlig verschieden erlebt und bewältigt werden" (Richter 2000, S. 2).

Nach DIN EN ISO 100075-1 ist die *psychische Beanspruchung* „die unmittelbare (nicht langfristige) Auswirkung der psychischen Belastung im Individuum in Abhängigkeit von seinen jeweiligen überdauernden und augenblicklichen Voraussetzungen, einschließlich der individuellen Bewältigungsstrategien".

Nach DIN EN ISO 10075-1 (1a) wird *psychische Belastung* als „die Gesamtheit aller erfassbaren Einflüsse, die von außen auf den Menschen zukommen und psychisch auf ihn einwirken" definiert.

Ulich (1996) dahingegen definiert Belastung als ein Verständnis, das die subjektiven und individuellen Elemente einer Person mit einbezieht: „Belastungen sind Beeinträchtigungen der individuellen Befindlichkeit und Stimmung, der Erlebnis-, Verarbeitungs- und Handlungsmöglichkeiten einer Person in einer gegebenen Situation, die subjektiven Leidensdruck hervorrufen" (ebd., S. 64).

Rudow (1994) bezieht sich in seinem Rahmenmodell der Belastung und Beanspruchung auf die Begriffe *objektive* und *subjektive Belastung*, *Beanspruchungsreaktion und Beanspruchungsfolgen* (ebd., S. 43ff). Van Dick und Stegmann (2007) stellen dieses Modell vereinfacht vor: Aus *objektiven Belastungen*, die von wertneutralen Arbeitsaufgaben und Arbeitsbedingungen geprägt sind, werden *subjektive Belastungen*, wenn sie unter Berücksichtigung unterschiedlicher Handlungsvoraussetzungen des Individuums einem negativen Bewertungsprozess durchlaufen. Aus *subjektiven Belastungen* werden kurzfristig reversible Beanspruchungsreaktionen. Sind die „subjektive Belastung und die Beanspruchungsreaktionen jedoch permanent vorhanden, kommt es zu Beanspruchungsfolgen wie bspw. chronischen Krankheiten" (van Dick und Stegmann 2007, S. 36).

„In der Arbeitspsychologie werden statt der Bezeichnungen ‚objektiver Belastung' und ‚subjektiver Belastung' auch die Termini ‚Belastung' und ‚Beanspruchung' verwendet" (Wilbers 2004, S. 217). Wilbers (2004) und Hahn (2011) vermeiden den Begriff der *Beanspruchung* in ihrem Belastungsmodell und beziehen sich auf die beiden Begriffe der *objektiven* und *subjektiven Belastung* (vgl. Wilbers 2004, S. 217; Hahn 2011, S. 7). Während in Wilbers' (2004) Modell *objektive Belastungen* als Anforderungen zu verstehen sind, die unabhängig vom Bewertungsprozess[8] des Individuums existieren, zeichnen die individuelle Wahrnehmung und der persönliche Bewertungsprozess von Anforderungen die *subjektive Belastung* aus.

„Maßgeblich für das Bewertungsresultat ‚subjektive Belastung' sind hierbei auch die Ressourcen, die eine Person zur Verfügung hat, um die Anforderungen zu bewältigen, und wie sie wiederum diese Bewältigungsmöglichkeiten im Kontext der konkreten Situation bewertet" (Hahn 2011, S. 7).

Aus der *subjektiven Belastung* können anschließend „Belastungsfolgen" wie z.B. Stress oder Burnout folgen (vgl. Wilbers 2004, S. 217f).

Begriffsauswahl der vorliegenden Untersuchung
Die vorliegende Untersuchung verwendet die Begriffe der *objektiven* und *subjektiven Belastung*. Dabei bezeichnen *objektive Belastungen* die Anforderungen oder Rahmenbedingungen, die wertneutral und unabhängig von der Bewertung des Individuums sind. Der Verständlichkeit halber wird der Begriff *objektive Belastung* überwiegend mit *Anforderung* und/oder *Rahmenbedingung* umschrieben. Dieses Begriffsverständnis deckt sich mit dem von Lazarus und Folkman (1987) verwendeten Begriff des *Stressors* in ihrem transaktionalen Stressmodell (vgl. Kapitel 2.1.1).

Anforderungen oder Rahmenbedingungen, die aus subjektiver Perspektive des Individuums einem negativen Bewertungsprozess durchlaufen, weil sie ihre Ressourcen übersteigen oder dauerhaft ihr Bedürfnis nach Wohlbefinden im Beruf nicht ausreichend befriedigen, werden als *subjektive Belastung* bezeichnet oder mit *Belastung* abgekürzt. Ist die Rede davon, dass *sich jemand belastet fühlt*, greift diese Begriffsdefinition ebenso. Dieses Begriffsverständnis deckt sich mit dem von Lazarus und Folkman (1987) verwendeten Begriff *Stress* in ihrem transaktionalen Stressmodell (vgl. Kapitel 2.1.1).

---

8 Sie stehen darüber hinaus in Wechselwirkung mit den „Bedingungen auf der System-, Institutions- und Interaktionsebene" sowie den „individuellen Bedingungen" der Lehrkraft (Wilbers 2004, S. 217).

2.2.2 Bewältigungsressourcen

Bewältigung
In der deutschsprachigen psychologischen Literatur ist sowohl der Begriff *Bewältigung* als auch *Coping* verbreitet. Allerdings ist auch hier keine einheitliche Definition zu verzeichnen. Ebenso gibt es kein einheitliches System, Bewältigungsarten zu klassifizieren (Kaluza 2015, S. 63).

> „Gegenstand von Bewältigung und Bewältigungsstrategien werden in der psychologischen Forschung unterschiedlich definiert und operationalisiert, eine eindeutige begriffliche Klärung ist auch angesichts der theoretischen und methodischen Offenheit des Konzepts nicht möglich" (Mack 2008, S. 146).

Im medizinischen Nachschlagewerk Pschyrembel (2014) ist *Coping* bzw. *Bewältigung* die Bezeichnung für den „Prozess der Auseinandersetzung mit belastenden Situationen u. Stressoren" (ebd., S. 416). Dies kann behaviorale, emotionale, kognitive oder motivationale Reaktionen umfassen. Ähnlich dazu definieren Baeriswyl et al. (2014) die Begriffe als Emotionen, Kognitionen und Verhaltensweisen, welche den Zusammenhang zwischen Arbeitsbelastungen und Gesundheit vermitteln (ebd., S. 128). Wentura et al. (2015) stützen sich bei der Definition von *Coping* auf Laux und Weber (1990), Greve (1997) und Lazarus (1991):

> „Bewältigungsreaktionen (coping) umfassen, grob gesprochen, jede Form der Auseinandersetzung mit Belastungen, die die Person faktisch und insbesondere aus ihrer subjektiven Sicht in ihrer Handlungsfähigkeit oder ihrem Wohlbefinden bedrohen oder einschränken, d.h. ihre aktuell verfügbaren Ressourcen übersteigen" (Wentura et al, S. 101).

Ressourcen
Ressourcen, die in Verbindung mit der Gesunderhaltung oder dem Bewältigungsverhalten zusammenhängen, sind

> „Mittel, Gegebenheiten oder auch Merkmale und Eigenschaften, die Personen nutzen können, um alltägliche oder spezifische Lebensanforderungen und psychosoziale Entwicklungsaufgaben zu bewältigen, Bedürfnisse, Wünsche und (Lebens-)Ziele zu verfolgen und zu erfüllen und um Gesundheit und Wohlbefinden zu erhalten bzw. wieder herzustellen" (Mulot und Schmitt 2017, S. 719).

Mit *Ressourcen* sind alle Faktoren benannt, deren Verfügbarkeit die Bewältigung von Stress erleichtert und welche damit auch die Gesundheit fördern (vgl. Bamberg et al. 2003; König 2003). Nach Döring-Seipel (2014) „bezeichnen Ressourcen die Gesamtheit verfügbarer Mittel, Kräfte und Möglichkeiten, auf die

Personen zur Erhaltung ihres psychischen und physischen Wohlbefindens und zur Erreichung von persönlichen Zielen zurückgreifen können." (ebd., S. 19). Oder in den Worten von Richter und Hacker (1998): „Der Begriff Ressourcen beinhaltet Komponenten, die es erlauben, die eigenen Ziele anzustreben und unangenehme Einflüsse zu reduzieren" (ebd., S. 25). In vorliegender Forschungsarbeit werden die Begriffe *Bewältigungsressource* und *Ressource* synonym nach dem hier erläuterten Begriffsverständnis verwendet: Sie umfassen alle Faktoren, die dem subjektiven Belastungsempfinden entgegenwirken.

In der Literatur stimmen weitere Bezeichnungen mit dem eben erläuterten Begriffsverständnis überein: Eisele (2015) verweist hierzu an folgende Beispiele (ebd., S. 67): Während Schwarzer und Leppin (1989) von „psychologischen Schutzfaktoren" sprechen, ist bei Neumann et al. (1989) von „salutogenetische Komponenten" die Rede. Weitere verwendete Begriffe sind „protektive" (Becker 1990; Schwarzer 1996) oder „salutogene Faktoren" (Kaluza et al. 2002) sowie „gesund erhaltende Einflüsse" (Klemm und Schick 2003). Bachmann (1998) umschreibt Ressourcen als „Hilfsquellen" bzw. „Unterstützungspotential" (ebd., S. 7).

Des Weiteren existieren unterschiedliche Ansätze zur Klassifikation von Ressourcen (vgl. z.B. Hobfoll 1988; Hobfoll 1998; Hornung und Gutscher 1994; Richter und Hacker 1998; Udris et al. 1992; Udris und RImann 1999; Ulich und Wülser 2009; Udris 1990). Beispielsweise kann innerhalb der Stress-/ und Copingforschung zwischen „internen" und „externen Ressourcen" unterschieden werden: D.h. Faktoren, die einer Person individuell zu eigen sind (z.B. physische oder psychische Konstitution) und Faktoren, die durch die Umwelt einer Person (z.B. materielle Güter, soziale Unterstützung) gegeben sind (Reimann und Hammelstein 2006, S. 15; 26;). Andere Forschungsarbeiten unterteilen Ressourcen in organisationale, soziale und personale Ressourcen (vgl. Richter und Hacker 1998; Udris et al. 1992), wobei soziale Ressourcen oftmals auf „soziale Unterstützung" begrenzt wird. Diese Klassifikation wird in der vorliegenden Arbeit aufgegriffen, weshalb die einzelnen Faktoren an dieser Stelle näher erläutert werden:

Organisationale Ressourcen: Bei *organisationalen Ressourcen* (alternativ situative oder externe Ressourcen) „handelt es sich um in der Umwelt liegende, äußere Faktoren und Bedingungen, welche die konkrete Ausgestaltung und Besetzung der Arbeitssituation und der Arbeitsorganisation betreffen. [...] Beim Stichwort der organisationalen Ressourcen lassen sich eine schier unendlich erscheinende Kaskade an Aspekten und Faktoren aufführen" (Eisele 2015, S. 70). Dazu können beispielsweise der Handlungs-/Tätigkeitsspielraum oder die persönlichen

Gestaltungsmöglichkeiten am Arbeitsplatz gezählt werden (vgl. z.B. Karasek und Theorell 1990; Udris et al. 1992; Ulich 2005).

Personale Bewältigungsressourcen: Personale Ressourcen sind (übereinstimmend mit den „internen" Ressourcen) Eigenschaften und Kompetenzen eines Individuums selbst, die bei der Bewältigung von Anforderungen helfen (Metz und Rothe 2017, S. 12). „Bei den personalen Ressourcen werden Merkmale und Faktoren angesprochen, die innerhalb einer Person liegen" (Eisele 2015, S. 87). In der Literatur wird darunter eine Vielzahl unterschiedlicher Ressourcen gefasst. Dazu gehören beispielsweise Persönlichkeitseigenschaften, fachliche oder soziale Kompetenzen oder die Ressource der Selbstwirksamkeit nach Bandura (1977, 1997).

Personale Bewältigungsressourcen können darüber hinaus einen gewissen Einfluss auf die Ressource der (wahrgenommenen) sozialen Unterstützung haben (vgl. z.B. Bachmann 1998, S. 35ff).

Soziale Ressourcen bzw. soziale Unterstützung:[9] Richter und Hacker (1998) verstehen unter sozialen Ressourcen die Unterstützung durch unterschiedliche Akteure wie z.B. Arbeitskollegen oder Lebenspartner (ebd., S. 25). Schwarzer (1996) definiert *soziale Unterstützung* als

> „die Interaktion zwischen zwei oder mehr Menschen, bei der es darum geht, einen Problemzustand, der bei einem Betroffenen Leid erzeugt, zu verändern oder zumindest das Ertragen dieses Zustands zu erleichtern, wenn sich objektiv nichts ändern läßt" (ebd., S. 175).

Darüber hinaus ist zwischen wahrgenommener und erhaltener Unterstützung zu unterscheiden. Schwarzer (1996) gliedert die beiden Teilbereiche jeweils in emotionale, instrumentelle und informationelle Unterstützung (ebd., S. 177; Klauer 2009, S. 81). Noch weitläufiger definieren Wentura et al. (2015) in Anlehnung an Cohen und Syme (1985) soziale Unterstützung als Prozess der Wahrnehmung, Mobilisierung, Nutzung und Bewertung von sozialen Beziehungen, welcher zur Reduktion oder Kompensation von Belastung dient.

Es gelingt jedoch nicht allen Personen gleichermaßen, soziale Unterstützung als Ressource in Belastungssituationen zu nutzen. So fokussieren sich Männer beispielsweise stärker als Frauen auf ihre Partnerinnen als Hauptquelle sozialer Unterstützung. Frauen greifen im Bedarfsfall hingegen häufiger auf eine höhere Zahl an Netzwerkangehörigen zurück (vgl. Schwarzer und Leepin 1989; Schaarschmidt 2005a).

---

9 Die Bezeichnungen *Soziale Ressourcen* und *soziale Unterstützung* werden innerhalb der vorliegenden Arbeit synonym verwendet.

2.2.3 Abhängigkeitsvariablen

Im Rahmen dieser Untersuchung werden jene Faktoren als Abhängigkeitsvariablen bezeichnet, die je nach Ausprägung das Belastungsempfinden positiv oder negativ beeinflussen und steuern können. In Abb. 2 werden die Abhängigkeitsvariablen innerhalb des analyseleitenden Konzepts dieser Arbeit abgebildet und mit den eben genannten Begrifflichkeiten in Verbindung gebracht.

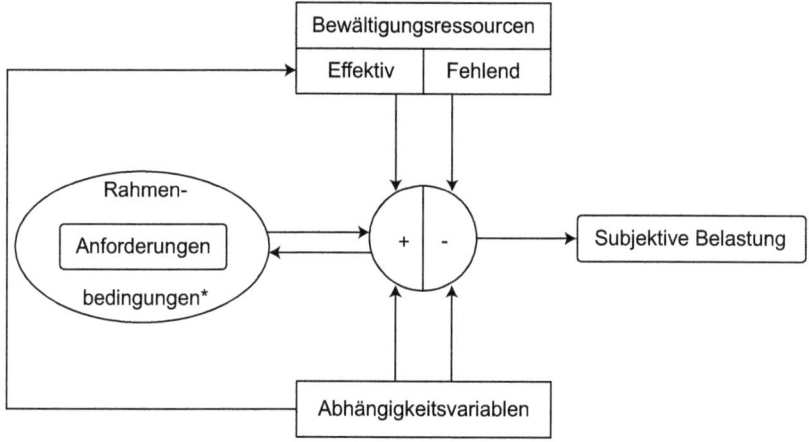

*z.B. arbeitsrechtliche oder institutionelle Bedingungen

Abb. 2: Vereinfachte Darstellung des untersuchungsleitenden Konzepts dieser Arbeit (eigene Darstellung)

Abb. 2 veranschaulicht die Zusammenhänge innerhalb des analyseleitenden Konzepts dieser Arbeit in vereinfachter Darstellung. Grundlage des Konzepts sind die in Kapitel 2.1 erläuterten Theorien.

Die Anforderungen innerhalb bestimmter Rahmenbedingungen können von verschiedenen Personen aus subjektiver Perspektive unterschiedlich belastend empfunden werden. Ausschlaggebend dafür sind Bewältigungsressourcen und Abhängigkeitsvariablen. Während spezielle Ressourcen bestimmte Anforderungen effektiv bewältigen können (positive Wirkung), führen fehlende Bewältigungsressourcen dazu, dass Anforderungen als subjektive Belastung empfunden werden (negative Wirkung). Abhängigkeitsvariablen können je nach Ausprägung das Belastungsempfinden verstärken (negative Wirkung), diesem entgegenwirken (positive Wirkung) oder als effektive Bewältigungsressource dienen (positive Wirkung).

3 Zentrale Faktoren der Lehrerbelastungsforschung

3.1 Überblick

Bereits seit vielen Jahrzehnten beschäftigt sich die Forschung mit dem Thema der Lehrerbelastung bzw. der Lehrergesundheit.[10] Während manche Wissenschaftler sich auf den „Lehrerberuf" an sich konzentrieren, unterscheiden andere zwischen verschiedenen Schulformen. Eine deutschlandweite Übersicht über Belastungsstudien nach Schularten und Bundesländern gibt beispielsweise Dudenhöffer (2014, S. 170f, 176).

Lange dominierten in Studien problemorientierte Herangehensweisen, d.h. die Belastungen von Lehrkräften wurden in den Mittelpunkt der Forschung gerückt. Seit mehreren Jahren erhalten allerdings auch ressourcenorientierte Forschungsansätze zunehmende Aufmerksamkeit. Auch Herzog (2007) stellt fest: „Im Gegensatz zur Flut von Veröffentlichungen zur Lehrerbelastung sind Studien zum Copingverhalten von Lehrern weit seltener durchgeführt worden" (ebd., S. 106). Morgenroth (2015) bestärkt diese Aussage einige Jahre später erneut: „Zahlreiche empirische Studien weisen auf mögliche Belastungsfaktoren von Lehrkräften hin, während nur wenige Forschungsarbeiten wertvolle Ressourcen von Lehrkräften benennen." (ebd., S. 18f)

Die Untersuchungen zur Lehrerbelastung und Lehrergesundheit unterscheiden sich durch verschiedene theoretische und methodische Zugänge sowie Schwerpunktsetzungen. Beispielsweise liegen überwiegend Studien mit quantitativen Datenerhebungen vor. Qualitative Studien sind in der Belastungsforschung dagegen rar (vgl. auch Gehrke 2003; Wilbers 2004). Aus den Erhebungen der einzelnen quantitativen Untersuchungen resultiert häufig eine Liste an potentiellen Belastungen mit zugeschriebener Gewichtung, die allerdings durch die vorgegebene Zahl und Auswahl an abgefragten Items einen willkürlichen Aufzählcharakter erhalten. Redeker (1993) beschreibt deshalb einen Großteil bisheriger Belastungsuntersuchungen als

---

10 vgl. z.B. folgende Forschungsarbeiten und Programme zur Lehrergesundheit: Arold 2005; Buchen und Rolff 2016; DAK-Gesundheit und Unfallkasse NRW 2012; Heyse 2004; Hillert 2016; Hillert und Schmitz 2004; Hundeloh 2012; Kramis-Aebischer, K. 1995; Paulus 2009; Schaarschmidt und Fischer 2013; Schumacher 2012; Seibert und Krejcí 2012; Sieland und Heyse 2012; Unterbrink et al. 2010.

„banale Ergebnisse, denn: natürlich können bei Abfragung die Aufgaben nach Belastungsintensität in eine Rangfolge gebracht werden. Was fehlt, ist jedoch eine analytische Bearbeitung: was bedeutet den Betroffenen Belastung'? Welche Hintergründe/Zusammenhänge gibt es?" (ebd., S. 55; Hervorheb. im Original).

Ebenso betont Schaarschmidt (2005a), dass belastende Faktoren nicht isoliert für sich wirken und im Zusammenspiel betrachtet werden müssen (ebd., S. 72).

Die Zahl an Studien reduziert sich weiter mit Blick auf berufliche Schulen oder gar Berufsschulen.[11] Im Gegensatz zu Belastungsstudien von Lehrkräften an allgemeinbildenden Schulen sind Lehrkräfte an beruflichen Schulen nur wenig im Fokus der Forschung (vgl. auch Gehrke 2003, S. 41). Ebenso kommt Wilbers (2004) zu dem Schluss: „Spezifische Merkmale auf der System-, Institutions-, Interaktions- und Individualebene von Lehrkräften an berufsbildenden Schulen finden zurzeit nur ungenügend Berücksichtigung in der Forschung" (ebd., S. 270) und bringt dies mit der Gegebenheit in Zusammenhang, „dass die Berufs- und Wirtschaftspädagogik dem Thema der Belastung von Lehrkräften bisher kaum Aufmerksamkeit geschenkt hat" (ebd., S. 270).

3.2 Belastungen von Lehrkräften

Es gibt viele Übersichtsarbeiten zu Lehrerbelastungsstudien (vgl. z.B. Guglielmi und Tatrow 1998; Kyriacou 2001; Rothland 2007a), jedoch ist ein direkter Vergleich der einzelnen Untersuchungen sowie eine Gewichtung der einzelnen Belastungsfaktoren unterschiedlicher Erhebungen aufgrund der bereits erläuterten theoretischen und methodischen Zugänge sowie der verschiedenartigen Schwerpunktsetzungen nicht möglich (Forneck und Schriever 2000, S. 25; Krause und Dorsemagen 2007, S. 54; 58;). Die Studiendesigns und Möglichkeiten, psychische Belastung zu erheben bzw. zu messen, sind sehr unterschiedlich[12] (Nübling 2010, S. 2). Ebenso werden Begrifflichkeiten in unterschiedlichen Studien nicht einheitlich verwendet bzw. definiert. Ab wann der Betroffene etwas als Belastung empfindet und welche Bedeutung der-/diejenige damit verbindet, variiert (Krause 2002, S. 10).

Um eine Sensibilisierung des Untersuchungsgegenstands zu erreichen und Untersuchungstendenzen zu generieren, ist es dennoch wichtig, die Ergebnisse

---

11 Berufliche Schulen beinhalten verschiedene Schularten (z.B. Fach- und Berufsoberschulen, Wirtschaftsschule, Berufsschulen etc.), die zu unterschiedlichen Abschlüssen führen (vgl. Abb. 7).

12 Einige Beispiele hierfür sind physiologische Messungen, Fragebögen oder verschiedene Interviewformen.

bisheriger Lehrerbelastungsforschung zu berücksichtigen (vgl. auch Redeker 1993, S. 56f). Deshalb geben folgende Teilkapitel einen Überblick über die Schwerpunkte psychischer Belastungen von Lehrkräften verschiedener Schularten. Anschließend werden Studienergebnisse im Hinblick auf berufliche Schulen separat zusammengefasst.

Nach ausführlicher Sichtung der Literatur haben sich Belastungsschwerpunkte herauskristallisiert, die im Folgenden den Kategorien

- Schüler
- Abgrenzung und Arbeitszeit
- Arbeitsbedingungen
- Schulausstattung
- Kollegium
- Eltern
- Tätigkeiten
- Schulleitung

zugeordnet werden:[13]

3.2.1 Schüler

Ein Blick auf die allgemeinbildenden Schulen
Das Schülerverhalten wird in zahlreichen Untersuchungen als sehr bedeutender Einflussfaktor auf die Belastungsintensität von Lehrkräften identifiziert – und das bereits über mehrere Jahrzehnte. Beispielsweise grenzt sich in Belschners (1976) Studie das Schülerverhalten in der Belastungsintensität weit von nachfolgenden Belastungsfaktoren ab: 216 von 290 Lehrkräften gaben an, dass das Schülerverhalten besonders häufig als belastend empfunden wird (ebd., S. 19). Auch in der Untersuchung von Döring-Seipel und Dauber (2013) sowie der Universität Potsdam (vgl. Schaarschmidt et al. 2000) stellten sich „schwierige Schüler" als eine der stärksten subjektiven Belastungen von Lehrkräften heraus. Dabei stehen besonders der Mangel an Motivation und Disziplinschwierigkeiten vonseiten der Schüler im Vordergrund der belastenden Faktoren (vgl. Bauer et al. 2006; Hillert 2016; Kyriacou 2001; Wältz 1980). Veeman (1984) stellt fest, dass vor allem junge Lehrer damit Schwierigkeiten haben.

Solche Disziplinarschwierigkeiten führen dazu, dass die Lehrkraft sich in ihrer Autorität untergraben fühlt, was einen weiteren Belastungsfaktor bei

---

13 Die Reihenfolge der Auflistung soll auf keine Gewichtung der Kategorien hindeuten.

Lehrkräften darstellt (Baeriswyl et al. 2014; Dunham 1977). Krause und Dorsemagen (2007) stellen zunehmenden Autoritätsverlust zusammen mit fehlender Wertschätzung gegenüber dem Lehrerberuf unter das Paradigma der generellen gesellschaftlichen Veränderungen (ebd., S. 55). Auch Forneck und Schriever (2000) gehen auf gesellschaftliche Veränderungen ein, die in Zusammenhang mit Disziplin der Schülerschaft und Klassenführung der Lehrkraft stehen:

> „Als besonders belastend werden alle Tätigkeiten eingestuft, die im traditionellen pädagogischen Vokabular unter den Begriffen Disziplin und Klassenführung subsumiert werden. Es handelt sich hier um die zentralen Sozialisationsaufgaben der Profession, die angesichts der in den letzten Dekaden stattgefundenen Modernisierungsprozesse eine unübersehbare Entstandardisierung öffentlicher Räume und damit einhergehend privater Lebensentwürfe hervorgebracht haben. Sozialisation ist damit nicht verunmöglicht, aber schwieriger gestaltbar geworden" (ebd., S. 9).

Dies begründen sie damit, dass sich normative Standardisierungen zu pluralen und heterogenen Auffassungen entwickelt hätten. Für die Schülerschaft wäre die Konfrontation mit unterschiedlichsten Wertvorstellungen, Lebensentwürfen und Lebensstilen eine psychosoziale Herausforderung (ebd., S. 9).

Belschner (1976) untergliedert in seiner Studie belastendes Schülerverhalten in die Teilfaktoren Arbeitshaltung (z.B. Verweigerung der Mitarbeit), formales Verhalten (z.B. Auflehnung gegen die Schulordnung), Sozialverhalten (z.B. Aggressivität und Impulsivität) und Persönlichkeitseigenschaften (z.B. Jähzorn, Reizbarkeit des Schülers). Mit rund 40% fühlen sich die meisten Lehrkräfte in der Studie von Belschner (1976) von der unmotivierten Arbeitshaltung belastet, knapp ein Drittel von Persönlichkeitseigenschaften der Schüler. Soziales oder formales Schülerverhalten wurde von ca. 15% der Lehrkräfte als Belastungsfaktor angegeben. Ebenso identifizieren Bickhoff (2000) und Hüfner (2003) das Sozialverhalten und die mangelnde Mitarbeit der Schüler als Belastungsquelle.

Ein Blick auf die beruflichen Schulen
Auch bei Lehrkräften an beruflichen Schulen stellen sich die Lehrer-Schülerbeziehungen als stärkster Belastungsbereich heraus (vgl. z.B. Bachmann und Grunder 1999; Gehrke 2003; Wulk 1988). Die Determinanten unmotivierte Schüler, schleppende Mitarbeit, Störungen, Lärm und Unruhe stellen Bachmann und Grunder (1999) als am belastendsten heraus (ebd. S. 219). Genauso schreibt Wulk (1988) den Schülerverhaltensweisen eine belastende Rolle zu. In seiner Studie sind absichtliche Störungen und schleppende Mitarbeit die führenden Faktoren (ebd., S. 73). Wulk (1988) erhob 212 „kritische Situationen", von denen 121 auf den Bereich des Unterrichts fielen, wovon wiederum die häufigsten Störungen durch disziplinare Störungen verursacht werden (ebd., S. 141).

Unterteilt sind diese in die Bereiche Allgemeine Störungen (z.b. Hausarbeiten nicht gemacht haben, mit Gegenständen in der Klasse umherwerfen etc.), Konflikte zwischen den Schülern (z.b. gegenseitiges Beschimpfen), Verweigerung der Mitarbeit der Schüler (z.b. Schüler weigern sich aufzuräumen oder ihre Hefte herauszuholen), Machtspiele mit dem Lehrer (z.b. Schüler provozieren den Lehrer mit frechen Bemerkungen oder kommentieren ironisch jeden Lehrersatz), offene Kritik am Lehrer (z.b. Schüler zweifeln die Sinnhaftigkeit der Lerninhalte an oder beschweren sich über die Benotung des Lehrers) oder körperliche Bedrohung (z.b. verbale persönliche Angriffe gegen den Lehrer oder Drohbriefe) durch Schüler (ebd., S. 145ff).

In der Untersuchung von Wulk (1988) stellt sich heraus, dass sich die befragten Lehrkräfte mehr mit dem Unterrichtsfach identifizieren als mit der pädagogischen Aufgabe (ebd. S. 96). Demnach sehen sich wohl viele Lehrkräfte an beruflichen Schulen tendenziell weniger in der Rolle des Erziehers als in der Rolle des Wissens-/Fachvermittlers. Interessant ist in Verbindung damit das für Lehrkräfte beruflicher Schulen sehr hohe Belastungsniveau der Determinante „Delegieren der Erziehung an die Schule" in Bachmann und Grunders (1999) Untersuchung (ebd., S. 223).

3.2.2 Rahmenbedingungen, Abgrenzung und Arbeitszeit

Nachdem in folgendem Teilkapitel zuerst verschiedene Rahmenbedingungen vorgestellt werden, die in der Literatur als Belastungsquellen gelten, richtet sich der Blick anschließend konkret auf die Arbeitszeit der Lehrkräfte verbunden mit der Abgrenzung von der Arbeit.

Ein Blick auf die allgemeinbildenden Schulen
Die Reglementierung durch den Lehrplan, der bis zum Schuljahresende durchgearbeitet sein muss, verursacht Zeitdruck. Mit wenigen Ausnahmen sind die Lehrkräfte davon schulartübergreifend betroffen. Kyriacou (2001) zählt „time pressures and workload" zu den wesentlichen Belastungsquellen (ebd, S. 29). Eine Konsequenz daraus ist, dass Lehrkräfte über fehlende Zeit und Möglichkeiten zu persönlicher Begegnung und individueller Hilfestellung klagen. Sie empfinden darüber hinaus ihre Tätigkeiten von zunehmender Bürokratisierung beeinträchtigt, wodurch wiederum die Zeit für individuelle Betreuung fehlt (Hüfner 2003; Merz 1979; Schönig 1991). Auch Kyriacou (2001) listet „administration and management" bei den Hauptstressoren auf (ebd., S. 29). Ein weiterer Kritikpunkt ist die Klassengröße (Hüfner 2003; Merz 1979). Große Klassen lassen sich auch als Ursache für die fehlende Zeit und Möglichkeit für persönliche

Begegnung und individuelle Betreuung festmachen (Hüfner 2003). In einer Untersuchung der Universität Potsdam nimmt die Klassenstärke sogar Platz zwei in der Einschätzung des Belastungsgrades einzelner Arbeitsbedingungen ein (Schaarschmidt et al. 2000, S. 13).

Zu belastenden Rahmenbedingungen zählen Lehrkräfte außerdem ständige Neuerungen im Schulsystem und an der Schule, manche üben Kritik an der Baulichkeit des Schulgebäudes, insbesondere der Klassenräume, und der mangelhaften Ausstattung mit Unterrichtsmitteln (Hüfner 2003).

Innerhalb der Lehrerbelastungsforschung beschäftigen sich viele Studien auch mit der quantitativen Belastung im Sinne der Arbeitszeit und -menge. Dies ist bei Lehrkräften insbesondere aufgrund der schwierigen Bestimmbarkeit ihrer Arbeitszeit interessant, die weit über die Pflichtstundenvorgaben für Unterricht, dem sogenannten Deputat, hinausgehen und einen ungeregelten Zeitanteil ausmachen (Hardwig und Mußmann 2018). „Daß die Länge der Arbeitszeit einen Belastungsfaktor darstellt, gilt bei Arbeitsplatzanalysen als selbstverständlich" (Redeker 1993, S. 41). Deshalb wird außer Frage gestellt, dass eine Einflussgröße der Belastung von Lehrkräften die Stundenanzahl ist (Schaarschmidt et al. 2000, S. 12f).

Außerhalb der Unterrichtseinheiten haben Lehrkräfte kaum festgelegte Arbeitszeiten und keinen festgelegten Ort für den Arbeitsplatz. Dadurch sind sie in ihrer Arbeitsgestaltung flexibel. Mangelnde Abgrenzung und Distanzierung des Privatlebens von der Arbeit führt zu höherem Energieverbrauch und weniger Lebensfreude (Kretschmann 2001, S. 16). Wichtig ist deshalb, das Privatleben und den Arbeitsplatz eigenverantwortlich trennen zu können. Hüfner (2003) stellt fest, dass genau diese Trennung vielen Lehrkräften nicht gelingt. Die Koordinierung beruflicher und privater Verpflichtungen fällt vielen schwer (ebd., S. 4). Insofern ist die autonome Gestaltung der Arbeitszeit von Lehrkräften ambivalent. Zwar klagen die Lehrkräfte über zu viel Reglementierung und Kontrolle (Hüfner 2003; Wilbers 2004; Wulk 1988), empfinden es jedoch als belastend, dass durch die freie Arbeitszeiteinteilung das Gefühl aufkommt, keinen Feierabend zu haben (Wilbers 2004, S. 221).

Wie viele Stunden arbeiten Lehrkräfte nun pro Woche? Schaarschmidt et al. (2007) errechnen aus den einzelnen Tagesbilanzen, die im Rahmen einer Zeiterfassungsstudie von Lehrkräften in Nordrhein-Westlfalen erfasst wurden, den Wochendurchschnitt: „Die Vollzeit-Lehrkräfte arbeiten im Durchschnitt am Wochentag 10.0 Stunden, am Samstag 3.2 und am Sonntag 3.6 Stunden. Umgerechnet auf die Woche bedeutet dies eine Wochenstundenzahl von 56.8" (ebd., S. 23). Mußmann und Hardwig (2018) geben eine Übersicht über Ergebnisse aus unterschiedlichen Studien zu (Jahres-)Arbeitszeiten von Lehrkräften. Die

Ergebnisse der Arbeitsstunden bewegen sich zwischen 47,5 und 58,2 Arbeitsstunden (vgl. ebd., S: 60). Bei den Werten zur Arbeitszeit handelt es sich jeweils um Durchschnittswerte, d.h. die Arbeitszeiten der einzelnen Lehrkräfte können stark voneinander abweichen (vgl. Redeker 1993, S. 42). Zudem weist Hardwig und Mußmann (2018) darauf hin, dass es in den unterschiedlichen Bundesländern und vor allem den unterschiedlichen Schulformen bereits voneinander abweichende Regelstundenvorgaben für Lehrkräfte gibt. Allerdings differieren die Werte in unterschiedlichen Studien auch innerhalb einer Schulform sehr stark. Hierfür existieren verschiedene Erklärungsansätze. Ausschlaggebende Einflussfaktoren sind beispielsweise die zu unterrichtenden Fächer, Jahrgangsstufen oder die Funktion (vgl. Hardwig und Mußmann 2018, S. 68f).

Der zeitliche Aufwand für die Vor-/Nachbereitung der Unterrichtsstunden kann sich je nach Lehrerpersönlichkeit, Fachkombination und Schulart unterscheiden.

Mummert (2005) vergleicht beispielsweise in Tab. 1 die unterschiedlichen Schularten mit dem durchschnittlichen Vor- und Nachbereitungsaufwand für eine Unterrichtsstunde pro Lehrkraft.

Tab. 1: Durchschnittlicher Vor- und Nachbereitungsaufwand für eine Unterrichtsstunde (Mummert 2005, S. 45)

Durchschnittlicher Vor- und Nachbereitungsaufwand für eine Unterrichtsstunde pro Lehrkraft (in Minuten)					
Nr.	Schulform	Minimum	Maximum	Durchschnitt über alle Lehrkräfte	Standardabweichung
1	Grundschule	3,6	57,0	16,8	7,2
2	Hauptschule	4,2	58,8	16,8	9,6
3	Realschule	2,4	63,0	16,8	10,8
4	Sonderschule	0,4	189,6	16,2	15,6
5	Gesamtschule Sek I	2,4	81,6	16,8	9,8
6	Gesamtschule Sek II	1,2	191,4	26,4	13,9
7	Gymnasium Sek I	0,6	99,6	17,1	12,3
8	Gymnasium Sek II	0,6	318,6	29,0	17,4
9	Berufliche Schulen	0,4	112,2	17,4	13,8

Betrachtet man die Minimal- und Maximalwerte pro Unterrichtsstunde, differiert die Spanne enorm. Die Sekundarstufe II des Gymnasiums ist mit 318 Minuten pro Unterrichtsstunde der Spitzenreiter hinsichtlich der Maxima, woraufhin die Sekundarstufe II der Gesamtschule mit 191 Minuten, die Sonderschule mit 189 Minuten und die Berufliche Schulen mit 112 Minuten folgen. Markant sind dagegen die geringen Minima-Werte der eben genannte Spitzenreiter mit beispielsweise 0,4 an Beruflichen Schulen. Mummert (2005) zeigt in Tab. 1 zudem auch, dass die Arbeitszeit für Vor- und Nachbereitung nicht nur über die Schularten hinweg variiert, sondern auch innerhalb einer Schulart. Er nennt als Ursachen für diese Unterschiede hinsichtlich der Vor- und Nachbereitung des Unterrichts die individuellen pädagogischen und didaktischen Konzepte der jeweiligen Lehrkraft sowie ihre subjektiven Präferenzen, „ihrem Engagement und der Zeit, die ihr zur Verfügung steht" (ebd., S. 46).

Im Durchschnitt kommt Mummert (2005) zu dem Ergebnis, dass die tatsächliche Lehrerarbeitszeit höher ist als die für den öffentlichen Dienst nach Stunden normierte Dienstzeit (ebd., S. 48). Hardwig und Mußmann (2018) haben Studien zur Arbeitszeit bei Lehrkräften im historischen Verlauf verglichen und bekräftigen diese: „Seit 60 Jahren legen wissenschaftliche Studien zur Arbeitszeit Erkenntnisse vor, dass Lehrkräfte in Deutschland länger arbeiten müssen als andere vergleichbare Tarifbeschäftigte und Beamtinnen und Beamte im Öffentlichen Dienst." (ebd., S. 9).

Laut Redeker (1993) geht es den Lehrkräften beim Belastungserleben jedoch nicht (nur) um die Zahl an Arbeitsstunden, sondern um die Schwierigkeit ihrer Arbeit, die sie als Belastung empfinden. Auch Engelhardt (1982) appelliert an die Beachtung qualitativer Belastungsstrukturen, welche sich nicht nur auf den unterschiedlichen Zeitumfang einzelner Tätigkeiten beziehen.

Ein Blick auf die beruflichen Schulen
Dass der Vor-/Nachbereitungsaufwand an beruflichen Schulen höher liegt als in verschiedenen anderen Schularten wie beispielsweise der Grund-/Haupt-/Realschule, zeigt bereits Tab. 1. Nach Gehrke (2003) beläuft sich die durchschnittliche Arbeitszeit von Lehrkräften an beruflichen Schulen auf durchschnittlich 44 Stunden pro Woche (ebd., S. 12), Wulk (1988) hingegen erfasst eine Stundenanzahl von 48,8 Stunden pro Woche (ebd., S. 59). Des Weiteren stellen Kärner et al. (2016) bei Lehrkräften beruflicher Schulen einen signifikanten Unterschied hinsichtlich des erhöhten Arbeitspensums am Wochenende im Vergleich zu Arbeitnehmern anderer Berufsgruppen fest (ebd., S. 285).

„Lehrer verbringen einen großen Teil ihrer Arbeitszeit, nämlich 25 Stunden wöchentlich […], zuhause" (ebd., S. 115). Dass diese Heimarbeit vielen eine klare Grenze bzw. Balance zwischen Berufs- und Privatleben erschwert, trifft ebenso wie auf Lehrkräfte anderer Schularten auf Lehrkräfte an beruflichen Schulen zu

(Wulk., S. 126). Zudem ist die berufliche Beanspruchung zu Hause abhängig vom häuslichen Arbeitsplatz.[14]

3.2.3 Kollegium

Ein Blick auf die allgemeinbildenden Schulen
Das Kollegium erhält einen hohen Stellenwert hinsichtlich des Belastungsempfindens. „Dealing with colleagues" gehört nach Kyriacou (2001) zu den Hauptstressoren für Lehrkräfte (ebd., S. 29). Auch Hillert (2016) und Bickhoff (2000) erkennen den Mangel an Solidarität und Kommunikation im Kollegium als Belastungsfaktor. So beschreibt Bickhoff (2000) die Beziehung zum Kollegium oft konfliktbehaftet, verbunden mit Spannungen und mangelnder Unterstützung. Ein ungünstiges Klima innerhalb des Kollegiums wirkt also belastend auf Lehrkräfte. Wenn außerdem kein Gedankenaustausch über fachliche, methodische oder organisatorische Fragen stattfindet, werden Lehrkräfte mit ihren Problemen alleine gelassen, wodurch häufig Selbstzweifel und Schuldgefühle entstehen (ebd., S. 47).

Damit übereinstimmend schreiben Döring-Seipel und Dauber (2013) dem Gefühl der negativen sozialen Kontrolle eine wichtige Rolle hinsichtlich der Gesundheitssituation und der subjektiven Belastung von Lehrkräften zu. Damit ist im Schulkontext das Gefühl gemeint, „sich vor dem Kollegium rechtfertigen zu müssen und von ihm überwacht und kontrolliert zu werden. […] Je negativer das soziale Klima wahrgenommen wird, desto stärker wird die Lehrertätigkeit insgesamt als Belastung empfunden" (ebd., S. 87).

Die Schulatmosphäre und insbesondere das Lehrerkollegium haben demnach eine hohe Bedeutung für das Belastungserleben (vgl. auch Bickhoff 2000; Hüfner 2003; Kaempf und Krause 2004).

Ein Blick auf die beruflichen Schulen
Auch in beruflichen Schulen ist das Kollegium wichtig. Laut Gehrke (2003) folgt nach dem Belastungsbereich der Schülerbeziehungen das Kollegium. Lehrkräfte klagen über fehlende Unterstützung und fehlende Fachgespräche seitens und mit ihren Kollegen (Gehrke 2003). Private Kommunikation ist der Lehrkraft wichtig und wird „um so positiver gewertet, je privater und persönlicher das Gespräch

---

14 Laut Wulk (1988) beeinflussen die Belastungsintensität diesbezüglich folgende Merkmale: Verhalten der Familie, Raumgröße, Abgeschlossenheit des Arbeitszimmers, Lärmpegel/Geräuschdämpfung, fehlende Arbeitsgeräte, verfügbare Geräte, Beschaffenheit des Arbeitszimmers, Lichtverhältnisse, Wärme/Kälte (ebd., S. 115).

ist. Insgesamt wird hier auch der Wunsch nach kleineren Kommunikationsräumen deutlich" (Wulk 1988, S. 96) wie beispielsweise informelle Gespräche mit Kollegen anstatt formalen Konferenzen und Dienstbesprechungen als Raum für fachliche Besprechungen (ebd., S. 94ff).

3.2.4 Eltern

Ein Blick auf die allgemeinbildenden Schulen
Neben dem Kollegium und der Schülerschaft sind in allgemeinbildenden Schulen Eltern zentrale Interaktionspartner, welche sich als wesentlicher Belastungsfaktor herausstellen (Hillert 2016; Skaalvik und Skaalvik 2010; Phyältö et al. 2011). Eine konstruktive Zusammenarbeit mit dem Personenkreis der Eltern ist aus Sicht der Lehrkräfte häufig nicht möglich. Lehrkräfte beschreiben eine Spanne zwischen vollständigem Desinteresse und Nicht-Erreichbarkeit bis hin zum Erwartungsdruck und der Einflussnahme auf den Unterricht (Hüfner 2003; Schönig 1991). Zu starke Einflussnahme vonseiten der Eltern wird von Lehrkräften oft als negative soziale Kontrolle empfunden, gleichzeitig klagen Lehrkräfte über die nachlassende Unterstützung durch die Eltern, wodurch deren Aufgabenbereiche stetig zunehmen (Schaarschmidt und Kieschke 2007, S. 82).

Ein Blick auf die beruflichen Schulen:
Ein markanter Unterschied zwischen allgemeinbildenden und berufsbildenden Schulen sind die Eltern als Interaktionspartner: Lehrkräfte an Berufsschulen haben weniger Kontakt zu Eltern, sondern vordergründig zu den Betrieben und Auszubildenden. Damit fallen Belastungsfaktoren wie Nicht-Erreichbarkeit der Eltern oder Angriffe vonseiten der Eltern aufgrund schlechter Noten oder anderweitiger Missfallen weniger ins Gewicht. Der „Erwartungsdruck von Eltern und Gesellschaft" belastet Lehrkräfte an beruflichen Schulen nur wenig (Bachmann und Grunder 1999, S. 224).

3.2.5 Schulleitung

Ein Blick auf die allgemeinbildenden Schulen
Das Gefühl negativer sozialer Kontrolle äußert sich erneut in der Angst der Lehrkräfte vor unangemeldeten Kontrollbesuchen im Unterricht und einer sanktionierenden Schulaufsicht (Hüfner 2003, S. 4f). Kyriacou (2001) zählt „being evaluated by others" zu den wesentlichen Belastungsquellen im Lehrerberuf (ebd., S. 29). Das Gefühl der Reglementierung schränkt die Lehrkräfte in ihrer Autonomie ein.

Zudem klagen sie teilweise über geringe Wertschätzung ihrer Arbeit durch Vorgesetzte und Probleme mit der Schulleitung (Hüfner 2003; Hillert 2016).

Ein Blick auf die beruflichen Schulen:
Lehrkräfte an beruflichen Schulen schreiben dem Schulleiter einen hohen Stellenwert bezüglich des Belastungsempfindens der Lehrtätigkeit zu. Die Beziehung zu Schulleitungen wird an beruflichen Schulen tendenziell als positiv und wenig belastend empfunden (Gehrke 2003; Wulk 1988). Ebenso zählt das Verhältnis zur Schulleitung und der Erwartungsdruck ihrerseits nach Bachmann und Grunder (1999) zu den niedrigsten Belastungsfaktoren bei Lehrkräften an beruflichen Schulen (ebd., S. 224).

Belastend wird die Beziehung zur Schulleitung jedoch wiederum, wenn diese als reglementierende Kontrollinstanz wahrgenommen wird. In der Studie von Wulk (1988) stellt sich heraus:

„Als besonders belastend werden Beschränkungen der eigenen Autonomie[15] im Berufsleben genannt. Um so individueller, persönlicher und situationsbezogener Beschränkungen ausgesprochen werden, um so eher lassen sie sich ertragen. Je weiter entfernt Entscheidungen von der konkreten Situation getroffen werden, um so stärker werden sie als Belastung empfunden" (ebd, S. 107).

3.2.6 Tätigkeiten

Ein Blick auf die allgemeinbildenden Schulen
Mummert (2005) unterteilte in seiner Untersuchung die Aufgaben von Lehrkräften in mehrere Tätigkeitsbereiche, um dazu für verschiedene Schularten die durchschnittliche Arbeitszeit zu erfassen (vgl. Tab. 2).

Das Unterrichten ist bei Lehrkräften eine zentrale Tätigkeit, was auch an der durchschnittlichen Arbeitszeit pro Lehrkraft in Tab. 2 zu erkennen ist. In der Klasse ständig präsent und gefordert zu sein, geben Lehrkräfte als belastenden Faktor an. Dazu kommt überschneidend zum Belastungsfaktor Zeitdruck (vgl. Kapitel 3.2.2), dass die Tätigkeit des Unterrichtens durch Lehrplanzwänge und die Fülle der curricularen Inhalte erschwert wird (Merz 1979; Hüfner 2003).

Mummert (2005) unterscheidet zwischen „Unterrichtsbezogenen Aufgaben" und dem „Unterrichten". Während das Unterrichten die Unterrichtsstunden selbst bezeichnet, zählt zu den unterrichtsbezogenen Aufgaben in erster Linie die Vor- und Nachbereitung des Unterrichts. Dazu gehört auch die Vorbereitung

---

15 vgl. auch Selbstbestimmungstheorie von Deci und Ryan 2000: Autonomie ist neben dem Kompetenzerleben und der sozialen Einbindung auch ein zentraler Einflussfaktor in der selbstbestimmten Motivation.

Tab. 2: Durchschnittliche Arbeitszeitanteile nach Aufgabenbereichen (Mummert 2005, S. 47)

Durchschnittliche Arbeitszeitanteile pro Lehrkraft und Jahr nach Aufgabenbereichen (in %)							
Bereich	Grund-schule	Haupt-schule	Real-schule	Sonder-schule	Gesamt-schule	Gymna-sium	Berufl. Schule
Unterricht	39,2	38,5	38,7	36,9	31,0	31,9	35,7
Unterrichtsbezogene Aufgaben	26,6	30,2	32,2	29,5	32,0	36,9	33,0
Außerunterrichtliche Aufgaben	17,5	16,4	16,4	18,6	21,9	15,7	14,4
Entwicklungs- und Koordinierungsaufgaben	1,0	0,9	0,9	1,3	1,5	1,2	2,4
Verwaltungs- und Führungsaufgaben	9,2	5,6	5,5	7,7	6,0	4,8	6,4
Lehreraus- und -fortbildung	1,3	0,3	0,4	0,5	0,7	1,5	0,8
Eigene Fort- und Weiterbildung	5,1	8,1	5,9	5,5	6,9	7,9	7,2
Gesamt	100,0	100,0	100,0	100,0	100,0	100,0	100,0

und Korrektur von Klassenarbeiten sowie das Erstellen von Zeugnissen und/ oder Gutachten. Korrekturen und Beurteilungen der Schülerleistungen gehören dabei bereits seit vielen Jahren zu belastenden Tätigkeiten vieler Lehrkräfte (Engelhardt 1982; Forneck und Schriever 2000; Thoma 1986). Engelhardt (1982) stuft die Unterrichtsvorbereitung im Allgemeinen als wesentlichen Belastungsfaktor ein: Je weniger Unterrichtsmaterialien zur Verfügung stehen und je größer die Schülergruppen, desto stärker ist die Belastung. Zudem stellt sich in der Arbeitszeituntersuchung von Landert (1999) sowie Landert und Brägger (2009), dass Lehrkräfte nach dem Unterrichten am häufigsten Zeit für die Vor-/ Nachbereitung des Unterrichts aufbringen.

Kurzgefasst: Das Unterrichten als eine zentrale Tätigkeit von Lehrkräften macht letztlich weit weniger als die Hälfte deren gesamter Arbeitszeit aus. Schulische Aufgaben außerhalb des regulären Unterrichts nehmen also einen sehr hohen Zeitanteil für sich in Anspruch (vgl. Mummert 2005; Mußmann et al. 2016).

Ein Blick auf die Beruflichen Schulen:
Das Tätigkeitsspektrum von Lehrkräften (z.b. Unterrichten, Vor-/ Nachbereitung, Verwaltungstätigkeiten, u.ä.) ist im Überblick an allen Schularten ähnlich. Trotzdem unterscheiden sich bei genauerer Betrachtung die Anforderungen an vielen Stellen.

Berufsschullehrkräfte müssen sich beispielsweise im Gegensatz zu Lehrkräften an allgemeinbildenden Schulen weniger mit Eltern auseinandersetzen, sich dafür jedoch mit Betrieben abstimmen (z.b. Unterrichtspläne mit den betrieblichen Ausbildungsplänen abstimmen, Kontakt zu Innungen, Kammern und Verbänden, Abschlussprüfungen vorbereiten, durchführen und bewerten). Dadurch ergeben sich zusätzliche potentielle Stressoren durch das duale System (Bachmann und Grunder 1999, S. 116). Der Fachunterricht innerhalb des dualen Systems an der Berufsschule zeichnet sich zudem durch einen ständigen Wandel in Forschung und Technik aus. Dementsprechend müssen die fachlichen Kompetenzen der Lehrkräfte stets auf dem aktuellen Stand bleiben, wohingegen allgemeinbildende Fächer weniger Veränderungen mit sich bringen.

Zudem haben Lehrkräfte an beruflichen Schulen verschiedene Organisationsformen des Unterrichts wie z.b. Teilzeit-/Vollzeitunterricht oder Einzeltages-/ Blockunterricht. Auch die verschiedenen beruflichen Schularten und Einsatzgebiete, die die beruflichen Schulen umfassen (vgl. Abb. 7), und das damit verbundene breite Spektrum an Unterrichtsinhalten sind potentielle Stressoren. Vor allem bei Erteilung von fachfremden Unterricht ist die Lehrkraft mit zusätzlichem Aufwand konfrontiert (Bachmann und Grunder 1999, S. 117).[16]Ebenso wie bei allgemeinbildenden Schulen unterscheidet sich die Arbeitszeit für die Vor-/Nachbereitung je nach Lehrkraft: „Die Tätigkeit am häuslichen Arbeitsplatz nimmt den größten Raum ein. Sie findet regelmäßig, aber unterschiedlich intensiv statt. Die Intensität hängt davon ab, wie oft ein Unterricht bereits gehalten wurde. Bei dieser Tätigkeit kann der Lehrer daher am ehesten Routine entwickeln" (Wulk 1988, S. 119).

Innerhalb der beruflichen Bildung können Lehrkräfte mit sehr unterschiedlichen Anforderungen konfrontiert werden. Sowohl durch den Einsatz an verschiedenen beruflichen Schularten (vgl. Kapitel 4.4.3), als auch innerhalb einer Schulart, wie z.b. dem Einsatz in Klassen unterschiedlicher beruflicher Fachrichtungen bzw. Berufe an der Berufsschule. Bachmann und Grunder (1999)

---

16 In der Berufsschule müssen manche Fächer wie z.B. Deutsch von allen Lehrkräften unterrichtet werden.

stellten im Hinblick auf die unterschiedlichen Fachrichtungen fest, dass Lehrkräfte an Berufsschulen nicht gleichermaßen belastet sind.

„Es zeichnet sich ab, daß Lehrerinnen und Lehrer an kaufmännischen Schulen – im Vergleich zu den Lehrkräften an gewerblichen und hauswirtschaftlichen Schulen – höher belastet sind. Die Unterschiede sind *sehr signifikant*. Die hohen Belastungswerte manifestieren sich besonders bei den Merkmalen ‚Korrekturen von Abschlußprüfungen u.a.' und ‚Größe der Klassen'." (ebd., S. 233; Hervorheb. im Original).

Berufliche Schulen zeichnen sich durch eine stark heterogene Schülerschaft aus. Einige Heterogenitätsdimensionen sind beispielsweise die stark variierende Vorbildung an den beruflichen Schularten oder die große Altersspanne (Bachmann und Grunder 1999, S. 117). Dadurch bereitet das Unterrichten den Lehrkräften an beruflichen Schulen häufig Schwierigkeiten, vor allem in Bezug auf leistungsschwache Schüler: „Da die fachlichen Ansprüche bei schlechteren Schülern selten erfüllt werden können, erhöht sich damit ständig die Belastung an den fachlich unterforderten und pädagogisch überforderten Lehrer. […] Eine Erklärung hierfür ist die stärker fachlich orientierte Einstellung des Berufsschullehrers zum Beruf und/oder die fehlende pädagogische Haltung" (Wulk 1988, S. 71). Auch in der Studie von Gehrke (2003) stellt sich heraus, dass „zu große Leistungsunterschiede" den Lehrkräften eine große Belastung sind (ebd., S. 36).

3.3 Bewältigungsressourcen von Lehrkräften

Im Gegensatz zur Literaturfülle rund um Belastungsfaktoren bei Lehrkräften existieren weitaus weniger Forschungsarbeiten zu arbeitsbezogenen Bewältigungsressourcen von Lehrkräften, da lange Zeit insbesondere krankheitsverursachende Aspekte im Mittelpunkt der Forschung standen. Mittlerweile rücken in Forschungsarbeiten zunehmend mehr gesundheitsschützende/-förderliche Ressourcen in den Vordergrund. Beispiele zweier großer Studien sind die Kasseler Studie zur Lehrergesundheit (vgl. Döring-Seipel und Dauber 2010; 2013) oder die Potsdamer Lehrerstudie (vgl. Schaarschmidt 2005a), die einen ressourcenorientierten Ansatz inkludieren. Gesundheit wird dabei als Prozess verstanden, „der nicht allein von belastenden, gesundheitsgefährdenden Einflüssen abhängt, sondern in starkem Maße davon, was die jeweilige Person diesen Einflüssen entgegenzusetzen hat und auf welche Ressourcen sie bei der Auseinandersetzung mit Anforderungen und Belastungen zurückgreifen kann." (Döring-Seipel 2014, S. 20).

Aus Kapitel 2.2.2 geht bereits hervor, dass Ressourcen all jene Faktoren umfassen, die dem Individuum in seiner subjektiven Wirklichkeitskonstruktion bei der Bewältigung bestimmter Anforderungen dienen. Das bedeutet, dass das

Spektrum an Bewältigungsressourcen sehr vielfältig und individuell sein kann. Um einen Einblick in die ressourcenorientierte Forschung zur Lehrergesundheit zu erhalten, fassen folgende Abschnitte häufig genannte Bewältigungsressourcen zusammen.

Gute Lehrer-Schüler-Beziehungen und insbesondere positives Feedback vonseiten der Schüler sind eine starke Ressource für Lehrkräfte (vgl. Unterbrink et al. 2008; Wesselborg 2017). Wie bereits in Kapitel 3.2.1 deutlich gemacht wurde, sind schwierige und undisziplinierte Schüler allerdings auch sehr oft ein ganz zentraler Belastungsfaktor von Lehrpersonen. Die Lehrer-Schüler-Beziehung hat also einen maßgeblichen Einfluss auf das Belastungsempfinden bzw. das Wohlbefinden von Lehrkräften.

Humor, der das Sozialklima innerhalb der Klasse positiv beeinflusst (vgl. Kassner 2002), und Klassenführungskompetenz (vgl. Friedman 2006; Gärtner 2016) sind weitere Ressourcen, welche dem Belastungsempfinden von Lehrkräften entgegenwirken. Dies ist möglicherweise auch deshalb der Fall, weil sie jeweils auf positive Lehrer-Schüler-Beziehungen abzielen. Laut Winkelmann und Gienke (2007) fällt es vielen Lehrkräften schwer, in geeigneter Weise auf Störungen im Unterricht zu reagieren: „Es wird deutlich, dass bei knapp der Hälfte der befragten Lehrer (47 %) hinsichtlich der Methodenkompetenz ein Mangel an Ressourcen vorliegt, um auf konfliktreiche Situationen zu reagieren und mit ‚schwierigen' Schülern umzugehen" (ebd., S. 401). Ordnet man diesen Mangel an Methodenkompetenz bezüglich Störungen im Unterricht der allgemeinen Klassenführungskompetenz zu, bekräftigt dies dessen Bedeutsamkeit als Bewältigungsressource von Lehrkräften.

Döring-Seipel und Dauber (2010; 2013) zählen Achtsamkeit, emotionale Stabilität, Kohärenzgefühl, Ungewissheitstoleranz, Distanzierungsfähigkeit und Selbstwirksamkeit zu personalen Ressourcen von Lehrkräften, die bei der Bewältigung von Anforderungen bzw. Belastungen helfen. Das Kohärenzgefühl wurde ursprünglich

> „von Antonovsky in seinem salutogenetischen Modell als eine Art ‚Meta-Ressource' konzipiert (…). Das Kohärenzgefühl bezeichnet eine allgemeine Grundhaltung der Welt und dem Leben gegenüber, die durch die Zuversicht gekennzeichnet ist, dass Ereignisse des Lebens trotz vieler Unwägbarkeiten verstehbar und erklärbar sind, dass Probleme und Schwierigkeiten lösbar sind, und dass das Leben insgesamt und die Dinge, die man tut, einen Sinn ergeben" (Döring-Seipel und Dauber 2013, S. 29).

König und Dalbert (2004) haben die Ungewissheitstoleranz in Verbindung mit dem Belastungsempfinden bei Berufsschullehrern untersucht und konnten eine positive Beziehung zwischen dem beruflichen und allgemeinen Befinden von

Lehrenden berufsbildender Schulen und deren Ungewissheitstoleranz nachweisen.

Selbstwirksamkeitsüberzeugungen bzw. -erwartungen (vgl. Bandura 1977; 1997) nehmen als Bewältigungsressource neben Döring-Seipel und Dauber (2010) in mehreren Forschungsarbeiten ebenfalls einen hohen Stellenwert ein (vgl. z.b. Schröder 1997; Schmitz 2001; Schaarschmidt 2005a), ebenso die Distanzierungsfähigkeit (vgl. ebd.).

Krause et al. (2011) fasst in seinem Übersichtsartikel äußere Ressourcen zusammen, die sich positiv auf die Gesundheit von Lehrkräften auswirken bzw. die Wahrscheinlichkeit einer Erkrankung reduzieren. Als erste Ressource führt er mit Verweis auf die Forschung von van Dick (1999) die „Gute Zusammenarbeit im Kollegium, gute Teamarbeit, stark ausgeprägte gegenseitige soziale Unterstützung in fachlicher und emotionaler Hinsicht" (Krause et al 2011, S. 792) auf. Soziale Unterstützung gilt in vielen Forschungsarbeiten als eine wertvolle Unterstützung (vgl. z.B. Döring-Seipel und Dauber 2010; Schaarschmidt 2005a). Allerdings beklagen Lehrkräfte sehr häufig, dass die soziale Unterstützung im Kollegium gering ausgeprägt ist bzw. die Atmosphäre im Kollegium als belastender Faktor wahrgenommen wird (vgl. Kapitel 3.2.3).

Als sehr wichtig wird auch die soziale Unterstützung vonseiten der Schulleitung (vgl. Fang und Yan 2004) verbunden mit einem geeigneten Handlungs-/ Entscheidungsspielraum erachtet, welche ebenfalls in Krause et al (2011) unter „externe Ressourcen" gelistet sind.

An manchen Stellen ergeben sich zwischen gesundheitsförderlichen Ressourcen und der Unterrichtsgestaltung Zusammenhänge: Lehrkräfte mit einer geringen Toleranz für nicht vollständig planbare Situationen sowie einer geringen Distanzierungsfähigkeit stellten beispielsweise in der Studie von Döring-Seipel (2014) eher lehrerzentrierte Wissens- und Stoffvermittlung in den Mittelpunkt, wohingegen Lehrkräfte, die über Ressourcen wie Ungewissheitstoleranz oder Selbstwirksamkeit verfügten, ein höheres Maß an Schülerorientierung und selbständigen Arbeitsformen in den Unterricht integrierten.

> „Eine insgesamt schmale Ressourcenbasis und besonders eine geringe Ausprägung von Selbstwirksamkeit, Kohärenzsinn, Distanzierungsfähigkeit und emotionaler Stabilität führten dazu, dass Unterrichtskonzepte nicht erfolgreich umgesetzt werden konnten und die Lehrerinnen und Lehrer über eine starke Störanfälligkeit im Unterrichtsgeschehen berichteten, die sie emotional erschütterte und die zu einem weiteren gesundheitsgefährdenden Stressfaktor wurde" (Döring-Seipel 2014, S. 22).

Der in vorliegender Untersuchung verwendete Fragebogen des arbeitsbezogenen Verhaltens- und Erlebensmuster (AVEM) impliziert bereits genannte

Ressourcen in seinen insgesamt 11 Dimensionen: Distanzierungsfähigkeit und Erleben sozialer Unterstützung. Weitere Dimensionen wie z.b. die Bedeutsamkeit der Arbeit, die Verausgabungsbereitschaft oder die Resignationstendenz werden in Kapitel 6.3.3 vorgestellt.

3.4 Forschungsleitendes Fazit

Lehrkräfte gelten als gefährdete Berufsgruppe im Hinblick auf psychische Erkrankungen (vgl. z.B. Baeriswyl et al. 2014; Blossfeld et al. 2014; Rothland 2013; Weber und Lederer 2006). Ihre Belastungsfaktoren sind zahlreich und gehen von unterschiedlichen schulischen Teilbereichen aus. Teilweise separieren sich die potenziellen Stressoren sowie die Belastungsschwerpunkte von Lehrkräften beruflicher Schulen zu anderen Schularten, an manchen Stellen überschneiden sie sich. Dabei ist zu beachten, dass sich berufliche Schulen erneut in unterschiedliche Schularten und wiederrum in unterschiedliche Abteilungen oder Klassenformen aufteilen (vgl. Abb. 7).

An Berufsschulen in Bayern gibt es eine spezielle Klassenform für die Beschulung von neu Zugewanderten und Geflüchteten: Die Berufsintegrationsklassen (BIK). Vorliegende Untersuchung konzentriert sich auf Lehrkräfte in diesen Klassen, die sich durch markante Rahmenbedingungen und Tätigkeitsmerkmale auszeichnen (vgl. Kapitel 4.4f). Wie wirken sich nun die markanten Anforderungen in Berufsintegrationsklassen auf das Belastungsempfinden von Lehrkräften, die darin unterrichten, aus? Was hilft ihnen im Hinblick auf die eigene Gesunderhaltung bei der Bewältigung dieser Herausforderungen? Diesen Fragen geht die vorliegende Untersuchung nach (vgl. Kapitel 5). Dabei soll dargestellt werden, welche Unterschiede und Besonderheiten sich im Vergleich zu den bisherigen Belastungsschwerpunkten innerhalb der Forschung ergeben. Darüber hinaus steht im Mittelpunkt der Untersuchung, warum sich Lehrkräfte mit ähnlichen oder gleichen Anforderungen und Rahmenbedingungen unterschiedlich stark belastet fühlen.

4 Forschungskontext

4.1 Fluchtmigration in Deutschland

Nachdem geklärt ist, was unter der Bezeichnung „Fluchtmigrant"[17] zu verstehen ist und inwiefern der Begriff im Rahmen dieser Forschungsarbeit verwendet wird, geht das Kapitel 4.1 auf die Entwicklung der Fluchtzuwanderung nach Deutschland ein.

Laut Kleist (2015) besteht in der Forschung keine Einigkeit darüber, wer als Flüchtling gilt (ebd., S. 154). Grundsätzlich sind Geflüchtete auch der Gruppe der Migranten zuzuordnen. „Doch sie unterscheiden sich dadurch, dass sie aufgrund ihres Verlusts von und auf der Suche nach grundlegenden Rechten und Schutz migrieren" (Kleist 2015, S. 153). Die UNHCR unterscheidet Migranten und Flüchtling in ähnlicher Weise:

> „Ein Migrant verlässt seine Heimat üblicherweise freiwillig, um seine Lebensbedingungen zu verbessern. Sollte er zurückkehren, genießt er weiterhin den Schutz seiner Regierung. Flüchtlinge hingegen fliehen vor drohender Verfolgung und können unter den bestehenden Umständen nicht in ihr Heimatland zurückkehren" (UNHCR 2017).

Wird der Begriff des Geflüchteten als politisch-rechtliches Konstrukt betrachtet, sind verschiedene Gesetze und Richtlinien über die nationale Ebene hinaus zu berücksichtigen. Der Flüchtlingsstatus ist dabei von weiteren Schutzstatus abzugrenzen, was folgende Ausführungen im Überblick erläutern:

In der Genfer Flüchtlingskonvention (GFK) 1951 werden Menschen, die aus „Furcht vor Verfolgung wegen ihrer Rasse, Religion, Nationalität, Zugehörigkeit zu einer bestimmten sozialen Gruppe oder wegen ihrer politischen Überzeugung" den Schutz ihres Landes nicht in Anspruch nehmen können, als Flüchtling definiert (Art. 1 A Abs. 2 GFK). Diese Regelungen gelten für alle der Genfer Flüchtlingskonvention beigetretenen Staaten.

Innerhalb der europäischen Union gibt es weiter eine Qualifikationsrichtlinie, welche Normen für die Anerkennung als Flüchtling oder andere Schutzarten wie den subsidiären Schutz festlegt (Kapitel VI Art 18f). Innerhalb Deutschlands wird zusätzlich in AsylG §4 festgehalten, wer subsidiär schutzberechtigt ist: Subsidiärer Schutz gebührt demjenigen, dem im Herkunftsland ernsthafter Schaden droht. Darunter fällt nach AsylG §4 Abs. 1

---

17 Die Begriffe Flüchtling, Geflüchteter, Menschen mit Fluchthintergrund oder Fluchtmigrant werden innerhalb der Untersuchung gleichermaßen als Synonyme verwendet.

„1. die Verhängung oder Vollstreckung der Todesstrafe,
„2. Folter oder unmenschliche oder erniedrigende Behandlung oder Bestrafung oder
„3. eine ernsthafte individuelle Bedrohung des Lebens oder der Unversehrtheit einer Zivil-person infolge willkürlicher Gewalt im Rahmen eines internationalen oder innerstaatlichen bewaffneten Konflikts."

Konform zu betreffenden Inhalten der EU-Qualifikationsrichtlinie und der GFK ist AsylG §3 ein nationales Gesetz in Deutschland. Nach AsylG §3 Abs. 1 wird ein Ausländer als Flüchtling bezeichnet, wenn sich dieser

„1. aus begründeter Furcht vor Verfolgung wegen seiner Rasse, Religion, Nationalität, politischen Überzeugung oder Zugehörigkeit zu einer bestimmten sozialen Gruppe,
„2. außerhalb des Landes (Herkunftsland) befindet,
    a) dessen Staatsangehörigkeit er besitzt und dessen Schutz er nicht in Anspruch nehmen kann oder wegen dieser Furcht nicht in Anspruch nehmen will oder
    b) in dem er als Staatenloser seinen vorherigen gewöhnlichen Aufenthalt hatte und in das er nicht zurückkehren kann oder wegen dieser Furcht nicht zurückkehren will"

Zudem ist in Deutschland im Grundgesetz Art 16a verankert, dass politisch Verfolgten Asylrecht gewährt wird. Dies wirft sogleich die Frage auf: Wann ist eine Verfolgung politisch? Das Bundesamt für Migration und Flüchtlinge antwortet darauf mit folgender Erläuterung:

„Politisch ist eine Verfolgung dann, wenn sie dem Einzelnen in Anknüpfung an seine politische Überzeugung, seine religiöse Grundentscheidung oder an für ihn unverfügbare Merkmale, die sein Anderssein prägen, gezielt Rechtsverletzungen zufügt, die ihn ihrer Intensität nach aus der übergreifenden Friedensordnung der staatlichen Einheit ausgrenzen. Das Asylrecht dient dem Schutz der Menschenwürde in einem umfassenderen Sinne" (BAMF 2016d).

Das bedeutet, dass der GG Art 16a allgemeine Notsituationen wie Bürgerkriege, Naturkatastrophen, Armut oder Perspektivlosigkeit als Gründe für eine Asylgewährung ausschließt. Gegebenenfalls können hier allerdings andere Schutzstatus greifen wie bspw. der subsidiäre Schutz (AsylG §4).

Ob und welcher Schutzstatus bei einem Asylantragsteller greift, entscheidet in Deutschland das Bundesamt für Migration und Flüchtlinge (BAMF). Solange ein Asylverfahren läuft, d.h. der Asylantrag geprüft wird, ist von *Asylbewerbern* die Rede. Als *Asylsuchende* werden die Menschen bezeichnet, die noch keinen Asylantrag gestellt haben.

Die vorliegende Arbeit behandelt aufgrund des Forschungskontextes der Beschulung und Arbeitsintegration von Neuzuwanderern und Fluchtmigranten den Begriff des Geflüchteten als politisch-rechtliches Konstrukt. Aus Gründen der Vereinfachung werden alle Schüler in Berufsintegrationsklassen,[18] die einen Asylantrag gestellt haben, als Geflüchtete bezeichnet. Trotzdem ist es notwendig, die unterschiedlichen Asylstatus in mehreren Abschnitten dieser Arbeit differenziert zu thematisieren, weshalb folgender Abschnitt eine Übersicht über das Asylverfahren in Deutschland gibt:

Nachdem ein Asylsuchender in Deutschland Antrag auf Asyl gestellt hat, erhält er eine Aufenthaltsgestattung, bis das Asylverfahren entschieden ist. Grob kann man zwischen positiven und negativen Bescheiden unterscheiden. Folgende Graphik gibt in vereinfachter Darstellung einen Überblick über die Entscheidungsmöglichkeiten im nationalen Asylverfahren einer volljährigen Person. Positive Bescheide sind darin hellgrau, negative Bescheide dunkelgrau markiert.

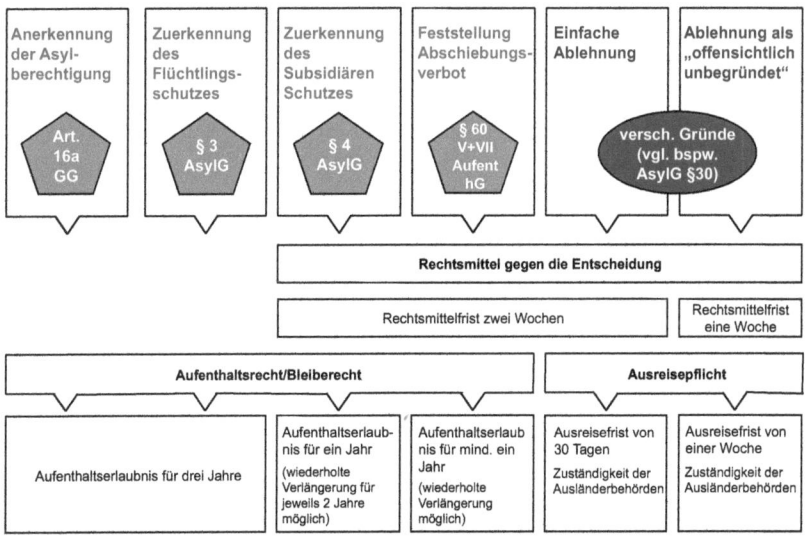

Abb. 3: Entscheidungsmöglichkeiten im nationalen Asylverfahren einer volljährigen Person in vereinfachter Darstellung (BAMF 2016a)

Positive Bescheide erlauben rechtlich einen Aufenthalt in Deutschland über gewisse Zeit. Ablehnungen der Asylanträge ziehen innerhalb einer bestimmten Frist die Ausreisepflicht nach sich. Der Graphik ist an dieser Stelle hinzuzufügen,

---

18 Das sind Klassen an Berufsschulen für neu Zugewanderte und Geflüchtete (vgl. Kapitel 4.4).

dass eine erteilte Abschiebung ausgesetzt werden kann, solange eine Abschiebung aus verschiedenen Gründen nicht möglich ist. In diesem Fall kann nach §60a AufenthG eine Duldung ausgesprochen werden.

Wird die Asylberechtigung anerkannt (Artikel 16a im Grundgesetz) oder der Flüchtlingsschutz erteilt (§3 AsylG), dürfen die Fluchtmigranten drei Jahre in Deutschland bleiben, während bei Erteilung des subsidiären Schutzes die Aufenthaltserlaubnis für nur ein Jahr ausgesprochen wird. Verlängerungen sind hierbei jedoch möglich. Liegen Gründe vor, die eine Abschiebung verbieten (vgl. §60 AufenthG), ist ebenso eine Aufenthaltserlaubnis für eine begrenzte Zeit, jedoch mit Möglichkeit auf Verlängerung vorgesehen.

Im deutschen Asylverfahren haben Asylbewerber zudem die Möglichkeit, gegen ihren Bescheid rechtlich Widerspruch einlegen. Dies gilt bei Erteilung des subsidiären Schutzes, der Feststellung eines Abschiebungsverbots und bei Formen der Ablehnung. Die Frist erstreckt sich auf zwei Wochen mit Ausnahme der Ablehnung als „offensichtlich unbegründet". In diesem Fall ist die Rechtsmittelfrist verkürzt auf eine Woche.

Nationale Asylverfahren und Fluchtmigration sind für Deutschland keine Themen, die erst seit wenigen Jahren existieren. Folgende Abbildung gibt einen Überblick über die zahlenmäßige Entwicklung der Asylanträge in Deutschland seit Gründung des Bundesamts für Migration und Flüchtlinge (BAMF) im Jahre 1953.

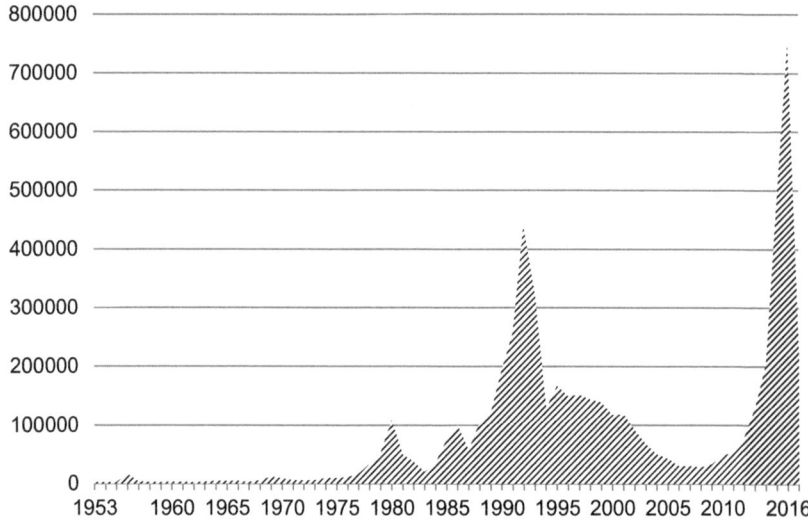

Abb. 4: Asylanträge (Erst- und Folgeanträge) in Deutschland seit 1953; Zahlenquelle (BAMF 2018c)

Bereits um 1990 ist in Deutschland ein erheblicher Anstieg an Asylanträgen[19] zu verzeichnen, der im Jahr 1992 den damaligen Höchststand von 438.191 erreichte. Diese Entwicklung ist auf geflohene (Bürger-) Kriegsflüchtlinge aus dem ehemaligen Jugoslawien zurückzuführen (Bundesregierung 2004, S. 6) sowie auf Asylantragsteller aus Rumänien (Bundesregierung 1992, S. 2). Nach 1992 erfolgte ein langjähriger Rücklauf der Antragszahlen. Zwischen 2007 und 2016 gab es erneut einen starken Anstieg. Das Jahr 2016 erzielt mit 745.545 Asylanträgen den höchsten Jahreswert seit Gründung des Bundesamtes. Im Vorjahr 2015 lag der Wert noch bei 476.649 Anträgen. Als Hauptherkunftsländer gelten Syrien, arabische Republik, Afghanistan und Irak (BAMF 2018c).

Zu berücksichtigen ist, dass die hier dargestellten Zahlen nur die Personen erfassen, die beim Bundesamt einen Asylantrag gestellt haben. Die Zahl der Asylsuchenden, die tatsächlich nach Deutschland migrierten, kann hiervon abweichen. Gründe dafür sind beispielsweise eine mehrmalige Antragstellung sowie das Unterlassen der Asyl-Beantragung. Naheliegend ist trotzdem, dass der Großteil der Asylsuchenden einen Antrag auf Asyl stellt, weil ihnen damit der Zugang zu Bildung oder dem Arbeitsmarkt sowie die Möglichkeit von Leistungsbezügen durch den Staat (vgl. AsylbLG §1) eröffnet werden kann. Aus Angst vor Abschiebung ist es jedoch auch möglich, dass sich Menschen für ein Leben in Illegalität entscheiden und deshalb keinen Asylantrag stellen.

4.2 Auswirkungen der Fluchtmigration auf die Berufsschulen

Inwiefern die eben dargestellte Fluchtmigration eine Auswirkung auf die Berufsschulen (in Bayern) hat, erklärt folgendes Kapitel.

Die Zuwanderung durch (Flucht-)Migranten stellt das Bildungssystem bundesweit vor Herausforderungen. So wurden deutschlandweit an Berufsschulen Beschulungsmaßnahmen zur Sprachförderung und/oder Berufsintegration für diese Zielgruppe ins Leben gerufen. Aufgrund der Kultushoheit der Länder entwickelten die unterschiedlichen Bundesländer allerdings jeweils verschiedene schulorganisatorische Modelle, weshalb diese Maßnahmen unterschiedlich betitelt und aufgebaut sind. Während die entsprechenden Klassen in Sachsen unter „Vorbereitungsklassen mit berufspraktischen Aspekten" bekannt sind, werden sie in Hessen als „Intensivklassen" (InteA) bezeichnet. Häufig umfasst das Konzept zwei Beschulungsjahre. So existiert beispielsweise in Bayern als erstes Jahr die „Berufsintegrationsvorklasse" (BIK/V) gefolgt von

---

19 Die Asyl-Erst-/und Folgeanträge sind in Abb. 4 zusammengefasst dargestellt.

der „Berufsintegrationsklasse" (BIK),[20] während Baden-Württemberg zwischen dem „Vorqualifizierungsjahr Arbeit/Beruf" (VABO) und dem „Vorqualifizierungsjahr Arbeit/Beruf in der Regelform" (VABR) oder Berlin zwischen der „Willkommensklasse" und dem „Berufsqualifizierenden Lehrgang" (BQL) innerhalb der jeweils zweijährigen Beschulungskonzepte unterscheiden (vgl. Terrasi-Haufe et al. 2017b).

Die vorliegende Untersuchung findet im Kontext des bayerischen Beschulungsmodells statt. In Bayern gilt nach dem BayEUG Art. 35 Satz 1: „Wer die altersmäßigen Voraussetzungen erfüllt und in Bayern seinen gewöhnlichen Aufenthalt hat [...], unterliegt der Schulpflicht." Diese Schulpflicht (unterteilt in Vollzeit-/ und Berufsschulpflicht) gilt, unabhängig vom Aufenthaltsstatus, auch für neu Zugewanderte und Geflüchtete zwischen 16 und 21 Jahren, egal welchen Aufenthaltsstatus diese haben. In Ausnahmenfällen ist ein Schulbesuch bis Vollendung des 25. Lebensjahres möglich, wenn die jungen Menschen keinen in Deutschland anerkannten Schulabschluss vorweisen können oder noch keinen Schulabschluss in Deutschland erwerben konnten (vgl. StMUK 2016).

Das bedeutet, dass Berufsschulen von einem großen Teil der Fluchtmigration betroffen sind, überwiegend von jungen Männern (vgl. z.B. ISB 2017b, 2017e; Baumann und Riedl 2016; Bundesagentur für Arbeit 2017, 2018). Dies spiegelt sich in einem deutlichen Anstieg der Schülerzahlen wider. Deshalb wurde bereits zum Schuljahr 2010/11 ein spezielles Beschulungskonzept eingeführt: Die Berufsintegrationsklassen.[21] „In die Berufsintegrationsklassen werden berufsschulpflichtige Asylbewerber und Flüchtlinge und ergänzend andere Berufsschulpflichtige, die einen vergleichbaren Sprachförderbedarf haben (z.B. neu zugezogene EU-Ausländer), aufgenommen" (StMUK 2016, S. 2). Die frühe Anbahnung eines solchen Beschulungskonzepts erklärt, weshalb Bayern so zügig auf den sich zuspitzenden Anstieg an berufsschulpflichtigen Schülern ab dem Schuljahr 2014/15 reagieren konnte.

Nachdem im Jahr 2010/11 sechs Klassen mit rund 100 Schülern eingerichtet wurden, stieg die Anzahl an benötigten Berufsintegrationsklassen[22] bis ins Jahr 2016/17 auf rund 1150 mit insgesamt 19.000 Schülern und ist mittlerweile eine

---

20 Zur vollständigen Darstellung des Beschulungskonzepts s. Kapitel 4.4.
21 Zum damaligen Zeitpunkt hatten diese Klassen noch die Titel „Berufsintegrationsjahr/Vorklasse" und „Berufsintegrationsjahr" (Angaben des Kultusministeriums vom 13. April 2018).
22 Mit „Berufsintegrationsklassen" sind hier alle Klassenformen der Berufsintegrationsmaßnahme (Berufsintegrationsklasse, Berufsintegrationsvorklasse und Sprachintensivklasse) gemeint (vgl. Kapitel 4.4).

bayernweit etablierte und ausdifferenzierte Maßnahme. Im Schuljahr 2017/18 gibt es rund 1100 Berufsintegrations- und Sprachintensivklassen mit rund 18.000 Schülern (Angaben des Bayerischen Staatsministeriums für Bildung und Kultus, Wissenschaft und Kunst vom 26. November 2017). Die Klassenzahlen im Schuljahr 2018/19 liegen bei 730 und werden laut Prognosen des Kultusministeriums (Stand 11.12.2018) für das Schuljahr 2019/20 auf ca. 500 bis 550 Klassen geschätzt (vgl. Abb. 5).

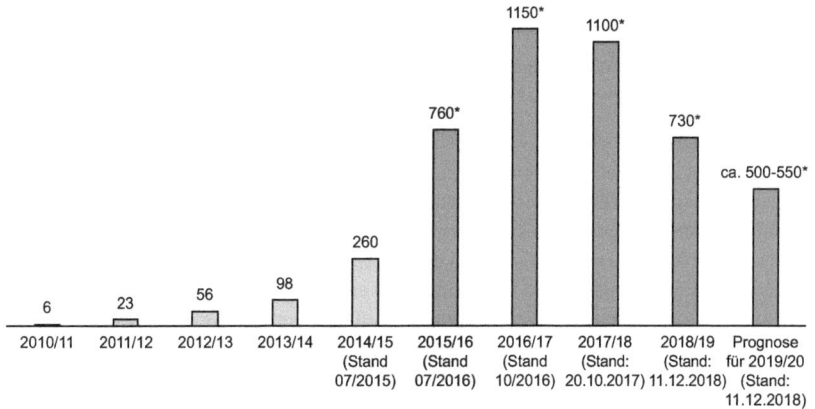

Abb. 5: Ausbau der Berufsintegrationsklassen in Bayern (Angaben des Kultusministeriums von 26. November 2017 und Dezember 2018 in gerundeten Zahlen)

4.3 „Perspektive Beruf für Asylbewerber und Flüchtlinge"

Die Berufsintegrationsklassen wurden aufgrund der hohen Zuzugszahlen erheblich ausgebaut (vgl. Abb. 5). Nach dem rapiden Anstieg an benötigten Klassen im Schuljahr 2015/16 initiierte die Stiftung Bildungspakt Bayern für Berufsschulen mit Berufsintegrationsklassen das 4-jährige Modellprojekt „Perspektive Beruf für Asylbewerber und Flüchtlinge". Der Forschungszugang der vorliegenden Forschungsarbeit findet in diesem Bezugsfeld statt.

Die am Modellprojekt beteiligten Akteure sind das bayerische Staatsministerium für Bildung und Kultus, Wissenschaft und Kunst, 21 Berufsschulen in Bayern, das Staatsinstitut für Schulqualität und Bildungsforschung (quantitativen

Evaluation) sowie die TUM School of Education (qualitative Evaluation).[23] Das Projekt wird von einem Projektbeirat sowie einem wissenschaftlichen Beirat aus Vertretern interkultureller, psychologischer, religionspädagogischer und rechtlicher Fachdisziplinen begleitet.

Das Projekt macht es sich zur Aufgabe, die Beschulung von (Flucht-) Migranten in diesen Klassen bestmöglich zu gestalten, sodass für diese Zielgruppe die berufliche und gesellschaftliche Teilhabe erleichtert wird. Dazu gehört die Identifikation und Weiterentwicklung von konkreten Bedarfen sowie wirksamen Konzepten und Instrumenten zur Förderung der neu zugewanderten Schüler, sodass sie nach Absolvieren der Berufsintegrationsklassen in eine (duale) Ausbildung oder Arbeitstätigkeit einmünden können, die ihren Befähigungen gerecht wird.

> „Bisher gelingt es einem beachtlichen Teil der Schülerinnen und Schüler nicht, im Anschluss an den Besuch von Berufsintegrationsklassen eine erfolgreiche Ausbildung zu durchlaufen. Es drohen viele Ausbildungsabbrüche.
> Im Rahmen des Modellprojektes „Perspektive Beruf für Asylbewerber und Flüchtlinge" werden Erkenntnisse gewonnen, wie der Unterricht in den Berufsintegrationsklassen gestaltet werden muss, damit die Chancen auf einen erfolgreichen Ausbildungsweg im Anschluss verbessert werden und wie alle Beteiligten optimal zusammenarbeiten können" (Stiftung Bildungspakt Bayern 2016, S. 1).

Damit die am Projekt beteiligten 21 Modellschulen die nötige Entwicklungsarbeit im Rahmen des Projekts leisten können, erhalten sie für die involvierten Lehrkräfte Anrechnungsstunden durch das Staatsministerium für Bildung und Kultus, Wissenschaft und Kunst. Regelmäßige Arbeitstagungen bieten Fachvorträge durch einschlägige Experten und fördern den Austausch zwischen den Schulen.

Die Datenlage zu den Qualifikationen und Arbeitsmarktchancen ankommender Asylsuchender und Flüchtlinge war vor Beginn des Projekts noch äußerst lückenhaft (vgl. Stiftung Bildungspakt Bayern 2016, S. 1). Die quantitative Evaluation durch das Staatsinstitut für Schulqualität und Bildungsforschung (ISB) erhebt deshalb mithilfe von Fragebögen Daten zu bildungs- und sprachbiografischen Merkmalen sowie zu verschiedenen Einflussfaktoren auf den individuellen Bildungsverlauf der Schüler an allen Modellschulen. Die qualitative Evaluation[24]

---

23 Darüber hinaus wird das Projekt von der Vereinigung der Bayerischen Wirtschaft e. V. (vbw) als Exklusivsponsor unterstützt.

24 Durchgeführt vom Arbeitsbereich Berufliche Bildung der TUM School of Education (Prof. Dr. Alfred Riedl, Maria Simml)

untersucht die Entwicklung, Durchführung von Konzepten, Instrumenten und Maßnahmen zur Beschulung von Asylbewerbern und Flüchtlingen an verschiedenen ausgewählten Modellschulen. Qualitative Erhebungsmethoden sind Interviews mit Lehrkräften, Schülern und Betrieben sowie (Unterrichts-)Hospitationen, Materialsichtungen und Gruppendiskussionen. Beide Forschungseinrichtungen kooperieren eng miteinander.

Neben einem Abschlussbericht nach Beendigung des Modellprojektes werden jährlich Zwischenberichte vorgelegt und die Ergebnisse veröffentlicht (vgl. ISB 2017b, 2017d; Riedl und Simml 2016a, 2016b, 2017a, 2017b).

4.4 Berufsintegrationsklassen

Deutschland ist auf Bundesebene dafür verantwortlich, internationale und europäische Regelungen zur Schulpflicht einzuhalten. Trotzdem liegt die konkrete Umsetzung des Bildungsrechts aufgrund der Kulturhoheit der einzelnen Bundesländer in der Hand der Landesverfassungen. In Deutschland gibt es im Allgemeinen verschiedene schulorganisatorische Modelle zur Beschulung neu Zugewanderter (vgl. Massumi et al. 2015, S. 7), nämlich

- das „submersive Modell": Neu Zugewanderte werden in die Regelklassen integriert und können die bereits bestehenden Förderangeboten der Schule nutzen;
- das „integrative Modell": Neu Zugewanderte werden in die Regelklassen integriert und bekommen nebenher zusätzliche Sprachförderung;
- das „teilintegrative Modell": Neu Zugewanderte nehmen nur in manchen Fächern am Regelunterricht teil und werden ansonsten in einer speziell eingerichteten Klasse unterrichtet;
- das „Parallele Modell: Neu Zugewanderte verbringen die Unterrichtszeit in speziell für sie eingerichtete Klassen, die parallel zu den Regelkassen geführt werden;
- das „parallele Modell mit Schulabschluss": Neu Zugewanderte verbringen die Unterrichtszeit bis zum Schulabschluss in speziell für sie eingerichtete Klassen.

Für die Beschulung von neu Zugewanderten und Geflüchteten in Berufsintegrationsklassen hat Bayern das parallele Modell mit Schulabschluss gewählt.[25] Schulabschluss bedeutet an dieser Stelle, dass die neu zugewanderten jungen

---

25 Die Beschulungsmodelle sowie die Bezeichnungen für die Klassen für neu Zugewanderte und Geflüchtete in der beruflichen Bildung unterscheiden sich innerhalb

Menschen nach erfolgreichem Abschluss der Berufsintegrationsmaßnahme gemäß §15 Berufsschulordnung (BSO) den Mittelschulabschluss erhalten und die Möglichkeit haben, am qualifizierenden Mittelschulabschluss teilzunehmen (StMUK 2016). Dieses Beschulungsangebot ist ein kooperatives Modell. Das bedeutet, dass die Berufsschulen mit externen Kooperationspartnern[26] wie zum Beispiel der Volkshochschule (VHS) zusammenarbeiten.

4.4.1 Die Konzeption der Berufsintegrationsklassen

Folgende Graphik bildet das Konzept der Berufsintegrationsklassen ab.

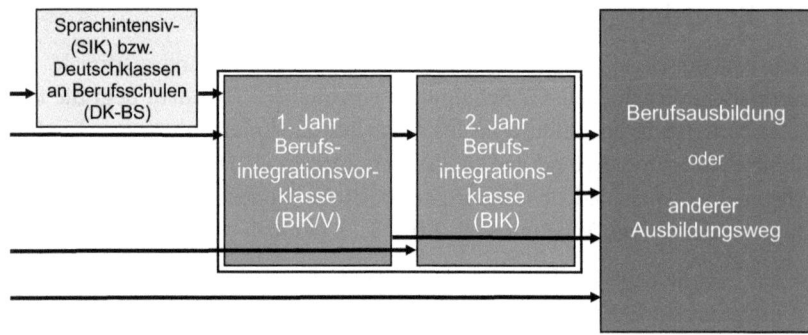

Abb. 6: Konzeption der Berufsintegrationsmaßnahme

Im Kern besteht das Konzept zur Berufsintegration in Bayern aus zwei Jahren: Im ersten Jahr, der Berufsintegrations*vor*klasse (BIK/V), stehen die Vermittlung von Basiswissen zum Leben in Deutschland sowie die sprachlichen und mathematischen Grundkenntnisse im Mittelpunkt (vgl. ISB 2017c). Das zweite Jahr, die Berufsintegrationsklasse (BIK), baut darauf auf und integriert betriebliche Praktika zur Berufsvorbereitung. Die Berufsintegrationsklassen sind kooperativ angelegt, d.h. dass externe Kooperationspartner wie z.B. die VHS einen Teil des Unterrichts und der sozialpädagogischen Betreuung übernehmen.[27]

Deutschland je nach Bundesland. Nähere Informationen zu den Beschulungsmodellen anderer Bundesländer (vgl. Terrasi-Haufe et al. 2017a).
26 An einigen wenigen Schulen in Bayern werden auch vollschulische Berufsintegrationsklassen ohne Zusammenarbeit mit einem externen Kooperationspartner angeboten.
27 Weiterführende Literatur zum Beschulungsmodell s. Heinrichs et al. 2016, Streinz 2015, Terrasi-Haufe und Baumann 2016.

Die Sprachintensivklasse (SIK) wurde im Schuljahr 2015/16[28] erstmalig angeboten (Riedl und Simml 2016b; Hochleitner 2016) und kann optional bis zu vier Monaten verstärkt am Sprachförderbedarf der Schüler arbeiten, bevor sie in eine Berufsintegrations(vor)klasse aufgenommen werden (StMUK 2016). Zum Schuljahr 2018/19 wurden die „Sprachintensivklassen" (SIK) zu „Deutschklassen an Berufsschulen" (DK-BS) weiterentwickelt und bieten zudem die Möglichkeit einer Alphabetisierungsklasse (StMUK 2018). Insgesamt ist das Modell offen für eine flexible Klassenzuweisung, d.h. gute Schüler können beispielsweise unter Einhaltung der Berufsschulpflicht auch bereits im zweiten Jahr beginnen oder aber die Klassen jeweils wiederholen.

Tab. 3: Übersicht zu den Beschulungsangeboten für Geflüchtete und neu Zugewanderte an bayerischen Berufsschulen (in Anlehnung an Riedl und Simml 2016, S. 9)

Abkürzung	SIK bzw. DK-BS	BIK/V	BIK
Bezeichnung	Sprachintensivklasse bzw. Deutschklasse an Berufsschulen	Berufsintegrations*vor*klasse	Berufsintegrationsklasse
Zielgruppe[29]	Schüler, die keine oder kaum Sprachkenntnisse im Deutschen besitzen bzw. Schüler, die alphabetisiert werden müssen; Schüler, die während des Schuljahrs nicht in eine reguläre BIK(/V) aufgenommen werden	Schüler, die Grundlagenförderung (v.a. in den Fächern Deutsch, Mathematik und Lebenskunde) benötigen	Schüler, die bereits fortgeschritten im Lernprozess sind

(fortgeführt)

---

28 Die Sprachintensivklasse wurde erst im zweiten Halbjahr 2015/2016 erstmalig angeboten.
29 Betreffend der Gruppe berufsschulpflichtiger Zuwanderer zwischen 16 und 21 Jahren bzw- in Ausnahmefällen (d.h. wenn sie keinen in Deutschland anerkannten Schulabschluss vorweisen können oder noch keinen Schulabschluss in Deutschland erwerben konnten) 25 Jahren (vgl. StMUK 2016).

Tab. 3: Fortsetzung

Inhaltliche Schwerpunkte	Vermittlung von Deutschkenntnissen, Alphabetisierung, Wertebildung	Grundlagen Deutsch als Zweitsprache, Grundlagen Mathematik, Wertebildung	Deutsch als Zweitsprache als eigener Lernbereich sowie integriert in den fachlichen und allgemeinbildenden Unterricht, fachlicher und allgemeinbildender Unterricht, Praktika in Betrieben, Betreuung der Praktika durch sozialpädagogische Fachkräfte, Wertebildung
Dauer	bis zu 4 Monaten; 1 Jahr bei DK-BS für Personen mit Alphabetisierungsbedarf	1 Jahr	1 Jahr
Anschlussmöglichkeiten und Abschlüsse	BIK/V, BIK	BIK	Mittelschulabschluss, ggf. Teilnahme an der Prüfung zum qualifizierenden Mittelschulabschluss
Beteiligte Akteure	Berufsschule und Kooperationspartner	Berufsschule und Kooperationspartner	Berufsschule und Kooperationspartner

4.4.2 Multidisziplinäres Team

Viele Professionen sind wichtig, um dem breiten Anforderungsspektrum in Berufsintegrationsklassen gerecht zu werden (vgl. Kapitel 4.5). In den hier beschriebenen Berufsintegrationsklassen arbeiten deshalb Experten unterschiedlicher Disziplinen zusammen: Berufs- und Wirtschaftspädagogen,[30] Lehrende für Deutsch als Fremd-/Zweitsprache (DaF/DaZ) und Sozialpädagogen.[31] Die

---

30 Ergänzt durch Gymnasiallehrkräfte.
31 Sozialpädagogen werden in der Stichproben-Grundgesamtheit dieser Untersuchung nicht berücksichtigt (vgl. Kapitel 6.2).

Arbeitsbedingungen der unterschiedlichen Akteure divergieren: Im Gegensatz zu den verbeamteten Berufs-/Wirtschaftspädagogen sind DaZ-Lehrkräfte und sozialpädagogische Fachkräfte häufig befristet angestellt (Riedl und Simml 2018).

„Während für Berufs-/Wirtschaftspädagogen der Kontext Beruf und Ausbildung nicht neu ist, jedoch für viele die Vermittlung von Deutsch als Zweitsprache, ist dies bei DaF-/DaZ-Lehrkräften umgekehrt der Fall: Die Vermittlung von Deutsch als Zweitsprache ist ihnen vertraut, der Einsatz innerhalb der Berufsintegration an Berufsschulen jedoch für viele neu" (Simml und Thiel 2019, S. 247).

Die fachliche Expertise der Berufs-/Wirtschaftspädagogen in den jeweils unterschiedlichen beruflichen Fachrichtungen ist für die Berufsvorbereitung der neu zugewanderten jungen Menschen ein elementarer Bestandteil. Darüber hinaus ist es notwendig, den Fokus in den Berufsintegrationsklassen auf die Alphabetisierung und Sprachförderung sowie die integrierte Sprachförderung im Fachunterricht zu richten (Riedl und Simml 2018). Kimmelmann (2013) definiert integrierte Sprachförderung als langfristigen, zusammenhängenden Prozess bestehend aus vielen, aufeinander bezogenen und systematisch abgestimmten Bausteinen (ebd., S. 158). Fachliche Lehrkräfte können darin nur einen Teilaspekt der integrierten Sprachförderung übernehmen, es bedarf für Ergänzungen und Abstimmungen eine entsprechende Kooperation mit Deutschlehrkräften, um die Progression der Lernenden kohärent nach diesem Prinzip zu forcieren (ebd., S. 159f).

Innerhalb des Modellprojekts haben ein Fünftel der Lehrkräfte in den Berufsintegrationsklassen eine Ausbildung im Bereich DaF/DaZ. Das bedeutet, dass jeder Klasse durchschnittlich weniger als eine DaF-/DaZ-Lehrkraft zur Verfügung steht (ISB 2017b, S. 4). Nicht klar sind an dieser Stelle die konkreten Qualifikationen der besagten DaF-/DaZ-Lehrkräfte. Lehramtsstudierende können mittlerweile Fortbildungen, Aufbaustudiengänge o.ä. mit dem Resultat einer DaF-/DaZ-Qualifikation erwerben. Der Umfang an ECTS unterscheidet sich dabei und ist nicht vergleichbar mit einem grundständigen Magister-, Bachelor- oder Masterabschluss in DaF/DaZ.

Gymnasiallehrkräfte sind je nach Expertise im Unterricht für verschiedene Lernbereiche zuständig. Sozialpädagogische Fachkräfte unterstützen im pädagogischen Bereich und erledigen viele organisatorische Aufgaben. Beispiele sind die Praktikumsbetreuung, asylrechtliche Formalitäten und Bürokratie sowie weitere individuelle Bedarfe der Schüler.

4.4.3 Einordnung der Berufsintegrationsklassen im bayerischen Schulwesen

Um die Berufsintegrationsklasse in den Kontext des bayerischen Schulsystems einordnen zu können, wird in folgender Graphik eine vereinfachte Übersicht

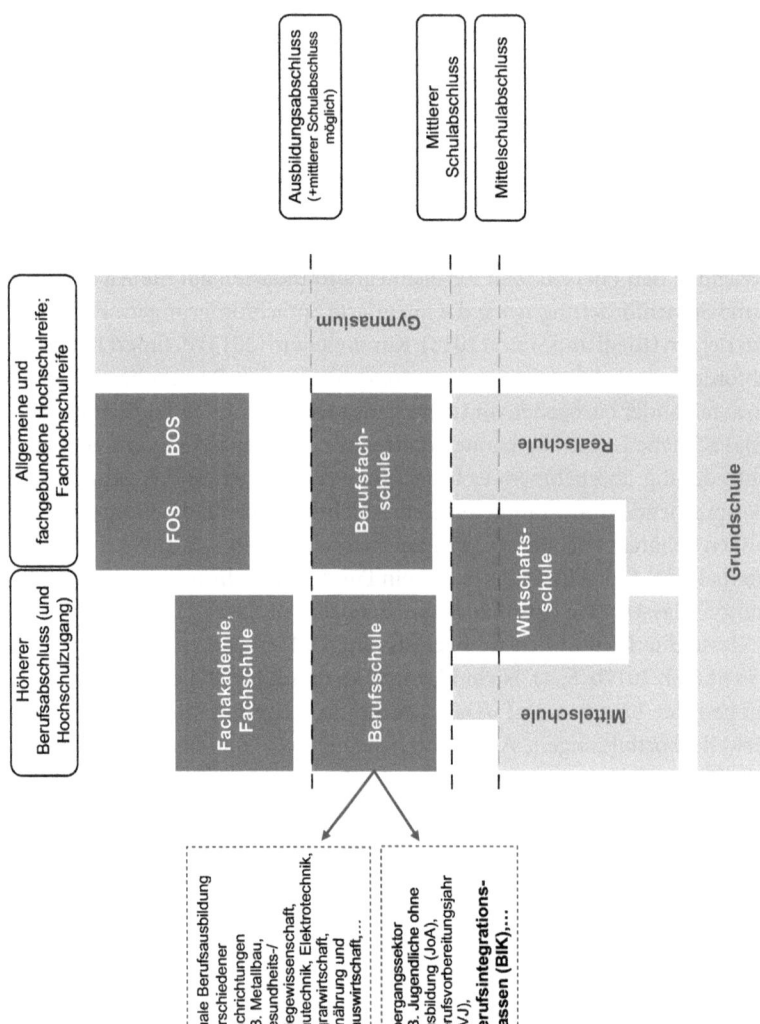

Abb. 7: Berufliche Schulen in Bayern (StMUK 2017)

gegeben. Die beruflichen Schulen grenzen sich vom allgemeinbildenden Schulwesen in der Graphik durch die dunkelgraue Markierung ab.

Die Beruflichen Schulen (gekennzeichnet durch die dunkelgraue Markierung in Abb. 7) umfassen die Berufsschule, die Wirtschaftsschule, die Berufsfachschule, Fachakademie/-schule sowie die beruflichen Oberschulen, der Fachoberschule (FOS) und der Berufsoberschule (BOS). Die genannten beruflichen Schularten unterscheiden sich wiederum im Hinblick auf ihre organisatorischen Beschulungskonzeptionen, die verschiedenen Klassenformen und die inhaltlichen Ausrichtungen.

Die Wirtschaftsschule richtet den Fokus beispielsweise verstärkt auf die kaufmännische Grundbildung. Ab der siebten Jahrgangsstufe ist es möglich, dort zum mittleren Schulabschluss zu gelangen. Die Berufsschule bietet auf dem Weg in das Berufsleben nach der neunten Jahrgangsstufe die Möglichkeit einer dualen Ausbildung, die Berufsfachschule die Möglichkeit einer schulischen Ausbildung. Die jungen Menschen, die keinen Ausbildungsplatz erhalten haben, münden üblicherweise in den Übergangssektor bzw. in das Übergangssystem an den Berufsschulen. Für diejenigen, die nach Erreichen des mittleren Schulabschlusses einen höheren Schulabschluss erwerben möchten, gibt es die Möglichkeit des Besuchs an der Fachoberschule (FOS), welche fachtheoretische und allgemeinbildende Inhalte mit berufspraktischen Erfahrungen (im Rahmen eines Praktikums) verbinden. Für Personen, die bereits eine Berufsausbildung abgeschlossen sowie den mittleren Schulabschluss erreicht haben, bietet sich die Berufsoberschule an, insofern ein höherer Schulabschluss erreicht werden möchte. Die beruflichen Oberschulen (FOS und BOS) ermöglichen beide den Erwerb der Fachhochschulreife sowie der allgemeinen oder fachgebundenen Hochschulreife. Fachakademien und Fachschulen bieten eine vertiefte berufliche Fortbildung an (Für weitere Informationen s. StMUK 2012).

Berufsintegrationsklassen gehören zum Übergangssektor bzw. Übergangssystem an Berufsschulen. Vollmar (2013) unterteilt den Weg zu einem beruflichen Ausbildungsabschluss in drei große Teilbereiche:

Schulberufssystem:	Vollzeitschulische Ausbildung in den Berufsfachschulen
Duales System:	Theoretische und praktische Ausbildung in Berufsschule und Betrieb
Übergangssystem:	Verbesserung von Kenntnissen und Fähigkeiten durch weiteren Schulbesuch für Jugendliche, die noch keine Ausbildung beginnen konnten

Die duale Ausbildung bzw. das Duale System der Berufsschule nimmt mit seinen unterschiedlichen beruflichen Fachrichtungen hohen Stellenwert ein. Alleine im dualen System werden ca. 350 verschiedene anerkannte Ausbildungsberufe angeboten. Die schulische Berufsausbildung an Berufsfachschulen umfasst mehr als 80 Ausbildungsberufe (StMUK 2012). Schülern, die keinen Ausbildungsplatz erhalten haben, werden verschiedene Klassenformen innerhalb des Übergangssektors angeboten, um auf einen geeigneten Beruf vorzubereiten.

> „Gemeinsam ist den Bildungs- und Ausbildungsangeboten im Übergangssektor, dass sie für Jugendliche nach Beendigung der allgemeinbildenden Schule eingerichtet sind und zu keinem anerkannten Ausbildungsabschluss führen. Angestrebt wird die Verbesserung der individuellen Kompetenzen im Sinne einer Berufsvorbereitung. Teilweise soll das Nachholen eines allgemeinbildenden Schulabschlusses ermöglicht werden." (Schelten 2009, S. 107).

Maßnahmen im beruflichen Übergangssektor grenzen sich gegenüber der dualen Ausbildung oder dem Schulberufssystem im Wesentlichen dadurch ab, dass die Schüler keinen Ausbildungsplatz haben. Die Berufsschule bietet diesen Jugendlichen folgende Möglichkeiten zur Berufsvorbereitung an (Schulberatung Bayern o.J.; StMUK 2012):[32]

- Das Berufseinstiegsjahr (BEJ): Empfehlung für berufsschulpflichtige Schüler mit Abschluss der Mittelschule und festen, realistischen Berufsvorstellungen. In Zusammenarbeit mit einem außerschulischen Kooperationspartner erlernen sie innerhalb eines Schuljahres die Grundfertigkeiten in dem jeweiligen Berufsfeld. Diese erworbene Vorbildung kann bei einer einschlägigen Ausbildung auf die Ausbildungszeit angerechnet werden.
- Das Berufsvorbereitungsjahr (BVJ): Empfehlung für berufsschulpflichtige Schüler, die noch keinen Abschluss der Mittelschule oder noch keine konkreten Berufsvorstellungen haben. Das BVJ wird vollzeitschulisch (BVJ/s) sowie in ausgewählten Berufsfeldern kooperativ (BVJ/k) angeboten. Wohingegen in der kooperativen Form die fachpraktische Ausbildung an 2,5 Tagen/Woche von einem außerschulischen Kooperationspartner und dem Theorieunterricht von der Berufsschule durchgeführt wird, übernimmt beim BVJ/s die

---

32 Ergänzt werden die schulischen Angebote durch Maßnahmen der Bundesagentur für Arbeit wie z.B. die Einstiegsqualifizierung (EQ-Maßnahme) oder das Berufsvorbereitende Bildungsmaßnahme (BvB). Beim BvB übernimmt die Berufsschule üblicherweise einen Schultag/Woche.

Berufsschule beides. Mit erfolgreichem Abschluss des Berufsvorbereitungsjahres geht der erfolgreiche Mittelschulabschluss einher.
- Jugendliche ohne Ausbildungsplatz (JoA)[33]: Empfehlung für alle schulpflichtigen Jugendlichen, die keinen Ausbildungsplatz erhalten haben, die an einer Ausbildung derzeit nicht interessiert sind, die anstatt einer Ausbildung einer Erwerbsarbeit nachgehen (müssen) oder im elterlichen Betrieb mitarbeiten. Der Abschluss dieser Maßnahme ist nicht mit einem schulischen Abschlussverbunden.
- Die Berufsintegrationsklasse (BIK): Empfehlung für neu zugewanderte schulpflichtige Menschen ohne Abschluss der Mittelschule und/oder mit keinen/schlechten Deutschkenntnissen. Die Berufsintegrationsklasse ist organisatorisch ähnlich dem BVJ/k aufgebaut, beinhaltet jedoch eine intensivere Förderung im Fach Deutsch. Die Berufsschule übernimmt üblicherweise 2,5 Tage der Schulwoche, der kooperative Bildungsträger die restlichen 2,5 Tage/Woche.

Die vorliegende Arbeit fokussiert sich speziell auf Lehrkräfte in Berufsintegrationsklassen an Berufsschulen, was heißt, dass die Untersuchungsteilnehmer mit gleichen oder ähnlichen Anforderungen konfrontiert sind. Diese Voraussetzung ist besonders wichtig, um die Forschungsfrage zu den Abhängigkeitsvariablen des Belastungsempfindens zu beantworten: Warum fühlen sich Lehrkräfte mit gleichen/ähnlichen Anforderungen unterschiedlich belastet? (vgl. Kapitel 5). Denn nicht nur an verschiedenen Schulformen, auch innerhalb einzelner Abteilungen an der Berufsschule unterscheidet sich das Schülerklientel und damit die Anforderungen an die Lehrkraft.[34] Das trifft auch auf den Übergangssektor der Berufsschule zu. Nachfolgendes Kapitel zeigt abgrenzend zu anderen Klassen des Übergangssektors die Besonderheiten von Berufsintegrationsklassen auf.

4.5 Rahmenbedingungen und Anforderungen in Berufsintegrationsklassen

Im Hinblick auf die Beschulung von Fluchtmigranten an beruflichen Schulen kommt Kimmelmann (2015) zu dem Schluss, dass sich für die Lehrkräfte „damit

---

33 Literaturhinweis: Schelten et al. 2007.
34 Wie bereits erwähnt wurde das Konzept der Berufsintegrationsklassen für neu Zugewanderte (mit Fluchthintergrund) an Berufsschulen erst vor wenigen Jahren neu eingeführt und bedarf ohnehin unabhängig von weiteren hier aufgeführten Argumenten einem separaten und explorativen Forschungszugang.

völlig neue Herausforderungen im Umgang mit einer unbekannten Zielgruppe [ergeben], die eine parallele fachliche und sprachliche Förderung fordern." (ebd., S. 156). Die folgenden Teilkapitel gehen auf neue bzw. spezielle Rahmenbedingungen und Anforderungen in Berufsintegrationsklassen ein.

4.5.1 Rechtliche Hintergründe

In den Berufsintegrationsklassen sind aktuell vor allem Asylbewerber und Flüchtlinge (vgl. ISB 2017b, 2017d).[35] Der Großteil der Schüler befindet sich hinsichtlich des in Abb. 8 dargestellten Flüchtlingsmanagements in Deutschland in Phase zwei und drei: Sie warten auf ihre Anhörung und den darauffolgenden Asylbescheid, welcher entscheidet, ob sie die nächsten Jahre in Deutschland bleiben dürfen oder zurück in ihr Herkunftsland müssen.

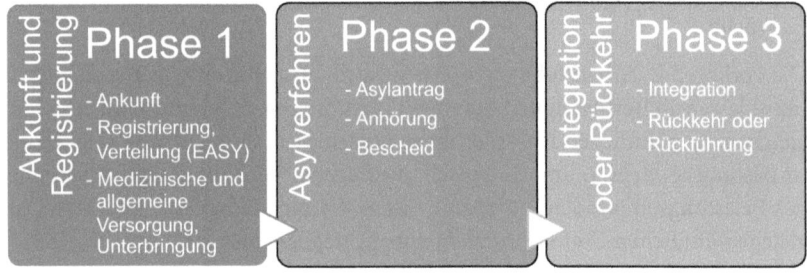

Abb. 8: Die drei Phasen des Flüchtlingsmanagements in Deutschland (BAMF 2016b)

Während des Schuljahrs 2016/17 sind viele Asylverfahren entschieden worden, wie man an der gesunkenen Zahl an Aufenthaltsgestattungen der Schüler in Berufsintegrationsklassen im Vergleich zum Vorjahr 2015/16 sehen kann: Innerhalb des Modellprojekts „Perspektive Beruf für Asylbewerber und Flüchtlinge"[36]

---

35 Da sich im Gegensatz zu anderen, teilweise bundesweiten Studien die Stichprobe von Baumann und Riedl (2016) sowie dem ISB (2017b, 2017d) konkret auf die Schüler in Berufsintegrationsklassen an Berufsschulen in Bayern bezieht, werden in Kapitel 4.5. verstärkt daraus Beispiele exzerpiert.

36 Innerhalb des Modellprojekts „Perspektive Beruf für Asylbewerber und Flüchtlinge" hat das Staatsinstitut für Schulqualität und Bildungsforschung (ISB) Daten zur Lebenssituation der Schülerschaft in Berufsintegrationsklassen an den beteiligten 21 Modellschulen erfasst.

gaben im Schuljahr 2016/17 mehr als doppelt so viele Schüler (rund 50%)[37] als im Vorjahr 2015/16 an, über eine Aufenthaltserlaubnis zu verfügen (vgl. ISB 2017b; 2017d). Gleichzeitig klagen die Lehrkräfte über eine Erhöhung der Abschiebebescheide ihrer Schüler (vgl. Riedl und Simml 2017a).

Der Asylstatus und die jeweiligen Herkunftsländer der Fluchtmigranten haben Auswirkungen auf Arbeitsgenehmigungen (BAMF 2017) und damit die Vermittlung von Praktika und Ausbildungsplätzen. Das bedeutet für die Lehrkräfte, dass sie die unterschiedlichen asylrechtlichen Hintergründe ihrer Schüler sowie die (asyl)rechtlichen Möglichkeiten und Grenzen kennen und berücksichtigen müssen, was aufgrund einer starken Dynamik rund um die (asyl)rechtliche Vorgehensweisen verbunden mit der ohnehin umfangreichen Komplexität des Asylrechts eine wesentliche Anforderung darstellt. „Selbst Fachexperten bezeichnen die hohe Dynamik und Komplexität des Rechts und die hier nötige Verbindung verschiedener Gesetzesbücher […] als besonders fordernd" (Bauer und Schreyer 2016).

4.5.2 Vorbildung

Vollmar (2013) zeigt, dass ein Großteil der Schüler, die sich in einer Maßnahme innerhalb des herkömmlichen Übergangssektors[38] befinden, keinen allgemeinbildenden Schulabschluss haben (ebd., S. 13). Dabei kann jedoch davon ausgegangen werden, dass nahezu alle bereits über mehrere Jahre allgemeinbildende Schulen in Deutschland besucht haben. Aus den Daten von Vollmar (2013) kann man ableiten: Je besser der Schulabschluss, desto geringer ist die Wahrscheinlichkeit, ins herkömmliche Übergangssystem zu münden.

Dies trifft nicht auf Berufsintegrationsklassen zu. Im Gegensatz zu herkömmlichen Übergangsklassen ist es nicht selbstverständlich, dass geflüchtete und neu zugewanderten Schüler bereits eine allgemeine Schulbildung haben (Baumann und Riedl 2016; Brücker 2016; Brücker et al. 2016b, 2017; Bundesagentur für Arbeit 2018; ISB 2017d; Schier 2017; Neske und Rich 2016).

Die Erhebung von Baumann und Riedl (2016) zeigt beispielsweise, dass die Vorbildung der befragten Fluchtmigranten an bayerischen Berufsschulen zwischen 0 und 17 Schuljahren variiert. Ein kleiner Teil der Geflüchteten möchte an

---

37 Im Vorjahr gaben 21% an, über eine Aufenthaltserlaubnis zu verfügen; 60% hatten laut Angaben eine Aufenthaltsgestattung (ISB 2017b, S. 5).
38 Wenn im Folgenden vom „herkömmlichen Übergangssektor bzw. -system" gesprochen wird, sind die in Kapitel 4.4.3 genannten Klassen im Übergangssektor mit Ausnahme der Berufsintegrationsklasse gemeint.

die Hochschulbildung der Heimat anknüpfen, anderen fehlt jegliche schulische Sozialisation sowie der Umgang mit einem Schriftsystem als sprachliches Handwerkszeug (Baumann und Riedl 2016, S. 90f). Es münden also Menschen mit sehr unterschiedlich ausgeprägter Vorbildung in eine Berufsintegrationsklasse.

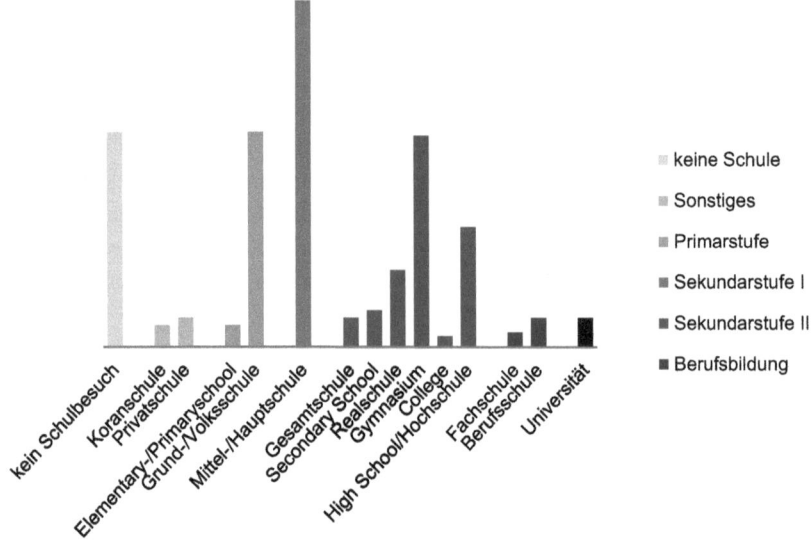

Abb. 9: Schulbildung der geflüchteten Schüler in der Heimat (Baumann und Riedl 2016, S. 100)

Soweit bisher die Vorbildung der geflüchteten jungen Menschen erfasst wurde (Baumann und Riedl 2016; Brücker 2016; Brücker et al. 2016b, 2017; Bundesagentur für Arbeit 2018; ISB 2017d; Schier 2017; Neske und Rich 2016), zeigt sich eine enorme Spannbreite an Schulabschlüssen und Schuljahren. Die Abb. 9 von Baumann und Riedl (2016) zeigt beispielsweise, dass die neu zugewanderten Schüler ohne Schulbildung zusammen mit jungen Erwachsenen mit akademischen Hintergrund unterrichtet werden. Die verschiedenen weiteren Schularten, die in Abb. 9 aufgelistet sind, entstanden durch eine Systematisierung und Zuordnung der Schülerangaben im Nachhinein. D.h. die Daten wurden durch eine offene Frage im Fragebogen erhoben, sodass die Schüler frei antworten konnten. An dieser Stelle muss erwähnt werden, dass ausländische Schulen und Schulabschlüsse nicht selbstverständlich mit deutschen Schulen und Abschlüssen gleichgesetzt können. „Über curriculare Inhalte etc. kann an dieser Stelle keine Aussage gemacht werden, weshalb ein Vergleich mit deutschen

Schulverhältnissen problematisch wäre" (Baumann und Riedl 2016, S. 91). Zudem müssen die Angaben unter Berücksichtigung der weltweit unterschiedlichen Schulsysteme betrachtet werden (ebd., S. 101).

Ebenso verhält es sich mit der Berufsschule oder den jeweiligen Ausbildungsberufen. Baumann und Riedl (2016) erfragten die Arbeitserfahrungen im Heimatland, worauf unter den häufigsten Nennungen beispielsweise Kraftfahrzeugmechaniker/-in oder Elektroniker/-in aufgelistet ist (ebd., S. 106).[39] Jedoch ist die erworbenen berufliche Kompetenz aus dem Heimatland nicht mit dem in Deutschland benötigten Ausbildungsumfang gleichzusetzen. Trotzdem ist die Erfassung solcher meist informell erworbenen Kompetenzen im Heimatland wichtig, um auf bereits vorhandenen Ressourcen aufbauen zu können (Riedl und Simml 2016b).

Die Lehrkräfte wissen bei Aufnahme der Schüler in eine Berufsintegrations(vor)klassen nur wenig über die Vorbildung und den Kompetenzerwerb im Heimatland. Das erfordert ein erhöhtes Maß an differenzierter Leistungsdiagnostik unter besonderer Berücksichtigung der jeweiligen Sprachkenntnisse. Hinzu kommt die bereits erwähnte Spannweite an verschiedenen Bildungsniveaus und kultureller Diversität. Deshalb entwickeln viele Schulen Aufnahme-/Einstufungstests, um die Fähigkeiten und Sprachkenntnisse in verschiedenen Niveaustufen zur äußeren Differenzierung einordnen zu können. „Ein weiterer Bedarf ist die Erfassung informeller Kompetenzen der Zuwanderer. Viele der jungen Menschen haben keine formalen Zertifikate aus dem Heimatland, obwohl sie bereits Kompetenzen erworben bzw. bestimmte Arbeiten ausgeführt haben" (Riedl und Simml 2016, S. 45).

4.5.3 Deutsch als Zweitsprache

Sprachförderung ist an Berufsschulen über die Berufsintegrationsklassen hinaus eine wichtige Aufgabe (vgl. Arslan 2016; Dohmann et al. 2017; Efing 2015; Steuber und Gillen 2016; Terrasi-Haufe und Börsel 2017). Besonders in Berufsintegrationsklassen ist die Vermittlung von Deutsch als Zweitsprache (DaZ) jedoch eine zentrale Säule der Beschulung.[40] Romiti et al. (2016) berichten in

---

39 Die Frage wurde offen gestellt, sodass die Schüler die Berufe selbständig benennen konnten. Sie wurden erst in der Auswertung nach den klassischen Berufen in Deutschland betitelt.
40 Im Team der Berufsintegrationsmaßnahme sind deshalb neben Personen mit klassischer Lehramtsausbildung Lehrende mit einschlägigem Studium im Bereich Deutsch-als-Zweitsprache von großer Bedeutung (vgl. Kapitel 4.4.2).

ihrer bundesweiten Studie, dass 90% der Geflüchteten vor der Einreise nach Deutschland über keine mündlichen oder schriftsprachlichen Deutschkenntnisse verfügt haben (ebd., S. 37). Im Gegensatz zu anderen Klassen der Berufsschule müssen die Lehrkräfte den Schülern in Berufsintegrationsklassen erst grundlegende Deutschkenntnisse vermitteln, bevor sie dem fachlichen Unterricht folgen können.

> „Ohne das ausreichende Beherrschen von Sprache ist keine Aufnahme oder Verarbeitung von Informationen möglich, man kann Ergebnisse und Standpunkte nicht mündlich oder schriftlich präsentieren, was in der beruflichen Bildung angesichts der veränderten fachlichen Anforderungen der beruflichen Handlungskompetenz mit zunehmend selbstgesteuerten Ausbildungsinhalten und komplexen Aufgabenstellungen an Brisanz gewinnt." (Kimmelmann 2013, S. 156).

Teilweise müssen Schüler in den Berufsintegrationsklassen zunächst alphabetisiert werden (vgl. z.B. Baumann und Riedl 2016; Brücker et al. 2017; Scheible 2018). Rund 6% der Befragten gaben in der Erhebung von Baumann und Riedl (2016) an, ohne jegliche Lese- und Schreibkompetenz nach Deutschland gekommen zu sein (ebd., S. 78). Brücker et al. (2017) geben in ihrer IAB-BAMF-SOEP-Studie an, dass jeweils 4% der befragten Geflüchteten dem funktionalen Analphabetismus als auch dem primären Analphabetismus zuzuordnen sind.[41] Bei Afghanen als auch bei kurdischen Muttersprachlern waren besonders hohe Anteile an primären und funktionalen Analphabeten festzustellen. Brücker et al. (2017) nehmen an, dass insgesamt bei rund 9% der befragten Fluchtmigranten Einschränkungen in der schriftsprachlichen Partizipation im Alltag vorliegen und entsprechende Förderung benötigen (ebd., S. 7).

4.5.4 Religion, Geschlechterverteilung und Herkunft

Das Staatsinstitut für Schulqualität und Bildungsforschung (ISB) macht im Rahmen des Projekts „Perspektive Beruf für Asylbewerber und Flüchtlinge" jährlich eine Datenerhebung in Berufsintegrationsklassen. Daraus resultieren folgende Zahlen zur Religionszugehörigkeit, Herkunft und Geschlechterverteilung:

---

41 Unter Primären Analphabeten werden im Rahmen der Studie Personen verstanden, die weder in ihrer Muttersprache noch einer etwaigen offiziellen Landessprache sowie in Englisch und Französisch schreiben und lesen können; funktionale Analphabeten hingegen sind Menschen, die sämtliche (mit Skalenniveau) abgefragte Sprachen im Schreiben und Lesen „gar nicht" oder „eher schlecht" beherrschen (vgl. Brücker et al. 2017, S. 7).

74,5% gehören dem Islam und 18% dem Christentum an (ISB 2017d, S. 13). Dabei sind Asylbewerber aus Afghanistan und Syrien in erster Linie dem Islam zuzuordnen, während die neu zugewanderten Schüler aus Eritrea überwiegend Christen sind (ISB 2017b, S. 21). Dies deckt sich schwerpunktmäßig mit der Erhebung des (BAMF 2018a, S. 23), wobei hier in Bezug auf alle Asylerstantragsteller im Jahr 2017 die Islamzugehörigkeit bei 65,9% liegt, wohingegen das Christentum zu 20,6% vertreten ist (ebd., S. 23).[42]

Die Religion ist für die jungen neu zugewanderten Menschen sehr oft von hohem Stellenwert. Teilweise ergeben sich daraus markante Berührungspunkte innerhalb der Klasse oder auch zwischen der religiösen Überzeugung und den Unterrichts-/Lehrplaninhalten sowie den Unterrichtszeiten (vgl. Riedl und Simml 2016; 2017b).

Berufsintegrationsklassen zeichnen sich weiter durch eine markante Geschlechterverteilung aus: Der Großteil der jungen Geflüchteten in den Berufsintegrationsklassen ist männlich. Die Erhebung von Baumann und Riedl (2016, S. 57) sowie dem (ISB 2017d, S. 11) ergab eine Zusammensetzung von rund 80% Männern und rund 20% Frauen. Nach den Daten der Bundesagentur für Arbeit (2018) sind in Bezug auf die Altersgruppe der Geflüchteten im Jahr 2017 fast drei Viertel der Erstantragsteller zwischen 16 und 25 Jahren männlich (ebd., S. 6). In Bezug auf volljährige Asylantragsteller im ersten Halbjahr 2016 ergibt die BAMF-Kurzanalyse von Neske und Rich (2016) Durchschnittswerte von 70,5% Männern und 29,5 Frauen (ebd., S. 4).

In den Berufsintegrationsklassen sind aktuell zum Großteil Asylbewerber und Geflüchtete vom arabischen und afrikanischen Kontinent. Insgesamt nennen die Schüler in der Erhebung des ISB (2017d) 47 Herkunftsländer und 54 verschiedene Sprachen (ebd., S. 11). Zu den drei häufigsten Herkunftsländern gehören Afghanistan, Syrien und Eritrea (ISB 2017d, S. 21). Die Fluchtgründe sind unterschiedlich. Beispiele sind andauernde Kriege, Diskriminierung von Minderheiten oder die Verletzung der Menschenrechte. BIK-Lehrkräfte unterrichten viele Schüler mit psychologischen Belastungen oder Traumata, welche die Folgen ihrer Flucht oder einschneidende Erlebnisse im Heimatland sind (vgl. Riedl und Simml 2016, S. 14). Zusätzliche psychologische Belastungen können auch aus der Sorge um die im Heimatland hinterlassene Familie und durch aktuelle Entwicklungen in der Herkunftsregion entstehen.

Lehrkräfte sollen laut der Standards für Lehrerbildung (Kompetenzbereich „Erziehen") auf all dies eingehen: Sie sollen Einfluss nehmen auf die individuelle

---

42 Die restlichen 13,5%: Yeziden, Konfessionslos, Hinduismus, Sonstige/Unbekannt.

Entwicklung des Einzelnen und dabei die sozialen und kulturellen Lebensbedingungen der Schüler berücksichtigen (vgl. Sekretariat der Ständigen Konferenz der Kultusminister der Länder in der Bundesrepublik Deutschland 2014). Dieser Anspruch ist aufgrund der hier dargestellten breiten Heterogenität der Schülerschaft mit Fluchthintergrund sehr komplex.

„Neben diagnostischen Fähigkeiten benötigt die Lehrkraft interkulturelle Kompetenzen und ein umfangreiches Wissen über die verschiedenen Religionen und Kulturen der Fluchtländer, damit auch sensiblen Themen wie religiösen Überzeugungen angemessen begegnet werden kann" (Riedl und Simml 2016b, S. 22).

4.5.5 Lebenssituation der Schüler

Lehrkräfte berichten, dass die Lebenssituation der meisten Schüler mit Fluchthintergrund von Einsamkeit, Unsicherheit und einem fehlenden Rückzugsort geprägt ist (Riedl und Simml 2017b, S. 33). Auch aus der Interviewstudie mit Flüchtlingen von Schiefer (2017) geht hervor, dass für diejenigen, deren Asylantrag noch offen ist, den unsicheren Blick in die Zukunft als äußerst belastend empfinden (ebd., S. 4f). In Berufsintegrationsklassen sind, wie bereits beschrieben, sowohl Schüler, die noch auf ihren Asylbescheid warten, als auch diejenigen, die bereits mitgeteilt bekommen haben, dass ihr Antrag auf Asyl positiv oder negativ beschieden wurde. Diese unterschiedlichen Status führen oft in den Klassen zu Konflikten und erschweren eine lernförderliche und gemeinschaftliche Unterrichtsatmosphäre (Riedl und Simml 2017b, S. 62).

Des Weiteren werden die Trennung von der Familie, fehlende soziale Beziehungen auf Augenhöhe und Diskriminierungen als belastende Aspekte der Lebenssituation vieler Geflüchteter benannt (Schiefer 2017, S. 4f). Laut Brücker et al. (2016c) hat in der Wahrnehmung der Geflüchteten eine Minderheit von 10% häufig Diskriminierungserfahrungen in Deutschland gemacht, 36% dagegen selten. Diese Ergebnisse ähneln auch den Werten in Worbs et al. (2016). Brücker et al. (2016c) stellt fest, dass diejenigen Geflüchteten häufiger Kontakte zu Deutschen haben, die in kleineren Kommunen anstatt in Großstädten sowie in Wohnungen und Häusern anstatt in Gemeinschaftsunterkünften untergebracht sind (ebd., S. 81).

Bauer (2017) fasst den aktuellen Forschungsstand zur Unterbringungspraxis von Asylbewerbern zusammen und hebt die „Bedeutung des abrupten Wandels von einem relativ selbständigen und mobilen Leben während der Flucht zu einem Leben, das von administrativen Vorgaben des Asylsystems geprägt ist" hervor. Die eigene Selbstbestimmung und Selbstwirksamkeit der Menschen wird durch den Wartezustand auf Verwaltungsentscheide, welche verschiedene

Konsequenzen im Hinblick auf die nun zu großen Teilen fremdbestimmte Lebensgestaltung mit sich bringen, stark eingeschränkt.

Das Ausländeramt entscheidet über den Zugang zum Arbeitsmarkt (BAMF 2017). Das Asylbewerberleistungsgesetz (AsylbLG) regelt die Leistungen, die den Asylantragstellern während des Verfahrens zustehen (vgl. auch BAMF 2016c).

Nach der Asyl-Antragsstellung beim Bundesamt werden die Betroffenen im Normalfall bis zu sechs Monate (§ 47 AsylG) in einer (Erst-)Aufnahmeeinrichtung untergebracht. Im Anschluss daran kommen die Asylbewerber, die einen positiven Bescheid erhalten haben, in kommunale Gemeinschaftsunterkünfte oder dezentral in Privat-/Einzelwohnungen oder Wohngruppen. Die Einzelheiten dieser Anschlussunterbringung wird durch die jeweiligen Bundesländer geregelt (BAMF 2018b, 2016c). Unbegleitete Minderjährige als besonders schutzbedürftige Gruppe erhalten darüber hinaus besondere Betreuung (vgl. Müller 2014).

Die Situation in Gemeinschaftsunterkünften erforschen mehrere Studien (Johannson 2016; Christ et al. 2017; Aumüller et al. 2015; Brücker et al. 2016a). Bauer (2017) fasst in ihrer Literaturrecherche folgende Aspekte zusammen, die teilweise Konflikte in den Unterkünften hervorrufen oder bereits vorhandene Konflikte[43] verstärken (ebd., S. 7):

- Schlechter baulicher Zustand der Unterkunft
- Enges Zusammenleben von Menschen unterschiedlicher Herkunft auf engem Raum (4–9 qm/Person werden veranschlagt)
- Unterbringung in Mehrbettzimmern mit stark eingeschränkter Privatsphäre
- Mangelnde Kommunikation mit der einheimischen Bevölkerung aufgrund räumlicher Separation

Weniger Studien liegen aktuell zur Situation in dezentralen Unterbringungseinrichtungen vor. Jedoch ist damit eine Verbesserung der Lebensbedingungen sowie eine stärkere Integration in die lokale Umgebung erkennbar (vgl. (Aumüller et al. 2015; Cremer 2014).

Laut der Erhebung von Baumann und Riedl (2016) leben 60% der Schüler in Berufsintegrationsklassen alleine in Deutschland (ebd., S. 64). Die berufsschulpflichtigen (Flucht-)Migranten, die nicht alleine nach Deutschland gekommen

---

43 Bauer (2017) stellt in ihrer Literaturrecherche fest, dass am häufigsten Konflikte zwischen den Bewohnern aufgrund unterschiedlicher kultureller und religiöser Hintergründe genannt werden (ebd., S. 9).

sind, haben überwiegend Mutter, Vater, Bruder, oder Schwester als Familienmitglied bei sich (vgl. Abb. 10).

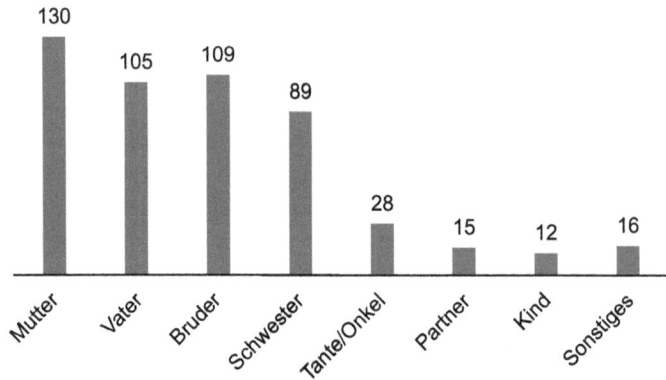

Abb. 10: Familienmitglieder in Deutschland (Baumann und Riedl 2016, S. 64)

Euler (2016) fasst die Lebenssituation der jungen Menschen folgendermaßen zusammen:

„Neben diesen Fluchtnachwirkungen sind gerade die jungen Flüchtlinge in ihrer aktuellen Situation sozialen und psychologischen Situationen ausgesetzt, die für Lernen und Ausbildung sehr hinderlich sein können. Die durch ihren Aufenthaltsstatus bedingte Unsicherheit und Orientierungslosigkeit, die damit verbundenen Zukunftsängste, die fehlenden Lern- und Rückzugsmöglichkeiten in den Flüchtlingsunterkünften, aber bei einigen auch die durch die Trennung von Familie und Angehörigen ausgelösten Druck- und Einsamkeitsgefühle können markante Leistungsabfälle mit sich bringen" (Euler 2016, S. 348f).

Riedl und Simml (2017b) schildern auch, dass die jungen Menschen in Berufsintegrationsklassen mit der Hoffnung auf ein sehr gutes Leben in Deutschland geflohen sind. Bei vielen herrscht jedoch nach Ankunft im Aufnahmeland Ernüchterung. Das bedeutet, dass die Lehrkräfte die enttäuschten Erwartungen der Schüler auffangen, ihre Vorstellungen an die für sie realistischen Möglichkeiten anpassen müssen und gleichermaßen versuchen, sie möglichst wenig dadurch zu demotivieren.[44]

---

44 Weiterführende Literatur zur Lebenssituation von Asylberechtigten und anerkannten Flüchtlingen in Deutschland s. Worbs et al. 2016.

4.5.6 Lehrplan

Aufgrund des raschen Ausbaus an Berufsintegrationsklassen (vgl. Kapitel 4.2) starteten die Lehrkräfte in Berufsintegrationsklassen mit der Ausgestaltung des Unterrichts bei Einführung der neuen Beschulungsmaßnahme ohne vorgegebene Richtlinien und handelten nach eigenem pädagogischem Ermessen. Bald konnten sie sich an einer Handreichung des ISB (vgl. ISB 2015) orientieren, die mittlerweile aktualisiert ist (vgl. ISB 2017a). Seit dem Schuljahr 2016/17 gibt es einen Lehrplan für die Berufsintegrations- und Sprachintensivklassen (vgl. ISB 2017c), der den Spracherwerb Deutsch[45] sowohl als eigenen Lernbereich auszeichnet sowie sprachliche Förderung auch als Teil aller anderen Lernbereiche versteht. Die weiteren Lernbereiche sind Bildungssystem und Berufswelt, Mathematik, Ethisches Handeln und Kommunikation sowie Sozialkunde. Ein optionaler Lernbereich ist ergänzend dazu die Alphabetisierung. Inhalte oder Methoden sind im Lehrplan nicht explizit festgelegt. Dieser zeichnet sich dadurch aus, dass er den Lehrkräften viel Gestaltungsspielraum im Rahmen ihrer pädagogischen Verantwortung gewährt.

Während am Ende regulärer Fachklassen im Rahmen einer dualen Berufsausbildung an Berufsschulen eine festgelegte Abschlussprüfung ansteht, bekommen die Schüler der Berufsintegrationsklassen den Abschluss der Mittelschule gemäß §15 BSO bei erfolgreichem Besuch der Maßnahme.[46]

---

45 Für den Lernbereich „Spracherwerb Deutsch" gibt es einen separaten „Basislehrplan Deutsch" (vgl. ISB 2016a).
46 vgl. „paralleles Modell mit Schulabschluss" in Kapitel 4.4.

5 Forschungsinteresse und Fragestellungen

Die Ausführungen der beiden vorhergehenden Kapitel haben den Forschungskontext dieser Arbeit beschrieben sowie den bisherigen Stand der Lehrerbelastungsforschung zusammengefasst. Aus Kapitel 3 geht hervor, dass zahlreiche Wissenschaftler sich bereits mit dem Thema der Lehrerbelastung beschäftigt haben. Studien zu Bewältigungsressourcen im Lehramtsberuf gibt es allerdings weitaus weniger. Die methodischen Zugänge sind meist quantitativ, qualitative Forschungsarbeiten sind selten. Meist stehen allgemeinbildende Schularten besonders im Blick der Lehrerbelastungsforschung, wohingegen Berufsschulen häufig vernachlässigt werden. Insbesondere in Bezug auf die neu eingeführte Beschulungsmaßnahme der Berufsintegrationsklassen (vgl. Kapitel 4.4) ist zum Erhebungszeitpunkt eine erhebliche Forschungslücke hinsichtlich Belastungsfaktoren und Bewältigungsressourcen der Lehrkräfte zu verzeichnen. Diese Beschulungsmaßnahme wurde aufgrund der enorm anwachsenden Fluchtzuwanderung innerhalb kurzer Zeit stark ausgebaut (vgl. Kapitel 4.1 und 4.2). Zusätzlich zu den bereits an Berufsschulen unterrichtenden Lehrkräften musste – vor allem für das Unterrichten von Deutsch als Zweitsprache – weiteres Lehrpersonal gewonnen sowie Räumlichkeiten mit entsprechender Ausstattung organisiert werden, um den zusätzlich entstandenen Bedarf an Unterrichtsstunden decken zu können. Zu diesen Rahmenbedingungen stellt die qualitative Evaluation zum Schuljahresende 2016/17 für das Modellprojekt „Perspektive Beruf für Asylbewerber und Flüchtlinge" (vgl. Kapitel 4.3) fest:

> „Die Berufsschulen im Modellprojekt haben die wesentlichen organisatorischen und konzeptionellen Herausforderungen bereits bewältigt. Dazu gehören die Bereitstellung räumlicher und personeller Ressourcen für die BIK[47]-Beschulung, das Entwickeln geeigneter Unterrichtskonzepte und Unterrichtsmaterialien oder der Aufbau von Netzwerkstrukturen." (Riedl und Simml 2017a, S. 2)

Allerdings werden Lehrkräfte in den Berufsintegrationsklassen mit teilweise bisher ungewohnten und markanten Anforderungen konfrontiert (vgl. Kapitel 4.4 und 4.5). Was bis dato noch nicht untersucht wurde, ist, inwieweit die Lehrkräfte in Berufsintegrationsklassen diese Anforderungen bewältigen können oder ob Prä-/Interventionsbedarf besteht, um potentiell gesundheitsschädliches Belastungserleben zu reduzieren.

---

[47] Berufsintegrationsklassen

Die vorliegende Untersuchung geht dieser Frage nach. Das Forschungsinteresse der Arbeit liegt dabei auf Ressourcen, die Lehrkräfte in Berufsintegrationsklassen zur erfolgreichen Bewältigung ihrer Arbeit nutzen sowie auf Faktoren, die dazu beitragen, dass das Belastungsempfinden unterschiedlicher Personen bei gleicher oder ähnlicher Tätigkeit differiert. In einem vorhergehenden Schritt ist dafür notwendig zu identifizieren, ob sich BIK-Lehrkräfte (unterschiedlich) belastet fühlen und was sie entsprechend in ihrer Arbeit tatsächlich als belastend erleben.

Die zentralen Forschungsfragen dieser Arbeit lauten folglich:

- *Wie stark fühlen sich Lehrkräfte in Berufsintegrationsklassen belastet?*
- *Wodurch fühlen sich Lehrkräfte in Berufsintegrationsklassen belastet?*
- *Welche Ressourcen helfen Lehrkräften in Berufsintegrationsklassen zur Bewältigung ihrer Arbeitsanforderungen?*
- *Fühlen sich Lehrkräfte mit gleichen/ähnlichen Anforderungen unterschiedlich belastet? Falls ja, warum?*

Die zur Beantwortung der Forschungsfragen erhobenen quantitativen und qualitativen Daten (vgl. Kapitel 6) werden darüber hinaus mit dem Belastungsgrad sowie den Belastungsfaktoren und Bewältigungsressourcen der bisherigen Lehrerbelastungsforschung in anderen Klassenformen bzw. Schularten abgeglichen, sodass Gemeinsamkeiten, Besonderheiten und Unterschiede herausgearbeitet werden können. Darauf zielt folgende weitere Forschungsfrage:

- *Inwiefern unterscheiden sich die Belastungsfaktoren und Bewältigungsressourcen von Lehrkräften in Berufsintegrationsklassen von denen der Lehrkräfte in anderen Klassenformen und Schularten?*

Abschließend werden aus den in dieser Forschungsarbeit gewonnenen Ergebnissen zu den genannten Forschungsfragen Schlussfolgerungen hinsichtlich der Prä- und Intervention für die Lehrergesundheit gezogen.

6 Forschungsmethodischer Ansatz

Im Folgenden wird die methodische Vorgehensweise dieser Arbeit erläutert: Zu Beginn wird das Forschungsdesign im Gesamten vorgestellt, worauf das Teilkapitel 6.2 auf die Stichprobenbedingungen eingeht. Der forschungsmethodische Ansatz dieser Arbeit untergliedert sich in einen quantitativen und einen qualitativen Teil (Teilkapitel 6.3. und 6.4), auf dessen Basis im Anschluss vergleichende Fallanalysen angestellt werden (Teilkapitel 6.5).

6.1 Forschungsdesign und forschungsmethodischer Überblick

Der Untersuchung liegt ein exploratives Forschungsdesign zu Grunde. Exploration ist zunächst „eine grundlegende Form der Auseinandersetzung des Menschen mit sich und seiner Umwelt" (Bortz und Döring 1995, S. 328). Sie greift vor allem in unbekannten Forschungsbereichen, für den es noch kaum konkrete Annahmen oder Hypothesen gibt. In vorliegender Untersuchung eignet sich dies in Bezug auf die neu eingeführte Beschulungsmaßnahme an Berufsschulen. Ein Ziel der explorativen Forschung ist dementsprechend, Zusammenhänge zu identifizieren sowie Theorien und Hypothesen zu generieren.

Die explorative Vorgehensweise dieser Untersuchung wird durch verschiedene Erhebungs- und Auswertungsmethoden systematisiert, die in Abb. 11 im Überblick dargestellt sind.

Die Untersuchung stützt sich auf die Daten eines quantitativen als auch eines qualitativen Erhebungszugangs:

- Quantitative Erhebungsmethode: Fragebogen zu arbeitsbezogenem Erlebens- und Verhaltensmuster (AVEM) von Schaarschmidt und Fischer (2001) (vgl. Kapitel 6.3)
- Qualitative Erhebungsmethode: Leitfadeninterviews bzw. halbstandardisierte Interviews (vgl. Kapitel 6.4)

Die Auswertung der Daten aus den beiden unterschiedlichen Erhebungssträngen findet sowohl separat, als auch im Sinne des Mixed-Methods Ansatzes miteinander verflochten statt. Zudem werden basierend auf diesen Daten Fallbeispiele herausgearbeitet (vgl. Kapitel 6.5), um anhand vergleichender Fallanalysen[48]

---

48 Die Begriffe „Fallanalyse" und „Fallstudie" werden in vorliegender Arbeit synonym verwendet.

84 Forschungsmethodischer Ansatz

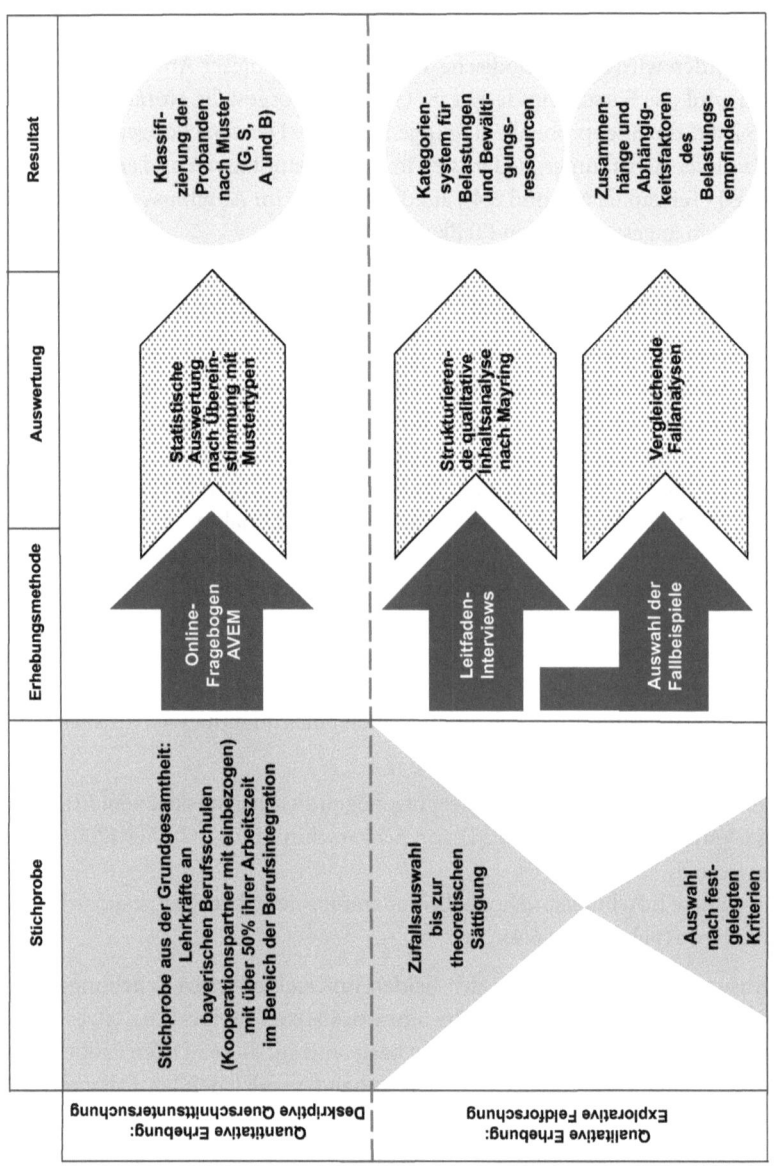

Abb. 11: Methodisches Vorgehen der Untersuchung

Forschungsdesign und forschungsmethodischer Überblick 85

einen größtmöglichen Erkenntnisgewinn zu erreichen (vgl. Bortz und Döring 1995; Mayring 2007).

Mixed-Methods zeichnen sich durch qualitative und quantitative Forschungszugänge aus. Dies eignet sich in der empirischen Sozialforschung, Daten reflektiert miteinander zu verknüpfen (Döring 2017; Flick 2004; Gläser-Zikuda 2012; Kuckartz 2014). Die unterschiedlichen Methoden sollen nicht parallel oder konkurrierend einander gegenübergestellt werden, sondern komplementär zueinander als gegenseitige Ergänzung dienen und konvergieren. Bei übereinstimmenden Ergebnissen findet dadurch zudem eine Validierung der Daten statt (Kelle und Erzberger 2015, S. 304f).

Während der Fragebogen zum arbeitsbezogenen Erlebens- und Verhaltensmuster (AVEM) als quantitative Methode dieser Forschungsarbeit den Teilnehmenden verschiedene Mustertypen[49] an arbeitsbezogenem Erleben und Verhalten zuweist (vgl. Kapitel 6.3), gibt das Leitfadeninterview den befragten Lehrkräften die Möglichkeit, ihre subjektive Sicht hinsichtlich arbeitsbezogenen Belastungen und Bewältigungsressourcen darzulegen (vgl. Kapitel 6.4). Im Anschluss daran werden ausgewählte Fälle miteinander verglichen, um zu analysieren, was die Lehrkräfte trotz gleicher/ähnlicher Arbeitsanforderungen, aber unterschiedlich starkem Belastungsempfinden, unterscheidet (vgl. Kapitel 6.5).

Die quantitative Erhebung konzentriert sich als deskriptive Querschnittsuntersuchung in einer größeren Stichprobe verstärkt darauf, das arbeitsbezogene Erleben und Verhalten bei den Lehrkräften in Berufsintegrationsklassen anhand einer einheitlichen „Skala"[50] einschätzen zu können. AVEM beantwortet beispielsweise die Frage: Welche Lehrkräfte haben ein gesundheitsgefährdendes Risikomuster durch arbeitsbezogene Belastung? Darüber hinaus eignet sich AVEM, um die Interviewpartner im qualitativen Teil in verschiedene Muster zu klassifizieren. Damit verbunden lassen sich die erhaltenen Interviewdaten abgleichen und mit bereits gewonnenen Erkenntnissen verknüpfen, da die Interviewpartner ebenfalls den Fragebogen AVEM bearbeiten und in die Stichprobe der quantitativen Erhebung mit einfließen.

In der qualitativen Erhebung richten sich die Leitfadeninterviews an eine kleinere Stichprobenzahl. Die Daten aus den Interviews werden durch die qualitative Inhaltsanalyse nach Mayring ausgewertet, sodass eine strukturierte

---

49 Muster G (Gesund), S (Schonung); Risikomuster A (Anstrengung) und B (Burnout).
50 Mit „Skala" ist hier die Zuordnung zu jeweiligen AVEM-Musterausprägungen gemeint, die eine Aussage über den Belastungsgrad geben.

Übersicht an Kategorien über Belastungen und Bewältigungsressourcen daraus resultieren.

Die Zusammenhänge der einzelnen Kategorien werden im Anschluss daran in Verbindung mit den Abhängigkeitsfaktoren des Belastungsempfindens anhand vergleichender Fallbeispiele konkret veranschaulicht. Die Auswahl der Fallbeispiele soll ein möglichst breites Spektrum unterschiedlicher Realfälle mit verschiedenen AVEM-Mustern abbilden.

6.2 Stichprobenbedingungen

Die Stichprobenziehung findet im Schuljahr 2016/17 im Kontext des Modellprojekts „Perspektive Beruf für Asylbewerber und Flüchtlinge" statt (vgl. Kapitel 4.3). Die in die Untersuchung einbezogenen Personen müssen die folgenden Voraussetzungen erfüllen:

- Die Personen sind als Lehrkraft[51] in Berufsintegrationsklassen an bayerischen Berufsschulen tätig;[52]
- Die Lehrkräfte sind überwiegend bzw. primär für Berufsintegrationsklassen eingesetzt, d.h. sie verbringen über die Hälfte der Unterrichtszeit in Berufsintegrationsklassen;
- Lehrkräfte, die in der Funktion der Abteilungsleitung sind, wenden über die Hälfte der Arbeitszeit für den Bereich der Berufsintegrationsklassen auf;

Für den Kontakt mit den Untersuchungsteilnehmern werden die Schul- und/oder Abteilungsleitungen der Modellschulen per Mail nach den E-Mail-Adressen der Lehrkräfte gefragt, die an den jeweiligen Berufsschulen die genannten Voraussetzungen erfüllen. Der Fragebogen AVEM (vgl. Kapitel 6.3) wird anschließend den zurückgemeldeten Kontaktadressen als Online-Tool mit der Bitte um Teilnahme zugesandt. Sie werden neben Informationen zum Zweck und Ziel der Befragung darauf hingewiesen, dass die Teilnahme freiwillig erfolgt und die erhobenen Daten anonym bleiben. Um dies zu gewährleisten, werden Anonymisierungscodes erstellt, sodass auf dem Ergebnis des ausgefüllten Tests keine Rückschlüsse zur Person gezogen werden können (mehr dazu in Kapitel 6.3.1). Zudem werden alle personenbezogenen Daten wie z.B. der Mailverlauf mit den Schulen nach Abschluss der Untersuchung gelöscht.

---

51 Als Lehrkraft wird in dieser Arbeit jede Person bezeichnet, die unabhängig von einer Lehramtsausbildung in den BIK unterrichtet (wie das bspw. bei Absolventen grundständiger DaF-/DaZ-Studiengängen der Fall sein kann).
52 Auch Angestellte des Kooperationspartners werden mit einbezogen.

Die eben genannten Voraussetzungen der Untersuchungsteilnehmer gelten auch für die qualitative Untersuchung. Die Auswahl der Interviewpartner erfolgt auf freiwilliger Basis innerhalb der teilnehmenden Schulen des Modellprojekts (vgl. Kapitel 4.3). Die Anzahl der Interviewpartner ist abhängig von der theoretischen Sättigung des daraus resultierenden Datenmaterials.

Aus den Daten des quantitativen und qualitativen Erhebungszugangs werden reale Fallbeispiele zusammengefasst. Die Auswahl der Fälle ergibt sich zum einen durch die verschiedenen Musterzuschreibungen aus den AVEM-Fragebögen (quantitative Erhebung), zum anderen durch Realfälle aus den Interviews (qualitative Erhebung), sodass durch die Auswahl insgesamt eine möglichst große Bandbreite an erstellten Kategorien abgedeckt wird.

6.3 Quantitative Erhebung

Für die quantitative Datenerhebung wurde der Fragebogen zum arbeitsbezogenen Verhaltens- und Erlebensmuster (AVEM) ausgewählt,[53] welcher im Folgenden vorgestellt wird.

6.3.1 Allgemeines

Uwe Schaarschmidt von der Universität Potsdam entwickelte im Rahmen der Potsdamer Lehrerstudie den Fragebogen zu Arbeitsbezogenen Erlebens- und Verhaltensmustern (AVEM). Neben der Standardform dieses Fragebogens mit 66 Items (6 je Dimension) existiert eine Kurzform mit 44 Items (4 je Dimension). Im Gegensatz zur Standardform, die insbesondere für Individualdiagnostik empfohlen wird, eignet sich bei gruppenbezogenen Aussagen die Kurzform besser (Schaarschmidt und Fischer 2001, S. 5). Für die vorliegende Untersuchung wird deshalb zweckgemäß die Kurzversion verwendet.

Damit auch personenbezogene Daten mit den Ergebnissen des AVEM-Fragebogens verknüpft werden können, werden die einzelnen Fragebögen mit einem Anonymisierungscode versehen, welcher Informationen zum Schulstandort, Geschlecht u.ä. enthält. Der Code setzt sich zusammen aus einer Zahl, welche alle Fragebogenteilnehmer nacheinander durchnummeriert, einem Kürzel für den jeweiligen Schulstandort, dem Angestelltenverhältnis beim Kooperationspartner oder der Berufsschule (hier wird dem Code nur im Fall des Kooperationspartners ein k hinzugefügt) sowie dem Geschlecht (m oder w). Zusätzlich wird der Anonymisierungscode von den Lehrkräften, die eine Leitungsfunktion

---

53 Begründung der Methodenwahl in Kapitel 6.3.2

der Abteilung einnehmen, mit der Abkürzung „L" versehen. Beispiele für die Anonymisierungscodes sind nach dem eben erläuterten Schema: 79DmL oder 15Bwk.

Wohingegen der qualitative Zugang zu den Modellschulen bereits durch die Genehmigung der qualitativen Evaluation innerhalb des Modellprojekts „Perspektive Beruf für Asylbewerber und Flüchtlinge" gegeben ist, benötigt es für die quantitative AVEM-Befragung eine Erweiterungsgenehmigung beim Bayerischen Staatsministerium für Bildung und Kultus, Wissenschaft und Kunst.[54]

6.3.2 Begründung der Methodenwahl

Im deutschsprachigen Raum vermochten sich innerhalb der Stress-/Belastungsforschung vor allem zwei Instrumentarien durchzusetzen: der Fragebogen „Arbeitsbezogenes Verhaltens- und Erlebensmuster (AVEM)" sowie der „Stressverarbeitungsfragebogen (SVF)" (Herzog 2007, S. 106).

Der Stressverarbeitungsfragebogen (SVF) nach Janke und Erdmann (1985) verfolgt ebenso wie der Fragebogen zu Arbeitsbezogenen Verhaltens- und Erlebensmuster nach Schaarschmidt und Fischer (2001) einen ressourcenorientierten Ansatz. Der SVF fokussiert die personenspezifische Stressverarbeitung. Dabei wird zwischen Positiv- und Negativstrategien unterschieden, d.h. der SVF inkludiert ausgewählte Merkmale, die sich positiv (z.B. Maßnahmen zur Ablenkung) oder negativ (z.B. Resignation) auf das Stressempfinden auswirken.

In vorliegender Arbeit geht der qualitative Teil vor allem auf das individuelle Stress- bzw. Belastungserleben und hilfreiche Bewältigungsressourcen der Personen ein, wie in folgendem Teilkapitel 6.4 erläutert wird. Der quantitative Teil soll deshalb insbesondere darauf abzielen, Informationen über den Belastungsgrad von BIK-Lehrkräften (vgl. Kapitel 5) zu erhalten.

Während sich der Fokus des SVF auf Merkmale der Stressverarbeitung beschränkt und damit den eben genannten Aspekten im Gesamtkonzept dieser Arbeit nicht gerecht wird, qualifiziert sich der Fragebogen AVEM durch seine Möglichkeit der Musterzuordnung als Erhebungsinstrument: Neben dem Einbezug von Informationen zu Bewältigungsressourcen und dem Belastungserleben können die Untersuchungsteilnehmer nach Ihrer Teilnahme am AVEM-Fragebogen vier Mustertypen (vgl. Kapitel 6.3.3) zugeordnet werden, wodurch Aussagen über den Belastungsgrad wie auch über gesundheitsförderliche bzw. –gefährdende Verhaltens- Erlebensweisen getroffen werden können (Schaarschmidt und Fischer 2001, S. 5). Geeignete AVEM-Vergleichswerte mit

---

[54] Mehr zum Verlauf des Genehmigungsverfahrens wird in Kapitel 7.2 beschrieben.

Lehrkräften anderer Klassen-/Schulformen liegen vor. Die Musterbestimmung in AVEM trägt zudem dazu bei, „berufliche Beanspruchungssituationen für Individuen und Gruppen darzustellen und zu bewerten, veränderungsbedürftige Zustände aufzufinden und Hinweise für deren Überwindung zu geben." (Schaarschmidt 2005a, S. 37). Auch die qualitative Dateninterpretation kann durch die Zuordnung der Interviewpartner zu den jeweiligen Mustertypen geschärft werden. Ein weiterer Synergieeffekt der AVEM-Musterbestimmung erweist sich im Rahmen der vergleichenden Fallanalyse (vgl. Kapitel 6.5). Das jeweilige Arbeitsbezogene Erlebens- und Verhaltensmuster dient hier als ein ausschlaggebendes Kriterium für die Fallauswahl.

6.3.3 Aufbau und Inhalte von AVEM

Die Items des Fragebogens sind in folgende elf Dimensionen aufgeteilt (vgl. Abb. 12), woraus durch bestimmte Ausprägungskombinationen vier Verhaltens- und Erlebensmuster resultieren (vgl. Abb. 13).

Die elf Dimensionen, an welchen sich die AVEM-Fragen orientieren, sind jeweils einem der drei übergeordneten Bereiche *Emotionen*, *Widerstandskraft* und *Arbeitsengagement* zugeordnet. Der Fragebogen ist so konzipiert, dass sich die Teilnehmer in Bezug auf die einzelnen Items auf einer Likert-Skala selbst einschätzen, woraus sich unterschiedlich ausgeprägte Dimensionskombinationen ergeben. Daraus leitet Schaarschmidt (2006) vier Bewältigungsmuster ab, von welchen zwei als Risikomuster gelten, wie in Abb. 13 zu sehen ist.

Je nachdem, welche Dimensionskombination sich bei einem Fragebogen-Teilnehmer ergibt, wird diese auf Übereinstimmung mit einem der vier Mustertypen G (Gesund), S (Schonung), A (Anstrengung) oder B (Burnout) geprüft. Neben der Zuordnung zu einem reinen Muster ist es auch möglich, zu einer bestimmten Musterkombination zu gehören. In Ausnahmefällen kommt es vor, dass Dimensionskombinationen mit gar keinem Muster übereinstimmen und somit keine Musterzuordnung stattfinden kann.

Die Auswertung der Online-Fragebögen nach dem Schema in Abb. 13 findet im Rahmen dieser Forschungsarbeit durch das Wiener Testsystem von SCHUHFRIED statt. SCHUHFRIED ist ein international ausgerichteter Dienstleiter in den Bereichen psychologische Diagnostik, kognitives Training und Biofeedback. Das Unternehmen entwickelte ein digitales psychologisches „Wiener Testsystem" und betreut seither zahlreiche Forschungsprojekte (Schuhfried o.J.). In deren Leistungsportfolio enthalten ist auch der Fragebogen zur Arbeitsbezogenem Verhaltens- und Erlebensmuster (AVEM). Das bedeutet, dass die von den Lehrkräften ausgefüllten Fragebögen den digitalen Auswertungsprozess von

Arbeitsengagement	1. Subjektive Bedeutsamkeit der Arbeit (BA)	Stellenwert der Arbeit im persönlichen Leben Beispielitem: *Die Arbeit ist für mich der wichtigste Lebensinhalt.*
	2. Beruflicher Ehrgeiz (BE)	Streben nach Zielen und Weiterkommen im Beruf Beispielitem: *Ich möchte beruflich weiter kommen, als es die meisten Bekannten geschafft haben.*
	3. Verausgabungsbereitschaft (VB)	Bereitschaft, die persönliche Kraft für die Erfüllung der Arbeitsaufgabe einzusetzen Beispielitem: *Wenn es sein muss, arbeite ich bis zur Erschöpfung.*
	4. Perfektionsstreben (PS)	Anspruch bezüglich Güte und Zuverlässigkeit der eigenen Arbeitsleistung Beispielitem: *Was immer ich tue, es muss perfekt sein.*
	5. Distanzierungsfähigkeit (DF)	Fähigkeit zur psychischen Erholung von der Arbeit Beispielitem: *Nach der Arbeit kann ich ohne Probleme abschalten.*
Widerstandskraft	6. Resignationstendenz bei Misserfolgen (RT)	Neigung, sich mit Misserfolgen abzufinden und leicht aufzugeben Beispielitem: *Wenn ich keinen Erfolg habe, resigniere ich schnell.*
	7. Offensive Problembewältigung (OP)	aktive und optimistische Haltung gegenüber Herausforderungen und auftretenden Problemen Beispielitem: *Für mich sind Schwierigkeiten dazu da, dass ich sie überwinde.*
	8. Innere Ruhe und Ausgeglichenheit (IR)	Erleben psychischer Stabilität und inneren Gleichgewichts Beispielitem: *Mich bringt so leicht nichts aus der Ruhe.*
Emotionen	9. Erfolgserleben im Beruf (EE)	Zufriedenheit mit dem beruflich Erreichten Beispielitem: *Mein bisheriges Berufsleben war recht erfolgreich.*
	10. Lebenszufriedenheit (LZ)	Zufriedenheit mit der gesamten, auch über die Arbeit hinausgehenden Lebenssituation Beispielitem: *Im Großen und Ganzen bin ich glücklich und zufrieden.*
	11. Erleben sozialer Unterstützung (SU)	Vertrauen in die Unterstützung durch nahe stehende Menschen, Gefühl der sozialen Geborgenheit Beispielitem: *Wenn ich mal Rat und Hilfe brauche, ist immer jemand da.*

Abb. 12: Die elf Dimensionen des AVEM (Schaarschmidt 2006, S. 3)

SCHUHFRIED durchlaufen und dann in dieser Form an den Testleiter geschickt werden. Für die weitere Aufbereitung und Analyse der Daten wird vonseiten des Testleiters in Folge das Statistikprogramm SPSS genutzt.

Wie sich die vier reinen AVEM-Bewältigungsmuster jeweils auszeichnen, erklärt Schaarschmidt (2006) folgendermaßen (ebd., S. 5ff):[55]

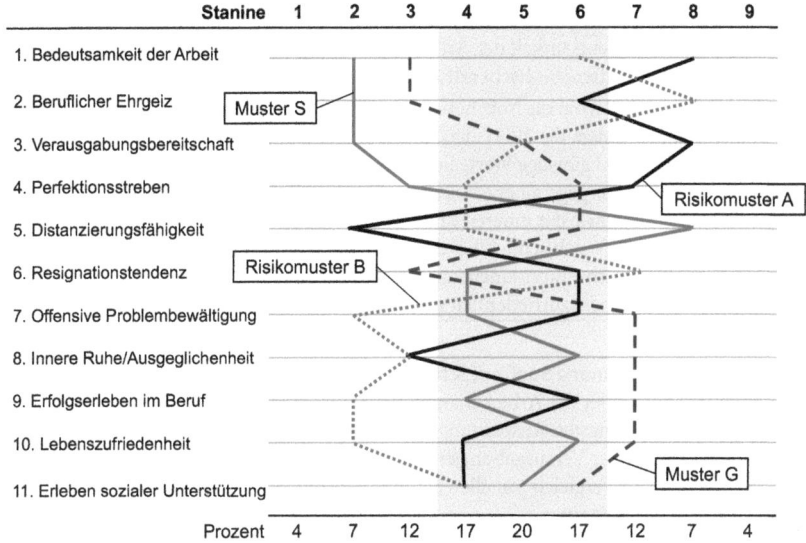

Abb. 13: Unterscheidung nach vier Bewältigungsmustern (Schaarschmidt 2006, S. 5)

Zusammengefasst gilt, dass die Mustertypen A und B ein erhöhtes Krankheitsrisiko haben und Muster S ein Schonungsverhalten aufweist. Das Muster G ist wünschenswert. Zwar macht das noch keinen guten Lehrer aus, jedoch verfügen die Personen dieses Profils über die günstigsten Voraussetzungen, ihr Wissen und ihre pädagogischen Überzeugungen und Absichten wirksam umzusetzen und langfristig in diesem Beruf ihre Aufgaben professionell bewältigen zu können. Es lässt sich aus AVEM nicht ableiten, ob die Arbeit des Lehrers

---

55 Die folgenden Erläuterungen der Musterbeschreibungen (vgl. Tab. 4) wurden wörtlich aus der angegebenen Literatur übernommen und beziehen sich auf die reinen bzw. voll ausgeprägten Muster (d.h. wenn die Zuordnungswahrscheinlichkeit ausgewählter Items gegenüber einem der Referenzprofile >95% ist). Für jede Person wird nach Bearbeiten des Tests der Grad der Passung zwischen Individualprofil und den Referenzprofilen über Diskriminanzfunktionen bestimmt.

Tab. 4: AVEM-Musterbeschreibung (Schaarschmidt 2006 S. 5ff)

Muster G

Dieses Muster kann als Ausdruck von Gesundheit und als Hinweis auf ein gesundheitsförderliches Verhältnis gegenüber der Arbeit gelten. So gesehen handelt es sich um das wünschenswerte Muster arbeitsbezogenen Verhaltens und Erlebens. Wir finden deutliche, doch nicht exzessive Ausprägungen in den Merkmalen, die das Arbeitsengagement anzeigen. Am stärksten tritt der berufliche Ehrgeiz hervor, während in der subjektiven Bedeutsamkeit der Arbeit, der Verausgabungsbereitschaft und dem Perfektionsstreben mittlere bis leicht erhöhte Werte vorliegen.

Hervorzuheben ist weiterhin die trotz hohen Engagements erhaltene Distanzierungsfähigkeit. Auch in den Dimensionen, die die Widerstandskraft gegenüber Belastungen beschreiben, lassen sich durchgehend günstige Werte finden. So liegt die geringste Ausprägung in der Resignationstendenz gegenüber Misserfolgen vor und die stärkste in der offensiven Problembewältigung sowie der inneren Ruhe und Ausgeglichenheit.

Das Bild vervollständigt sich schließlich durch die ausnahmslos höchsten Werte in den Dimensionen, die positive Emotionen zum Ausdruck bringen, d. h. im beruflichen Erfolgserleben, der Lebenszufriedenheit und dem Erleben sozialer Unterstützung statt.

Muster S

Mit der Musterbezeichnung S soll auf Schonung hingewiesen werden, die in diesem Falle das Verhältnis gegenüber der Arbeit charakterisiert.

Es finden sich die geringsten Ausprägungen in der Bedeutsamkeit der Arbeit, dem beruflichen Ehrgeiz, der Verausgabungsbereitschaft und dem Perfektionsstreben. Hier fügt sich auch die im Vergleich mit allen anderen Mustern am stärksten ausgeprägte Distanzierungsfähigkeit ein.

Hervorzuheben ist im Weiteren die eher niedrige Resignationstendenz, die darauf hinweist, dass das verringerte Engagement nicht als Ausdruck einer resignativen Einstellung verstanden werden darf. Gemeinsam mit diesem Merkmal lässt auch die relativ hohe Ausprägung in der inneren Ruhe und Ausgeglichenheit auf Widerstandsfähigkeit gegenüber den beruflichen Belastungen schließen.

Schließlich sei noch festgehalten, dass ein eher positives Lebensgefühl vorherrscht (relativ hohe Lebenszufriedenheit). Allerdings dürfte die Quelle dafür bevorzugt außerhalb der Arbeit zu suchen sein. Der relativ niedrige Wert im beruflichen Erfolgserleben weist darauf hin. Er entspricht wohl auch der Erfahrung, dass Schonungshaltung und Erleben beruflichen Erfolgs schwerlich zueinander passen.

Generell sollte das Muster S weniger unter dem Gesundheits-, sondern eher unter dem Motivationsaspekt von Interesse sein. Dabei ist zu beachten (wie für die anderen Muster auch), dass die Erklärung nicht allein in der betreffenden Person zu suchen ist. Des Öfteren dürfte sich im S-Muster das Erleben nicht (mehr) ausreichender beruflicher Herausforderung niederschlagen. Mitunter begünstigen auch noch andere Faktoren (z. B. defizitäre Arbeitsbedingungen und/oder ein belastendes Arbeitsklima) den Rückzug aus dem beruflichen Engagement.

In der Folge wird dann dem familiären und dem Freizeitbereich eine verstärkte Bedeutung beigemessen. Das zuletzt Gesagte weist darauf hin, dass der Schonungshaltung mitunter auch eine Schutzfunktion zukommen dürfte.

Tab. 4: Fortsetzung

Unter dem Gesundheitsaspekt und insbesondere mit Sicht auf das präventive Anliegen verdienen die beiden weiteren von uns identifizierten Muster besondere Aufmerksamkeit. Sie sind als Risikomuster zu verstehen, da in beiden Fällen arbeitsbezogene Verhaltens- und Erlebensweisen auszumachen sind, die psychische Gefährdungen und Beeinträchtigungen anzeigen.
Diese zwei Muster sollen im Folgenden noch etwas ausführlicher beschrieben und diskutiert werden:

Risikomuster A

Im Vordergrund steht hier das überhöhte Engagement. Im Vergleich mit allen anderen Mustern liegen die stärksten Ausprägungen in der Bedeutsamkeit der Arbeit, der Verausgabungsbereitschaft und dem Perfektionsstreben vor. Bemerkenswert ist vor allem der eindeutig niedrigste Wert in der Distanzierungsfähigkeit, womit angezeigt wird, dass es den Personen dieses Profils am schwersten fällt, Abstand zu den Problemen von Arbeit und Beruf zu gewinnen.
Hervorhebenswert ist weiterhin, dass das außerordentlich starke Engagement mit verminderter Widerstandsfähigkeit gegenüber Belastungen einhergeht, worauf die geringe Ausprägung in der inneren Ruhe und Ausgeglichenheit und der relativ hohe Wert in der Resignationstendenz verweisen.
Darüber hinaus ist es von eher negativen Emotionen begleitet. Darauf lassen die relativ geringen Werte in der Lebenszufriedenheit und im Erleben sozialer Unterstützung schließen.
Insgesamt ist das Bild also dadurch charakterisiert, dass hohe Anstrengung keine positive emotionale Entsprechung findet. Es geht hier im Grunde um den Widerspruch, der in der Arbeitspsychologie als „Gratifikationskrise" bezeichnet wird (Siegrist 1991). Sein Kennzeichen ist die Kombination von großem Arbeitseinsatz und ausbleibendem Erleben von Anerkennung, wovon stärkere pathogene Wirkungen, u. a. ein Herz-Kreislauf-Risiko, auszugehen scheinen.
Generell sehen wir für die hier beschriebenen Verhaltens- und Erlebensbesonderheiten einen engen Bezug zu dem vieldiskutierten Typ-A-Verhaltenskonzept (Friedman & Rosenman 1974), weshalb wir auch vom Risikomuster A sprechen. In seiner ursprünglichen Fassung postuliert das Typ-A-Konzept den Zusammenhang von koronarer Herzerkrankung und einem Verhaltensmuster, das durch übersteigertes und andauerndes Engagement, starken und konkurrierenden Ehrgeiz, Ruhelosigkeit sowie Unfähigkeit zu Erholung und Entspannung gekennzeichnet ist. In den vergangenen Jahren mehrten sich jedoch die kritischen Stimmen gegen eine zu vereinfachende Beschreibung von Verhaltensbesonderheiten infarktgefährdeter Personen. Neuere Erkenntnisse legen die Schlussfolgerung nahe, dass ein Verhaltensstil i. S. des „workaholic" für sich allein noch keine krankmachende Wirkung haben muss. Das eigentliche „pathogene Wirkelement" wird in der Verbindung dieses beschriebenen Verhaltensmusters mit negativen Gefühlen gesehen. Es ergibt sich dann ein Persönlichkeitsbild, das nicht nur das Risiko der Infarktgefährdung, sondern ein generelles Krankheitsrisiko bedingen kann.

(fortgeführt)

Tab. 4: Fortsetzung

Diese spezifische Konstellation von übersteigertem Arbeitsengagement und negativen Emotionen spiegelt sich im Risikomuster A weitgehend wider.

Risikomuster B

Die herausragenden Kennzeichen sind hier hohe Resignationstendenz, geringe Ausprägungen in der offensiven Problembewältigung sowie der inneren Ruhe und Ausgeglichenheit, ausbleibendes Erfolgserleben im Beruf und generelle Lebensunzufriedenheit. Im Weiteren gehören zu diesem Bild eher niedrige Werte in den Dimensionen des Arbeitsengagements, insbesondere in der subjektiven Bedeutsamkeit der Arbeit und im beruflichen Ehrgeiz. In dieser Hinsicht bestehen Gemeinsamkeiten mit dem Muster S. Im Unterschied zu S geht das verminderte Engagement jedoch nicht mit erhöhter, sondern mit eingeschränkter Distanzierungsfähigkeit einher.

Vorrangig also ist das Bild durch Resignation, Motivationseinschränkung, herabgesetzte Widerstandsfähigkeit gegenüber Belastungen und negative Emotionen bestimmt. Solche Erscheinungen zählen zum Kern des *Burnout-Syndroms*. Um diese Beziehung deutlich zu machen, sprechen wir vom Risikomuster B. Wir orientieren uns hierbei auch an Konzepten, denen zufolge Burnout vor allem durch reduziertes Engagement anderen Menschen und der Arbeit gegenüber sowie durch ein Bündel von emotionalen Beeinträchtigungen gekennzeichnet ist. Zu letzteren dürfte vorrangig ein allgemeines Erschöpfungserleben, verbunden mit Gefühlen der Hoffnungslosigkeit und Niedergeschlagenheit, zu zählen sein. Für das präventive Anliegen des AVEM ist von Belang, dass auch das Burnout-Syndrom in einem engen Zusammenhang mit der Entwicklung körperlich-funktioneller Störungen gesehen wird.

Die theoretischen Konzepte zum Burnout-Syndrom laufen in der Regel auf Phasentheorien hinaus (z. B. Freudenberger, 1974). Sie postulieren einen prozesshaften Verlauf, der eine Steigerung der Symptomatik und eine Zunahme ihrer Vielfalt einschließt. Die Verhaltens- und Erlebensbesonderheiten, die sich in einem deutlich ausgeprägten AVEM-Muster B zeigen, dürften den Symptomen im fortgeschrittenen Stadium des Burnouts entsprechen. Freilich bedeutet das nach unseren Erfahrungen nicht, dass damit in jedem Falle der Weg vom „Brennen" über das „Ausbrennen" geführt haben muss. Bezogen auf unsere Typologie würde dies dem Übergang vom A- zum B-Muster entsprechen. Über Wiederholungsmessungen konnten wir zeigen, dass dieser Verlauf zwar überzufällig häufig auftritt, dass aber auch der Übergang von Muster S zu Muster B eine nicht geringere Rolle spielt. Und schließlich ist unseren Beobachtungen zufolge auch mit der Möglichkeit eines episodenhaften Auftretens im Zusammenhang mit gravierenden Lebensereignissen zu rechnen.

erfolgreich ist, jedoch wie günstig die Voraussetzungen für anhaltenden beruflichen Erfolg zum Ausdruck kommen (Schaarschmidt 2005a, S. 39f).

Eine starke Ausprägung des Risikomusters B lässt kaum zu, dass der Betroffene noch ein „guter Lehrer" sein kann. Hierzu sei noch gesagt, dass Wiederholungsmessungen einen „überzufällig häufigen" Verlauf vom Muster A zum

Muster B zeigten. Auch der Übergang von Muster S zu Muster B ist auffällig (Schaarschmidt und Kieschke 2007, S. 87ff).

6.4 Qualitative Erhebung

Der qualitative Erhebungszugang dieser Arbeit wird in Form von teilstandardisierten Interviews durchgeführt. Dieser Interviewtyp wird auch als Leitfaden-Interview, teil-/ oder semistrukturiertes Interview bezeichnet. Die Stichprobe der qualitativen Erhebung setzt sich aus Personen innerhalb der festgelegten Grundgesamtheit an Lehrkräften in Berufsintegrationsklassen zusammen, die über die Hälfte ihrer Arbeitszeit im Bereich der Berufsintegrationsklassen verbringen und sich freiwillig zu einem Gespräch bereit erklärt haben (vgl. Kapitel 6.2). Die Anzahl der Interviewpartner hängt von der theoretischen Sättigung des Datenmaterials ab, die eintritt, wenn kein relevanter Erkenntnisgewinn mehr im Datenmaterial zu finden ist (vgl. Rosenthal 2005, S. 85ff).

Um die aus den Interviews resultierenden Informationen zu strukturieren, werden die erhobenen Daten nach den Regeln der Strukturierenden Qualitativen Inhaltsanalyse nach Mayring ausgewertet (vgl. Kapitel 6.4.5). Daraufhin folgen vergleichende Fallstudien ausgewählter Realfälle, aus welchen sich die unterschiedlichen Zusammenhänge und Abhängigkeitsvariablen des Belastungsempfindens ableiten (vgl. Kapitel 6.5).

6.4.1 Begründung der Methodenwahl

Neben der quantitativen Erhebung als Querschnittsuntersuchung zielt die qualitative Erhebung verstärkt auf die individuelle Lebenswelt einzelner Lehrkräfte ab. Die daraus resultierenden Erkenntnisse sollen möglichst präzise und nah an der subjektiven Wahrnehmung des Befragten sein.

Qualitative Forschung eignet sich hierfür, weil sie das Prinzip der Offenheit verfolgt. Das bedeutet, dass dem Befragten bei der Datenerhebung möglichst viel Raum gegeben wird und der Fokus auf für den Befragten relevante Themen gerichtet ist, sodass eine Einschränkung der Ausführungen vonseiten des Befragten durch vorgeschaltete, theoriegeleitete Konzepte vermieden wird (vgl. Helfferich 201; Hoffmann-Riem 1980; Steinke 1999).

Um dies zu gewährleisten und gleichermaßen relevante Informationen zum Forschungsfeld zu erhalten, wurden für den durchgeführten Feldzugang teilstandardisierte Interviews eingesetzt. Teilstandardisierte Interviews können sich im Einzelfall stark unterscheiden: Beispielsweise kann der Gesprächsleitfaden sehr ausführlich und ebenso sehr knapp sein (Hopf 1995, S. 177ff). „Darüber hinaus wird der Interviewablauf flexibel gestaltet, so dass auch neue Fragen spontan aufgeworfen und weiterverfolgt werden können, wenn sich das aus der Interviewsituation ergibt" (Döring und Bortz 2016, S. 365).

6.4.2 Theoretische Vorüberlegungen zum Interview-Leitfaden

„Das Leitfadeninterview orientiert sich an der Forderung nach Offenheit qualitativer Forschung. Daher sollte der Interviewer nicht zu starr am Leitfaden kleben und im falschen Moment Ausführungen unterbrechen. Allzu weite, themenferne Ausschweifungen gilt es jedoch zu verhindern, da ansonsten die Interviewzeit zu sehr ausgeweitet wird und das dabei erzeugte – und für die Forschungsfrage meist wenig informative – Datenmaterial auch ausgewertet werden muss" (Mayer 2013, S. 37f).

Der Interviewleitfaden besteht unter Berücksichtigung dieser Empfehlungen aus vier offen gestellte Kernfragen (s. Kapitel 6.4.3), von welchen zwei direkt das Forschungsinteresse der arbeitsbezogenen Belastungsfaktoren und Bewältigungsressourcen anvisieren. Abhängigkeitsfaktoren und dahinterliegende Zusammenhänge hingegen werden nicht direkt erfragt, sondern aus dem Kontext der individuellen Erzählungen im Anschluss anhand Fallvergleichen analysiert. Weitere Fragen, die auf bestimmte Detailinformationen abzielen, werden nicht normativ festgelegt, sodass der Interviewpartner selbst die Gewichtung auf für ihn relevante Aspekte hinsichtlich Belastung und Bewältigung seiner Arbeit legen kann.

Krause und Dorsemagen (2007) erarbeiteten ein Raster zur Einordnung vorhandener Untersuchungen zur Lehrerbelastungsforschung. „Das Raster soll einen Beitrag dazu leisten, die zahlreichen Ergebnisse empirischer Studien in das Gesamtgebiet einzuordnen und damit häufig unverbunden nebeneinanderstehende Aussagen zusammenzuführen." (Krause et al 2013, S. 65). Mit Bezug auf das Forschungsinteresse der vorliegenden Arbeit sollen anhand des folgenden Rasters von Krause und Dorsemagen (2007) nochmal Überlegungen zu den einzelnen Leitfragen der qualitativen Untersuchung verdeutlicht und von anderen Aspekten abgegrenzt werden:[56]

---

[56] Die einzelnen Rubriken des Rasters sind selbsterklärend, weshalb auf eine ausführliche Erklärung im Anschluss verzichtet wird.

Qualitative Erhebung

(1) Gesellschaftliche Rahmenbedingungen				

Einflussfaktoren

(2) Arbeitsbezogene Einflussfaktoren		(3) Personenbezogene Einflussfaktoren		(4) Außerberufliche Einflüsse
objektiv / objektivierbar	subjektive Wahrnehmung	Demographisches	Persönlichkeit Motive & Eigenschaften Biographie	Coping/ Bewältigungsstile

Folgen

(5) Kurzfristige, aktuelle Beanspruchungsreaktionen	(6) Mittel- bis langfristige, chronische Beanspruchungsfolgen	(7) Nichtlehrerbezogene Folgen
physiologisch-körperlich affektiv kognitiv verhaltensmäßig	physiologisch-körperlich affektiv kognitiv verhaltensmäßig	

Intervention

(8) Verhältnisprävention	(9) Verhaltensprävention

Abb. 14: Raster zur Einordnung empirischer Untersuchungen der Lehrerbelastungsforschung (Krause und Dorsemagen 2007)

Die Leitfadeninterviews zielen darauf ab, Informationen über *Einflussfaktoren (2) und (3)* auf das subjektiv empfundene Belastungs-/Bewältigungsempfinden im Rahmen der arbeitsbezogenen Anforderungen herauszufiltern. Inwiefern die Einflussfaktoren arbeitsbezogene Einflussfaktoren, personenbezogene Einflussfaktoren oder andere Spezifika aufweisen, wird bei der Konzeption der Leitfragen nicht beachtet. Strukturiert werden die Daten in der anschließenden Interviewauswertung (vgl. Kapitel 6.4.5). Die Fragestellung soll möglichst offen sein, damit die Interviewpartner ohne Beschränkung all jene Faktoren äußern können, die ihnen bei der Bewältigung ihrer beruflichen Anforderungen helfen. Eine Ausnahme bildet die Abfrage demographischer Daten zu den einzelnen Personen (z.B. Alter, zu Grunde liegendes Studium/Ausbildung, Berufserfahrung), um ggf. häufig auftretende Merkmale oder Unterschiede im Belastungs-/Bewältigungserleben zwischen speziellen Gruppen identifizieren zu können. Zudem zielt die erste Frage des Leitfadeninterviews auf die Motive der Lehrkraft, in Berufsintegrationsklassen zu arbeiten, ab. Damit sollen zusätzlich zu den beiden darauffolgenden Fragen nach be- und entlastenden Einflussfaktoren

Informationen zur inneren Haltung der BIK-Lehrkräfte gewonnen werden, die innerhalb des Belastungs-/Bewältigungserlebens von zentralem Interesse ist (vgl. Döring-Seipel und Dauber 2010); Schaarschmidt 2005b).

Das Forschungsinteresse dieser Arbeit richtet sich primär auf die *kurzfristigen, aktuellen Beanspruchungsreaktionen (5)*, wobei „Beanspruchung" in dieser Arbeit als auch in den Interviews als „(subjektive) Belastung" bezeichnet wird (vgl. Kapitel 2.2.1). Die Interviewfragen sind gemäß dem explorativen Vorgehen sehr offen gestellt und unterscheiden auch hier nicht zwischen physiologisch-körperlichen, affektiven, kognitiven oder verhaltensmäßigen Merkmalen. Die Erhebungsmethode beschränkt sich allerdings im qualitativen Teil auf Leitfadeninterviews, was bedeutet, dass physiologisch-körperliche Messungen, um elektrische, magnetische, chemische oder molekulare Vorgänge im Körper als unmittelbare Reaktion auf die beruflichen Anforderungen zu gewinnen (z.B. Messung der Herzfrequenz o.ä.), nicht erfasst werden. Ebenso werden keine Unterrichtsbeobachtungen durchgeführt, welche Krause und Dorsemagen (2007) mit dem Aspekt der verhaltensmäßigen Beanspruchungsreaktionen in ihrem Raster verbinden. Im Mittelpunkt der qualitativen Befragung steht die individuelle Wahrnehmung der Befragten, die aus den Interviews hervorgehen soll.

Die Rubriken *Außerberufliche Einflüsse (4), mittel- bis langfristige, chronische (6)* sowie *nicht-lehrerbezogene Folgen (7)* sprengen den Rahmen des vorliegenden Forschungsfokus sowie des entsprechenden Forschungsdesigns und werden deshalb im Leitfaden außen vorgelassen.

Mit der Rubrik *gesellschaftliche Rahmenbedingungen (1)* verbinden Krause und Dorsemagen (2007) vor allem Informationen zur Organisation des Bildungs-/ Schulsystems. Informationen hierzu werden im Theorieteil dieser Arbeit unter Kapitel 4 erläutert.

Vorschläge zur Prä-/*Intervention (8)* und *(9)* sind das Resultat aus den Ergebnissen der Untersuchung (vgl. Kapitel 10).

6.4.3 Interview-Leitfaden

Im Folgenden werden die kursiv markierten Leitfragen der halbstandardisierten Interviews vorgestellt:

Warum unterrichten Sie in Berufsintegrationsklassen?
Diese Frage soll dabei helfen, mehr über die zugrundeliegenden Motive und Einstellungen hinsichtlich der Tätigkeit in BIK und die inneren Haltungen der Befragten zu erfahren. Döring-Seipel und Dauber (2010) oder Schaarschmidt (2005b) zeigen, dass innere Haltungen und Einstellungen von Pädagogen als wesentliche Einflussfaktoren für Belastung im Schulalltag gelten.

Die nächsten beiden offen gestellten Fragen benennen konkret das Forschungsthema Belastungen und Bewältigungsressourcen:

Was empfinden Sie im Rahmen Ihrer Arbeit in Berufsintegrationsklassen als belastend?
Antwortet der Befragte, dass er sich von nichts belastet fühlt, wird der Fokus verstärkt darauf gerichtet, wie er es schafft, seinen Arbeitsalltag zu bewältigen. Spricht der Befragte verschiedene Belastungsfaktoren an, wird versucht, möglichst viele Informationen über Hintergründe und Zusammenhänge dieser Belastungswahrnehmung zu erhalten.

Was hilft Ihnen zur Bewältigung bzw. was sind entlastende Faktoren?
Diese Frage zielt konkret auf Ressourcen und entlastende Faktoren ab, welche bei der Bewältigung der Arbeit als Lehrkraft in Berufsintegrationsklassen hilft. Benötigen die Lehrkräfte noch konkretere Impulse, wird zu dieser Frage hinzugefügt, dass das beispielsweise Persönlichkeitseigenschaften oder verschiedene Rahmenbedingungen o.ä. sein können.

Geht mit Ihrer Tätigkeit etwas einher, was Sie als Belohnung oder persönlichen Gewinn empfinden?/Was?
Diese Spezifikationsfrage in Anlehnung an das Gratifikationsmodell von Siegrist (1996) zählt zum Bereich der Bewältigungsfaktoren.

Je nach Interviewpartner variieren weitere Fragen, welche die vom Interviewpartner angesprochenen, relevanten Thematiken aufgreifen und vertiefen. Die allgemein hohe Flexibilität hinsichtlich Folgefragen zu den konkret vom Befragten angesprochenen Themen verfolgt das Ziel, der Lebenswirklichkeit der Befragten möglichst nahe zu kommen.

Falls der Gesprächsfluss vonseiten der Interviewenden aufrechterhalten werden soll, werden optionale Fragen wie beispielsweise „Was verbinden Sie mit Ihrer Tätigkeit als BIK-Lehrkraft?" gestellt.

Weiter werden Angaben zur Person aufgenommen. Sie beinhalten jeweils

- *die zu Grunde liegende Ausbildung,*
- *das Angestelltenverhältnis,*
- *die Berufserfahrung und Anzahl der Arbeitsjahre als BIK-Lehrkraft,*
- *die Aufgabenbereiche/Fächer,*
- *das Alter,*
- *den Schulstandort.*

Bevor die Interviewende das Gespräch abschließt und sich bei den Befragten bedankt, stellt sie mit der Frage, ob es noch etwas zu ergänzen gibt, sicher, dass das Gespräch nicht zu früh abgebrochen wird und ggf. wertvolle Informationen verloren gehen.

6.4.4 Transkription

Die Interviews werden mit einem Tonaufnahmegerät aufgezeichnet, sodass im Anschluss daran eine wörtliche Transkription stattfinden kann.

Transkription ist die Verschriftlichung der gesprochenen Sprache (Mayring 2002, S. 89). Bevor die Analyse der aufgezeichneten Interviews beginnt, werden die Sprachaufnahmen nach bestimmten Transkriptionsrichtlinien verschriftlicht. Aufgrund der inhaltlich-thematischen Ebene als Schwerpunkt dieser Arbeit soll eine gute Lesbarkeit des Transkripts gewährleistet sein, weshalb die wörtliche Transkription in Form der Übertragung in normales Schriftdeutsch umgesetzt wird (Mayring 2002, S. 91).

In Anlehnung an Kuckartz et al. (2008) und Mayring (2002) werden für die wörtliche Transkription folgende Regeln festgelegt:

- Übertragung in ein normales Schriftdeutsch;
- Die interviewende Person wird durch ein „I" gekennzeichnet, der Befragte durch ein „B [+ die Interviewnummer]";
- Der Dialekt wird möglichst originalgetreu bereinigt;
- Aussagekräftige Dialektausdrücke, die schwer übersetzbar sind, bleiben erhalten;
- Interpunktion und Satzbau werden dem Schriftdeutsch angenähert;
- Besonders betonte Wörter werden in Großbuchstaben geschrieben;
- Wenn dies wichtig für den Kontext und das Verständnis der Textstelle ist, werden Lautäußerungen der befragten Person wie Lachen oder Seufzen in doppelten runden Klammern mit aufgenommen: z. B. ((I lacht));
- Alle Angaben, die eine Identifizierung der Person möglich machen, werden anonymisiert;

Des Weiteren werden folgende Regeln festgelegt:

- Bestätigungssignale werden mit # (.) [B oder I: #Laut des Bestätigungssignals]: z.B. ja, genau. #(.) [I: #hm = hm];
- Wenn ein Teil des Redebeitrags nicht deutlich ist, wird die Hörvermutung in Klammern notiert: z. B. (Fremde) oder (Fremde/Hände); Wenn der Teil des Redebeitrags gar nicht verstanden werden kann, wird die Klammer nach Länge des unverstandenen Wortes leer gelassen: z. B. ();
- Orte und Namen werden anonymisiert und in eckige Klammern geschrieben: z. B. [Ort in BAY 1]; Ausnahmen sind die jeweiligen Herkunftsländer;
- Wird ein innerer Monolog/direkte Rede wiedergegeben, steht diese Passage in Anführungszeichen: z. B. der Kollege sagte mir „ich weiß nicht, was ich machen soll";

– Abbrüche innerhalb eines Wortes, z. B. bei Neuformulierungen, werden mit Spiegelstrichen angezeigt: z.b. also mit Leu-, also mir hilft das;

6.4.5 Auswertungsmethodik: Strukturierende Qualitative Inhaltsanalyse nach Mayring

„Ziel der strukturierenden qualitativen Inhaltsanalyse ist es, eine bestimmte Struktur aus dem Material herauszufiltern. Das können formale Aspekte, inhaltliche Aspekte oder bestimmte Typen sein" (Mayring 2002, S. 118). Im Rahmen dieser Untersuchung wurde diese Auswertungsmethode gewählt, um die Daten aus den teilstandardisierten Interviews systematisch zu strukturieren und daraus ein am Material entwickeltes Kategoriensystem zu Belastungsfaktoren und Bewältigungsressourcen der Lehrkräfte zu erhalten.

Zu Beginn der Untersuchung werden nach Mayring (2002) die Strukturierungsdimensionen[57] und Ausprägungen[58] festgelegt, wonach ein Kategoriensystem zusammengestellt wird (ebd., S. 120). Die beiden Strukturierungsdimensionen sind:

- Belastungsfaktoren: Arbeitsbedingte Anforderungen, die nicht ausreichend bewältigt werden können, sodass ein psychisches Ungleichgewicht verbunden mit negativen Gefühlen entsteht.
- Bewältigungsressourcen: Alle entlastenden Faktoren, die arbeitsbedingten Belastungen entgegenwirken.

Materialbasierend ließen sich die vorhandenen Kategorien der Bewältigungsressourcen wiederum den folgenden drei untergeordneten Hauptkategorien zuordnen:

- Personale Bewältigungsressourcen: Individuelle Eigenschaften, Sichtweisen, Kompetenzen und Fähigkeiten der Befragten;
- Organisationale Bewältigungsressourcen: Situative (Rahmen-)Bedingungen in der Umwelt des Befragten;
- Soziale Unterstützung: Wahrgenommene Hilfe und emotionale Stütze von Personen wie bspw. Kollegen, Familie oder Freunden des Befragten

Diese Unterteilung orientiert sich an einer in der Literatur häufig verwendeten Klassifikation für Ressourcen im Arbeitskontext (vgl. Kapitel 2.2.2).

---

57 wird in dieser Forschungsarbeit auch *Hauptkategorie* oder *Oberkategorie* genannt.
58 wird in dieser Forschungsarbeit auch *Subkategorie* oder *Unterkategorie* genannt.

Die weitere Kategorienbildung findet nach einem induktiven Ablaufschema materialbasiert statt, bevor nach 30% des Materialdurchgangs zum deduktiven Schema übergegangen wird (vgl. Mayring 2002, S. 114ff).
Tab. 5 führt die einzelnen Schritte der Kategorienbildung im Überblick auf:

Tab. 5: Ablaufschema und Umsetzung der Kategorienbildung

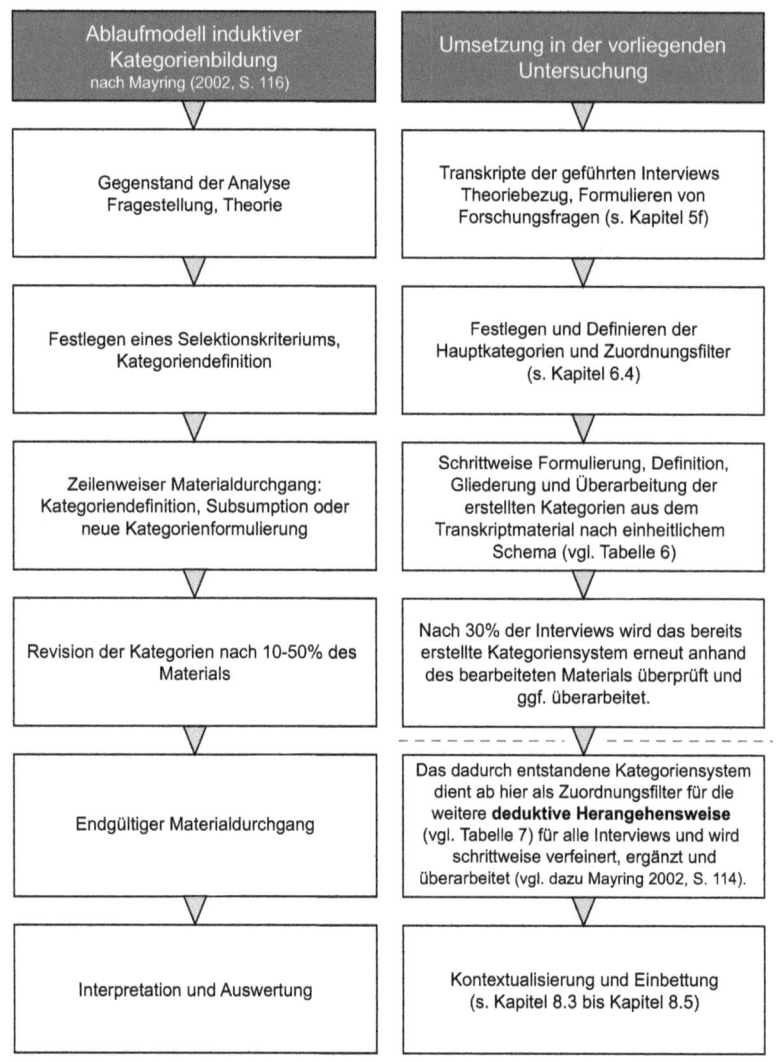

Qualitative Erhebung 103

Induktive Kategorienbildung
Folgende Tabelle dient als Beispiel für das schemenhafte Vorgehen bei der induktiven Kategorienerarbeitung. In der ersten Spalte sind originale Textstellen aus den Transkripten eingefügt und durch zusammenfassende (Paraphrasen in der zweiten Spalte) und abstrahierende Prozesse (Generalisierung in der dritten Spalte) als reduzierte Ober- und Unterkategorien in der vierten Spalte aufgeführt:

Tab. 6: Beispiel zur induktiven Herangehensweise der Kategorienbildung

Belastungsfaktoren			
Wörtlich zitierte Sinneinheiten aus dem Transkript	Paraphrase	Generalisierung	Reduktion (Schritt 1)[59]
„Das ist der Lärmpegel, das ist das allerwichtigste, was ich auf jeden Fall erwähnen muss. Ja. Also der Lärmpegel, es ist extrem laut in diesen Klassen, extrem laut. Und ich würde mir mal einen Vergleich erlauben: Eine gehaltene Stunde UE in einer deutschen Klasse sind vielleicht vier UEs in einer Berufsintegrationsklasse. Also es ist extrem laut."	Der im Vergleich zu deutschen Klassen extreme Lärmpegel in den Berufsintegrationsklassen ist am meisten belastend.	Vergleichsweise hoher Lärmpegel in den Klassen	OK1: Hoher Lärmpegel in den Klassen

(fortgeführt)

---

59 Die Reduktion ist in zwei Schritte gegliedert. Der nachfolgende Reduktionsschritt wird in Folge der Tab. 6 erklärt.

Tab. 6: Fortsetzung

Belastungsfaktoren			
Wörtlich zitierte Sinneinheiten aus dem Transkript	Paraphrase	Generalisierung	Reduktion (Schritt 1)
„Und ich hab mir mal erlaubt, wie oft ich an der Tafel Striche gemacht habe, wenn ich gesagt habe: ‚Seid ruhig, seid leise' und das war 14 Mal in 45 Minuten. Also da können Sie ausrechnen, jede dritte. Oder ich weiß nicht, was da rauskommt. Das muss man sich mal vorstellen."	Ich habe mitgezählt, wie oft ich die Schüler aufgrund der Lautstärke ermahnt habe: 14 Mal in 45 Minuten.	Sehr häufiges Ermahnen vonseiten der Lehrkraft aufgrund der Lautstärke der Schüler	UK1.1: Sehr häufiges Ermahnen aufgrund Lautstärke
„Ich bin eine ECHTE DaZ-Lehrerin. Ich hab DaZ/DaF studiert an der [Name und Ort der Universität]. Ich hab jede Menge Leute in zehn Jahren unterrichtet. Also ich hab Leute aus der ganzen Welt unterrichtet, aber SO ein Lärmpegel in einem Kurs oder in einer Klasse hab ich noch nicht erlebt. Ja das ist sehr belastend."	Bereits viel Erfahrung, aber so einen Lärmpegel habe ich noch bei keinen Lernern erlebt.	Alle bisherigen Deutschkurse der Lehrkraft waren nicht so laut wie Berufsintegrationsklassen	UK1.2: Ruhigere Lernergruppen gewohnt
„Und langsam denk ich mir, das ist nicht tatsächlich das, wozu ich mich berufen fühle."	Es ist nicht das, wozu ich mich berufen fühle	Zweifel an der Entscheidung für die Tätigkeit in BIK	OK2: Zweifel an Berufswahl hinsichtlich BIK
„Ich hab ständig Disziplinprobleme, ständig Ermahnen, böse werden und die DaZ-Problematik, der Unterricht, der ist wirklich zur Seite. Nebenbei. Und das muss nicht so sein."	Ich hab ständig Disziplinprobleme und eigentlich sollte der Unterricht im Vordergrund stehen	Ständige Disziplinprobleme, der Unterricht ist Nebensache	OK3: Ständige Disziplinprobleme stören den Unterricht

Bewältigungsressourcen			
Wörtlich zitierte Sinneinheiten aus dem Transkript	Paraphrase	Generalisierung	Reduktion (Schritt 1)
„Es war wirklich für mich ein Gewinn. Ich habe und ich lerne erstens was über andere Kulturen, was ich ganz spannend finde. Aber ich habe auch ganz viel über mich gelernt. Wie wird man betrachtet? Man muss sich selbst hinterfragen, um anderen das erklären zu können. Wenn dann ein Schüler fragt: „Darf ich den und den einladen? Darf ich das sagen?" Da erkennt man erst, welche Unsicherheiten die haben. Die Probleme kennt man eigentlich gar nicht im normalen Schulalltag. Weil die ganzen ungeschriebenen Gesetze, die nirgends stehen, die sind uns manchmal gar nicht so bewusst. Und die muss man auch mal hinterfragen."	Für mich ist das ein Gewinn: Ich finde es spannend, andere Kulturen besser kennen zu lernen. Gleichzeitig setze ich mich bewusst mit mir und meiner eigenen Kultur – und wie diese betrachtet wird -auseinander.	Persönlicher Gewinn: Kennenlernen neuer Kulturen; Auseinandersetzen mit eigener Person und Kultur und wie diese von anderen Kulturen betrachtet wird;	OK5: Persönlicher Gewinn UK5.1: Kennenlernen neuer Kulturen UK5.2: Selbstbild und Fremdbild (durch andere Kulturen) UK5.3: Auseinandersetzen mit eigener Person und Kultur
„Ich habe das Gefühl, dass ich in diesen Klassen seit langem wieder Pädagoge sein kann. Dass ich Leute erziehen kann. Dass ist Leuten weiterhelfen kann, dass ich Menschen auf den Weg setzen kann und dass das auch anerkannt wird."	Ich fühle mich seit langem wieder als Pädagoge mit Erziehungsauftrag und hilfreichem Wirken und fühle mich anerkannt von den Schülern.	Seit langem wieder in der Rolle des Pädagogen → Leute erziehen → helfen → Lebensweg beeinflussen Anerkennung für die Tätigkeit.	OK18: Rolle des Pädagogen OK19: Anerkennung für die Tätigkeit

(fortgeführt)

Tab. 6: Fortsetzung

Bewältigungsressourcen			
Wörtlich zitierte Sinneinheiten aus dem Transkript	Paraphrase	Generalisierung	Reduktion (Schritt 1)
„Ich hab schon wieder das Gefühl, ich hab Schüler, die gerne da sind. Das vermisst man im deutschen Unterricht. Das ist für viele ne Qual die Schule."	Ich glaube, dass die Schüler im Gegensatz zu „deutschen" Schülern auch die Bildung mehr schätzen und gerne in die Schule gehen.	Die meisten Schüler sind gerne in der Schule.	OK20: Schüler gehen gern in die Schule, wertschätzen Bildung

Die Reduktion der induktiven Vorgehensweise ist in zwei Schritte gegliedert. Der erste Reduktionsschritt wurde bereits in Tab. 6 veranschaulicht. Im zweiten Reduktionsschritt wurden alle Ober- und Unterkategorien bzw. Haupt- und Subkategorien des ersten Reduktionsschritts zusammengefasst und auf Überlappungen und konsistente Gliederung geprüft (vgl. Mayring 2003).

Deduktive Herangehensweise
Die induktive Herangehensweise legt das Fundament für die deduktive Zuordnung, die daran anschließt. Nach 30% des induktiv bearbeiteten Interviewmaterials steht der Zuordnungsfilter, um deduktiv weiterarbeiten zu können. Das bedeutet, dass die deduktive Vorgehensweise Sinneinheiten des Textmaterials aller Interviews den bereits bestehenden Kategorien des induktiven Prozesses zuordnet und im weiteren Verlauf die Kategorien verfeinert, ergänzt oder ggf. verändert. Jeder Kategorie wird eine Definition, ein Ankerbeispiel aus dem Textmaterial sowie ggf. eine Kodierregel zugeschrieben (vgl. Tab. 7), wie Mayring (2002) dies für die strukturierende qualitative Inhaltsanalyse vorsieht (ebd. S. 119ff):

- Definition der Kategorien: Jede Kategorie wird so beschrieben, dass klar wird, welche Sinnabschnitte im Interview welcher Kategorie zugeordnet werden.
- Ankerbeispiele: Den Kategorien werden beispielhaft transkribierte Textstellen zugeordnet.
- Kodierregeln: Dort, wo per Definition mögliche Unklarheiten oder Abgrenzungsprobleme zwischen Kategorien bestehen bleiben, werden Regeln formuliert, um die jeweilige Kategorienzuordnung eindeutig zu machen. Ist die Kategorie bzw. die Definition der Kategorie selbsterklärend und trennscharf, entfällt die Kodierregel.

Ziel dessen sind eindeutige und nachvollziehbare Zuordnungen zwischen den Textstellen aus den Transkripten zu den jeweiligen Kategorien.[60] Teilweise werden Überkategorien durch die Zuordnung verschiedener Unterkategorien konkretisiert.

Im Folgenden veranschaulicht ein Ausschnitt aus der deduktiven Tabelle die eben genannten Erläuterungen in Bezug auf die Belastungskriterien:

Tab. 7: Deduktive Tabelle zu den Belastungen von BIK-Lehrkräften

Kürzel	Kategorienbezeichnung	Definition	Ankerbeispiel	Kodierregel
B1	Angst vor Eskalationen	Angst vor Handgreiflichkeiten oder Schlägereien vonseiten der Schüler	„was das Schlimme ist, wo wir schon ein wenig Angst haben, sind Schlägereien. In meinen Klassen habe ich schon zwei bis drei erlebt. Du musst jeden Tag damit rechnen, weil du weißt ja nicht, wie gefährlich unser Leben ist und was einer im Kopf hat oder was da passiert. Sie beleidigen sich zum Beispiel untereinander und dann springt der eine gleich auf und will sich mit dem anderen schlagen."	Miteinbezogen ist Gewalt untereinander, gegenüber der Lehrkraft sowie Selbstverletzungen (z.B. bei einer Retraumatisierung)
B2	Befristete Arbeitsverhältnisse der Lehrkräfte	Arbeitsverträge, die nur auf gewisse Zeit beschränkt sind	„Das Einzige, was mich immer belastet, sind so persönliche Sachen, dass ich halt dann befristet bin, dass ich nicht weiß, wie es weitergeht oder so etwas."	Voraussetzung: Sozialversicherungspflichtiges Beschäftigungsverhältnis

(*fortgeführt*)

---

[60] Zur Überprüfung der intersubjektiven Übereinstimmung wurde die Zuordnung zwischen Kategorie und Sinnabschnitt aus dem Interview vonseiten verschiedener Kodierer voneinander unabhängig vorgenommen. Nur sehr vereinzelt wurden dadurch entsprechende Präzisierungen im Kategoriensystem vorgenommen.

Tab. 7: Fortsetzung

Kürzel	Kategorienbezeichnung	Definition	Ankerbeispiel	Kodierregel
B3	Distanzierungsprobleme	Schwierigkeiten der Lehrkräfte, sich ausreichend von den Schicksalen und Problemen der Schüler abgrenzen zu können	„Wie man dann die Geschichten von ihnen gehört hat, genau, dass man das einfach zu sehr mit nach Hause genommen hat."	
B4	Disziplinschwierigkeiten	Handlungsregeln, die von den Schülern nicht eingehalten werden	„Mit der Disziplin insgesamt haben wir zu kämpfen"	Sinneinheiten werden nur dann B4 zugeordnet, wenn keine Unterkategorie zutrifft
B4.1	Hausaufgaben werden kaum bzw. unzuverlässig gemacht		„Und die Hausaufgabe nicht zu machen ist gang und gäbe bei diesen Schülern."	
B4.2	Hoher Lärmpegel		„Die Schüler sind sehr laut, sehr anstrengend, sie haben eine andere Kultur, das kennt man. Ich weiß, uns ist erklärt worden, wenn die so durcheinanderschreien und laut sind, das ist eigentlich von ihnen eine Form, dass sie mittun. Aber ich kann mit dem nicht gar so gut umgehen, muss ich sagen."	
B4.3	Konzentrationsschwäche der Schüler		„Das heißt, man muss die Aufgabenstellungen öfters wiederholen oder manche Grammatikkomponenten öfter wiederholen und erklären, an die Tafel schreiben, weil die Schüler einfach Probleme mit der Konzentration haben."	

Tab. 7: Fortsetzung

Kürzel	Kategorienbezeichnung	Definition	Ankerbeispiel	Kodierregel
B4.4	Pünktlichkeit der Schüler		„Was mich am Anfang auch sehr gestört hat, was jetzt schon besser wird, ist die Pünktlichkeit. Wenn es heißt ‚um Viertel nach Acht geht die Schule an', kommen sie irgendwann einmal."	

Ebenso ist die deduktive Tabelle mit den Kategorien zu Bewältigungsressourcen aufgebaut.

Tab. 8: Deduktive Tabelle zu den Bewältigungsressourcen von BIK-Lehrkräften

Kürzel	Kategorienbezeichnung	Definition	Ankerbeispiel	Kodierregel
Rp1	• Ausdauer und Geduld	Die Fähigkeit, über längere Zeit hinweg gelassen zu bleiben und gleiche oder ähnliche Sachverhalte zu wiederholen	„Aber im Unterricht läuft es eigentlich und auch selbst wenn ich Sachen fünfmal erklären muss, dann macht mir das nichts aus."	
Rp2	• Berufs-/ Lebenserfahrung	Erkenntnisse und Prägungen durch bereits Erlebtes	„Mich belastet es auch nicht GANZ so stark. Nur ich bin ja auch älter, ich hab schon 41 Jahre Berufserfahrung. Ich hab schon alles durchgemacht."	
Rp3	• Bewusste Wahrnehmung von Fortschritten	Fokussieren von bereits erreichten (Teil-) Ergebnissen	„Deswegen fällts mir relativ leicht, ich halt mich für relativ stark in dem Bereich, weil ich schon die Erfolge seh und auch noch weiß, wie wir angefangen haben."	
Rp4	• Empathie	Verständnis und Einfühlungsvermögen hinsichtlich Verhalten und Lebenssituationen der Geflüchteten	„Gut, allgemein: Ich versteh sie, aus MEINER Sicht. Ich verstehe sie auch BESSER als andere Kollegen."	

Die Zuordnung der Textstellen zu den jeweiligen Kategorien[61] wird mit dem Analyseprogramm für qualitative Daten MAXQDA ausgeführt. Textstellen, welche den Definitionen bzw. Kodierregeln der jeweiligen Kategorien entsprechen, werden diesen jeweils zugeordnet. Wenn eine zugeordnete Textstelle nicht für sich selbst spricht, wird diese mit Memos expliziert (vgl. Mayring 2002, S. 117f). Es wird dafür zusätzliches Material herangetragen, um die Textstelle verständlich zu machen. Welches Material dafür zulässig sein darf, ist festgelegt (vgl. Mayring 2002, S. 118):

- Enger Textkontext: Im Transkript enthaltene Inhalte, die notwendig für das Verständnis einer extrahierten Textstelle sind, dürfen in Form von Paraphrasen[62] in die Memos aufgenommen werden.
- Weiter Textkontext: Die zusätzlich erhobenen Angaben zur Person dürfen für die explizierte Textstelle herangezogen werden.

Wie bereits erläutert wird das Kategoriensystem ergänzt, sobald eine Textstelle auf keine der vorhandenen Kategorien passt. Das zu diesem Zeitpunkt bestehende Kategoriensystem wird im Zuge des gesamten Materialdurchgangs geprüft und überarbeitet. Anschließend wird das daraus resultierende Kategoriensystem erneut am ganzen Datenmaterial der Interviews überprüft.

6.5 Vergleichende Fallanalysen

Warum fühlt sich Person A von einer gleichen oder ähnlichen Anforderung bzw. Rahmenbedingung belastet und Person B nicht? Um diese Frage beantworten zu können, werden einzelne Fälle analysiert und miteinander verglichen bzw. in Beziehung gesetzt. Daraus resultieren innere Zusammenhänge und Abhängigkeitsvariablen, die dem individuellen Belastungs-/Bewältigungserleben zu Grunde liegen (vgl. Kapitel 9.1).

Die strukturierende qualitative Inhaltsanalyse wertet die Daten der qualitativen Erhebungen kriterienorientiert aus, welche anschließend unter Einbezug des Kontextes näher erläutert werden und sich dadurch – soweit möglich – aufeinander beziehen (vgl. Kapitel 8.3.1). Um die Zusammenhänge innerhalb verschiedener Einzelfälle noch stärker zu vertiefen, werden im Anschluss daran Fallanalysen[63] angestellt, die aufeinander Bezug nehmen. Auch die

---

61 Der hier verwendete Begriff „Kategorien" wird mit dem in MAXQDA verwendeten Begriff „Codes" gleichgesetzt.
62 Die Paraphrase darf im Memo zusätzlich zum Originaltext als Erklärung eingefügt werden oder den Originaltext in der Paraphrase bereits mit einbeziehen.
63 Weiterführender Literaturhinweis: Schütze 1993; Richmond 1917, 1922.

AVEM-Musterausprägungen aus der quantitativen Erhebung werden berücksichtigt und miteinbezogen.

Die Fälle entstehen durch charakterisierende Zusammenfassungen ausgewählter Transkripte im Hinblick auf die Fragestellung (vgl. Kapitel 5), wonach die Interpretation und ggf. daraus resultierende Hypothesen folgen (vgl. Schmidt 2010, S. 482ff; Kuckartz 2016, S. 25).

Die Vorüberlegungen zur Fallauswahl und der Fall-Aufbereitung orientiert sich an folgendem Schema nach Mayring (2002):

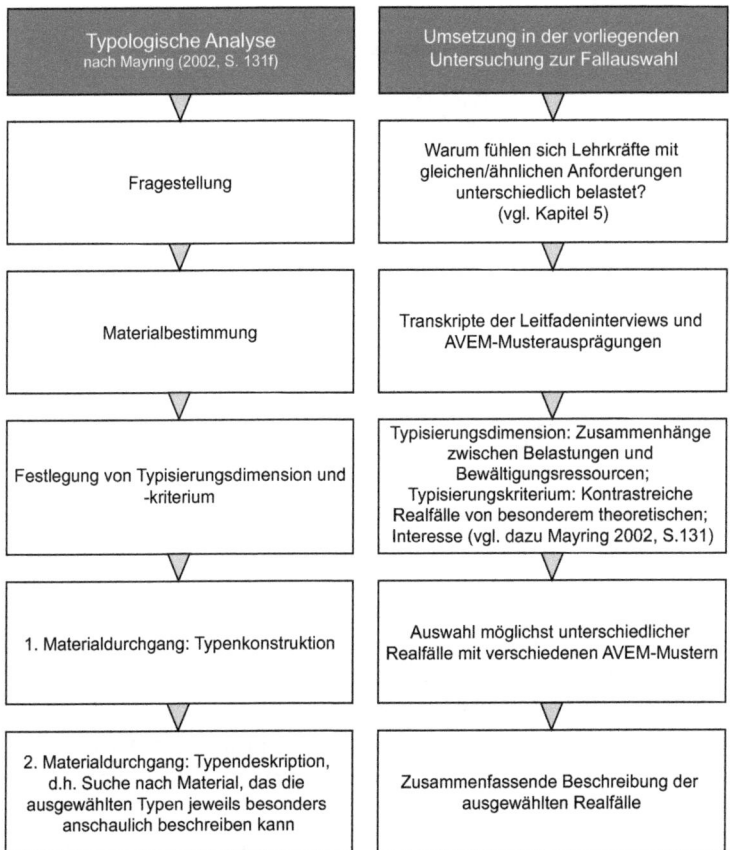

Tab. 9: Ablaufschema und Umsetzung der Fallauswahl

Es handelt sich dabei um Realfälle einzelner Interviews aus der qualitativen Erhebung mit Zuordnung der AVEM-Musterausprägung aus der quantitativen Erhebung. Die Fallbeispiele werden so ausgewählt, dass verschiedene Mustertypen und möglichst unterschiedliche Kategorien an Belastungs- und Bewältigungsressourcen, die aus der strukturierenden qualitativen Inhaltsanalyse hervorgingen, abgedeckt werden. Die Analyse der Fälle orientiert sich an der Theorie des Transaktionalen Modells zum Lehrerstress von Kyriacou und Sutcliffe (1978):

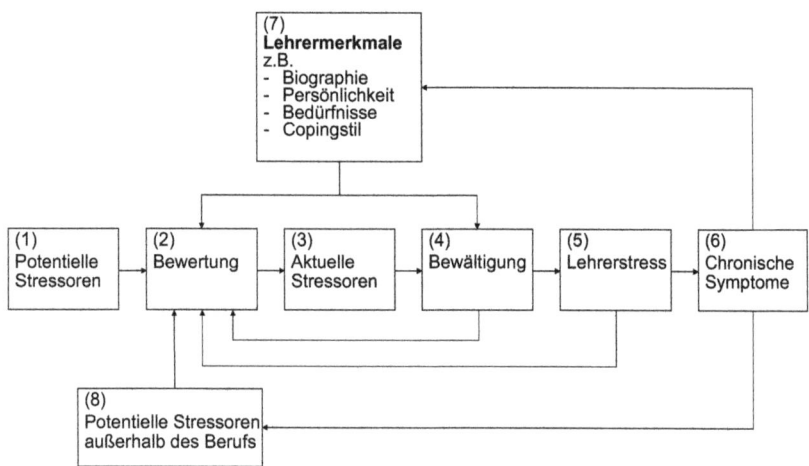

Abb. 15: Transaktionales Modell des Lehrerstress (Kyriacou und Sutcliffe 1978, S. 3)

Dem Modell liegt das transaktionale Stressmodell von Richard S. Lazarus (vgl. Kapitel 2.1.1) zu Grunde, an welchem sich die vorliegende Untersuchung durchweg orientiert. Kyriacou und Sutcliffe (1978) erweitern das Modell um die Einflussnahme spezieller Lehrermerkmale, welche auch in den Fallbeispielen Raum finden. Beispielfragen, die in den Fallbeispielen mitunter berücksichtigt werden, sind: Welche Bedürfnisse hat die Lehrkraft? Welche Erfahrungen hat sie in ihrer bisherigen Biographie gemacht? *(8) Potentielle Stressoren außerhalb des Berufs* bleiben dahingegen genauso wie *(6) Chronische Symptome* im Rahmen dieser Arbeit außen vor (vgl. Abb. 14).

7 Durchführung der Untersuchung

Die zwei folgenden Teilkapitel beschreiben die Durchführung der beiden Datenerhebungen. Ein weiteres Teilkapitel nimmt eine Reflexion zur Forschungsmethodik vor.

7.1 Qualitative Erhebung

Die qualitative Erhebung in Form von halbstandardisierten Interviews fand über mehrere Monate im Zeitraum von November 2016 bis März 2017 statt. Die Gespräche wurden entweder telefonisch oder an den jeweiligen Schulen vor Ort[64] geführt. Dabei wurde großer Wert darauf gelegt, dass eine ruhige Atmosphäre ohne Störgeräusche während des Gesprächs herrschte und anderweitige Personen das Gespräch nicht mit verfolgen konnten.

Die Auswahl der Interviewpartner fand im Rahmen der am Modellprojekte beteiligten Schulen statt und orientierte sich an den in Kapitel 6.2 genannten Kriterien. Mit den Schul- und Abteilungsleitungen wurden vorab Termine vereinbart, an welchen die Interviews an den jeweiligen Schulen vor Ort geführt werden. Teilweise meldeten sich Lehrkräfte auf Ankündigung des Vorhabens vonseiten der Schul-/ oder Abteilungsleitung aus Eigeninitiative heraus, teilweise auf persönliche Nachfrage vonseiten der Abteilungsleitung.

Die Lehrkräfte wurden nacheinander interviewt, bis die theoretische Sättigung der Daten eingetreten ist. D.h. es wurden solange weitere Lehrkräfte interviewt, bis keine neuen Kategorien mehr bei der Datenauswertung anhand der strukturierenden qualitativen Inhaltsanalyse nach Mayring (vgl. Kapitel 6.4.5) entstanden sind. Voraussetzung dieser Vorgehensweise ist, dass unmittelbar nach den Erhebungen die Datenauswertungen der Interviews stattfinden (vgl. Kapitel 6.4.5). Nach 18 Interviews stellte sich eine theoretische Sättigung ein, zur Sicherheit wurden darüber hinaus noch zwei weitere Lehrkräfte interviewt.

Die Interviewpartner haben *nach* den Interviews den Fragebogen AVEM bearbeitet, sodass die Kenntnis um die die Zuordnung zu einem AVEM-Mustertyp die Gesprächsführung nicht beeinflussen konnte.

---

64 Zu methodischen Überlegungen dazu s. Kapitel 7.3.1

7.2 Quantitative Erhebung

Als Erhebungsinstrument wurde der Fragebogen zu arbeitsbezogenem Erleben und Verhalten in seiner Kurzform gewählt (vgl. Kapitel 6.3). Für diese quantitative Datenerhebung musste im Gegensatz zur qualitativen Erhebung[65] vor Beginn der Untersuchung beim Bayerischen Staatsministerium für Bildung und Kultus, Wissenschaft und Kunst eine Erweiterungsgenehmigung eingeholt werden. Die zeitliche Dauer des Genehmigungsverfahrens war wesentlich für den Zeitplan dieser Forschungsarbeit. Deshalb musste der Beginn der quantitativen Erhebung mehrere Monate nach hinten verschoben werden. Trotzdem konnten beide Erhebungen im gleichen Schuljahr 2016/17 durchgeführt werden. Während die qualitative Erhebung bereits im November 2016 begann, startete die quantitative Erhebung im März 2017 und endete im Juni 2017.

Die Stichprobe der quantitativen Erhebung zeichnet sich ebenso wie die Stichprobe der qualitativen Erhebung durch die in Kapitel 6.2 genannten Voraussetzungen aus und wird in Kapitel 8.1.2. detailliert beschrieben. Innerhalb des Modellprojekts „Perspektive Beruf für Asylbewerber und Flüchtlinge" wurden die Schulleitungen der Modellschulen per Mail angeschrieben, um die Lehrkräfte ausfindig zu machen, die die eben genannten Kriterien erfüllen und freiwillig an dem Fragebogen teilnehmen möchten. Die Schul-/Abteilungsleitungen meldeten daraufhin 184 Kontaktadressen von Lehrkräften, welche die Bedingungen erfüllen. Nach mehrfachen Erinnerungsschreiben an die Schulen haben 117 am Fragebogen teilgenommen, was eine Rücklaufquote von rund 64% ergibt.

Der Fragebogen AVEM konnte durch einen per Mail versandten, individuellen Zugangslink als Online-Fragebogen ausgefüllt werden. Der individuelle Zugangslink ist gekoppelt an einen Anonymisierungscode (vgl. Kapitel 6.3.1). Dieser ist so konfiguriert, dass die Fragebogenteilnehmer zwar anonym bleiben, jedoch die Zuordnung zu gleichen Schulstandorten im Nachhinein möglich ist und bestimmte personenbezogene Merkmale wie z.B. Geschlecht oder Schulstandort (vgl. Kapitel 6.3.1) erhalten bleiben.

Durch das Wiener Testsystem und mit der Unterstützung von SCHUHFRIED[66] konnte der Fragebogen online durchgeführt werden. Sobald die

---

65 Der qualitative Zugang zu den Modellschulen war bereits durch die Genehmigung der qualitativen Evaluation innerhalb des Modellprojekts „Perspektive Beruf für Asylbewerber und Flüchtlinge" gegeben.

66 SCHUHFRIED ist ein international ausgerichteter Dienstleiter in den Bereichen psychologische Diagnostik, kognitives Training und Biofeedback. Das Unternehmen

Lehrkräfte den Fragebogen ausgefüllt hatten, bekam die Testleitung das Ergebnis per Mail unter dem jeweiligen Anonymisierungscode zugeschickt.

7.3 Methodenreflexion

Das folgende Kapitel reflektiert das methodische Vorgehen im Hinblick auf das Forschungsinteresse (vgl. Kapitel 5) und wissenschaftlichen Gütekriterien. Dabei werden auch praxisrelevante Besonderheiten bei der Durchführung der Untersuchung und der allgemeinen Rahmenbedingungen berücksichtigt.

7.3.1 Reflexion des Qualitativen Forschungszugangs

Für Gütekriterien qualitativer Forschung gibt es kein allgemein gültiges Konzept (Seipel und Rieker 2003, S. 131). Die folgende Methodenreflexion des qualitativen Forschungszugangs orientiert sich an den Kriterien von Steinke (2000).

7.3.1.1 Zum qualitativen Forschungszugang

Ein erstes Gütekriterium ist die *Intersubjektive Nachvollziehbarkeit*. Diese wurde durch die detaillierte Dokumentation des Erhebungskontexts sowie der einzelnen Schritte des Forschungsprozesses bedient. Die Interviewgespräche sind wörtlich transkribiert und regelgeleitet mit Hilfe der Software MAXQDA[67] ausgewertet.

Zur Überprüfung der intersubjektiven Übereinstimmung wurde für neun Transkripte, also knapp der Hälfte des Datenmaterials, die Zuordnung zwischen Kategorie und Sinnabschnitt von drei verschiedenen, voneinander unabhängigen Kodierern vorgenommen. Nur sehr vereinzelt wurden dadurch entsprechende Präzisierungen im Kategoriensystem vorgenommen, die Übereinstimmungen waren sehr hoch. Eine Interkoderreliabilität wurde nicht berechnet.

Die Transkriptionsregeln wurden offengelegt (vgl. Kapitel 6.4.4). Die Auswertung fand unter Berücksichtigung kodifizierter Verfahren (vgl. Kapitel 6.4.5) und mit hinreichenden Textbelegen statt. Dieses Vorgehen dient dazu, einem weiteren Gütekriterium, der *empirischen Verankerung*, gerecht zu werden.

Im deskriptiven Ergebnisteil der Forschungsarbeit werden die aufbereiteten Rohdaten detailliert beschrieben, damit ein transparentes Fundament geschaffen

---

entwickelte ein digitales psychologisches „Wiener Testsystem" und betreut seither zahlreiche Forschungsprojekte.

67 Näheres zur computergestützten Analyse qualitativer Daten mit MAXQDA s. Kuckartz 2010.

ist, bevor der interpretative Gehalt im darauffolgenden Teil zunimmt. Die Ergebnisse der interpretativen Datenauswertung resultieren hieraus und werden argumentativ untermauert.

Qualitative Forschung wird häufig wegen des niedrigen Standardisierungsgrads und der geringen Allgemeingültigkeit aufgrund niedriger Fallzahlen, der interpretativen Auswertung sowie der Subjektorientierung kritisiert. Zu den Kriterien der *Indikation des Forschungsprozesses* sowie der *Limitation* ist an dieser Stelle zu betonen: Das vordergründige Ziel der vorliegenden Forschungsarbeit ist nicht, allgemeingültige Belastungsfaktoren zu generieren, im Gegenteil: Die der Untersuchung zu Grunde liegenden theoretischen Annahmen (s. Kapitel 2) verstehen das Belastungserleben als Konstrukt, das sehr subjektiven und individuellen Zusammenhängen unterliegt. Dies wird in der vorliegenden Forschungsarbeit besonders durch die Auswahl unterschiedlicher Fallbeispiele deutlich. Eine Subjektorientierung bei der Wahl der Erhebungsmethode ist daher unausweichlich. Wichtig ist in erster Linie, der subjektiv konstruierten Wahrnehmung und Lebenswelt des Befragten möglichst nahe zu kommen. Dahingehend ist es notwendig, Vertrauen zum Interviewpartner aufzubauen. Gleichzeitig hat die Forschende auf die eigene *reflektierte Subjektivität* geachtet mit dem Ziel, keine persönlichen oder manipulierenden Aspekte mit einfließen zu lassen. Eine reflektierte Selbstbeobachtung fand diesbezüglich anhand des Reflexionsleitfadens nach Helfferich (2011) statt (ebd., S. 161).

7.3.1.2 Zur Stichprobe

Unter den Interviewpartnern befinden sich Lehrpersonen unterschiedlicher Fachdisziplinen. Sie spiegeln die multidisziplinäre Zusammensetzung des BIK-Teams (vgl. Kapitel 4.4.2) wider. Die Zahl der Interviewpartner wurde nach dem Prinzip der theoretischen Sättigung festgelegt (vgl. Kapitel 6.4). Die Auswahl der Interviewpartner fand vonseiten der Abteilungsleitungen verschiedener Berufsschulen unter Berücksichtigung der Stichprobenbedingungen (vgl. Kapitel 6.2) statt. Das bedeutet konkret, dass die Schul-/Abteilungsleitungen im Kollegium vorab per E-Mail über das Forschungsvorhaben informiert wurden, woraufhin ein Termin zum Interviewen vor Ort an den entsprechenden Berufsschulen vereinbart wurde. Teilweise wurden die BIK-Lehrkräfte im Plenum von den Schul-/Abteilungsleitungen über das Vorhaben informiert, woraufhin sich Personen freiwillig für ein Interview zu ihrem arbeitsbezogenem Belastungs-/Bewältigungserleben bereit erklärten. Teilweise wurden Lehrkräfte (manchmal auch erst spontan am Tag der Interviews vor Ort) persönlich vonseiten der Schul-/Abteilungsleitungen danach gefragt, ob sie sich als Interviewpartner zur Verfügung stellen würden, was alle Betroffenen unmittelbar bejahten. Es lassen sich in den Interviews keine Hinweise darauf feststellen, dass aufgrund des Auswahlverfahrens bestimmte Gruppen spezielle Merkmale aufweisen wie z.B., dass sich die Lehrkräfte, die sich freiwillig als Interviewpartner gemeldet hatten, besonders stark oder besonders wenig belastet gefühlt hätten.

Die Zusammenarbeit mit den Schulen im Rahmen des Modellprojekts (vgl. Kapitel 4.3) vereinfachte den Zugang zu den Schulen erheblich und begünstigte die Bereitschaft zur Mitarbeit der Abteilungsleitungen.

7.3.1.3 Durchführung und Zeitraum der Datenerhebung

Die Untersuchung fand im Zeitraum zwischen Ende November 2016 bis Anfang März 2017 statt, also über ca. 4 Monate. Wichtig war, die quantitative sowie die qualitative Erhebung innerhalb *eines* Schuljahres durchzuführen, sodass trotz der ohnehin starken Dynamik in dem Bereich der Beschulung von neu Zugewanderten und Geflüchteten die Rahmenbedingungen möglichst stabil bleiben.

Die Gespräche wurden entweder telefonisch oder persönlich an den jeweiligen Schulen vor Ort („Face-to-Face") geführt. Schulz und Ruddat (2012) diskutieren, inwiefern Face-to-Face-Interviews sich von telefonisch geführten Interviews unterscheiden. Dadurch, dass beim Telefon-Interview der Blickkontakt oder die non-verbale-Kommunikation fehlt und die Anonymität durch die räumliche und optische Distanz stärker gegeben ist, beobachten sie mehr Offenheit und Ehrlichkeit hinsichtlich intimen Gesprächsthemen. Telefoninterviews wird diesbezüglich in der Regel eine hohe Datenqualität zugesprochen (vgl. auch. Lukanov 2006; Petersen 2000). Eine entgegengesetzte These wäre jedoch auch, dass bei persönlichen Interviews vor Ort die natürliche Umgebung sowie die zusätzlichen non-verbalen-Kommunikationsformen einen positiven Einfluss auf das Vertrauen zwischen den Interviewpartnern und damit der Qualität der Daten haben könnten.

In der vorliegenden Untersuchung konnten keine merklichen Unterschiede zwischen telefonischen und Face-To-Face-Interviews bemerkt werden. Die Interviews verliefen persönlich vor Ort sowie telefonisch gleichermaßen sehr unterschiedlich hinsichtlich der Dauer und des Gesprächsgehalts. Während die einen Lehrkräfte sehr viel von sich aus erzählten, musste bei anderen das Gespräch durch mehrere Impulse am Laufen gehalten werden (vgl. 6.4.3). Wichtig erwies sich dabei, vor dem formalen Start des Interviews, also vor Beginn des leitfragengestützten Teils, ein persönliches „Einstiegsgespräch" zu führen mit dem Ziel, einen informellen und geschützten Rahmen zu erzeugen. Die Gespräche wurden telefonisch sowie vor Ort unter dem Einverständnis der

Interviewpartner aufgezeichnet. Im Laufe des Interviews wurde die zunehmende Lockerheit der Befragten beobachtet, oftmals kamen sehr persönliche Informationen erst gegen Ende des Gesprächs. Besonders von Bedeutung erwiesen sich empathische Antwortsignale vonseiten des Interviewenden, sodass sich die befragte Person verstanden fühlt. Dies sollte vor allem der Fehlerquelle des sozial erwünschten Antwortens entgegenwirken und die Offenheit und Ehrlichkeit des Befragten fördern.

7.3.2 Reflexion des Quantitativen Forschungszugangs

7.3.2.1 Zur Stichprobe

Die Untersuchung findet im Kontext des Modellprojekts „Perspektive Beruf für Asylbewerber und Flüchtlinge" statt (vgl. Kapitel 4.3). An diesem Projekt sind 21 Berufsschulen in Bayern beteiligt. Auch hier wurde der Zugang zu teilnehmenden Lehrkräften durch die bereits bestehende Zusammenarbeit innerhalb des Modellprojekts (vgl. Kapitel 4.3) erleichtert. Die Schul- und Abteilungsleitungen halfen mit, Lehrkräfte anzusprechen, die den Stichprobenbedingungen (vgl. Kapitel 6.2) entsprechen. Von 184 kontaktierten Adressaten haben nach mehrfachen Erinnerungsschreiben an die Schulen 117 Lehrkräfte am Fragebogen teilgenommen. Das ergibt eine Rücklaufquote von 64%, was im Vergleich zu den meistens viel niedrigeren Rücklaufquoten bei wissenschaftlichen Fragebogen-Erhebungen ein sehr gutes Ergebnis darstellt. Nichtsdestotrotz wäre eine größere absolute Zahl an Testteilnehmern wünschenswert. Da sich die Untersuchung allerdings gezielt auf eine Klassenform an Berufsschulen beschränkt und darüber hinaus noch Bedingungen für die Stichprobe der Lehrkräfte in diesen Klassen festlegt, ist die entsprechende Grundgesamtheit an möglichen Testteilnehmern ohnehin stark eingeschränkt.

7.3.2.2 Durchführung und Zeitraum der Datenerhebung

Der Zeitraum der quantitativen Erhebung fand von Ende März 2017 bis Mitte Juni 2017 statt, direkt im Anschluss zur qualitativen Erhebung. Die Daten wurden in einem ersten Schritt separat ausgewertet, um zu sehen, wo eine Verschränkung der beiden Erhebungszugänge möglich und sinnvoll ist. Die beiden Erhebungszugänge bereichern sich gegenseitig durch validierende oder ergänzende Befunde.

Die Auswertung des Fragebogens geschah automatisiert. Durch das Wiener Testsystem war es möglich, dass die Lehrkräfte den AVEM-Fragebogen online ausfüllen konnten und der Testleiter im Anschluss daran unmittelbar das

Ergebnis in Form der einzelnen Musterübereinstimmungen der Teilnehmenden erhält. Dieses elektronische Verfahren reduziert die durch die Papier-Bleistift-Methode möglichen Fehler-Eintrittspforten bei der Auswertung. Auf Basis dieser Befunde zu den einzelnen Testteilnehmern konnte der Testleiter die Daten in das Statistikprogramm SPSS eintragen, aufbereiten und eine differenzierte Betrachtung der vorliegenden Informationenvornehmen.

7.3.2.3 Zur Güte des quantitativen Forschungszugangs

Der Fragebogen AVEM ist in seiner Standard- wie auch in seiner Kurzform ein testtheoretisch fundiertes und geprüftes Instrument, das den Gütekriterien der quantitativen Forschung entspricht (Wiener Testsystem 2016). Ihm liegen zwei verschiedene Arten der Normierung zugrunde: Zum Ersten beziehen sich Normen, wie üblich, auf die einzelnen Skalen des Fragebogens. Hierzu wurden berufsübergreifende Stichproben, Stichproben spezifischer Berufsgruppen, Studierender bzw. Auszubildender und Patienten herangezogen. Insgesamt stützen sich die Normen auf Daten von 31.979 Personen. Zum Zweiten erfolgt die Bestimmung einer Zuordnungswahrscheinlichkeit, welche die Übereinstimmung mit den Referenzmustern (vgl. Kapitel 6.3.3) kennzeichnet (ebd., S. 54ff). Diese wird durch Diskriminanzfunktionen berechnet (s. ebd., S. 60f). So ist beispielsweise von einem reinen oder voll ausgeprägten Muster die Rede, wenn die Zuordnungswahrscheinlichkeit $Pi^* > .95$ liegt (ebd.).

Der Fragebogen weist sowohl in der Standard- als auch in der Kurzform in allen Skalen eine hohe innere Konsistenz auf (Cronbachs Alpha für die Kurzform liegt zwischen 0,75 und 0,83). Damit ist eine zuverlässige bzw. reliable Messung mittels AVEM gewährleistet (Wiener Testsystem 2016, S. 4). Auch die Validität des Instruments ist mehrfach belegt (Schaarschmidt und Fischer 2001; Wiener Testsystem 2016). Dazu wurden beispielsweise Korrelationen auf Skalenebene unter Einbezug inhaltlich verwandter Merkmale aus anderen Fragebogenverfahren (z.B. die Skalen „Fluchttendenz und Resignation" und „Situationskontrollversuche" des Stressverarbeitungsfragebogens SVF nach Janke und Erdmann 1985 oder die Skala „Emotionale Erschöpfung" des Maßlach Burnout Inventory MBI nach Maßlach und Jackson 1986) betrachtet. Alle Korrelationen entsprechen inhaltlich sinnvollen Zusammenhängen, die den jeweiligen Gültigkeitsansprüchen gerecht werden. Es kann allerdings nicht von einer gegenseitigen Ersetzbarkeit der jeweiligen Skalen ausgegangen werden (Wiener Testsystem 2016, S. 36).

Der noch wichtigere Validierungsschritt ist, die einzelnen Muster auf ihre Gesundheitsrelevanz zu prüfen. Hier ist beispielsweise interessant, inwieweit die verschiedenen Muster unterschiedliche psychische und körperliche Beeinträchtigungen aufweisen oder ob die Annahme, dass das Muster G geringere Beeinträchtigungen aufweist als die Risikomuster A oder B, bestätigt werden kann. Unter Einbezug verschiedener Fragebögen konnte in mehreren Untersuchungen die Validität belegt werden (s. Wiener Testsystem 2016, S. 38ff). Die Standard- als auch die Kurzform des Fragebogens sind im Hinblick auf ihre Validität in hohem Maße vergleichbar (ebd., S. 31).

7.3.3 Mixed-Methods und Triangulation

Nachdem die Daten der beiden unterschiedlichen Erhebungsstränge separat ausgewertet wurden, verzahnt der Mixed-Methods Ansatz diese miteinander. Unter Mixed Methods wird im Allgemeinen der kombinierte Einsatz von unterschiedlichen qualitativen und/oder quantitativen Forschungsmethoden verstanden. Eine Auswahl an expliziten Definitionen hierzu trägt Kuckartz (2014, S. 30f) zusammen.

Die beiden Erhebungszugänge dieser Arbeit beleuchten denselben Forschungsgegenstand anhand unterschiedlicher Methoden und setzen dabei eigene Analyseschwerpunkte. Diese Vorgehensweise, mit verschiedenen Methoden dasselbe Phänomen zu erfassen, bezeichnet man als Methodentriangulation (Kuckartz 2014, S. 46) bzw. Between-Method-Triangulation (vgl. Flick 2015, S. 313). „Triangulation bedeutet nicht notwendigerweise Mixed-Methods" (Kuckartz 2014, S. 49), obgleich die für diese Arbeit gewählte Methodentriangulation mit dieser Bedeutung übereinstimmt. Es gibt allerdings weitere Formen der Triangulation, die Theorie- und Forschertriangulation[68], bei welchen dies nicht zutrifft (ebd., S. 46).

Triangulation bedeutet im Allgemeinen, einen Forschungsgegenstand von unterschiedlichen Perspektiven aus zu betrachten, und eignet sich, um die Stärken und Schwächen verschiedener Forschungsmethoden gegeneinander auszuspielen (vgl. Denzin 1970; Flick 2004; 2015). Verschiedene Methoden, Instrumente zur Datenerhebung und Theorien koordiniert einzusetzen, wirkt einseitigen Perspektiven und Reduktionen entgegen und dient der gegenseitigen Ergänzung (Steinke 2000; Kuckartz 2014). Norman Denzin empfahl Triangulation bereits in den 1970er Jahren als Validierungsstrategie und insbesondere

---

68 Begriffsklärung: Theorietriangulation: Es werden unterschiedliche theoretische Positionen bei der Interpretation von Forschungsergebnissen eingenommen. Forschertriangulation: Das gleiche Phänomen wird von verschiedenen Forschern beobachtet und interpretiert. Weiterführende Informationen s. Kuckartz 2014, S. 46.

„als Strategie, um zu einem vertieften Verständnis des Forschungsgegenstands zu gelangen" (Kuckartz 2014, S. 46).

Die Wahl des Fragebogens AVEM steht hinsichtlich einer deskriptiven Querschnittsuntersuchung zum einen für sich, zum anderen hat sich der Einsatz von AVEM als Gegenstück zur Interviewbefragung als sinnvoll erwiesen. Übereinstimmende Erkenntnisse der beiden Erhebungen validieren sich gegenseitig. Die beiden angewendeten Methoden ergänzen sich darüber hinaus teilweise hinsichtlich des Informationsgewinns und sind einander Interpretationshilfen. Das AVEM-Ergebnis stuft die Teilnehmer hinsichtlich des Belastungsgrads in verschiedene Muster ein (vgl. Kapitel 6.3.3): G stuft die Lehrkraft in das gewünschte Muster Gesundheit ein, d.h. sie können die arbeitsbedingten Anforderungen gut bewältigen. Die Muster A (Anstrengung) und B (Burnout) hingegen weisen einen gesundheitsgefährdeten Zustand mit erhöhtem Grad an Belastung auf. Auch das Muster S (Schonung) hilft, genauso wie die eben genannten Muster, um bestimmte Aussagen aus den Interviews interpretieren zu können. Die Einteilung in die vier Mustertypen dient darüber hinaus als Raster für die Fallauswahl (vgl. Kapitel 8.8). Die Interviews hingegen setzen noch konkreter bei der individuellen Lebenswelt der Lehrkraft an und beschäftigen sich noch tiefgehender mit der subjektiven Wahrnehmung der Lehrkraft. Im Abgleich mit dem AVEM-Mustertyp kann so genauer nachvollzogen werden, durch welche Hintergründe und Zusammenhänge der Befragte beispielsweise Übereinstimmungen mit dem Typ S (Schonung) oder dem Typ A (Anstrengung) aufweist.

8 Ergebnisse der Untersuchung

Folgendes Kapitel stellt die Ergebnisse der deskriptiven Datenauswertung dar. Zu Beginn wird die Stichprobe beschrieben. Darauf folgen die Ergebnisse der Fragebogenauswertung sowie die Daten der Interviewanalyse. Die quantitative Erhebung schätzt gemessen an den (Risiko-)Mustern den Schwerpunkt der Belastungsgrade ein. Die qualitative Erhebung konzentriert sich darauf, wovon sich die Lehrkräfte konkret durch die Arbeit in Berufsintegrationsklassen belastet fühlen. Reale Fallvergleiche veranschaulichen im Anschluss exemplarisch die möglichen Zusammenhänge des Belastungserlebens.

8.1 Stichprobenbeschreibung

8.1.1 Qualitative Erhebung

Die interviewten Lehrkräfte sind alle mindestens über die Hälfte ihrer Unterrichtszeit in Berufsintegrationsklassen tätig.

In Tab. 10 werden die Interviewpartner nach Träger, Funktion, Arbeitsverhältnis und absolvierter Ausbildung bzw. absolviertem Studium charakterisiert.[69]

Die Mehrzahl der befragten Lehrkräfte sind an der Berufsschule angestellt oder verbeamtet, fünf Interviewpartner sind beim Kooperationspartner angestellt. Beim Kooperationspartner befinden sich die Lehrkräfte bis auf eine Ausnahme in befristeten Arbeitsverhältnissen. Befristete Arbeitsverhältnisse betreffen aber im Rahmen der Stichprobe auch Gymnasiallehrkräfte sowie DaF-/DaZ-Lehrende bzw. Lehrende mit einem kultur-/sprachwissenschaftlichem Studium, die an der Berufsschule angestellt sind.[70] Verbeamtet sind die Lehrkräfte, die ein Lehramtsstudium für berufliche Schulen, Wirtschaftspädagogik oder die Ausbildung zum Fachlehrer absolviert haben.

---

69 Insgesamt wurden 20 Interviews geführt, wovon sechs Lehrkräfte die Funktion der Abteilungsleitung innehaben (vgl. Tab. 10). Nach 18 Interviews stellte sich eine inhaltliche Sättigung an Kategorien ein.

70 Wobei unabhängig von der hier beschriebenen Stichprobe die in den Berufsintegrationsklassen eingesetzten Gymnasiallehrkräfte (aufgrund zum Erhebungszeitpunkt schlechter Einstellungschancen an den Gymnasien mit bestimmten Fächerkombinationen) teilweise eine Nachqualifizierung absolvieren, sodass die Verbeamtung an der Berufsschule möglich ist.

Tab. 10: Interviewpartner

Interviewnummer	Träger	Funktion	Arbeitsverhältnis	Ausbildung
1	Berufsschule	Abteilungsleitung (BIK+JoA)	verbeamtet	LA berufliche Schulen
2	Kooperationspartner	Lehrkraft	unbefristet	DaZ
3	Kooperationspartner	Lehrkraft	befristet	Kulturwissenschaft, Deutsch
4	Kooperationspartner	Lehrkraft	befristet	Sprachwissenschaften
5	Berufsschule	Klassenleitung	befristet	LA Gymnasium
6	Berufsschule	Abteilungsleitung BIK+JoA	verbeamtet	Ausbildung zum Fachlehrer
7	Berufsschule	Klassenleitung	befristet	DaF/DaZ
8	Berufsschule	Klassenleitung	befristet	DaF/DaZ
9	Berufsschule	Abteilungsleitung	verbeamtet	LA berufliche Schulen
10	Kooperationspartner	Lehrkraft	befristet	Kulturwissenschaft, DaZ
11	Berufsschule	Lehrkraft	verbeamtet	Ausbildung zum Fachlehrer
12	Berufsschule	Lehrkraft	befristet	DaF/DaZ
13	Kooperationspartner	Lehrkraft	befristet	Theaterwissenschaft
14	Berufsschule	Lehrkraft	befristet	LA Gymnasium
15	Berufsschule	Klassen-/ und Abteilungsleitung	verbeamtet	LA berufliche Schulen
16	Berufsschule	Klassenleitung	befristet	DaF
17	Berufsschule	Klassenleitung	verbeamtet	Lehramt berufliche Schulen
18	Berufsschule	Klassen-/ und Abteilungsleitung	verbeamtet	Wirtschaftspädagogik
19	Berufsschule	Klassenleitung	befristet	DaF/DaZ
20	Berufsschule	Abteilungsleitung	verbeamtet	LA berufliche Schulen

Die Hälfte der befragten BIK-Lehrkräfte hat ein Lehramtsstudium absolviert: Fünf Personen haben Lehramt für berufliche Schulen studiert. Jeweils zwei Interviewpartner absolvierten ein Lehramtsstudium für Gymnasium bzw. eine Ausbildung zum Fachlehrer. Jeweils eine Lehrkraft hat Wirtschaftspädagogik

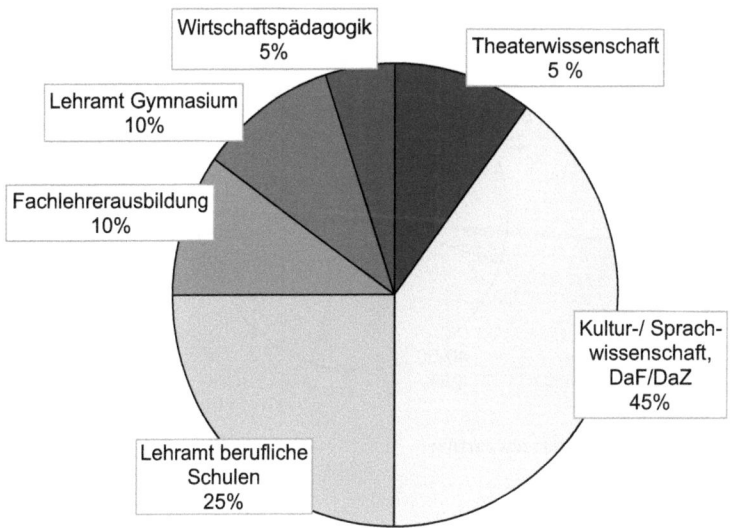

Abb. 16: Ausbildung/Studium der Interviewpartner

bzw. Theaterpädagogik studiert. Neun der befragten Lehrkräfte haben ein grundständiges Studium in den Bereichen Deutsch als Zweit-/ Fremdsprache oder Sprach-/Kulturwissenschaften abgeschlossen.

Die Interviewpartner haben verschiedene Funktionen inne: Acht der befragten Lehrkräfte sind Klassenleitungen, davon sind zwei zusätzlich in der Funktion der Abteilungsleitung für Berufsintegrationsklassen. Neun Befragte werden als Lehrkräfte in unterschiedlichen Berufsintegrationsklassen eingesetzt, davon ist ein Interviewpartner zusätzlich Abteilungsleitung für Berufsintegrationsklassen und stellvertretende Schulleitung. Drei befragte Lehrkräfte in der Funktion als Abteilungsleitung für Berufsintegrationsklassen und Jugendliche ohne Ausbildung füllen ihre Arbeitszeit nahezu vollständig mit organisatorischen Aufgaben und unterrichten nur vereinzelt (z.B. als Vertretung) in den Klassen.

Insgesamt setzt sich die qualitative Stichprobe aus 9 Männern und 11 Frauen zusammen.[71] Folgende Graphik gibt einen Überblick zu deren bisherigen Einsatzjahren in Berufsintegrationsklassen und dem Alter der Interviewpartner.

---

71 Die Berufsintegrationsklassen sind allerdings im Querschnitt mit überwiegend weiblichen Lehrkräften besetzt (vgl. Kapitel 8.1.2).

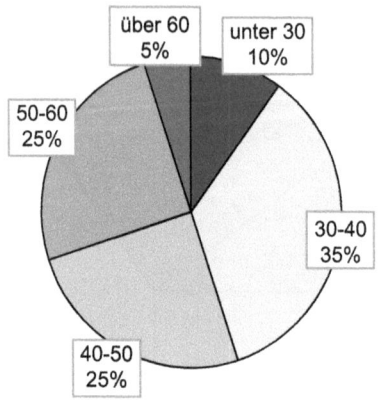

Abb. 17: Alter der Interviewpartner

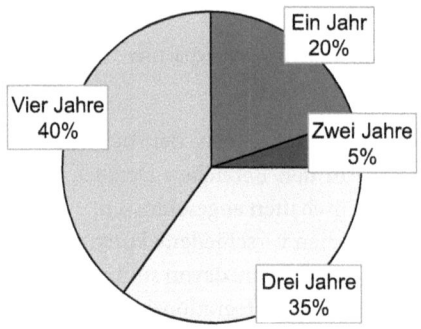

Abb. 18: Einsatzjahre in BIK

Rund 85% der Interviewpartner sind zwischen 30 und 60 Jahren alt. 75% der Befragten unterrichten seit drei oder vier Jahren in Berufsintegrationsklassen, eine Lehrkraft seit zwei Jahren und vier seit einem Jahr.

8.1.2 Quantitative Erhebung

Die Schul-/Abteilungsleitungen innerhalb des Modellprojekts meldeten 184 Kontaktadressen von Lehrkräften, welche die festgelegten Kriterien (vgl. Kapitel 6.2) erfüllen und sich zur Teilnahme am Fragebogen AVEM bereit erklärt haben. Von den 184 gemeldeten Lehrkräften bearbeiteten 117 den Fragebogen. Die Rücklaufquote liegt dementsprechend bei rund 64%.

Im Folgenden wird die Stichprobe der quantitativen Erhebung näher beschrieben.

Tab. 11: Geschlechtsspezifische Unterscheidung nach Kooperationspartner und Berufsschule

		Geschlecht		Gesamt
		m	w	
Berufsschule	Anzahl	26	62	88
	% der Gesamtzahl	22,20%	53,00%	75,20%
Kooperationspartner	Anzahl	5	24	29
	% der Gesamtzahl	4,30%	20,50%	24,80%
Gesamt	Anzahl	31	86	117
	% der Gesamtzahl	26,50%	73,50%	100,00%

Der Frauenanteil überwiegt bei Lehrkräften in Berufsintegrationsklassen: 73,5% der teilnehmenden Lehrkräfte sind weiblich, 26,5% männlich. Dabei ist zu erwähnen, dass alle am Fragebogen teilgenommenen Abteilungsleitungen männlich sind, obgleich die Fallzahl mit acht Personen an dieser Stelle sehr niedrig ist.

Die Stichprobe setzt sich aus Personen des Kooperationspartners und der Berufsschule zusammen, wobei der größere Teil der teilnehmenden Lehrkräfte (75,2%) an der Berufsschule beschäftigt ist. Während bei BIK-Lehrkräften der Berufsschule das geschlechtsspezifische Verhältnis zwischen Mann und Frau bei 1: 2,4 liegt, ist die Überzahl an weiblichen Lehrkräften beim Kooperationspartner mit 1: 6 im Verhältnis noch weitaus auffälliger. Insgesamt nahmen 14 unterschiedliche Berufsschulstandorte an der Erhebung teil.

8.2 Häufigkeiten der (Risiko-)Muster

Als quantitativer Erhebungsstrang dieser Untersuchung wurde der Fragebogen zu Arbeitsbezogenen Verhaltens- und Erlebensmuster (AVEM) von Schaarschmidt und Fischer (2001) eingesetzt. Resultat des AVEM-Fragebogens ist der Grad an Übereinstimmung der Teilnehmer mit den Mustern G (wie Gesundheit), S (wie Schonung), A (wie Anstrengung), B (wie Burnout) oder den daraus gebildeten Musterkombinationen (vgl. Kapitel 6.3.3). Durch diese Muster-Zuordnung kann beispielsweise die Frage beantwortet werden, wie viele der befragten BIK-Lehrkräfte ein gesundheitsgefährdendes Risiko aufweisen, wie in Abb. 19 dargestellt.

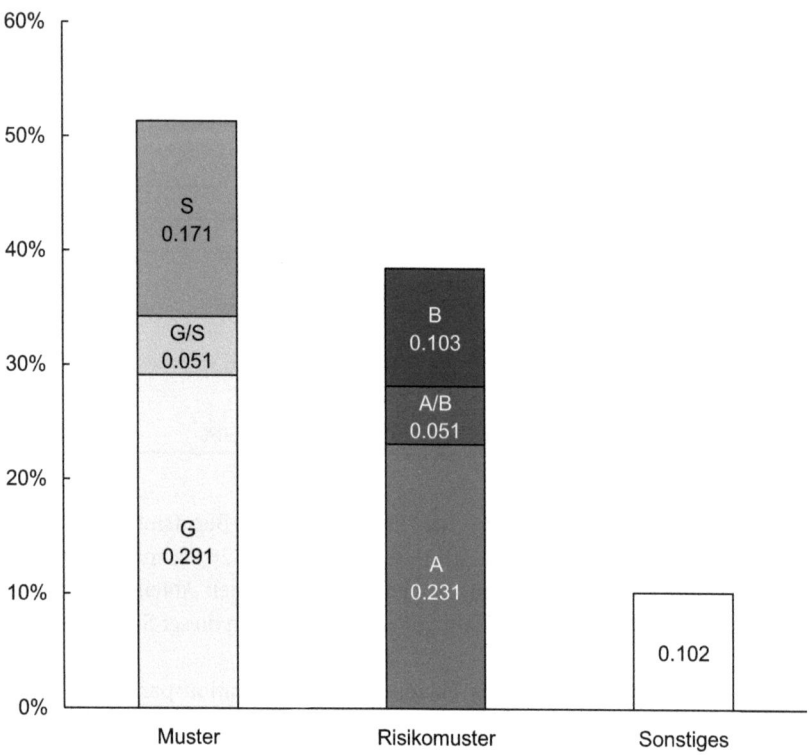

Abb. 19: Prozentuale Häufigkeiten der Risiko-/Mustertypen

Zusammengefasst dominieren die Muster G (29,1%), S (17,1%), und die Musterkombination G/S (5,1%) mit insgesamt 51,3%. 38,5% der BIK-Lehrkräfte erzielen ein Risikomuster, d.h. das Muster A (23,1%), das Muster B (10,3%) oder die Musterkombination A/B (5,1%).[72]

In folgender Tabelle werden bereits existierende AVEM-Werte zu Lehrkräften verschiedener Schularten den Ergebnissen der AVEM-Ausprägungen dieser Untersuchung zu Lehrkräften in Berufsintegrationsklassen gegenübergestellt. Um vergleichbare Prozentangaben zu erhalten, werden, wie in den bereits existierenden Vergleichswerten, die Musterkombinationen weggelassen. Das

---

72 In Untersuchungen mit Wiederholungsmessung fiel ein überdurchschnittlich häufiger Übergang vom Muster A zu Muster B auf und auch der Übergang von Muster S zu Muster B fiel ins Auge (Schaarschmidt 2006, S. 9).

Tab. 12: AVEM-Werte verschiedener Untersuchungen

AVEM-Muster	Lehrkräfte in Berufsintegrationsklassen[73] (Vorliegende Untersuchung)	Lehrkräfte an Beruflichen Schulen nach Geschlecht (Schaarschmidt 2005a)	Lehrkräfte gemischter Schulformen in Bayern (Schaarschmidt 2005a)	Lehrkräfte gemischter Schulformen deutschlandweit (Schaarschmidt und Kieschke 2007)
B	13%	m: 23%; w: 29%	30%	29%
A	29%	m: 27%; w: 33%	28%	30%
S	21%	m: 27%; w: 20%	25%	23%
G	37%	m: 24%; w: 18%	17%	17%

heißt: Die prozentualen Angaben beziehen sich in folgender Tabelle auf die reinen Muster G, S, A und B und weichen deshalb von den eben genannten Werten in Abb. 19 ab.

Tab. 12 zeigt in Bezug auf das Risikomuster A in den verschiedenen Erhebungen ähnliche Werte. Im Hinblick auf das Risikomuster B sowie das Muster G erzielen die BIK-Lehrkräfte dieser Erhebung „positive" Ergebnisse: Im Vergleich mit den aufgelisteten AVEM-Werten stimmen BIK-Lehrkräfte weniger mit dem Risikomuster B überein (13%), dafür erzielt ein größerer Teil das Muster G (37%). Mit 21% Muster S gleichen sich die BIK-Lehrkräfte mit den weiblichen Lehrkräften an beruflichen Schulen und schneiden etwas niedriger ab als die Angaben der restlichen beiden Erhebungen.

Viele der Lehrkräfte in Berufsintegrationsklassen halten also eine gesunde Balance und die Tendenz zur Schonung ist unwesentlich niedriger ausgeprägt als in anderen Klassen-/Schulformen. Während das Risikomuster A nahezu mit den Vergleichswerten übereinstimmt, ist das Risikomuster B nur gering vertreten.

8.3 Belastungsfaktoren

Im qualitativen Forschungszugang wurden BIK-Lehrkräfte in Form von Leitfadeninterviews befragt (vgl. Kapitel 6.4). Durch das Auswertungsverfahren der strukturierenden qualitativen Inhaltsanalyse nach Mayring gehen anhand der Transkripte dieser Interviews (quantifizierende) Kategoriensysteme an

---

[73] Die prozentualen Angaben beziehen sich auf die Summe der reinen Mustertypen (N = 93).

Belastungsfaktoren und Bewältigungsressourcen hervor, welche jeweils in Kapitel 8.3.1 und 8.5.1 vorgestellt werden. In Kapitel 8.3.2 richtet sich der Fokus dabei insbesondere auf die Belastungsfaktoren der Abteilungsleitungen in Berufsintegrationsklassen. Die nachfolgenden Teilkapitel gehen auf Ergebnisse des quantitativen Forschungszugangs ein und untersuchen Unterschiede zwischen den Geschlechtern, unterschiedlichen Bildungsträgern und verschiedenen Berufsschulstandorten.

8.3.1 Kategorien des qualitativen Forschungszugangs und Kontextualisierung

In diesem Kapitel werden die ausgewerteten Belastungskategorien des qualitativen Forschungszugangs nach Häufigkeiten aufgelistet (vgl. Tab. 13) und kontextualisiert. Die genannten Häufigkeiten werden hierbei jedoch nicht als Gewichtungsfaktor für die Relevanz oder Stärke der Belastungsfaktoren gewertet, sie bringen lediglich zum Ausdruck, wie oft die genannte Kategorie in den Transkripten identifiziert werden kann.

Quantifiziert werden die Belastungskategorien aus Tab. 13 nach zwei verschiedenen Zählweisen:

- Spalte „1x/Dok": Die aufgelisteten Zahlen geben die Häufigkeiten der Interviews an, in welchen mindestens einmal die jeweilige Belastungskategorie inhaltlich zutrifft. Mehrfachnennungen innerhalb eines Interviews werden bei dieser Zählweise folglich nicht berücksichtigt.
- Spalte „Total": Die aufgelisteten Zahlen geben die absoluten Häufigkeiten der Inhalte an, die auf die jeweiligen Belastungskategorien zutreffen. Mehrfachnennungen innerhalb eines Interviews werden bei dieser Zählweise folglich berücksichtigt.

Lesebeispiel:

Belastungsfaktoren	1x/Dok	Total
Unsicherer Asylstatus und Abschiebungen (9/12) Klassenklima durch Angst geprägt (3/6) Ungewisse Zukunft der Schüler(3/3) Zusätzliche Anforderungen durch Asylrecht (1/1)	16	22

16 Interviewpartner haben Äußerungen zu Belastungsfaktoren getroffen, die zur Überkategorie „Unsicherer Asylstatus und Abschiebungen" gehören. Insgesamt wurden 22 Äußerungen (verteilt auf die 16 Interviews) dieser Überkategorie zugeordnet. Davon beinhalten 12 Äußerungen verteilt auf 9 Interviews im Allgemeinen den „unsicheren Asylstatus und Abschiebungen", während die übrigen dazugehörigen Textstellen sich nochmal in drei Unterkategorien

differenzieren lassen: Sechs Textstellen verteilt auf drei Interviews gehen darauf ein, dass durch den unsicheren Asylstatus und Abschiebungen das „Klassenklima durch Angst geprägt" ist. Jeweils eine Textstelle beinhaltet in drei verschiedenen Interviews konkret die dadurch bedingte „Ungewisse Zukunft der Schüler" bzw. in einem Interview „Zusätzliche Anforderungen durch das Asylrecht" als Belastungsfaktoren für Lehrkräfte.

Tab. 13: Quantifizierendes Kategoriensystem zu den Belastungsfaktoren von Lehrkräften in BIK

Belastungsfaktoren	1x/Dok	Total
Disziplinschwierigkeiten[74] (6/15)[75]	18	40
Hoher Lärmpegel (4/13)		
Unpünktlichkeit der Schüler(3/3)		
Hausaufgaben werden kaum bzw. unzuverlässig gemacht (3/5)		
Konzentrationsschwäche der Schüler(2/4)		
Unsicherer Asylstatus und Abschiebungen (9/12)	16	22
Klassenklima durch Angst geprägt (3/6)		
Ungewisse Zukunft der Schüler(3/3)		
Zusätzliche Anforderungen durch Asylrecht (1/1)		
Zweifel an der Sinnhaftigkeit der Arbeit, da: (1/1)	11	14
Empfinden der Ressourcenverschwendung (4/6)		
Kein Glaube an Schüler ohne/mit kaum bisheriger Schulbildung (3/4)		
Ausbildungsvorbereitung ohne Arbeitserlaubnis/Abschiebebescheid (2/2)		
Distanzierungsprobleme	8	14
Negative Entwicklung (1/5)	8	18
Sinkende Motivation im Kollegium (3/7)		
Sinkende Motivation und Disziplin der Schüler(3/5)		
Fehlende kulturelle Durchmischung der Klassen (1/1)		

(*fortgeführt*)

---

74 Je nach inhaltlichem Detailgrad der Interviewsequenzen wird die jeweilige übergeordnete Kategorie (hier Disziplinschwierigkeiten) nochmal in untergeordnete Kategorien unterteilt.

75 Die erste Zahl (hier 6) bezieht sich jeweils auf die Zählweise „1x/Dok", die zweite Zahl (hier 15) auf die Zählweise „Total".

Tab. 13: Fortsetzung

Belastungsfaktoren	1x/Dok	Total
Heterogenität (4/6)	7	10
Äußere Differenzierung schwer umsetzbar (2/2)		
Innere Differenzierungsmethoden sind ineffektiv (1/2)		
Langsamer Lernfortschritt, ständiges Wiederholen, kaum Erfolge	5	13
Ohnmachtsgefühl und Ungerechtigkeitsempfinden	5	15
Permanente Veränderung und Unvorhergesehenes	5	11
Befristete Arbeitsverhältnisse der Lehrkräfte	4	12
Schicksale und Fluchtgeschichten der Schüler	4	6
Erforderliche Geduld	3	4
Erkennen von Lügen und wahren Geschichten	3	7
Fehlzeiten der Schüler	3	6
Verwaltung und Organisation	3	4
Zwiespalt zwischen Mitgefühl und Strenge/ Ausnahmen und Gleichberechtigung	3	4
Gesellschaftliche Intoleranz	2	3
Mangelnde zielgruppengerechte Förderung im Anschluss	2	2
Umgang mit traumatisierten Schülern	2	2
Unbeständigkeit der Klassenzusammensetzung	2	3
Zu wenig Personal und Teilungsstunden	2	3
Angst vor Eskalationen	1	5
Physiologische Belastungssymptome	1	3
Probleme mit Betrieben	1	1
Überstiegene Erwartungen vonseiten der Schüler	1	1
Verdichtung der Fälle, die psychische und sozialpädagogische Hilfe brauchen	1	1
Zielgruppenspezifische Aufbereitung von Unterrichtsmaterial	1	5
Zweifel an eigenen Kompetenzen	1	2
SUMME	123	231
N (Dokumente)	20	20

Die folgenden Ausführungen erläutern und kontextualisieren die in Tab. 13 aufgelisteten Kategorien ausführlicher. Dazu werden verstärkt Interview-Zitate mit einbezogen. Die Reihenfolge der Belastungskategorien orientiert sich im Folgenden aus Gründen der Leserfreundlichkeit nicht an der Auflistung innerhalb der Tabelle, sondern, soweit möglich, an Anknüpfungspunkten hinsichtlich der inhaltlichen Zusammenhänge einzelner Kategorien.

Unsicherer Asylstatus und Abschiebungen
Die Interview-Erhebung erfolgte über mehrere Monate von November 2016 bis März 2017. Im Laufe der Untersuchung nahmen die Klagen der Lehrkräfte über Abschiebebescheide und deren Auswirkungen zu. Der unsichere Asylstatus sowie die Abschiebungen ergeben eine Belastungskategorie, die viele weitere belastende Aspekte nach sich zieht.

Die Schüler konsultieren ihre Lehrkräfte häufig als Vertrauensperson und fragen um Rat. Die asylrechtlichen Gegebenheiten verursachen allerdings ein komplexes Geflecht an Einflussfaktoren und schwer abschätzbaren Konsequenzen, welche kaum eindeutige Handlungsempfehlungen zulassen. Eine Lehrkraft erzählt hierzu:

„Ich weiß nicht, was ich da raten soll. Damit viele Schülerinnen und Schüler eine Arbeitserlaubnis bekommen, müssen sie mithelfen, ihre Identität nachzuweisen. Ich hatte afghanische Schüler, die mitgeholfen haben und daraufhin abgeschoben wurden. Wenn sie aber nicht mithelfen, ist das eine Dauer-Warteschleife bis hin zur Asylentscheidung. Rate ich ihm dazu und daraufhin dann wird er abgeschoben. Nein, das kann ich nicht. Aber ich kann ihm auch nicht raten, nicht mitzuhelfen. Ich kann ihm da gar nichts raten."

Ende 2016/Anfang 2017 beschäftigen sich die Lehrkräfte aufgrund zunehmender Abschiebebescheide ihrer Schüler verstärkt mit der Abschiebethematik. Eine Lehrkraft berichtete davon, dass während ihres Unterrichts die Polizei aufgrund eines Rückschiebe-Vorhabens auf der Suche nach einem Schüler in die Klasse kam. Die Lehrkraft fühlte sich in dieser Situation stark überfordert und auch im Anschluss daran war aufgrund von Unsicherheit, Angst und Unruhe in der Klasse kein Unterricht mehr möglich.

Im Folgenden werden die Kategorien beschrieben, welche dem übergeordneten Aspekt unsicherer Asylstatus und Abschiebungen zugeordnet sind.

Klassenklima durch Angst geprägt	Übereinstimmend berichteten alle Befragten von einem enormen Zuwachs an negativen Bescheiden und vollzogenen Abschiebungen, womit sie bisher in diesem Maß noch nicht konfrontiert gewesen seien und teilweise nicht wissen, wie sie mit solchen Situationen umgehen sollen: Werden Mitschüler abgeschoben, wirkt sich das laut Aussage der Befragten auf das gesamte Klassenklima aus, weil die Schüler, die noch auf ihren Asylbescheid warten, stark verängstigt und verunsichert werden. „Wir hatten aber Rückführungen und nach dieser Rückführung ists schon so, dass die Schülerinnen und Schüler da ein paar Tage durch den Wind sind, also einfach nicht kommen. Wir hatten schon Schüler, die 3 Tage verschwunden waren danach."
Ungewisse Zukunft der Schüler	Bei vielen Schülern ist der Asylbescheid noch offen, d.h. es ist noch unklar, ob die jungen Menschen in Deutschland bleiben dürfen. Manche Lehrkräfte bedrückt das Wissen um die ungewisse Zukunft der Schüler.
Zusätzliche Anforderungen durch das Asylrecht	Im Befragungszeitraum bestanden die Berufsintegrationsklassen zum Großteil aus neu zugewanderten Schülern zwischen 16 und 25 mit Fluchthintergrund, die auf eine duale Ausbildung oder eine andere sinnvolle Anschlussmaßnahme vorbereitet werden sollten (ISB 2017b; 2017d). Die unterschiedlichen Asylstatus ziehen verschiedene rechtliche Möglichkeiten und Anfordernisse nach sich. Eine Lehrkraft antwortet auf die Frage, was sie belastet: *„Dass du fast Jurist sein musst, um Schülern helfen zu können. Dass ich quasi mit meiner ursprünglichen Tätigkeit – ich möchte unterrichten, was ja eh schon lange nicht mehr meine einzige Aufgabe ist – das jetzt auch noch so eine juristische Aufgabe hinzukommt."* Um Praktikumsplätze oder Ausbildungsverträge ermöglichen zu können, benötigt es in Berufsintegrationsklassen beispielsweise die Zusammenarbeit mit dem Ausländeramt sowie asylrechtliche Einzelfallbetrachtungen. Das dafür benötigte juristische Wissen und die Anwendung dessen ist komplex, was manche Lehrkräfte als belastend empfinden.

Probleme mit den Betrieben

Lehrkräfte sind für die Geflüchteten eine starke soziale Ressource, um einen Ausbildungsplatz zu erhalten. Schulen arbeiten teilweise bereits über viele Jahre mit Arbeitgebern zusammen. Diese Kontakte können sie nutzen, um Praktikums- und Ausbildungsplätze für die jungen geflüchteten Menschen zu akquirieren. Um Betriebe kompetent beraten und Lösungsoptionen aufzeigen zu können, ist es für Lehrkräfte wichtig, sich mit asylrechtlichen Möglichkeiten auseinanderzusetzen. Besonders problematisch ist die Vermittlung bei Schülern mit noch offenem Asylbescheid. Bei Asylanträgen, die noch nicht bearbeitet wurden, ist es schwieriger, Betriebe zu überzeugen, Ausbildungsplätze an diese jungen Menschen zu vergeben, da eine langfristige Bleibeperspektive unsicher ist.[76] Diese Voraussetzungen erschweren die Tätigkeit von BIK-Lehrkräften:

„Probleme, die wir haben, sind oftmals nicht im Schulischen. Unsicherheiten. Das belastet mich noch am meisten. Wenn der Status von dem Menschen unsicher wird. Wenn wir Probleme kriegen mit Betrieben. Das ist die rechtliche Sache, die mich eher wurmt."

<u>Permanente Veränderung und Unvorhergesehenes</u>
Zuwanderung und Fluchtmigration sind eng gekoppelt an politische Entscheidungen. In den letzten Jahren gab es häufig Veränderungen der Gesetzeslage und der asylrechtlichen Richtlinien. Dies bedeutete zusätzlichen Rechercheaufwand für die BIK-Lehrkräfte. Die Dynamik rund um Zuwanderung und Fluchtmigration spiegelt sich in Berufsintegrationsklassen wider. Lehrkräfte erzählen von permanenten und unvorhersehbaren Veränderungen:

„Wenn ich halt andere Abteilungen anschaue. Dann wenn dann mal das Schuljahr angelaufen ist, dann läuft das, dann hat das eine Eigendynamik, da passiert nicht mehr viel. Aber gerade in denen BIK-Klassen, also wir haben jetzt zehn Stück da. Da passiert eigentlich jeden Tag was. Also es ist einmal ein riesen organisatorischer Aufwand. Und du hast ja kein, wie soll ich denn sagen, das geht nicht so step-by-step wie in der Fachabteilung, das ändert sich permanent."

Neben rechtlichen Veränderungen veranschaulichen beispielsweise plötzliche Retraumatisierungen während des Unterrichts, in Einzelfällen veränderte Verhaltensweisen mit Verdacht auf Radikalisierung oder entschiedene Asylverfahren mit nachfolgenden motivationalen, verwaltungstechnischen und praktischen Konsequenzen die hohe Dynamik in diesem Bereich. Auch die jährliche Neuausschreibung des Kooperationspartners sowie der teilweise dadurch herbeigeführte häufige Personalwechsel sind Beispiele.

<u>Zweifel an der Sinnhaftigkeit der Arbeit</u>
Lehrkräfte, die in Berufsintegrationsklassen unterrichten, haben sich überwiegend freiwillig für diesen Bereich entschieden. Viele davon begannen die Tätigkeit mit bestimmten Erwartungen, die nicht alle erfüllt werden.

---

76 Die 3 plus 2-Regelung des Integrationsgesetzes hilft an dieser Stelle und soll Betrieben mehr Planungssicherheit geben.

Ausbildungsvorbereitung ohne Arbeitserlaubnis/ Abschiebebescheid	Die meisten Lehrkräfte stecken sich zum Ziel ihrer Arbeit, die jungen Menschen in eine Berufsausbildung zu bringen. In viele Fällen ist dies jedoch nicht möglich. Ein Grund dafür sind teilweise unüberwindbare, asylrechtliche Hürden wie z.b. Arbeitsverbote.[77] Einige Lehrkräfte stellen deshalb mittlerweile die Sinnhaftigkeit der Beschulung in Berufsintegrationsklassen in Frage.
Empfinden der Ressourcenverschwendung	Dass das bestrebte Ziel der Berufsausbildung häufig nicht erreicht wird, führt dazu, dass manche Lehrkräfte die personellen und finanziellen Ressourcen, die für diese Klassen verwendet werden, als verschwendet wahrnehmen. Eine Beispielaussage hierzu ist: *„Der geht von Maßnahme zu Maßnahme. Und das ist alles ganz umsonst. Das ist Geld, was falsch investiert wurde."* Hören die BIK-Lehrkräfte im Nachhinein, dass erfolgreiche „Übergänger" in Ausbildung einige Zeit später scheitern, weil die Geflüchteten die Ausbildung abgebrochen haben, verstärkt dies den Zweifel an der Sinnhaftigkeit ihrer Arbeit sowie das Gefühl der Ressourcenverschwendung.
Kein Glaube an Schüler ohne/mit kaum bisheriger Schulbildung	Für viele Schüler stehen aus Sicht mancher Interviewpartner die Chancen auf einen Ausbildungsabschluss oder eine dauerhafte Integration in Deutschland nicht gut. Ein Grund dafür sind die zu großen Kompetenzlücken aufgrund mangelnder Vorbildung.[78] *„Aber da reichen keine zwei Jahre. Meiner Meinung nach keine 5 Jahre. Da ist so viel verpasst worden. Wenn jemand mit 18 sich hinsetzt und die Sprache lernt und Berufskunde lernt und so weiter. Das dauert sehr lang."* Diese Einschätzung verstärkt den Zweifel an der Sinnhaftigkeit der eigenen Bemühungen.

Schicksale und Fluchtgeschichten der Schüler
Lehrkräfte sind für die Schüler in Berufsintegrationsklassen sehr häufig nahestehende Vertrauenspersonen in Deutschland. Die Beziehung zwischen Lehrkraft

---

77 Für die Erteilung der Arbeitserlaubnis oder eines Arbeitsverbotes sind die zuständigen Ausländerbehörden zuständig. Müller et al. (2014) bezeichnet in seiner Studie die Verwaltungspraxis der Ausländerbehörden diesbezüglich als „uneinheitlich" (ebd., S. 37).

78 Für mehr Informationen zum Bildungsniveau von Asylbewerbern und Flüchtlingen s. z.B. Wößmann 2016; Brücker 2016 oder Kapitel 4.5.2.

und Schüler beschreiben viele der Interviewpartner als sehr positiv und herzlich. Nicht selten kommt es dazu, dass die Geflüchteten ihren Lehrkräften von Schicksalsschlägen, die sie in der Heimat oder auf der Flucht erlebt haben, erzählen.

> *„Belastend sind auch die Geschichten, die ich höre. […] es ist natürlich schon – Puhh ja ((seufzt)). Die Geschichte vergisst du halt NICHT, wenn du aus der Schule rausgehst."*

Die jungen Menschen erzählen den Lehrkräften auch, was sie im Fall einer Rückkehr in die Heimat neben der Perspektivlosigkeit an Schicksal zu erwarten hätten. Denn zum Zeitpunkt der Beschulung hat die Flucht in vielen Fällen mit den Berufsintegrationsmaßnahmen noch kein positives Ende gefunden: Bei einem großen Teil an Schülern ist noch offen, ob sie (dauerhaft) in Deutschland bleiben dürfen.

Distanzierungsprobleme
Die mangelnde Abgrenzung von den Problemen der Schüler ist ein weiterer Belastungsfaktor (vgl. hierzu auch Abb. 26).

> *„Aber das weiß ich, das war im letzten Jahr sehr SCHWIERIG, eben weils, äh, ja, weil man da neu angefangen hat. Wie man dann die Geschichten von ihnen gehört hat, genau, dass man das einfach zu sehr mit nach Hause genommen hat."*

Vor allem zu Beginn der Beschulung erzählen Lehrkräfte von stärkeren Distanzierungsproblemen. Insbesondere verschmilzt deren Berufs- und Privatleben dahingehend, dass sie sich auch in der Freizeit gedanklich nicht von den Schicksalen ihrer Schüler lösen können, Mitleid und Ungerechtigkeitsempfinden ihre Grundstimmung drückt und sie über ihre Arbeitszeit hinaus nach Lösungsmöglichkeiten für „ihre Schützlinge" suchen. Manche Interviewpartner erzählten allerdings auch, dass sich eigene Distanzierungsprobleme mit zunehmender Erfahrung als Lehrkraft im Bereich der Berufsintegrationsklassen reduzierten. Sie beschreiben einen Abstumpfungs- bzw. Gewöhnungseffekt, der sich mit zunehmender Wiederholung an Fällen mit ähnlichen Fluchtgeschichten und Asylproblematiken eingestellt hat.

Verdichtung der Fälle, die psychologische und sozialpädagogische Hilfe brauchen
Lehrkräfte kommen teilweise auch in anderen Klassen mit Schülern in Kontakt, die psychologische oder sozialpädagogische Hilfe benötigen. Die Berufsintegrationsklassen unterscheiden sich davon jedoch durch die Anzahl und Schwere solcher Fälle innerhalb einer Klasse. Neben traumatisierenden Ereignissen auf der Flucht oder im Heimatland müssen die Schüler verarbeiten, dass sie – in vielen

Fällen getrennt von ihren Familien, welche häufig nach wie vor den Gefahren im Heimatland ausgesetzt sind – eine unklare und unsichere Zukunft vor sich haben.

Ohnmachtsgefühl und Ungerechtigkeitsempfinden
Ausschlaggebend für die Entscheidungen der verschiedenen Asylanträge ist, welcher Schutzparagraph auf den jeweiligen Einzelfall zutrifft. Dabei steht im Mittelpunkt, ob das Heimatland des Antragstellers bzw. der Antragstellerin sicher ist oder er bzw. sie in einem anderen Land Schutz benötigt. Nicht berücksichtigt werden Fleiß, Motivation, Engagement o.ä. des jungen Menschen. Dadurch entsteht bei Lehrkräften häufig ein Ungerechtigkeitsempfinden. Sie erzählen von faulen und unhöflichen Schülern, die bleiben dürfen sowie von fleißigen und engagierten Schüler, die einen Negativbescheid erhalten.

> *„UND DIE, die sich schinden wollen, die haben keine Perspektive. Und das ist jetzt momentan das größte Problem."*

Verbunden mit dem Ungerechtigkeitsempfinden belastet die Lehrkräfte das Ohnmachtsgefühl, nichts an der Situation ändern zu können, weil asylrechtliche Entscheidungen weder abhängig von schulischen Leistungen, noch von der Einschätzung und Beurteilung vonseiten der Lehrkraft sind.

> *„Momentan tatsächlich diese Ohnmacht, dass wir diesen politischen Entscheidungen ausgesetzt sind. Dass z.B. plötzlich eine Entscheidung getroffen wird, dass die Afghanen nun von Sammelabschiebungen bedroht sind. […] Bildung ist ein Menschenrecht. Ich möchte als Schule nicht sagen :‚Ok, wir nehmen jetzt nur die 5 sicheren Herkunftsländer, dann haben wir das Problem nicht.' Das möchte ich gerade eben NICHT. Und das ist gerade so eine Ohnmacht, die mich massiv belastet."*

Angst vor Eskalationen
Ein weiterer Belastungsfaktor ist die Angst, dass Schüler während des Unterrichts wegen einer Retraumatisierung oder aus Verzweiflung sowie Angst vor der Abschiebung die Kontrolle verlieren und gewalttätig werden. Folgendes Zitat einer weiblichen Lehrkraft verdeutlicht, dass sie sich um ihr eigenes Wohl in der Klasse sorgt, weil sie manche Schüler aufgrund ihrer teilweise traumatischen Erlebnisse als unberechenbar einschätzt.

> *„Was das Schlimme ist, wo wir schon ein wenig Angst haben, sind Schlägereien. In meinen Klassen habe ich schon 2–3 erlebt. […] Sie sind traumatisiert, sie sehen etwas in ihrem Handy oder bekommen einen Anruf oder ein Schüler sagt etwas zu einem Anderen, da müssen wir schon auch immer mit allen Sinnen aufpassen. JEDE MINUTE kann etwas eskalieren. In JEDER Klasse. Und das ist schon eine Gefahr für uns. […] Es sind ja viele Leute, manche mit und manche ohne Papiere. Wir unterrichten sie, aber wir können ja nicht wissen, wer genau sie sind. Wir leben gefährlich und das ist schon eine Belastung,*

wenn du am Morgen außer Haus gehst und nicht weißt, was am Tag passieren wird. [...] Für viele ist alles egal: Sterben, Krieg, oder wenn man sagt, dass sie kein Geld bekommen oder dass sie zurückgehen müssen. Sie sind nicht mehr so, dass sie denken: ‚Ah ich bin froh, dass ich jetzt da bin.' Manche denken so, aber manchen ist alles egal."

Die Angst vor Eskalationen war vor allem an einem Schulstandort erkennbar. Dort war für kurze Zeit ein Schüler in der BIK, der später in derselben Stadt einen Anschlag verübte.

Disziplinschwierigkeiten

Disziplinschwierigkeiten sind innerhalb der Belastungsforschung ein bereits bekanntes Phänomen, das vielen Lehrkräften zu schaffen macht. Die konkreten disziplinarischen Merkmale, die in dieser Untersuchung als Belastungsfaktor genannt wurden, unterscheiden sich allerdings an markanten Stellen hiervon (vgl. Kapitel 3.2.1). Im Unterschied zu vielen Lehrerbelastungsstudien hat beispielsweise keine der befragten Lehrkräfte erzählt, sie fühle sich von den Schülern nicht respektiert, werde von ihnen beleidigt oder beschimpft – ganz im Gegenteil. Was in dieser Untersuchung mit Disziplinschwierigkeiten gemeint ist, wird in folgenden Unterpunkten erläutert:

Hoher Lärmpegel	Es herrscht ein hoher Lärmpegel in den Klassen, der allerdings auch durch die lebendige Mitarbeit bedingt ist. Trotzdem werden der Lärmpegel und das Temperament der Schüler auf Dauer von vielen Lehrkräften als Belastung empfunden. Gleichermaßen gab es auch Lehrkräfte, die damit kein Problem haben. Sie nehmen die mit dem Lärm einhergehende lebendige Mitarbeit als sehr erfrischend wahr.
Unpünktlichkeit der Schüler	Viele Lehrkräfte berichten von ständiger Unpünktlichkeit ihrer Schüler. Das Unverständnis darüber, dass die Regeln der Pünktlichkeit trotz wiederholtem Mahnen und Betonen von vielen Schülern nicht eingehalten werden, frustriert viele Lehrkräfte in Berufsintegrationsklassen.
Hausaufgaben werden kaum bzw. unzuverlässig gemacht	Die Schüler machen kaum oder nur unzuverlässig Hausaufgaben. Manche Lehrkräfte sehen darüber hinweg, weil das Wissen über die wenig lernförderlichen Gegebenheiten in den Sammelunterkünften, in welchen ein Großteil ihrer Schüler untergebracht sind, reicht, um dafür Verständnis aufzubringen. Andere Lehrkräfte schreiben den Hausaufgaben eine sehr weitreichende Bedeutung für eine Progression im Lernverlauf zu und ärgern sich stark über die diesbezügliche Unzuverlässigkeit der Schüler.

Konzentrationsschwäche der Schüler	Über längere Zeit konzentriert und in Ruhe zu arbeiten fällt einem Großteil der neu zugewanderten Schüler laut Aussagen der Interviewpartner schwer. Dies erschwert den Lehrkräften die Unterrichtsgestaltung und verstärkt den hohen Lärmpegel in der Klasse.

Verwaltung und Organisation

Ein weiterer Belastungsfaktor ist der hohe Verwaltungs- und Organisationsaufwand, welcher durch die unterschiedlichen asylrechtlichen Rahmenbedingungen und Voraussetzungen der Schüler verstärkt wird. Folgendes Zitat einer Lehrkraft beinhaltet einige Beispiele:

> *„Also von der Organisation ist es schwierig, weil wir, finde ich, mit ziemlich vielen Sachen zu kämpfen haben, die EIGENTLICH nicht unsere Baustellen sein sollten. […] Die ganzen verwalterischen Tätigkeiten, die wir eigentlich als Lehrer selber machen müssen. Also wir kriegen für jede Klassenleitung eine Anrechnungsstunde die Woche, müssen dafür aber auch alles selber verwalten, also ich fülle auch Postanträge aus, Bildungs- und Teilhabepakete, Anträge, diese ganzen Geschichten."*

Zielgruppenspezifische Aufbereitung von Unterrichtsmaterial

Ein Interviewpartner klagt darüber, dass sie viel Zeit für die Erstellung neuer Unterrichtsunterlagen verwenden müsste, weil es in den jeweiligen Fachbereichen für die bestimmten Zielgruppen dazu nur wenig Unterrichtsmaterial gäbe. Die Befragung fand zwischen November 2016 und März 2017 statt. Verlage arbeiten mittlerweile verstärkt an geeigneten Unterrichtsmaterialien und auch der gegenseitige Austausch der nun erarbeiteten Unterrichtsmaterialien der Lehrkräfte sollte diesen Belastungsfaktor im Laufe der Zeit verringern.

Unbeständigkeit der Klassenzusammensetzung

Die Geflüchteten haben nur selten ein Zeugnis oder Leistungsnachweise, weshalb die Schulen zu Beginn des Jahres einen Aufnahmetest durchführen, der mitunter zur Kompetenzeinschätzung dient. Je nach Niveau werden die Schüler dann verschiedenen Klassen zugewiesen. Stellt sich diese Zuteilung als unpassend heraus, kommt es häufig zu einem Wechsel in der Klassenzusammensetzung, was manche Interviewpartner als störend empfinden.

> *„Und dass die ganzen Schülerinnen und Schüler kommen und gehen und oft in den Klassen gewechselt wurde, das war ein GROßES, großes Problem."*

Neben überholten Kompetenzeinschätzungen wird die Unbeständigkeit in der Klassenzusammensetzung jedoch auch durch veränderte Asylstatus und damit einhergehenden Umzügen o.ä. verursacht. Außerdem kommen manche Schüler nur unzuverlässig zum Unterricht.

Fehlzeiten der Schüler

Einige Schüler haben erhebliche Fehlzeiten. Für manche Lehrkräfte ist dies ein Belastungsfaktor. Dies kann mangelnder Disziplin geschuldet sein. Möglich ist auch, dass die Schüler nach besonderen Ereignissen wie Abschiebungen von Freunden Angst haben und sich in der Schule nicht sicher fühlen. Ebenso ist es denkbar, dass sie sich aus Verzweiflung nach Ereignissen im Heimatland, welche die oftmals noch im Heimatland verweilende Familie betreffen könnten, nicht in der Lage fühlen, zur Schule zu gehen.

Zwiespalt zwischen Mitgefühl und Strenge/Ausnahmen und Gleichberechtigung

Viele Lehrkräfte in Berufsintegrationsklassen haben Mitgefühl oder Mitleid mit den jungen Menschen und manchen fällt es schwer, die nötige Strenge aufzubringen bzw. die Balance zwischen individueller Ausnahme und Gleichberechtigung zu halten sowie diese nach außen hin zu demonstrieren. Dies betrifft beispielsweise Regelungen hinsichtlich der erlaubten Fehlzeiten:

> *„Das, was vielleicht auch noch ein bisschen belastend oder schwierig ist in den Asylbewerberklassen, ist insgesamt das Entschuldigungswesen. Zum einen, weil wir eben auch Schüler haben, die dramatische Belastungen aufweisen und die dann eben nicht zum Arzt gehen, um sich eine Entschuldigung zu holen, sondern die verlassen dann die Schule, natürlich schon erlaubterweise, aber eben ohne dass sie ein Attest vom Arzt bringen. Was weiß ich, das können dann zehn, zwanzig Tage im Schuljahr sein und andere Schüler, die jetzt eben nicht eine dramatische Belastungsstörung diagnostiziert haben, die dürfen das halt nicht und man kann es einem anderen Schüler im Endeffekt auch nicht erzählen, weil es trotzdem ein persönliches Geheimnis mehr oder weniger von der Schülerin oder dem Schüler ist, die das hat. Und wie man das dann erklären kann, das ist halt zum Teil ein bisschen problematisch, dass also der Eine nur vier Fehltage haben darf ohne dass er ein Attest vom Arzt bringt und die Andere, die eben diese Diagnose erhalten hat, von dem die anderen Schüler nichts wissen, die darf halt zehn, zwanzig Tage unentschuldigt ohne Attest des Arztes fehlen, weil sie eben diese Sache bescheinigt hat."*

Umgang mit traumatisierten Schülern

Die Schüler in Berufsintegrationsklassen haben zum Teil schreckliche Situationen durchlebt, manche sind traumatisiert. Bei Lehrkräften herrschen Unsicherheiten, wie man traumatisierten jungen Menschen im Unterricht begegnet. Sie sind zudem gefordert, Anzeichen für Traumata identifizieren zu können, damit sie die nötige Hilfe wie beispielsweise die Überweisung an einen dafür ausgebildeten Psychologen in die Wege leiten können.

Heterogenität
Baumann und Riedl (2016) stellen erstmals fest, dass die jungen neu Zugewanderten in Berufsintegrationsklassen in Bayern eine starke Diversität[79] aufweisen. Für manche Lehrkräfte ist es belastend, dass *„die Klassen so inhomogen sind. Dass man eben Schülerinnen und Schüler hat die sehr gut lernen und auch schon lange in die Schule gegangen sind und dann hat man Schüler, die GAR NICHT in die Schule gegangen sind oder zwei Jahre in eine Koranschule."*

Daraus resultieren viele Anforderungen wie beispielsweise eine starke äußere und/oder innere Differenzierung.

Innere Differenzierungsmethoden sind ineffektiv	Nach Aussagen der Lehrkräfte zeigen zum Befragungszeitpunkt nahezu alle BIK-Schüler hinsichtlich nötigen Lernstrategien und selbständigem Arbeiten starke Schwächen, weshalb für die Lehrkräfte herkömmliche Methoden zur inneren Differenzierung nicht zum gewünschten Lernerfolg führen.[80] Eine Lehrkraft äußerst sich dazu folgendermaßen: *„Wir sind alle geschult. Wir wissen, wie wir zu differenzieren haben. Aber: Das, was wir in den Fortbildungen hören ist sehr schwer umsetzbar. Beispiel: Ich mach Gruppenarbeit, Schülerautonomie und so weiter. Die sollen ein Plakat erstellen oder sonst was. Aber das hilft nicht. Sie können nicht arbeiten. Aber das funktioniert nicht. Die anderen sind schon ungeduldig, haben schon die Lust verloren. Gruppenarbeit funktioniert nicht. Selbst lernen funktioniert nicht. Was funktioniert nicht? Binnendifferenzierung funktioniert nicht. Die brauchen mich, jeder einzeln. Selbst lernen funktioniert bei denen nicht. Jeder einzeln braucht mich."*

---

79 In dieser Arbeit werden die Begriffe Heterogenität und Diversität synonym verwendet.
80 Innere Differenzierung (auch Binnendifferenzierung genannt) sind didaktische, methodische und organisatorische Maßnahmen, die innerhalb einer Lerngruppe über einen bestimmten Zeitraum hinweg die Lernenden gezielt und möglichst individuell

Äußere Differenzierung schwer umsetzbar	Äußere Differenzierung, also das Bilden von homogenen Teilgruppen, gestaltet sich ebenfalls schwierig. Teilt man die Schüler nach Sprachkenntnissen in homogenere Klassen ein, werden Fächer wie Mathematik nicht berücksichtigt, was zur Folge hat, dass eine enorme Spannweite von bereits sehr guten Mathematik-Vorkenntnissen bis hin zu keinen Mathematik-Vorkenntnissen in einer Klasse sind. Aus organisatorischen und konzeptionellen Gründen ist es jedoch schwierig, die Klassen in verschiedenen Fächern nach Vorkenntnissen und Leistungsniveaus neu zu ordnen.

Zu wenig Personal und Teilungsstunden

Aus den eben genannten Gründen im Hinblick auf die teilweise geringe Vorbildung und die mangelnden Lernstrategien der Schüler äußern Lehrkräfte, dass die Arbeitsbelastung durch zu wenig Fachkräfte erschwert wird. Denn zur Bewältigung dieser Heterogenität benötige es Teilungsstunden bzw. Team-Teaching.

Langsamer Lernfortschritt, ständiges Wiederholen, kaum Erfolge
Vor allem Lehrkräfte, die vor ihrer Tätigkeit in Berufsintegrationsklassen leistungsstärkere Schüler unterrichtet hatten, belastet der langsame Lernfortschritt, das ständige Wiederholen und das Gefühl, kaum Erfolge zu erreichen.

„[…] nach dem dritten Jahr ist es immer noch das gleiche. Da denk ich mir: Es liegt wohl am Klientel. Das ist die Lernergruppe, die wirklich nicht funktioniert. SO wie ich das von Sprachenlernen her kenne. Wie ein Europäer oder ein Südamerikaner oder eine Thailänderin."

Die befragte Person hat vor ihrer jetzigen Tätigkeit bildungsstärkere Migranten in Integrations- oder Firmenkurse unterrichtet und nimmt diese Erfahrungen als Bezugsnorm, welche sie mit dem Lernfortschritt der BIK-Schüler abgleicht und dadurch enttäuscht wird.

Damit verbunden sind weitere Belastungsfaktoren wie beispielsweise die nötige Geduld mit den Schülern.

---

fordern und fördern. Innere Differenzierung ist „die didaktisch-methodische Individualisierung von Unterricht […] und berücksichtigt die […] Heterogenität innerhalb einer Lernergruppe. Sie bezieht sich sowohl auf die Planung und Vorbereitung als auch auf die schülerorientierte Gestaltung von Unterricht" (Riedl 2008, S. 2). Differenzieren schließt in der Regel einen höheren Grad an selbständigem Arbeiten und mehr Eigenverantwortung mit ein, laut Preuß (1994) ist selbstverantwortliches Handeln und Denken sogar entscheidend für den Erfolg unterrichtlicher und erzieherischer „Maßnahmen/Hilfestellungen zur individuellen Begabungsentfaltung" (ebd., S. 77).

Erforderliche Geduld
Die Lernprozesse in Berufsintegrationsklassen kosten oftmals viel Zeit, bis sichtbare Erfolge zu verzeichnen sind.

> *„Und langsam verstehen die Leute das auch, aber du brauchst VIEL Zeit und Kraft, es Ihnen jeden Tag aufs Neue zu erklären."*

Auch in der alltäglichen Unterrichtsgestaltung benötigen die Lehrkräfte Geduld mit der teilweise ineffektiven Arbeitsweise und den trägen Handlungsabfolgen der Schüler:

> *„[…] bis man anfangen kann, dauert unwahrscheinlich lang. Wenn ich jetzt in der ersten Stunde einen Test schreibe und die Stunde geht um Viertel nach Acht an, weiß ich haargenau, ich kann nicht um Viertel nach Acht den Test hinlegen, wir schreiben fünfundvierzig Minuten. Wir brauchen bestimmt eine viertel Stunde, bis wir anfangen können, bis jeder seine Mappe weg hat, bis jeder dann durchgeschnauft hat."*

Zweifel an eigenen Kompetenzen

> *„Ich tu mein Bestes. Aber es ist sehr oft umsonst. Das ist SEHR oft umsonst. Anfangs hab ich mich gefragt, vielleicht liegt es an mir, ich wäre eine schlechte Lehrerin."*

Manche Lehrkräfte messen die eigene Lehrkompetenz an den Schülerleistungen und dem sichtbaren Lernzuwachs. Erreichen die Schüler also den vonseiten der Lehrkräfte gewünschten Lernerfolg nicht, können die Zweifel an den eigenen Kompetenzen wachsen, was für die Betroffenen belastend ist.

Mangelnde zielgruppengerechte Förderung im Anschluss
Die teilweise überstiegenen Erwartungen der Lehrkräfte zu Beginn der BIK-Beschulung werden entkräftet, sobald die BIK-Lehrkräfte bemerken, dass ihre Bemühungen möglicherweise keine nachhaltigen Effekte zeigen, weil dafür die nötige Förderung im Anschluss fehlt. Folgende Lehrkraft erzählt von Schülern, welche die Berufsintegrationsklassen erfolgreich abgeschlossen haben und eine Ausbildungsstelle erhalten haben, was für alle Beteiligten der Berufsintegrationsmaßnahme ein großer Erfolg ist. Die darauffolgenden regulären Fachklassen in der dualen Berufsausbildung überfordern ihre ehemaligen Schüler jedoch sehr oft, sodass ein Verbleib in der Ausbildung nicht sicher ist. Eine Lehrkraft berichtet hierzu beispielsweise:

> *„Wir haben jetzt die ersten Schüler, die in Ausbildung gegangen sind und auch teilweise bei uns an der Berufsschule in Fachklassen sitzen. Und man bekommt dann mit, dass sich die anderen Kollegen aus den Fachbereichen eigentlich null Komma null um die neue Situation, ja, sich einfach überhaupt nicht um die bemühen"*

Belastungsfaktoren

<u>Überstiegene Erwartungen vonseiten der Schüler</u>

Schwierig ist allgemein, dass die Schüler überwiegend mit falschen Vorstellungen und hohen Erwartungen nach Deutschland kamen. Vor allem in Bezug auf den Zugang zum Arbeitsmarkt, den dafür erforderlichen Kompetenzen und dem damit einhergehenden Verdienst müssen Lehrkräfte Realitätsanpassung betreiben. Viele Schüler werden davon demotiviert, was die Arbeit mit ihnen erschwert.

<u>Negative Entwicklung</u>

Sinkende Motivation und Disziplin der Schüler	Die befragten BIK-Lehrkräfte berichteten zu Beginn des Modellprojekts von sehr motivierten, disziplinierten und engagierten Schülern. Diese Einschätzungen veränderten sich im Laufe der Zeit zum Negativen hin (vgl. Riedl und Simml 2017b, S. 62ff), was auch in der Befragung dieser Forschungsarbeit zum Ausdruck kommt. *„Und das nächste Problem ist, dass die Motivation, Deutsch zu lernen oder in der Schule mitzumachen, einfach sinkt. Bei denen mit wenig bis überhaupt keine Bleibeperspektive sinkt das, weil sie eben keine Bleibeperspektive da haben. Und bei denen mit guter Bleibeperspektive [...], die leben teilweise wirklich vom Sozialsystem und die sagen auch: ‚Warum soll ich mich dann anstrengen, wenn ich als Familie vierzehn-, fünfzehn-, sechzehnhundert Euro bekomme?'"* Lehrkräfte erklären sich die teilweise sinkende Motivation durch die Angst der Schüler vor Abschiebung und die Desillusionierung, dass trotz Fleiß und Anstrengung in manchen Fällen trotzdem kein Bleiben in Deutschland möglich ist.
Sinkende Motivation im Kollegium Fehlende kulturelle Durchmischung der Klassen	Auch die Motivation und Stimmung im Lehrerkollegium sinkt, was die Befragten als belastend empfinden *„Und das ist das größte Problem #(.) [I: #hm = hm], dass die intrinsische, so heißt das glaube ich, intrinsische Motivation, die sinkt MASSIV."* An einem Schulstandort klagt eine Lehrkraft darüber, dass die kulturelle Verschiedenheit in den Klassen abnimmt und sie überwiegend Schüler aus derselben Herkunftsregion hat, was sich negativ auf den gegenseitigen Respekt und die Toleranz zwischen den unterschiedlichen Kulturen auswirkt.[81] *„Es gibt keinen interkulturellen Austausch, weil ich lauter syrische Klassen habe."* Mehr interkultureller Austausch in den Klassen würde laut Aussage der Lehrkraft helfen, um eine kulturübergreifende Toleranz zu fördern.

---

81 Dass zwischen den unterschiedlichen Kulturen innerhalb der verschiedenen Berufsintegrationsklassen des Öfteren rassistische Äußerungen getroffen werden oder es zu

Befristete Arbeitsverhältnisse der Lehrkräfte
Den Lehrkräften im Team der Berufsintegrationsklassen liegen unterschiedliche Ausbildungsrichtungen zu Grunde (vgl. Kapitel 8.1). Während Berufs- und Wirtschaftspädagogen üblicherweise verbeamtet an der Berufsschule angestellt sind, gibt es viele Lehrkräfte, die in befristete Arbeitsverhältnissen stehen. Vor allem ist davon das Lehrpersonal des Kooperationspartners betroffen.

Aufgrund des raschen Ausbaus an Berufsintegrationsklassen (vgl. Kapitel 4.2) wurden innerhalb kurzer Zeit viele Lehrkräfte insbesondere im Bereich Deutsch als Zweitsprache benötigt. Entfristungen werden hierbei jedoch mitunter wegen der kaum vorhersehbaren Entwicklung an zukünftigen Migrationszahlen bzw. der Anzahl an Berufsintegrationskassen nicht vorgenommen und bedingen befristete Verträge für viele angestellte Lehrkräfte in Berufsintegrationsklassen.

Im Gegensatz zur den Lehrkräften mit Verbeamtung auf Lebenszeit fühlen sich manche der angestellten Lehrkräfte von der Unsicherheit belastet, welche die befristeten Arbeitsverträge mit sich bringen.

„Das Einzige, was mich immer belastet, sind so persönliche Sachen, dass ich halt dann befristet bin, dass ich nicht weiß, wie es weitergeht oder so etwas."

Zudem stellen sich Betroffene die Frage, inwiefern sich hohes Engagement bei der Einarbeitung lohnt, wo nicht sichergestellt ist, ob sie ein weiteres Jahr im selben Bereich arbeiten dürfen.

„[…]es kostet schon sehr viel Energie, bis man reinkommt in den Bereich. Und die Erfahrungen, die man da dann angesammelt hat, wo man denkt: Die sind jetzt dann wieder zum großen Teil, brauchst du es nicht mehr ((B_2 lacht)) #(.) [I: #hm=hm], also das ist dann schon demotivierend, ja."

Diese Betrachtung vertreten allerdings nicht alle befristet angestellten Lehrkräfte, im Gegenteil: Durch den Vergleich mit vorhergehenden Honorartätigkeiten werten manche einen befristeten Arbeitsvertrag grundsätzlich als eine positive Entwicklung, weil sich ihre Arbeitsbedingungen dadurch verbessern. Doch auch bei diesem Personenkreis ist zu erkennen, dass das Gefühl der Unzufriedenheit beim Vergleich mit verbeamteten Kollegen wächst.

Erkennen von Lügen und wahren Geschichten
Viele Interviewpartner bemühen sich sehr, eine solide Vertrauensbasis zu ihren Schülern herzustellen. Trotzdem machen manche wiederholt die Erfahrung,

---

anderweitigen verbalen oder körperlichen Konfliktsituationen kommt, berichten auch Riedl und Simml (2017b).

dass sie in verschiedenen Situationen von ihren Schülern angelogen werden, was das Vertrauensverhältnis zu ihren Schülern verletzt.

> *„Sie lügen einem unwahrscheinlich stark an – ja – ist aber nur ein Grund zur Selbstverteidigung, glaube ich – oder zum Selbstschutz. Also die schwindeln schon voll, also mehr als deutsche Schüler. Dies belastet mich schon."*

Als alltägliches Beispiel nennt eine Lehrkraft, dass manche Schüler als Grund, den Unterricht zu verlassen, behaupten, sie müssten sich Lernunterlagen kopieren und gehen stattdessen auf den Pausenhof zum Rauchen.

Die meisten BIK-Lehrkräfte sind zum Wohl ihrer Schüler sehr große Mühe und zeigen viel Empathie und Verständnis für die Belange ihrer Schüler. Umso mehr enttäuscht sind sie, wenn sie bemerken, dass Schüler sie angelogen haben.

> *„[…] da auch Enttäuschung über die Schüler dabei, dass man sich denkt: Okay, wir geben uns hier so viel Mühe und du lügst mich an":*

Gesellschaftliche Intoleranz

Ein weiterer Belastungsfaktor, der aus den Interviews hervorgeht, ist die gesellschaftliche Intoleranz.[82] Eine Lehrkraft erklärt, sie meide es aus Angst vor gesellschaftlicher Stigmatisierungen im privaten Kontext über ihre Tätigkeit in Berufsintegrationsklassen zu sprechen. Für eine andere Lehrkraft ist die gesellschaftliche Intoleranz im Allgemeinen aufgrund persönlicher Voraussetzungen belastend:

> *„[…] belastend finde ich auch die Situation, die sich gerade in der Gesellschaft bereitmacht. Ich weiß jetzt nicht ob du das weißt, aber [persönliche Informationen] und dieser Rechtsruck geht natürlich erst einmal gegen Flüchtlinge, dann geht's gegen die Homosexuellenrechte und dann geht's gegen die Frauenrechte."*

Physiologische Belastungssymptome

Die Lehrkräfte wurden nicht explizit nach physiologischen Belastungssymptomen gefragt. „Es ist unbestritten, dass die Lehrerarbeit eine vorwiegend psychisch belastende Tätigkeit ist" (Rudow 2001, S. 137). Auch die Belastungskategorien dieser Untersuchung (vgl. Tab. 13) sind überwiegend der psychischen Belastung zuzuordnen. Psychische Beschwerden können sich jedoch auch anhand körperlichen Symptome äußern. Von solchen psychosomatischen Symptomen erzählt folgende Lehrkraft:

---

82 Literaturhinweis: Eisnecker und Schupp (2016) machen im Jahr 2016 eine Längsschnitterhebung über die gesellschaftliche Stimmung zu Geflüchteten in Deutschland.

„Und jetzt leide ich an Kopfschmerzen. Ich war jetzt beim Gesundheitscheck [...] Und das ist arbeitsbedingt. Ich bin in den Ferien quietschfidel und gesund. Mir fehlt nichts. Am Montag geht's, weil ich mich am Wochenende erholt habe. [...] die Kopfschmerzen kommen daher. Wenn ich von 8 Uhr bis 12:15 Uhr SCHREIE. Ich schreie wirklich. Sie merken schon, ich habe eine laute Stimme schon. Zuhause schimpft meine ganze Familie mit mir: ‚Leise, leise'. Man kann nicht zu Hause leise sprechen, weil man meint immer, man wird nicht gehört. Wegen der Klasse, das übertrag ich unbewusst auch in meiner Familie. Es ist aber dadurch bedingt, dass die Klassen so laut sind, ich muss immer da schreien. Lärmpegel, Kopfschmerzen und wenig Motivation."

8.3.2 Besonderheiten der Abteilungsleitungen

Die eben beschriebenen Belastungsfaktoren nehmen Bezug auf die 20 Interviewpartner der qualitativen Erhebung. Hiervon sind sechs in der Funktion der BIK-Abteilungsleitung (vgl. Tab. 10), davon leiten zwei zusätzlich dazu die Abteilung der Jugendlichen ohne Ausbildung (JoA). Zwei weitere Abteilungsleitungen übernehmen die Funktion einer Klassenleitung. Die restlichen beiden Abteilungsleitungen hingegen unterrichten in den Berufsintegrationsklassen nur wenige Stunden und verbringen den Rest der Zeit mit organisatorischen Tätigkeiten rund um die BIK-Abteilung. Alle Abteilungsleitungen sind verbeamtet und haben Lehramt für berufliche Schulen oder Wirtschaftspädagogik studiert.

Nachdem in Kapitel 8.3.1 die Belastungsfaktoren aller Lehrkräfte aus den Interviews erläutert wurden, rücken nun die wahrgenommenen Belastungen der befragten Abteilungsleitungen, die verstärkt mit organisatorischen Aufgaben betraut sind, separat in den Vordergrund.

Viele Belastungsfaktoren wie beispielsweise die häufig mangelnde Abgrenzung von den Schicksalen der Schüler gleichen sich mit den Angaben der Lehrkräfte. Am meisten unterscheiden sich die Abteilungsleitungen von den Lehrkräften auf der bürokratischen Ebene. Sie klagten verstärkt über die große Menge an Organisations- und Verwaltungsaufgaben, welche mit enormem zeitlichen Aufwand einhergehen. Besonders das Akquirieren von Personal, häufiger Personalwechsel und die Abstimmung mit dem Kooperationspartner gewichten hoch. Für die Abteilungsleitungen ergibt sich ein erheblicher zusätzlicher Aufwand, asylrechtliche Veränderungen wahrzunehmen und mit entsprechenden asylrechtlichen Hürden umzugehen. Ebenso wie die Lehrkräfte fragen auch die Abteilungsleitungen oft nach dem Sinn ihrer Tätigkeit. Sie verstehen unter dem Ziel der Berufsintegrationsmaßnahme in erster Linie die Integration in den Arbeitsmarkt. Jedoch erteilt das Ausländeramt vielen ihrer Schüler Arbeitsverbote.

„Wir investieren jetzt ein Jahr oder eineinhalb oder zwei Jahre und jetzt kommt auf einmal vom Ausländeramt die Rückmeldung: Der (kann) überhaupt keine Ausbildung machen. Ja,

oder der darf KEIN Praktikum machen #(.) [I: #hm=hm]. Ja, da denke ich mir dann schon immer, was dann bei mir rattert: Jetzt hab ICH ((klopft dazu auf den Tisch)) Zeit investiert, meine Kollegen haben noch mehr Zeit investiert und dann durch eine Entscheidung vom Ausländeramt oder vom BAMF wird alles zunichte gemacht. Ja, also da denkt man schon jetzt: Für was eigentlich?"

Eine Abteilungsleitung klagt über den geringen Entscheidungsspielraum, den sie vonseiten der Schulleitung bekommt, was die Arbeit erheblich erschwert. Alle anderen Abteilungsleitungen geben an, einen starken Handlungs-/ und Entscheidungsspielraum zu haben, was für sie eine große organisationale Bewältigungsressource darstellt. Gleichermaßen lastet dadurch die Verantwortung auf den Abteilungsleitungen, schwierige Entscheidungen zu treffen, die teilweise sehr weitreichende Auswirkungen auf die Zukunft der Schüler haben. Den Lehrkräften hingegen ist diese „Verantwortungsabgabe" eine Erleichterung:

„Also ich als Lehrer muss es zum Glück nicht entscheiden, das macht der Abteilungsleiter. Aber da ist es dann auch wieder so, man weiß, das ist ein guter Schüler, der lernt gut mit und vielleicht ist gerade irgendetwas Schlimmes in seinem Leben passiert, dass er jetzt eben diesen fünften Tag grad nicht in die Schule kommen kann und dann fehlt und was macht man da in so einem Fall. Das ist schon eine sehr schwierige Entscheidung, weil es zum Teil auch über das Leben des Schülers entscheidet."

Richtet man den Blick auf die Daten der quantitativen Erhebung dieser Untersuchung, kann bezüglich Abteilungsleitungen keine Tendenz an gehäuften Musterausprägungen festgestellt werden. Dies liegt vor allem an der niedrigen Fallzahl an Abteilungsleitungen innerhalb der Stichprobe der quantitativen Erhebung.

Allerdings greifen die folgenden Kapitel Ergebnisse aus der quantitativen Erhebung in Bezug auf andere Personenmerkmale wie z.B. dem Geschlecht auf.

8.3.3 Unterscheidung der (Risiko-)Muster nach Geschlecht

Innerhalb der Stichprobe des quantitativen Teils dieser Arbeit sind die weiblichen BIK-Lehrkräfte mit 73,5% deutlich in der Überzahl. Abteilungsleitungen hingegen sind durchweg in männlicher Hand.

Inwiefern sich Männer und Frauen hinsichtlich der arbeitsbezogenen Verhaltens- und Erlebensmuster (AVEM) unterscheiden, beschreibt dieses Kapitel. Folgende Graphik zeigt die prozentualen Häufigkeiten der Muster nach Geschlecht:[83]

---

[83] Die Summe der prozentualen Häufigkeiten nach Geschlecht ergibt in dieser Graphik aufgrund von Rundungen bei Frauen 100,1 und bei Männern 100,2.

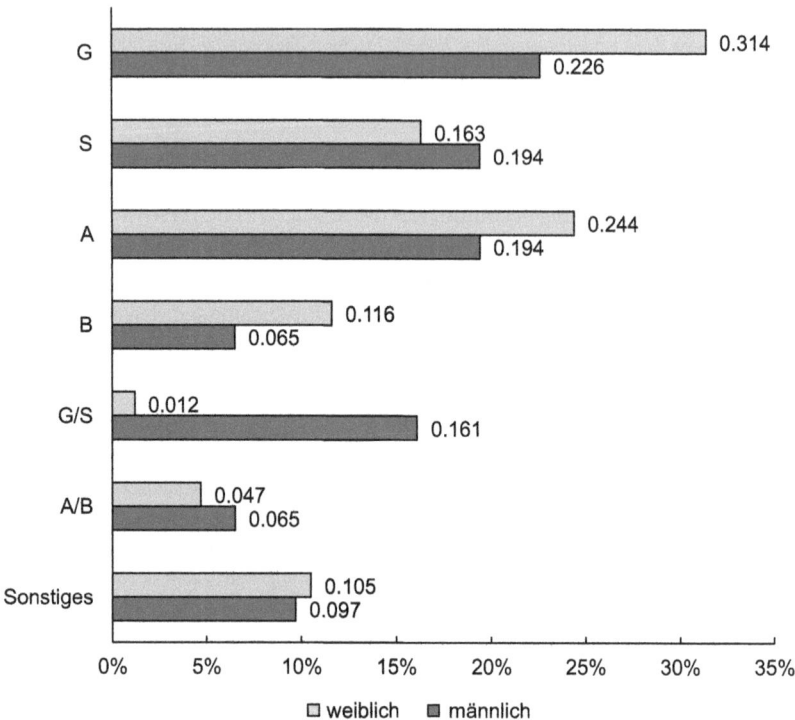

Abb. 20: Prozentuale Häufigkeiten der Muster nach Geschlecht

40,7% der weiblichen Testeilnehmer stimmen mit den Risikomustern A, B und A/B überein, dagegen nur 32,4% der Männer. Fasst man die Muster G, S, und G/S zusammen, erzielen Frauen 48,9% und Männer 58,1%. Im Muster S und G/S dominieren die Männer mit 19,4% und 16,1%. Frauen dominieren im Muster G (w: 31,4%; m: 22,6%), allerdings ebenso in den Risikomustern A (w: 21,4%; m: 19,4%) und B (w: 11,6%; m: 6,5%). Unter Sonstiges ist die prozentuale Anzahl an Testteilnehmern zusammengefasst, für die sich keine Musterübereinstimmung oder eine Kombination zwischen einem nicht-gesundheitsgefährdendem Muster und einem Risikomuster (z.B. G/A oder S/B) ergeben hat.

Im Folgenden sollen in Bezug auf die reinen Muster G, S, A und B die prozentualen Häufigkeiten der AVEM-Ausprägungen von Lehrkräften in Berufsintegrationsklassen (vorliegende Studie) mit den AVEM-Ergebnissen von

Lehrkräften verschiedener Klassen an Beruflichen Schulen (Studie von Schaarschmidt 2005a) verglichen werden.

Tab. 14: Prozentuale Häufigkeit der Muster nach Geschlecht im Vergleich

AVEM-Muster	Lehrkräfte in Berufsintegrationsklassen[84] (Vorliegende Untersuchung)	Lehrkräfte an Beruflichen Schulen nach Geschlecht (Schaarschmidt 2005a)
B	m: 9%; w: 6%	m: 23%; w: 29%
A	m: 29%; w: 32%	m: 27%; w: 33%
S	m: 29%; w: 21%	m: 27%; w: 20%
G	m: 33%; w: 41%	m: 24%; w: 18%

29% der männlichen und 32% der weiblichen Lehrkräfte in Berufsintegrationsklassen erreichen das Muster A. Diese Werte decken sich stark mit den Musterausprägungen von Lehrkräften an Beruflichen Schulen aus der Studie von Schaarschmidt (2005a) (m: 27%; w: 33%). Dies ist auch bei Muster S der Fall: Die männlichen Lehrkräfte erreichen in beiden Erhebungen zu rund 30% das Muster S, die Frauen nur zu rund 20%

Erhebliche Unterschiede sind bei den Mustern B und G erkennbar: Männliche Lehrkräfte an Beruflichen Schulen stimmen mit 23% mehr als doppelt so häufig mit dem Muster B überein als männliche BIK-Lehrkräfte mit 9%. Weibliche Lehrkräfte an Beruflichen Schulen unterscheiden sich mit 29% noch stärker von weiblichen BIK-Lehrkräften, welche nur zu 6% mit dem Muster B übereinstimmen. Unabhängig von der prozentualen Höhe dreht sich das Verhältnis zwischen Männern und Frauen in Bezug auf die reinen Muster in den beiden Erhebungen um: Anders als bei Lehrkräften an Beruflichen Schulen stimmen männliche BIK-Lehrkräfte häufiger mit dem Muster B überein als weibliche (vgl. Tab. 14). Summiert man allerdings die Risikomuster A, B samt Musterkombination A/B, dreht sich das Verhältnis zwischen Männern mit rund 32% und Frauen mit rund 41% um (vgl. Abb. 20). Insgesamt stimmen BIK-Lehrkräfte im Allgemeinen weitaus weniger häufig mit dem Muster B überein als Lehrkräfte anderer Klassen-/Schulformen (vgl. Tab. 12).

Im Gegensatz zu Lehrkräften an Beruflichen Schulen (m: 24%; w: 18%) liegt die prozentuale Häufigkeit der reinen Muster G bei weiblichen BIK-Lehrkräften

---

84 Die prozentualen Angaben beziehen sich hier aus Gründen der Vergleichbarkeit mit Werten aus anderen Untersuchungen auf die Summe der reinen Mustertypen (N = 93).

bei 41% und bei männlichen bei 33%. Insgesamt weisen BIK-Lehrkräfte – egal ob männlich oder weiblich – eine höhere Übereinstimmungshäufigkeit mit dem Muster G auf als Lehrkräfte anderer Klassen-/Schulformen (vgl. Tab. 12).

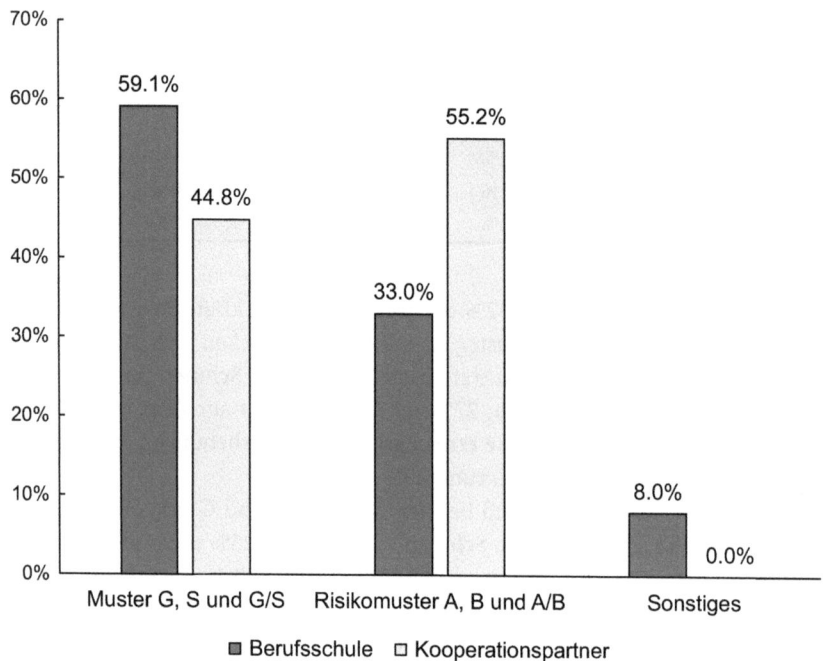

Abb. 21: Prozentuale Verteilung der (Risiko-)Muster an den unterschiedlichen Bildungsträgern

8.3.4 Unterscheidung der (Risiko-)Muster an den unterschiedlichen Bildungsträgern

Die Berufsschulen innerhalb der Berufsintegrationsmaßnahme arbeiten mit einem externen Bildungsträger als Kooperationspartner zusammen (vgl. Kapitel 4.4). Das können beispielsweise Kolping oder die VHS sein. Im Folgenden werden die AVEM-Muster nach Angestelltenverhältnis beim Kooperationspartner oder an der Berufsschule untersucht.

In Abb. 21 werden die einzelnen Musterausprägungen der beiden unterschiedlichen Bildungsträger nach „Risikomuster" (A, B und A/B) und „Muster" (G, S und G/S) zusammengefasst. Diese Übersicht macht deutlich, dass sich hinsichtlich der Verteilung der Muster zwischen Berufsschule und Kooperationspartner Unterschiede ergeben. Während 33% der angestellten bzw. verbeamteten Lehrkräfte an der Berufsschule mit einem Risikomuster (A, B oder A/B) übereinstimmen, erzielen Angestellte des Kooperationspartners einen weitaus größeren Wert mit 55,2%. Umgekehrt stimmen weniger Angestellte des Kooperationspartners (44,8%) mit den Mustern G, S und G/S überein als verbeamtete oder angestellte Lehrkräfte der Berufsschule (59,1%). Sonstiges fasst die Häufigkeit der Teilnehmer zusammen, welche die Musterkombinationen S/B oder G/A sowie keine Übereinstimmung mit einem Muster erzielt haben.

In der folgenden Abbildung werden die einzelnen Musterausprägungen der unterschiedlichen Bildungsträger separat dargestellt.

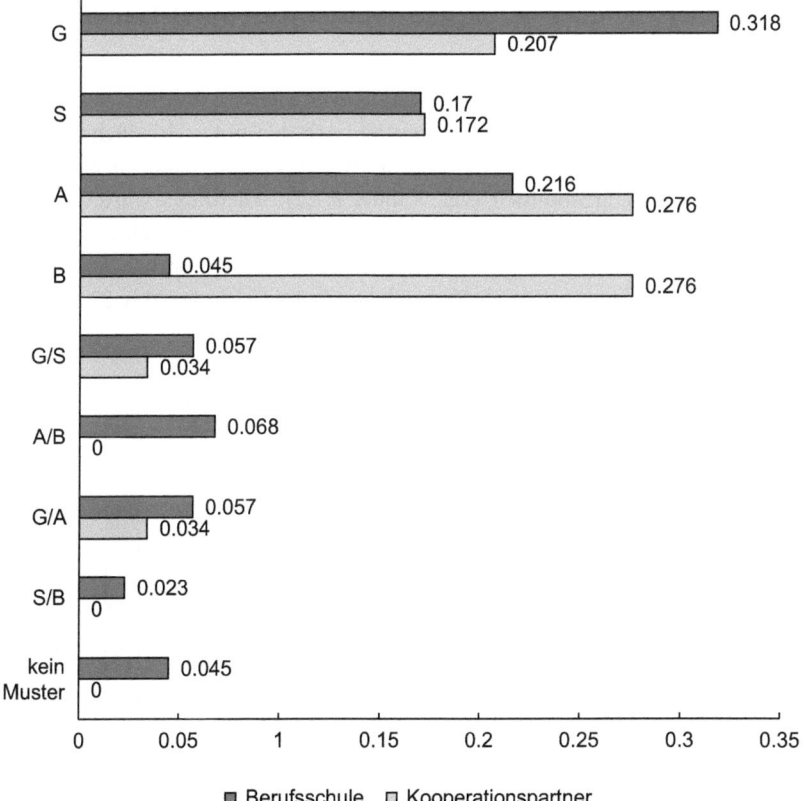

Abb. 22: Prozentuale Verteilung aller AVEM-Muster an den unterschiedlichen Bildungsträgern

154　　　　　　　Ergebnisse der Untersuchung

Deutliche Unterschiede zwischen den beiden Bildungsträgern sind hierbei in den Übereinstimmungshäufigkeiten mit den Mustern G und B zu erkennen: Während die Berufsschule mit 31,8% einen weitaus höheren Wert als der kooperative Bildungsträger mit 20,7% erzielt, ist die Ausprägung des Musters B mit 4,5% sehr viel geringer als beim kooperativen Bildungsträger mit 27,6%.

Im Hinblick auf das Muster A verringert sich die Differenz zwischen Berufsschule und Kooperationspartner mit rund 6%, wobei die Berufsschule bei den Musterkombinationen A/B (6,8%) und G/A (5,7%) jeweils die höheren Werte aufweist.

Das Muster S ist bei beiden Bildungsträgern mit rund 17% nahezu gleich ausgeprägt, wobei die Berufsschule auch hier höhere Werte bei den Musterkombinationen G/S (5,7%) und S/B (2,3%) aufweist.

8.3.5 Unterscheidung der (Risiko-)Muster nach Schulstandort der Berufsschulen

Hinsichtlich der Unterscheidung der (Risiko-)Muster im Rahmen der AVEM-Erhebung erfolgt nun eine Differenzierung nach den unterschiedlichen Standorten der Berufsschulen. An der quantitativen Erhebung haben insgesamt 14 Schulstandorte teilgenommen (vgl. Kapitel 8.1.2). Allerdings wurden für die folgende Auswertung nur die Schulstandorte ausgewählt, an welchen mindestens fünf Lehrkräfte am Fragebogen teilgenommen haben, um die Anonymität der Befragten zu gewährleisten. Dadurch beschränkt sich die Abb. 23 auf neun Berufsschul-Standorte.

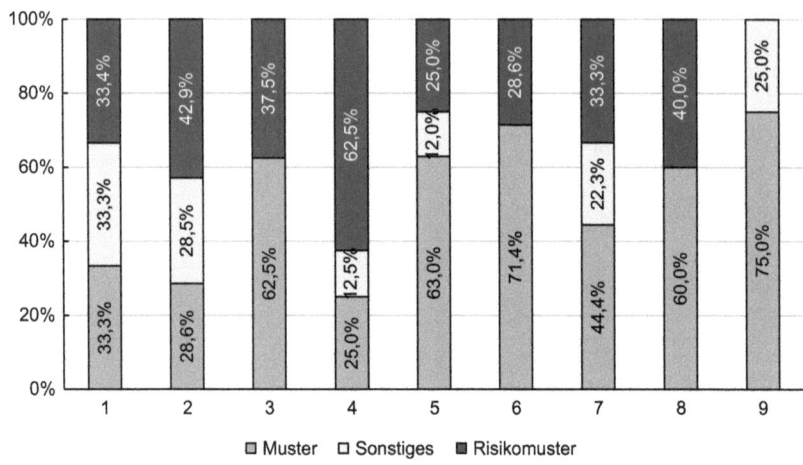

Abb. 23: Prozentuale Verteilung der (Risiko-)Muster nach Schulstandort

Abb. 23 fasst die Muster G, S und G/S in „Muster" sowie die Muster A, B und A/B in „Risikomuster" zusammen und zeigt deren Verteilung nach Schulstandorten. „Sonstiges" fasst die Häufigkeit der Teilnehmer zusammen, welche die Musterkombinationen S/B oder G/A sowie keine Übereinstimmung mit einem Muster erzielt haben.

Die unterschiedlichen Schulstandorte unterscheiden sich in Abb. 23 teilweise deutlich hinsichtlich der Musterausprägungen des dort tätigen Lehrpersonals. An den Schulen 3, 5, 6, 8 und 9 dominieren die Muster G, S und G/S mit Werten ab 60%. Schule 9 sticht darunter mit 0% Risikomustern heraus, während an Schule 4 mit 62,5% weit über die Hälfte der Testteilnehmer ein Risikomuster aufweisen.

Folgende Abbildung schlüsselt die in Abb. 23 zusammengefassten Risiko-/Muster in die einzelnen Musterausprägungen auf:[85]

---

[85] Die Kategorie „Sonstiges" (keine Übereinstimmung mit einem Muster oder eine Kombination aus Risikomuster und Muster wie bspw. G/A) wurde der Übersichtlichkeit halber in der Graphik weggelassen, weshalb die Summe der Prozentzahlen an den einzelnen Standorten nicht 100% ergibt.

156 Ergebnisse der Untersuchung

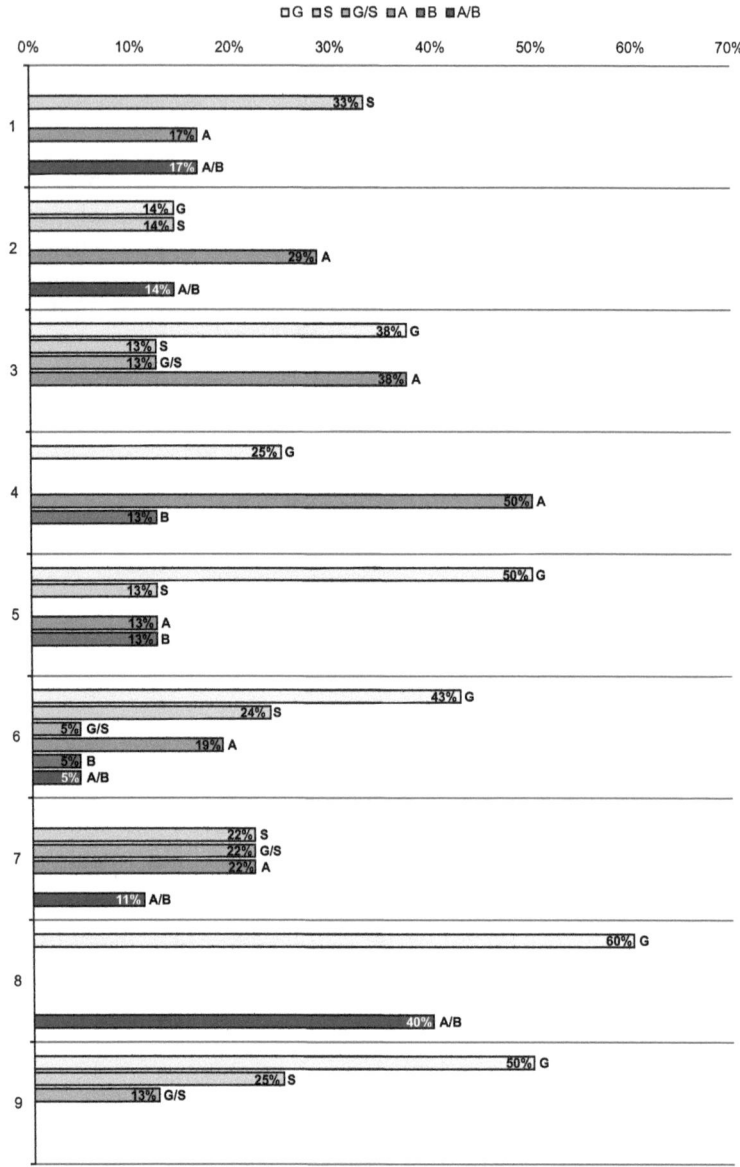

Abb. 24: Prozentuale Verteilung aller AVEM-Muster nach Schulstandort

Auch hier wird die heterogene Verteilung der Musterausprägungen an unterschiedlichen Schulstandorten ersichtlich. Während an manchen Schulstandorten das Schonungsmuster stärker vertreten ist (bspw. Schulstandort 1 und 7), gibt es an der Schule 4 und 8 keinen einzigen Schonungs-Typ. An den Schulen 5 (50%), 6 (42,8%), 8 (60%) und 9 (50%) dominiert das Muster G, an anderen ist das Muster G gar nicht oder nur sehr gering vertreten. Wenige Schulen weisen ein reines Muster B auf, betroffen sind die Standorte 4, 5, und 6. Acht von neun Schulen weisen jedoch in unterschiedlicher Häufigkeit das Muster A oder die Musterkombination A/B auf. Schule 9 zeichnet sich neben ihrer hohen Übereinstimmung mit dem Muster G dadurch aus, dass dort kein einziges Risikomuster bei den am Fragebogen teilnehmenden Lehrkräften vertreten ist.

8.4 Motive für die Arbeit in Berufsintegrationsklassen

Die Lehrkräfte wurden gefragt, warum sie in Berufsintegrationsklassen unterrichten bzw. wie es dazu kam. Aus den Gesprächen resultierten verschiedene Motive, die in Tab. 15 aufgelistet sind.

Als Motive sind in der Psychologie „mehr oder minder bewußte Beweggründe des menschlichen Verhaltens, die sich in gedanklichen Vorwegnahmen eines angestrebten Zielzustandes bzw. Veränderungserwartungen in Bezug auf bestimmte Situationen äußern. Motive sind eingebettet in kognitive und emotionale Prozesse und von relativ überdauernden Einstellungen bzw. Wertmaßstäben überlagert" (Fröhlich 2014, S. 328).

Tab. 15: Motive für die Arbeit in BIK

Motive	1x/Dok	Total
Humanitäre Gründe	7	8
Gute Entlohnung	4	5
Neugierde und Abwechslung	3	6
Durch Schulleitung zugeordnet	3	3
Neuorientierung mangels Perspektiven im Arbeitsverhältnis zuvor	3	3
Teamarbeit	1	1

Folgende Ausführungen gehen auf die in Tab. 15 aufgelisteten Beweggründe für die Arbeit in Berufsintegrationsklassen ein.

Humanitäre Gründe

Die meisten Lehrkräfte in Berufsintegrationsmaßnahmen haben sich freiwillig für den Unterricht von Geflüchteten beworben. Zur Sprache kamen dafür häufig humanitäre Beweggründe. Vielen war es persönlich ein Anliegen, Gutes zu tun und Menschen mit Fluchthintergrund zu helfen. Eine Lehrkraft, die bereits seit langer Zeit Jugendliche ohne Ausbildung (JoA) an der Berufsschule unterrichtet hat, erläutert beispielsweise zu ihren Beweggründen:

> *„Ich bin eigentlich schon immer so für Jugendliche, benachteiligte Jugendliche, habe ich eigentlich schon immer so ein Faible gehabt, denen zu helfen."*

Durch Schulleitung zugeordnet

Wenige Lehrkräfte wurden dem Bereich der Berufsintegration von der Schulleitung zugeordnet. An einer Schule sanken beispielsweise die Schülerzahlen im Fachbereich Ernährung und Hauswirtschaft, weshalb einer Lehrkraft Unterrichtsstunden in Berufsintegrationsklassen zugeteilt wurden. Ein weiteres Beispiel ist eine JoA-Abteilungsleitung, welcher von der Schulleitung aufgetragen wurde, die Berufsintegration mit zu übernehmen:

> *„Ursprünglich bin ich Fachbetreuer von Jugendlichen ohne Ausbildung #(.) [I: #hm=hm], also von deutschen Schülern, die wo keine Ausbildung gekriegt haben. Und das mache ich eigentlich schon jetzt das fünfte Jahr. Und irgendwann einmal ist halt bei uns die Anfrage gekommen vom Kultusministerium beziehungsweise von der Regierung: ‚So, wir haben jetzt die neuen BIK-Klassen', wie sie jetzt heißen. ‚Und ihr (müsst) die natürlich jetzt bei euch auch einrichten.' Naja und dann hat natürlich der Schulleiter von uns gesagt: ‚Naja Herr (Nachname der Abteilungsleitung), das ist ungefähr das Klientel, die haben keine Ausbildung, also das ordnen wir Ihrer Abteilung zu.' #(.) [I: #hm=hm] Und so bin ich jetzt eigentlich zu der Aufgabe gekommen.*

Unzufriedenheit oder Neuorientierung mangels Perspektiven im Arbeitsverhältnis zuvor

Bei manchen Befragten war der Beweggrund die mangelnde Perspektive im gelernten Berufsfeld. Beispielsweise hatten Gymnasiallehrkräfte zum Befragungszeitpunkt sehr schlechte Anstellungschancen und haben sich deshalb für Berufsintegrationsklassen an Berufsschulen beworben.

Gute Entlohnung

Auch die Entlohnung ist für manche ein Motiv gewesen, in Berufsintegrationsklassen zu unterrichten. Eine DaZ-Lehrkraft betonte, dass sie sich wegen des besseren Arbeitsverhältnisses für BIK beworben hatte:

"Also ich sags Ihnen ganz ehrlich: Ich war vorher Honorarlehrkraft und der Grund, dass ich hier angefangen habe, war das tolle Gehalt, die gute Bezahlung. Das ist eine sozialversicherungspflichtige Stelle, ich bin auch bei der Regierung angestellt. Ich bin zwar nicht verbeamtet, weil ich nicht Lehramt studiert habe, sondern Magister Deutsch als Fremdsprache. Das Gehalt ist wirklich toll, das kann man nicht mit einer Honorarlehrtätigkeit vergleichen. Man hat einen Vertrag bis zu einem Jahr und das ist ein bisschen Sicherheit im Vergleich zu einem Integrationskurs auf Honorarbasis. Das ist tatsächlich mein Motiv gewesen."

DaF/DaZ-Lehrkräfte haben hinsichtlich ihrer Tätigkeit in Berufsintegrationsklassen überwiegend ein auf ein Jahr befristetes Arbeitsverhältnis. Trotzdem verleiht den befragten Personen das Arbeitsverhältnis im Vergleich zu den in der Branche üblichen Arbeitsverträgen bzw. dem vorhergehenden Arbeitsvertrag ein Gefühl von Sicherheit.

"Also zum einen ist es so, an der UNI und was ich so vorher gemacht habe, ich hab (ja) noch an einer Sprachenschule gearbeitet und VHS zusätzlich noch – es ist so, dass man immer nur Honorarkraft auch war und keine Festanstellung bekommen hat und ja, als Honorarkraft muss man da noch ungefähr die Hälfte VERSTEUERN #(.) [I: #hm=hm] und ich habe dann bis zu vierzig Stunden pro Woche unterrichtet und hab aber keine Vor- und Nachbereitungszeit bezahlt bekommen. Und das ist ein Grund, dass ich halt wirklich eine Festanstellung haben wollte, es bringt auch null komma null Sicherheit also, wenn ich mal krank bin ((klatscht in die Hände)), dann kriege ich gar kein Geld und also #(.) [I: #hm=hm] es ist halt total UNSICHER, was so das Finanzielle anbelangt."

Teamarbeit
Ein weiterer Beweggrund für die Tätigkeit in Berufsintegrationsklassen war für eine DaF/DaZ-Lehrkraft die Teamarbeit, die sie sich dort erhofft hatte:

"[...] wollte ich halt schon auch gerne so im Team arbeiten, also dass man halt wirklich so ein Lehrer-Team hat #(.) [I: #hm=hm] und zusammen halt einfach an der Schule arbeitet und mal so ein Kollegium, weil ansonsten ist jeder immer so für sich, alleine und so weiter und so ein Eigenbrötler."

8.5 Bewältigungsressourcen

Im Gegensatz zum Kapitel 6.2, welches die verschiedenen Belastungsfaktoren von BIK-Lehrkräften beschrieben hat, geht folgendes Kapitel darauf ein, was den befragten Lehrkräften hilft, dem Belastungsempfinden entgegenzuwirken oder sich erst gar nicht von arbeitsbedingten Rahmenbedingungen oder Anforderungen belastet zu fühlen.

Im Gegensatz zu Kapitel 6.2, welches verschiedene Belastungsfaktoren von BIK Lehrkräften beschreibt, geht folgendes Kapitel auf Möglichkeiten ein, welche die Lehrkräfte unterstützen dem Belastungsempfinden entgegenzuwirken oder nicht von arbeitsbedingten Rahmenbedingungen beeinträchtigt zu werden.

8.5.1 Kategorien des qualitativen Forschungszugangs und Kontextualisierung

Folgende Übersicht listet die Ergebnisse der Interview-Analyse zur Dimension Bewältigungsressourcen in quantifizierter Form auf. Die Kategorien wurden nach der theoriegeleiteten Klassifikation von Bewältigungsressourcen unterteilt in personale und organisationale Bewältigungsressourcen sowie soziale Unterstützung (vgl. Kapitel 2.2.2).

Tab. 16: Quantifizierendes Kategoriensystem zu den Bewältigungsressourcen von Lehrkräften in BIK

Bewältigungsressourcen	1x/Dok	Total
Personale Bewältigungsressourcen		
Persönlicher Gewinn (3/3)	21	24
Kennenlernen neuer Kulturen und Sprachen (6/6)		
Horizonterweiterung (4/4)		
Abbau von Vorbehalten und Ängsten (3/3)		
Bewusste Reflexion der eigenen Kultur in Deutschland (2/4)		
Wertschätzung des eigenen Lebensstandards (2/3)		
Selbstreflexion (1/1)		
Positive Gefühle bei der Arbeit	14	30
Erfolgserleben	13	27
Wahrnehmung einer sinnhaften Tätigkeit	11	15
Berufs-/Lebenserfahrung	10	20
Empathie und Verständnis	7	11
Professionalität hinsichtlich Nähe und Distanz	6	7
Flexibilität und Spontanität	5	5
Interesse an Weiterbildung und Abwechslung	4	11
Bewusste Wahrnehmung von Fortschritten	3	7
Vertrauen in die Politik (1/2)	3	6
Betrachtung der Zuwanderung auf der Makroebene (1/3)		
Betrachtung des Individuums (1/1)		
Sport	3	5
Ausdauer und Geduld	3	3

Tab. 16: Fortsetzung

Bewältigungsressourcen	1x/Dok	Total
Gewöhnungseffekt in Bezug auf Fluchtgeschichten	2	2
Glaube an schicksalhafte Bestimmung	1	1
Rechtfertigung des eigenen Handelns durch Bezug auf das BayEUG	1	1
Stressresistenz	1	2
Von eigener Meinung und eigenem Handeln überzeugt	1	3
Musik	1	1
Organisationale Bewältigungsressourcen		
Hoher Handlungs-/ Entscheidungsspielraum	7	13
Supervision und individuelle Coachings	5	7
Arbeitsverhältnis und Entlohnung	4	5
Möglichkeiten für den Einsatz persönlicher Stärken und Qualifikationen	4	5
Wenig Verwaltungs-/Organisationsaufwand	4	4
Konsequenzen für Schüler bei Regelbrüchen	3	4
Abwechslung durch Lehreinsatz bei leistungsstärkeren Schülern	3	7
Fortbildungen	3	4
Netzwerke	3	5
Homogenisierung der Klassen durch äußere Differenzierung	2	2
Kaum/keine Abschiebungen	2	6
Klare Schulregeln	2	3
Sozialpädagogen	2	3
Teilungsstunden	2	2
Verteilung der Aufmerksamkeit auf viele Schüler	2	2
Ehrenamtliche Helfer und Betreuer	1	2
Multiprofessionelles Team	1	1
Soziale Unterstützung		
Gefühl der Wertschätzung vonseiten der Schüler und der Schulleitung	14	22
Angenehme Atmosphäre im Team, wertschätzender Umgang	6	10
Enger Austausch sowie gegenseitige Hilfe und Zusammenarbeit im Team	6	7
Herzlichkeit der Schüler	5	7
Zerstreuung in der Freizeit	5	7
Gespräche mit Kollegen	4	4
Konstruktives Feedback und Lob	4	5
Harmonisches soziales Umfeld und Unterstützung im Privatleben	2	2
SUMME	206	320
N (Dokumente)	20	20

Die folgenden Anmerkungen setzen die in der Tabelle aufgelisteten Kategorien in den Kontext und beziehen verstärkt Interview-Zitate mit ein. Die Reihenfolge der Kategorien orientiert sich grundsätzlich an der Auflistung innerhalb der Tabelle, wobei an manchen Stellen aus Gründen der Leserfreundlichkeit durch Anknüpfungspunkten hinsichtlich inhaltlicher Zusammenhänge einzelner Kategorien davon abgewichen wird.

8.5.2 Personale Bewältigungsressourcen

Mit Personalen Bewältigungsressourcen werden in dieser Arbeit alle personenbezogenen Eigenschaften bezeichnet, die weiter unterschieden werden in

- Personenmerkmale oder Persönlichkeitseigenschaften, welche die Lehrkräfte aktiv zur Bewältigung von Anforderungen einsetzen oder ihnen kognitiv oder emotional dabei helfen, das Belastungsempfinden zu senken;
- mit der Tätigkeit einhergehende Belohnung nach Empfinden der Lehrkräfte.[86]

8.5.2.1 Mit der Tätigkeit einhergehende Belohnung

<u>Persönlicher Gewinn</u>
Manche Lehrkräfte setzen sich durch ihre Tätigkeit in Berufsintegrationsklassen zum ersten Mal bewusst und intensiver mit fremden Kulturen sowie der eigenen Kultur und der eigenen Person auseinander. Dass der Lehrplan für Berufsintegrations- und Sprachintensivklassen die kulturelle Bildung und Wertevermittlung ebenfalls als wichtige Inhalte der Beschulung festlegt (ISB 2017c), unterstützt dies. Viele Lehrkräfte bezeichnen Aspekte, die damit in Verbindung stehen, als persönlichen Gewinn. Folgende Unterkategorien empfinden die befragten Lehrkräfte als Bereicherung:

---

86 vgl. hierzu Gratifikationsmodell von Siegrist 1996

Abbau von Vorbehalten und Ängsten	Manche Lehrkräfte gestehen sich eigene Vorbehalte und Ängste vor der stark zugenommenen Migration durch Flucht ein, welche nach Aussagen der Befragten durch den Kontakt mit den jungen Asylbewerbern und Flüchtlingen in Berufsintegrationsklassen zügig abgebaut wurden. Durch den täglichen Kontakt nahmen Fremdheitsgefühle und Unsicherheiten bedingt durch die kulturellen Unterschiede ab. Die jungen Menschen und deren Hintergründe näher kennenzulernen führte bei manchen Lehrkräften dazu, dass die Betrachtung der nach Deutschland migrierten Flüchtlinge auf einer Metaebene in den Hintergrund und die erlebte Handlungsebene mit Fokus auf die individuellen Schülerfälle in den Vordergrund rückten. Allgemeine Generalisierungen wurden dadurch aufgebrochen, wobei der Großteil an BIK-Lehrkräften freiwillig in den Klassen unterrichtete und ohnehin eine eher zugewandte Einstellung hinsichtlich Fluchtmigration mitbrachten.
Kennenlernen neuer Kulturen und Sprachen	Verschiedene Interviewpartner sehen es als persönlichen Gewinn, andere Lebensformen und Sprachen kennen zu lernen. Ein Beispielzitat ist hierzu: „[…] ich mein, die erzählen ja auch viel von daheim, manche erzählen zum Teil auch von der Flucht. Man erfährt halt ganz andere Sachen, die man vielleicht so nicht erfahren würde oder genauso mit der Sprache. Also ich hatte früher keinen Kontakt zu Arabisch und jetzt dadurch, dass die auch ständig wieder Wörter in ihren Sprachen sagen, das find ich echt schön."
Horizonterweiterung	„[…] man kriegt schon mal auch viel erweiterte Sichtweise auf viele Sachen" Die unterschiedliche Interpretation und der Perspektivenwechsel in Bezug auf verschiedene Gesichtspunkte, Verhaltensweisen und Lebensbereiche, den die Lehrkräfte durch die Schülerschaft in Berufsintegrationsklassen teilweise erfahren, bereichert manche Interviewpartner.
Bewusste Reflexion der eigenen Kultur in Deutschland	Der Wissenszuwachs und die Auseinandersetzung mit anderen Kulturen stößt bei manchen Lehrkräften einen bereichernden Reflexionsprozess der eigenen Kultur in Deutschland an. „[…] die ganzen ungeschriebenen Gesetze, die nirgends stehen, die sind uns manchmal gar nicht so bewusst. Und die muss man auch mal hinterfragen."

Wertschätzung des eigenen Lebensstandards	Die Tätigkeit in Berufsintegrationsklassen verhilft Interviewpartnern zu mehr Zufriedenheit. Denn manche Lehrkräfte erklären, dass sie dadurch den eigenen Lebensstandard wieder mehr wertschätzen. Im Vergleich mit den Lebenssituationen der Geflüchteten und deren Familien wird vielen Lehrkräften bewusst, auf welch hohem Niveau sich das Leben in Deutschland und der eigene Lebensstandard als Lehrkraft befindet. *„Und dann natürlich auch für mich, dass ich jetzt einmal sehe, wie gut gehts uns eigentlich in Deutschland. Ich sage das auch zu meinen Kindern oder so, wir wachsen behütet auf und das wird dir gerade da erst einmal klar, wenn du die Leute näher kennenlernst. Ich meine, für uns ist das eine Normalität #(.) [I: #hm = hm]. Was weiß ich, du hast halt Klamotten, du hast ein Handy, du hast was weiß ich was, du hast Kohle, kannst dir das leisten. Und wenn man halt mit diesen Leuten arbeitet, dann sieht man halt: Es ist keine Selbstverständlichkeit, ja."*
Selbstreflexion	Neben dem Reflexionsprozess der deutschen Kultur, setzen sich Befragte auch mit eigenen Verhaltensweisen, Denkstrukturen und Persönlichkeitsmerkmalen auseinander. *„Ich habe auch ganz viel über mich gelernt. Wie wird man betrachtet? Man muss sich selbst hinterfragen, um anderen das erklären zu können".*

Positive Gefühle

Die Arbeit in Berufsintegrationsklassen macht vielen Lehrkräften Spaß und sie verbinden positive Emotionen damit, auch wenn einige die Tätigkeit als sehr anstrengend empfinden.

„Und die Arbeit hat mir unglaublich viel Spaß gemacht, auch die Teamarbeit. […] ich mach das einfach gern und ich möchte auch, also nur auf Grund des Stresses, würde ich es trotzdem nie sein lassen wollen"

Die folgenden Kategorien tragen zu positiven Gefühlen durch die Arbeit bei.

Wahrnehmung einer sinnhaften Tätigkeit

Der Großteil der befragten Lehrkräfte sieht die Tätigkeit in Berufsintegrationsklassen nicht nur als Mittel zum Zweck des Geld-Verdienens, sondern verbindet sie mit einer positiven und sinnhaften Wertigkeit:

„Und für mich ist das nicht nur eine Arbeit, sondern ich hoffe, dass das Sinn macht, was ich mache."

Dass viele Befragten ihre Arbeit als sinnvoll wahrnehmen, geht aus über der Hälfte der Interviews hervor. Das Empfinden von Sinnhaftigkeit in Bezug auf die eigene Arbeit stellt eine wertvolle Bewältigungsressource dar.

<u>Erfolgserleben</u>
Obwohl auch einige Lehrkräfte an der Sinnhaftigkeit der Arbeit zweifeln, weil Ziele oder Erwartungen oft nicht in gewünschtem Ausmaß realisierbar sind (vgl. Kapitel 8.3.1), sehen trotzdem viele die Erfolge in ihrer Arbeit:

> *„Ich hatte voriges Schuljahr Schüler, die in ihrem Land keinen Tag die Schule besucht haben. Und man ist dann sehr stolz, wenn wir sie so gut vorbereiten konnten, dass sie in ihrer angefangenen Ausbildung erfolgreich sind. Auch in so kurzer Zeit. Das freut uns, wenn man sie dann wieder trifft und sie erzählen, dass es ihnen gut geht in ihrer Ausbildung und [...] sie auch in der Berufsschule mitkommen."*

Auch aus der quantitativen Erhebung können Erkenntnisse zum Erfolgserleben der Lehrkräfte entnommen werden (vgl. Abb. 25). In folgender Abbildung werden die Muster G, S, G/S als *Muster* und die Muster A, B und A/B als *Risikomuster* bezeichnet.

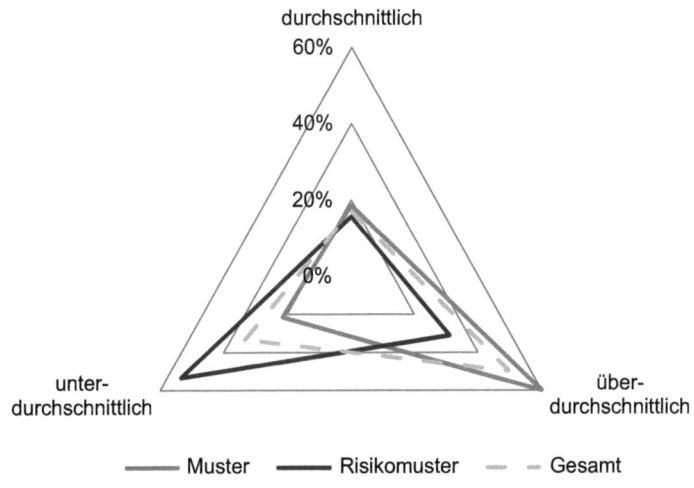

Abb. 25: Erfolgserleben der Lehrkräfte

Die Abbildung zeigt anhand jeweils dreier Eckpunkte das über-/unterdurchschnittliche oder durchschnittliche Erfolgserleben der unterschiedlichen

(Risiko-)Muster sowie der Gesamtgruppe.[87] Die aus den Eckpunkten entstehende Dreiecksfläche macht bereits auf den ersten Blick ersichtlich, dass die Risikomuster ein weit unterdurchschnittlicheres Erfolgserleben aufweisen als die Muster, die im überdurchschnittlichen Bereich des Erfolgserlebens liegen.[88]

Rund die Hälfte der Gesamtgruppe (49,6%) weist ein überdurchschnittliches Erfolgserleben auf. 17,1% liegen im durchschnittlichen und 33,3% im unterdurchschnittlichen Bereich. Insgesamt weisen also rund zwei Drittel der Gesamtgruppe ein durchschnittliches oder überdurchschnittliches Erfolgserleben auf.

Unterscheidet man die Gesamtgruppe in Risikomuster und Muster ergibt sich folgende prozentuale Verteilung: 53,4% der Risikomuster weisen ein unterdurchschnittliches Erfolgserleben auf. 15,6% liegen im durchschnittlichen und 31,1% im überdurchschnittlichen Bereich. Dahingegen erfahren 60% der Mustertypen ein überdurchschnittliches Erfolgserleben. 18,5% liegen im durchschnittlichen und 21,5% im unterdurchschnittlichen Bereich. Im Gegensatz zu der überwiegend unterdurchschnittlichen Ausprägung der Risikomuster erleben also rund 80% der Muster in durchschnittlicher oder überdurchschnittlicher Ausprägung Erfolg bei der Arbeit.

8.5.2.2 Personenmerkmale und Persönlichkeitseigenschaften

<u>Berufs-/Lebenserfahrung</u>
Einige Lehrkräfte, die sich kaum oder gar nicht belastet fühlen, betonen ihre bisherigen beruflichen und privaten Erfahrungen, die ihnen eine Ressource für ihre Arbeit als Lehrkraft in Berufsintegrationsklassen sind. Zur Veranschaulichung folgen drei Beispiel-Zitate verschiedener Lehrkräfte, die sich auf Erfahrungen aus dem Studium bzw. der bisherigen Arbeit, Auslandserfahrung sowie die allgemeine Lebenserfahrung beziehen.

---

87 „Erfolgserleben im Beruf" ist die 9. Dimension des AVEM-Fragebogens (vgl. Kapitel 6.3.3), woraus die in Abb. 25 ersichtlichen Eckpunkte hervorgehen.

88 Die Ergebnisse der Testpersonen werden in Prozenträngen angeben. Ein Prozentrang gibt an, wie viel Prozent einer bestimmten Vergleichsgruppe eine geringere bzw. gleich hohe Ausprägung in einem bestimmten Merkmal aufweisen. Als Vergleichsgruppe wird hierzu eine repräsentative Stichprobe aus der Gesamtbevölkerung herangezogen. Ein Prozentrang (PR) ab 76 weist auf eine überdurchschnittliche Ausprägung im Vergleich zur repräsentativen Normstichprobe hin, bei einem PR von 25 bis 75 ist das entsprechende Merkmal im Vergleich zu repräsentativen Normstichprobe durchschnittlich und bis zu einem PR von 24 unterdurchschnittlich ausgeprägt.

> *„Mich belastet es auch nicht GANZ so stark. Nur ich bin ja auch älter, ich hab schon über 40 Jahre Berufserfahrung. Ich hab schon alles durchgemacht. […] Vielleicht ist man das alles eher schon gewohnt, wenn man selber Kinder großgezogen hat und in einer großen Familie aufgewachsen ist. Vielleicht hängt das auch damit zusammen. Jetzt ist es schon bisschen Routine bei mir."*

In Bezug auf die Probleme und Schicksale der Geflüchteten greift eine weitere Lehrkraft des Kooperationspartners, die sich kaum belastet fühlt, auf ihre Erfahrungen im Ausland und ihr Studium zurück:

> *„[…] wenn ich mich da in jeden reinversetzen würde, da würde ich nicht mehr fertig werden, also das kann ich eigentlich schon ganz gut trennen. Und vielleicht kommt auch noch dazu, ich war halt schon relativ viel im Ausland, hab Auslandssemester gemacht und Auslandspraktikum nach in Jakarta und so weiter. Also es ist jetzt nicht so, dass so eine, ja, Armutssituation oder hier so eine Schicksalssituation so was komplett Neues für mich ist, also #(.) [I: #hm=hm] ich bin praktisch schon so in dem – ich habe auch Kulturwissenschaften studiert, also ich habe gar nicht Lehramt studiert, Kulturwissenschaften und Deutsch als Fremdsprache und insofern muss ich sagen, also rein EMOTIONAL, belastet mich das jetzt nicht."*

Auch folgende DaZ-Lehrkraft sieht ihre Erfahrungen aus dem Studium, der bisherigen Arbeit im interkulturellen Bereich und dem Ausland als Bewältigungsressource:

> *„Also ich denk, dadurch, dass ich Deutsch als Fremdsprache studiert habe und dadurch, dass ich schon mit vielen verschiedenen Kulturen zu tun hatte und auch im Ausland gearbeitet habe, ist für mich jetzt dieses Interkulturelle nicht so belastend. […] Also ich glaub für die Fachlehrer ist es zum Teil ein bisschen schwieriger und belastender als jetzt für jemanden, der in dem Bereich schon lange gearbeitet hat."*

<u>Empathie und Verständnis für die Schüler</u>
Eine aus dem europäischen Ausland zugezogene Lehrkraft erklärt:

> *„Gut, allgemein: Ich versteh sie, aus MEINER Sicht. Ich verstehe sie auch BESSER als andere Kollegen. Mich belastet es auch nicht GANZ so stark."*

Entgegen der Ungeduld und dem mangelnden Verständnis mancher Interviewpartner hinsichtlich der unstrukturierten Arbeitsweise und dem Nicht-Einhalten von Regeln vonseiten der Schüler zeigt sich folgender Interviewpartner gelassen:

> *„'Wie funktioniert ein Ordner? Was sind Register?' Das ist auch mit der Zeit MÜHSAM und das Problem ist, wenn nicht jeder Lehrer darauf schaut, wird es wieder vernachlässigt. Dann fliegen die Blätter halt doch wieder rum und das ist manchmal ein wenig ENTTÄUSCHEND. Aber dann muss man sich wieder sagen: Ja gut, warum soll man sich jetzt da so aufregen. Da ist ja jeder Mensch anders und man kann nicht von dem Flüchtling erwarten,*

> *dass er jetzt komplett ein neues Ordnungssystem annimmt, nur, weil wir Ihm das kurz erklärt haben. Das dauert ja auch seine Zeit, bis sich das eintrainiert."*

Die Lehrkraft reguliert an dieser Stelle zu Teilen das eigene Empathie-Empfinden, damit ihm das Aufbringen der nötigen Geduld leichter fällt.

Können Lehrkräfte Empathie und das Verständnis für die Situation und Verhaltensweisen der jungen Menschen aufbringen, reduziert sich das Belastungsempfinden. So fühlen sich beispielsweise manche Lehrkräfte nicht von undiszipliniertem Verhalten der Schüler wie fehlenden Hausaufgaben belastet, weil sie Verständnis dafür haben, dass die jungen Menschen sich in den Asylunterkünften nicht konzentrieren können.

<u>Flexibilität und Spontanität</u>

Die lebendige und stark heterogene Schülerschaft benötigt laut Aussage der Lehrkräfte ein hohes Maß an Flexibilität und Spontanität. Je nach Lehrerpersönlichkeit fällt dies nicht jedem Befragten gleich leicht. Während manche sehr streng nach konkreten Unterrichtsstrukturen und dem Prinzip der Lernprogression vorgehen, genießen andere den Raum an Flexibilität und Spontanität.

> *„Meine Strategie, Belastung runterzufahren, ist, auch mal was anderes gelten zu lassen. Ich schau, wie sind die, wie reagieren die und wie kann ich die weiterbringen."*

Auch an anderen Schulstandorten erläutern Lehrkräfte, dass ihnen ein verstärktes Maß an Flexibilität und Spontanität bei der Bewältigung arbeitsbedingter Anforderungen in Berufsintegrationsklassen hilft. Eine Abteilungsleitung, welche auch selbst als Lehrkraft in den Klassen tätig ist, rät seinen Kollegen beispielsweise folgendes:

> *„Also was ich immer jedem neuen Kollegen in den BIK-Klassen sage: ‚Kommt weg von den klaren Linien, von den klaren Strukturen', sag ich: ‚Das funktioniert nicht.' Ich gehe eigentlich größtenteils – jetzt nicht falsch verstehen – nicht UNVORBEREITET in den Unterricht rein, aber ich mach jetzt die letzte Zeit keine Unterrichtsvorbereitung mehr in dem Sinne, weil das kommt immer anders in den BIK-Klassen, wie man es eigentlich plant. Also ich hab die ersten Wochen, Monate immer schöne Arbeitsblätter für die hergerichtet und die können eigentlich mit denen nichts anfangen #(.) [I: #hm=hm]. Also ich baue jetzt eigentlich meinen ganzen Unterricht auf der Tafel auf und ich reagiere eigentlich, weil die Schülerinnen und Schüler reagieren. Aber wenn ich denen jetzt meine feste Struktur vorgebe, dann blockiert das. Und da sage ich eigentlich immer zu jedem Lehrer, zu jedem neuen Lehrer: ‚Ihr müsst flexibler werden! Also legt eure Strukturen, die ihr gelernt habt in der Lehrerausbildung, legt die ab.' Dann macht der Unterricht hier auch Spaß, ja? Da kann man dann mit denen viel erreichen. Da KOMMT man zwar, jetzt sage ich mal, vom Hund zur Katz, aber das ist gerade das Spannende, das Interessante, weil der Unterricht hier komplett OFFEN ist"*

Interesse an Weiterbildung und Abwechslung

In Berufsintegrationsklassen wird der Großteil der Lehrkräfte mit neuen Themenbereichen konfrontiert. Beispiele hierfür sind die Vermittlung von Deutsch als Zweitsprache, Alphabetisierung, Asylrecht u.ä. Interesse an Weiterbildung und Kompetenzzuwachs ist – vor allem zu Beginn der Tätigkeit in BIK – eine hilfreiche personale Ressource für Lehrkräfte.

> „Ich langweile mich immer schnell [...] Bei der Arbeit mit den Flüchtlingen, dachte ich mir auch: ‚Hm was Neues, wunderbar da bin ich mit dabei! [...] Es sind HERAUSFORDERUNGEN. Du musst dich wieder einer neuen Situation stellen und dich wieder fortbilden.' #(.) [I: #hm=hm] Wir haben auch gerade jetzt wieder Schulungen gehabt z.b. zum neuen Integrationsgesetz. Und zum Schengenabkommen, war gerade diese Woche eine Rechtsanwältin da, die auch Schülerinnen und Schüler betreut, die uns wieder auf den neusten Stand gebracht hat. Sie hat mir auch wieder einige Informationen gegeben, die ich noch nicht kannte."

Darüber hinaus gefällt manchen Lehrkräften die Abwechslung vom gewohnten Schülerklientel. Auch die Neugierde und Begeisterungsfähigkeit für Neues und ggf. Unbekanntes lässt manche Lehrkräfte die teilweise neu hinzugekommenen Aufgaben in BIK gut meistern.

> „Natürlich spannend. Exotisch. Ich bin neugierig. Immer neugierig auf was Neues. Und ich hatte jetzt einfach die Gelegenheit und es war wirklich für mich ein Gewinn"

Stressresistenz

Eine Lehrkraft mit reinem Muster S erklärt, dass er Stress gedanklich ausblenden kann bzw. sich im Allgemeinen nicht leicht stressen lässt, was auch auf die Arbeit in Berufsintegrationsklassen zutrifft.

> „Weil ich hab auch so grundsätzlich immer im Leben einfach, ich lasse mich einfach nicht stressen."

Professionalität hinsichtlich Nähe und Distanz

Die Balance zwischen Nähe und Distanz ist eine wichtige Bewältigungsressource für Lehrkräfte in Berufsintegrationsklassen.

Die jungen Fluchtmigranten sind teilweise ohne Familie in Deutschland (vgl. ISB 2017; Baumann und Riedl 2016). Für sie sind ihre Lehrkräfte häufig wichtige Bezugs- und Vertrauenspersonen, welchen sie private Probleme anvertrauen. Für viele befragte Lehrkräfte stellt dies zwar, wie aus den Interviews hervorgeht, auch eine Bereicherung dar, trotzdem ist es wichtig, die nötige Distanz zu halten (vgl. Kapitel 8.3.1). Dies zeigen auch die Daten aus der quantitativen Erhebung:[89]

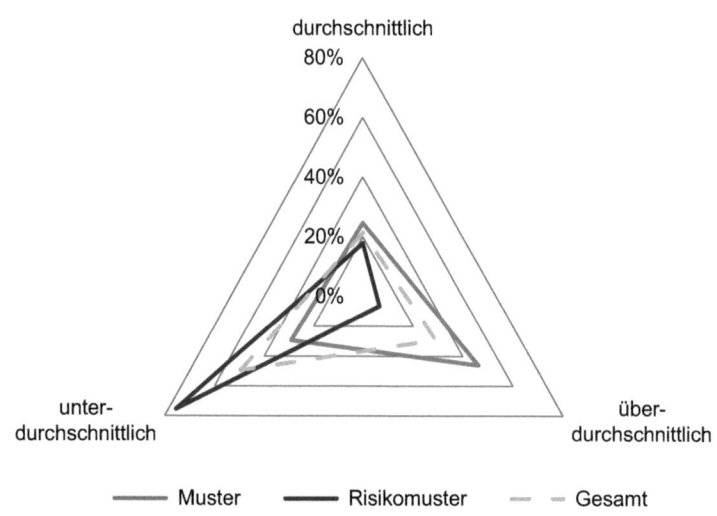

Abb. 26: Distanzierungsfähigkeit der Lehrkräfte

Die Gesamtgruppe erreicht mit 29,1% einen überdurchschnittlichen Wert. 21,4% erreichen einen durchschnittlichen Wert, rund 50% liegen darunter. Insgesamt liegt die Distanzierungsfähigkeit bei der Hälfte der BIK-Lehrkräfte also im oder über dem Durchschnitt, die andere Hälfte liegt im unterdurchschnittlichen Bereich.

Dabei ist zu unterscheiden, um welche Mustertypen es sich handelt: Deutlich zeichnet sich bei der Distanzierungsfähigkeit der Risikomuster mit 75,5% die Tendenz zur unterdurchschnittlichen Distanzierungsfähigkeit ab. 17,8% liegen im Durchschnitt, 6,6% im überdurchschnittlichen Bereich. Rund zwei Drittel der Risikomuster haben also eine unterdurchschnittliche Distanzierungsfähigkeit. Anders bei den Mustertypen: Hier dominiert die (über-) durchschnittliche Distanzierungsfähigkeit. 46,2% liegen im überdurchschnittlichen Bereich,

---

[89] „Distanzierungsfähigkeit" ist die 5. Dimension des AVEM-Fragebogens (vgl. Kapitel 6.3.3), woraus die in Abb. 26 ersichtlichen Eckpunkte hervorgehen. Die Muster G, S, G/S werden als *Muster* und die Muster A, B und A/B als *Risikomuster* bezeichnet.

24,6% im Durchschnitt und 29,3% weisen eine unterdurchschnittliche Distanzierungsfähigkeit auf.

Abb. 26 zeigt also: Lehrkräfte, die sich besser distanzieren können, gehören weniger häufig zur Risikogruppe. Übereinstimmend mit der aus den Interviews hervorgehenden Kategorie Distanzierungsprobleme (vgl. Kapitel 8.3.1) zeigt die quantitative Erhebung, dass es eine hohe Zahl an BIK-Lehrkräften mit unterdurchschnittlicher Distanzierungsfähigkeit gibt.

Vertrauen in die Politik

Betrachtung des Individuums	Die Lehrkräfte werden innerhalb der Beschulung von Asylbewerbern und Flüchtlingen mit Einzelschicksalen konfrontiert. Sie lernen die Schüler als Individuen kennen, wissen teilweise um ihre Vergangenheit, ihre Sorgen und Wünsche sowie ihre Anstrengungen und Mühen. Wie in Kapitel 8.3.1 beschrieben, ist für viele das Ohnmachtsgefühl und Ungerechtigkeitsempfinden hinsichtlich asylrechtlicher Entscheidungen belastend. Sie erzählen: Schüler, die sie ins Herz geschlossen hätten und sich stets bemühen würden, bekämen Negativbescheide und andere, die es aus deren subjektiver Sicht weniger verdient hätten, dürften bleiben.
Betrachtung der Zuwanderung auf Makroebene	Manche Lehrkräfte führen sich trotz ihrer tagtäglichen Arbeit mit den geflüchteten Schülern vor Augen, dass Zuwanderung auch auf einer übergeordneten Ebene betrachtet werden müsste. Sie geben gedanklich die Verantwortung an die Politik ab im Vertrauen darauf, dass die asylrechtlichen Vorgänge, wie sie stattfinden, im Großen und Ganzen Sinn machen. Das hilft ihnen, sich mehr von den asylrechtlichen Entscheidungen zu distanzieren, Negativbescheide zu akzeptieren und negative Emotionen hinsichtlich Abschiebungen zu minimieren.

Eine Abteilungsleitung erläutert in Bezug auf Abschiebescheide seiner Schüler:

„JA, das ist so, da kommt dann der Schüler, ich habe jetzt den Abschiebebescheid. So, dann wird alles VERSUCHT, irgendwie eine Lösung zu finden über Kirchenasyl und was weiß ich was alles. […] Das ist halt unser System ((klopft bei jedem Wort zur Bekräftigung auf den Tisch)), das ist halt unser Asylgesetz. Was soll man machen? Also, wenn man jetzt die anderen europäischen Länder anschaut, machen wir sowieso horrend viel, ja. Und jetzt, wenn ich sage, jetzt, wenn ich das System noch bezweifle. Also ich mein - mir tut es zwar weh, wenn jetzt einer gehen muss, also wir haben letztes Jahr - ein junges Mädchen ist nach Mazedonien wieder zurückgeführt worden, abgeschoben worden. […] also das war wirklich NICHT schön, die Situation. Aber im Nachhinein habe ich mir gedacht: Es IST HALT JETZT SO. Ich muss die politische Entscheidung von unserer Regierung muss ich annehmen ((klopft bei jedem Wort zur Bekräftigung auf den Tisch)). Das ist so. […] Es ist quasi, Sie sehen die individuellen Geschichten, ABER sehen GLEICHZEITIG auch,

dass ein Staat über den Tellerrand oder über die individuelle Geschichte einfach hinaus handeln muss #(.) [B_6: #ja] und können das deshalb verstehen, deshalb haben Sie einen anderen Bezug."

Sport und Musik

Manche Interviewpartner verspüren beim Sport oder Musik machen bzw. Musik hören eine entspannende Wirkung, die arbeitsbezogenen Belastungsgefühlen entgegenwirkt und ihnen nach Feierabend hilft, gedanklich „abzuschalten".

Ausdauer und Geduld

Bereits in Kapitel 8.3.1 wurde beispielsweise der langsame Lernfortschritt sowie das ständige Wiederholen von Lerninhalten als Belastungsfaktor genannt, was Geduld und Ausdauer der Lehrkräfte einfordert. Je nach Lehrerpersönlichkeit ist dies für manche belastend, anderen Lehrkräften macht dies nichts aus, weil sie gelassen die nötige Geduld und Ausdauer aufbringen können.

„[…] auch selbst wenn ich Sachen fünfmal erklären muss, dann macht mir das nichts aus."

Bewusste Wahrnehmung von Fortschritten

Wie eben erwähnt, beklagen manche Lehrkräfte den langsamen Lernfortschritt und sehen kaum oder keine Erfolge in ihrer Arbeit. Das Erfolgserleben der Lehrkräfte (vgl. Kapitel 8.5.2.1) wird unterstützt, wenn sie sich an einer individuellen Bezugsnorm orientieren und so bewusst die Fortschritte der Schüler, deren Vorbildung in Berufsintegrationsklassen stark variiert (vgl. Kapitel 4.5.2), in den Fokus rücken. Dazu gehört auch, kein bestimmtes Ziel für alle Schüler gleichermaßen festzulegen.

„Deswegen fällts mir relativ leicht, ich halt mich für relativ stark in dem Bereich, weil ich schon die Erfolge seh und auch noch weiß, wie wir angefangen haben."

Gewöhnungseffekt in Bezug auf Fluchtgeschichten

Die Schicksale der Schüler gehen den Lehrkräften sehr nahe. Diesbezüglich erzählten Interviewpartner jedoch auch, dass die Schicksale der jungen Menschen mit Fluchthintergrund sie zu Beginn mehr belastet hätten als in den Folgejahren. Durch die Gewöhnung an die Situation und die Fluchtgeschichten, die sich nach Aussage der Befragten im Kern oft wiederholen, sank bei den Betroffenen die emotionale Belastung.

„Und da bin ICH zumindest jetzt mit der Zeit einfach abgebrühter geworden."

Glaube an schicksalhafte Bestimmung

Eine starke Bewältigungsressource ist für eine Interviewpartnerin, die ursprünglich Gymnasiallehramt studiert hatte, der Glaube an die schicksalhafte Bestimmung, dass sie nun als Lehrkraft in Berufsintegrationsklassen unterrichtet und dort wirken kann. Aufgrund der zum Befragungszeitpunkt schlechten Einstellungschancen im gymnasialen Lehramt hatte sie sich an der Berufsschule beworben und ist zu der Überzeugung gelangt, dass dieser Weg für sie vorgesehen war und sie in Berufsintegrationsklassen nun genau am richtigen Platz wäre.

> *„Ich hab einfach irgendwie das Gefühl, ich bin da so durchs Schicksal drauf gekommen und es ist genau mein Bereich, der für mich da ist. Und so empfinde ich das."*

Diese Empfindung stärkt den Glauben an die Sinnhaftigkeit der eigenen Tätigkeit.

Rechtfertigung des eigenen Handelns durch Bezug auf das BayEUG

Das BayEUG ist eine klare Richtlinie für Lehrkräfte. Bei Entscheidungen und deren Legitimation in Diskussionen mit Außenstehenden wie bspw. ehrenamtlichen Helfern nutzt eine Lehrkraft das BayEUG zur Legitimation seines beruflichen Handelns. Auf eine humorvolle Art erklärt die Abteilungsleitung:

> *„Und dann habe ich einmal veranlasst das der Schüler einmal drei Tage vom Unterricht beurlaubt wird wegen Fehlverhalten. Und dann hat mich dann die Pflegefamilie angegriffen: ‚Ja (Name B_6), Sie müssen ein bisschen sensibler sein mit diesen jungen Menschen.' Sag ich: ‚Sie, mein Gesetz ist einmal das bayerische Erziehungs- und Unterrichtsgesetz. Und da steht leider nichts drinnen, dass der (Name B_6) sensibel sein muss', sage ich."*

Von eigener Meinung und eigenem Handeln überzeugt

In Kapitel 8.3.1 wird erwähnt, dass sich manche BIK-Lehrkräfte im Zwiespalt zwischen Mitgefühl und Strenge bzw. Ausnahme und Gleichberechtigung befinden. Sie sind sind unsicher, das richtige Maß an Rücksichtnahme und Strenge bei den jungen Menschen mit Fluchthintergrund an den Tag zu legen. Wie viel darf man ihnen zumuten? Wie viel kann man voraussetzen oder erwarten?

Ein Interviewpartner sticht diesbezüglich durch seine klaren Linien und die Überzeugtheit von der eigenen Meinung heraus. Die befragte Abteilungsleitung positioniert sich zu verschiedenen Themen sehr klar, bei welchen andere hadern. Ein Beispiel ist, dass die jungen Menschen – *„sobald sie die Uhr lesen können"* – auch pünktlich zu sein hätten. Verspätungen werden ab diesem Zeitpunkt nicht mehr akzeptiert, egal wie diesbezüglich die Gewohnheit und Lebensart im Heimatland ist: *„Da bin ich ein knallharter Verfechter."* Dem entgegen erläutern andere Lehrkräfte, dass man von den neu Zugewanderten nicht erwarten könne, sofort ein fremdes Ordnungssystem zu übernehmen und auch nicht alle Deutschen immer pünktlich seien.

Kurzfazit: Egal, von welcher Theorie die Betroffenen überzeugt sind: Je mehr sie das eigene Handeln als richtig empfinden, desto geringer ist die Unsicherheit, falsche Handlungsalternativen gewählt zu haben. Dies erleichtert den BIK-Lehrkräften die Arbeit und Entscheidungsfindung im beruflichen Alltag.

8.5.3 Organisationale Bewältigungsressourcen

Neben personalen Bewältigungsressourcen können auch bestimmte situative Rahmenbedingungen und Maßnahmen helfen, dem Belastungsempfinden entgegenzuwirken. In diesem Teilkapitel werden solche als organisationale Bewältigungsressourcen bezeichnet. Folgende organisationale Bewältigungsressourcen resultieren aus der Interviewauswertung:

Hoher Handlungs-/Entscheidungsspielraum

> *„Wir haben da TOTALE Freiheiten, da gibt es keine Reglementierungen und wir haben auch DA eine flache Hierarchie. Das ist auch sicher eine Grundvoraussetzung."*

Vor allem Abteilungsleitungen empfinden den hohen Handlungs- und Entscheidungsspielraum als eine stark entlastende Voraussetzung ihrer Arbeit. Das beziehen Befragte sowohl auf die erlassenen Freiheiten vonseiten der Schulleitung sowie vonseiten der Regierung und des Ministeriums.

> *„Wir haben ja von der Regierung und auch vom Ministerium extrem viele Freiheiten, mit diesen Schülern umzugehen. Und das hilft natürlich schon, dass das nicht so zur Belastung wird."*

Darüber hinaus empfinden Lehrkräfte den Beschulungsbereich der Berufsintegration an sich sehr freizügig in den Gestaltungsmöglichkeiten. Entlastend ist dabei für die Lehrkräfte auch, dass zu Ende der Berufsintegrationsklasse keine für alle gleichermaßen verpflichtende Abschlussprüfung o.ä. vorgeschrieben wird.

> *„Es ist auch der Druck nicht gar so da, dass man irgendeine Leistung – ja der Leistungsdruck ist halt nicht so da. Sie müssen schon etwas lernen, aber du bist nicht an etwas angewiesen – auch wenn wir jetzt einen Lehrplan haben – dass wir etwas unbedingt schaffen müssen."*

Insgesamt kristallisiert sich der Handlungs-/ Entscheidungsspielraum als ein Aspekt heraus, welche die Befragten ganz bewusst als Bewältigungsressource wertschätzen, weil sie dadurch selbstbestimmt arbeiten können.

„Mir geht es mit meiner Arbeit sehr gut, weil ich weitgehend autonom arbeite, was aber auch die Voraussetzung für meine Arbeit ist. Ich fühle mich NICHT geschoben oder gedrängt, sondern ich gebe den Takt vor."

Der Handlungs- und Entscheidungsspielraum wird bereits in vielen Professionen als Bewältigungsressource hinsichtlich der Arbeitsbelastung untersucht.

„Es ist weit verbreitet, überfordernde Merkmale der Arbeit wie Zeitdruck oder hektische Arbeit im Wesentlichen als ‚Streß' und somit als schädlich einzuschätzen. Untersuchungen zeigen aber, daß Arbeitsplätze trotz hohem Überforderungscharakter dann nicht oder in weitaus geringerem Maße zu psychischen Belastungswirkungen führen, wenn gleichzeitig in der Arbeit ein großer Spielraum gegeben ist. Merkmal von geringem Handlungs- oder Kontrollspielraum am Arbeitsplatz, die nachweislich zu erhöhter psychischer Beanspruchung mit entsprechenden Folgen führen, sind dabei die Nicht-Durchschaubarkeit der Arbeitsabläufe, die Nicht-Vorhersehbarkeit von Ereignissen in der Arbeit sowie die Nicht-Beeinflußbarkeit von Arbeitsbedingungen" (Mohr und Udris 1997, S. 561).[90]

<u>Supervision und individuelle Coachings</u>
Eine weitere organisationale Bewältigungsressource, die von den befragten Lehrkräften als hilfreich empfunden wird, ist die Supervision im Team. Darüber hinaus nehmen die Lehrkräfte auch individuelle Coachings wahr und empfinden dies als sehr bereichernd:

„Die Supervision nutze ich jetzt eher, um mit den Kollegen Dinge zu besprechen. Ich war auch einmal kurz davor, wo ich gemerkt habe: ‚Oh das belastet mich jetzt aber ZU SEHR', dass ich mir ein Einzelcoaching organisiere."

Mehrere Lehrkräfte wünschen sich häufiger eine Supervision im Team. Hürden sind hierbei Zeit und Geld.

„Es ist leider viel zu wenig, weil wir gerade nicht die finanziellen Mittel haben, aber da würde ich mir MEHR WÜNSCHEN. Das wäre mir ein Anliegen: In diesem Job bräuchte man eigentlich dringend eine 4-wöchige Supervision/Fallintervention"

<u>Arbeitsverhältnis und Entlohnung</u>
Ein auffälliger Befund der Interviewauswertung ist die unterschiedliche Bewertung von befristeten Arbeitsverhältnissen und der jeweiligen Entlohnung, entsprechend den damit verbundenen Erwartungen und individuellen Auf-/Abwärtsvergleichen (vgl. Kapitel 9.1.1).

---

90 vgl. hierzu auch das Anforderungs-Kontroll-Modell von Karasek und Theorell 1990.

Befragte, die aufgrund ihres Lehramtsstudiums ursprünglich mit einer Verbeamtung gerechnet hatten oder bereits einige Jahre an der Berufsschule unterrichteten, sind unzufrieden mit einem befristeten Arbeitsverhältnis. Dahingegen empfindet ein Großteil der befragten DaZ-DaF-Lehrenden das befristete Arbeitsverhältnis als entlastend und zufriedenstellend:

> „Ich bin zwar nicht verbeamtet, weil ich nicht Lehramt studiert habe, sondern Magister Deutsch als Fremdsprache. Das Gehalt ist wirklich toll, das kann man nicht mit einer Honorarlehrtätigkeit vergleichen. Man hat einen Vertrag bis zu einem Jahr und das ist ein bisschen Sicherheit im Vergleich zu einem Integrationskurs auf Honorarbasis."

Die Befragte bezieht sich, wie auch die folgende Lehrkraft, auf das Arbeitsverhältnis zuvor und zieht aus dem Vergleich eine Aufwertung ihrer beruflichen und finanziellen Situation (vgl. dazu Kapitel 9.1.1).

> „Ne, also ich empfinde das auch tatsächlich das erste Mal in meinem Leben, wo ich mir halt denke, dass die Vor- und Nachbereitung auch wirklich mit in die Arbeitszeit miteinberechnet ist, empfinde ich so in DIESER Hinsicht, was so den Unterricht anbelangt, eigentlich eher eine große Entlastung im Gegensatz zu meinen vorherigen Erfahrungen #(.) [I: #hm=hm]. Also es ist quasi hier wird halt damit gerechnet, dass man halt KORRIGIEREN und vorbereiten muss und Arbeitsblätter."

<u>Möglichkeiten für den Einsatz persönlicher Stärken und Qualifikationen</u>
Weniger belastet fühlen sich Lehrkräfte, wenn sie bewusst wahrnehmen, dass sie in ihrer Tätigkeit ihre persönlichen Stärken und Qualifikationen entfalten können.

> „Ich hatte SCHON immer, also als ich noch am Gymnasium war, war das immer das, was meine Seminarlehrer zum Beispiel gelobt haben, war immer, dass ich es irgendwie schaffe, einen guten Draht zu den Schülern zu kriegen. Und das ist mir, glaub, ich in den BIK-Klassen, ist es ja noch leichter, das zu schaffen, und da das eh so ein bisschen meine persönliche Stärke ist, ja, hat das gut funktioniert einfach."

Werden die individuellen Ressourcen von Personen mit den richtigen Aufgaben gekoppelt, resultieren üblicherweise selbstwertdienliche Effekte auf verschiedenen Ebenen.

> „Und OHNE jetzt mich irgendwie zu loben, aber die Rückmeldung habe ich von ALLEN Kollegen in der ganzen Schule gekriegt: ,Es hätte kein anderer machen können wie du.' Weil wenn ich etwas mache, dann will ich das einigermaßen vernünftig machen und da geht halt dann schon (zu) viel Zeit (rum) und ich beiß mich halt rein und MOMENTAN ist mein Vorteil noch, dass ich relativ gut mit den Schülern kann #(.) [I: #hm=hm]. Egal ob es in Fachklassen ist oder mit denen. Momentan kann ich noch relativ gut mit denen auskommen. Und wenn die Sekretärinnen sagen: ,Ha, wie kommst du mit denen zurecht? Ich hätte da Angst, dass ich mit denen...' Da habe ich gesagt: ,Das sind ganz normale

Leute. Die können halt kein Deutsch.' Also von dem her gesehen, TAUGTS mir schon #(.)
[I: #hm=hm]. Aber es ist brutal anstrengend."

Das Tätigkeitsprofil der Arbeit in Berufsintegrationsklassen gibt folgender Lehrkraft die Möglichkeit, ihre absolvierten Qualifizierungen einzusetzen. Sie erzählt stolz:

„Ich habe auch die ganzen Qualifizierungen: Den Alphabetisierungskurs, den Orientierungskurs, die Prüferlizenz, das habe ich ALLES durchgemacht. Und seit 2007 mache ich nur das mit den Flüchtlingen."

<u>Wenig Verwaltungs-/Organisationsaufwand</u>
Für manche Lehrkräfte ist der sehr hohe Verwaltungs- und Organisationsaufwand in Berufsintegrationsklassen belastend (vgl. Kapitel 8.3.1).

Lehrkräfte wünschen sich von ihrer Führung, d.h. der Abteilungsleitung oder der Schulleitung, dass sie möglichst wenig Verwaltungs- und Organisationsaufwand neben dem Unterricht samt Vor- und Nachbereitung haben.

„Das heißt, es ist für die Lehrkraft AUF JEDEN FALL eine entlastende Funktion, wenn das ORGANISATORISCHE weggehalten wird, sprich wenn die Führung sich ganz klar um diese Strukturen, um die Organisation kümmert"

Auch Abteilungsleitungen klagen jedoch über den hohen Verwaltungs- und Organisationsaufwand (vgl. Kapitel 8.3.2). Hilfreich ist für Lehrkräfte und Abteilungsleitungen, wenn möglichst viel Verwaltungs- und Organisationsaufgaben an eine speziell dafür angestellte Person delegiert werden kann.

„Der Papierkram ist ein bisschen viel, aber langsam reduziert er sich ein wenig, weil wir noch eine Sekretärin bekommen haben."

<u>Klare Schulregeln</u>

Lehrkräfte berichten davon, dass ein fest eingeführtes und transparentes Regelsystem den Schul- und Unterrichtsalltag positiv beeinflusst. Nicht nur, um die Disziplin der Schüler zu fördern, sondern auch als Orientierungsrahmen für Lehrkräfte.

<u>Konsequenzen bei Regelbrüchen</u>
Lehrkräfte berichten, wie wichtig es ist, klare Konsequenzen bei Regelbrüchen aufzustellen und einzuhalten. Zwei der Lehrkräfte berichten: Je härter die Konsequenz, desto stärker die Wirkung in Berufsintegrationsklassen.

„Also sobald es ums Geld geht oder um Folgen und Konsequenzen, die dann wirklich weh tun, dann klappt es, sozusagen."

Abwechslung durch Lehreinsatz bei leistungsstärkeren Schülern

Vor allem DaZ-/DaF-Lehrkräfte empfinden es als bereichernd, neben leistungsschwachen Schülern auch leistungsstärkere Klassen zu unterrichten – seien es leistungsstärkere Berufsintegrationsklassen, reguläre Fachklassen oder anderweitige Kurse.

Einer Lehrkraft, die sich belastet vom langsamen Lernfortschritt der Schüler fühlt und teilweise dadurch Zweifel an den eigenen Lehrerkompetenzen hegt, hilft ein externer Kurs bei bildungsstarken Migranten:

> *„Der Ausgleich ist, dass ich manchmal auch stärkere Schülerinnen und Schüler unterrichte. Aber NUR schwache Klassen, NUR laute Klassen – gute, starke Schüler sind auch laut, muss man sagen – ja, das ist dann mein Ausgleich. Das motiviert mich dann. […] Ja und ich mach auch nebenbei – Ich prüfe hier im Landkreis die ganzen Integrationskurse und ich mache immer Kurse in Firmen, dort hab ich Inder, Engländer, die sehr schnell lernen. Und das ist dann MEIN persönlicher Ausgleich. Dass ich dann mit den schnellen Lernern das aufholen kann, was ich hier verliere. Verlieren im Sinne von meiner Lehrerkompetenz."*

Zu bedenken ist hier jedoch, dass der Einsatz in Klassen unterschiedlicher Leistungsniveaus auch ein höheres Maß an Unterrichtsvorbereitung bedarf.

Fortbildungen

Die Lehrkräfte erklärten, dass es mittlerweile ein ausgebautes Fortbildungsprogramm gäbe, welches teilweise sehr hilfreich für die Tätigkeit in Berufsintegrationsklassen ist.

> *„Da haben wir eben auch eine Fortbildung dazu gehabt und da kann man sich viele Sachen viel besser erklären und wird dann auch nicht mehr so sauer auf die Schüler. Also, eben, es gibt da schon einige kulturelle Besonderheiten, die dich als Lehrer auf die Palme bringen."*

Gleichermaßen gäbe es jedoch keine hinreichenden Fortbildungen zum Thema der inneren Differenzierung, da herkömmlich geschulte Differenzierungsmethoden nach Ansicht der Befragten Lehrkräfte bei den Schülern in Berufsintegrationsklassen aufgrund des hohen Anteils an selbständigem Arbeitens nicht greifen:

> *„Wir sind alle geschult. Wir wissen, wie wir zu differenzieren haben. Aber: Das, was wir in den Fortbildungen hören ist sehr schwer umsetzbar. Beispiel: Ich mach Gruppenarbeit, Schülerautonomie und so weiter. Die sollen ein Plakat erstellen oder sonst was. Aber das hilft nicht. Sie können nicht arbeiten. Aber das funktioniert nicht. Die anderen sind schon ungeduldig, haben schon die Lust verloren. Gruppenarbeit funktioniert nicht. Selbst lernen funktioniert nicht. Was funktioniert nicht? Binnendifferenzierung funktioniert nicht."*

Netzwerke
Netzwerke zu verschiedenen Institutionen sind für die Lehrkräfte in Berufsintegrationsklassen eine wichtige Bewältigungsressource (vgl. hierzu auch ISB 2017a; Riedl und Simml 2016b). Riedl und Simml (2016) listen in folgender Abbildung gewinnbringende Netzwerkpartner für die Beschulung von neu Zugewanderten und Flüchtlingen auf:

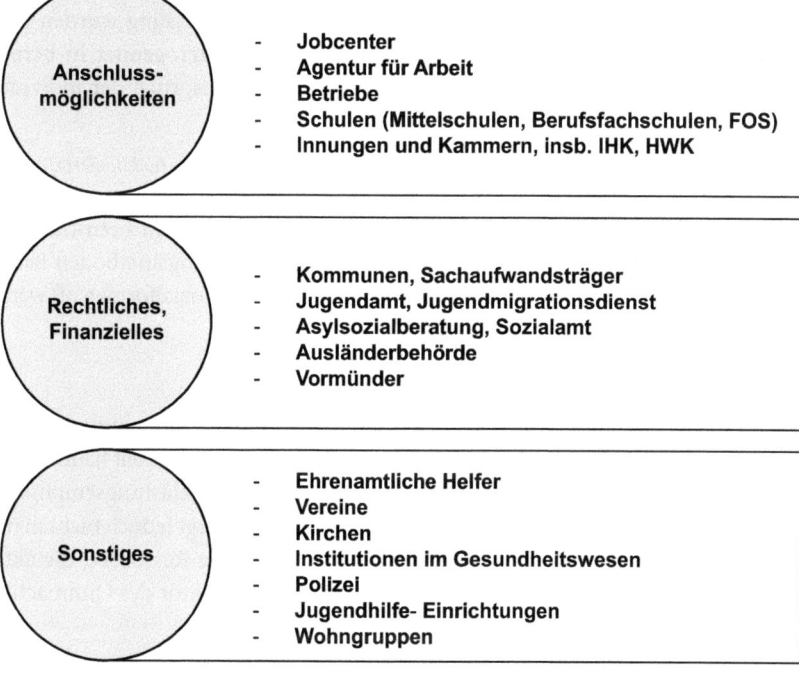

Abb. 27: Netzwerkpartner in der Berufsintegration (Riedl und Simml 2016, S. 17)

Eine Abteilungsleitung erklärt, dass sie nur noch sehr wenige Stunden unterrichtet, weil es sehr wichtig ist, der Netzwerkpflege samt den organisatorischen Aufgaben genug Raum und Zeit zu widmen:

„Ich bin der Rückenfreihalter, der Geldbesorger, der Ideenverwirklicher, der den Laden zusammenhält, der für die Probleme da ist, um diese zu lösen, der, wenn es mal hart auf hart kommt [...] UND natürlich bin ich auch derjenige, der das Netzwerk knüpft."

Homogenisierung der Klassen durch äußere Differenzierung

> *„Hilfreich ist übrigens, die Klassen weitgehend zu differenzieren. Wenn die homogenisiert sind, erleichtert das das Ganze schon."*

Um der breiten Heterogenität der Schülerschaft zu begegnen, führen die Schulen zu Beginn der Beschulung Einstufungstests durch und homogenisieren die Klassen meist nach Sprachniveau, soweit möglich (vgl. Kapitel 4.5.2).

Teilungsstunden

Mit Teilungsstunden bzw. Klassenteilungen oder Team-Teaching wurden gute Erfahrungen gemacht, um der nach wie vor breiten Heterogenität in bereits homogenisierten Klassen entgegenzuwirken und dem Anspruch der individuellen Förderung gerecht zu werden.

> *„Wir haben auch viele geteilte Klassen mit 10 Personen. [...] Gut, dann funktionierts."*

Denn viele der Schüler in BIK verfügen nicht über ausreichend Lernstrategien und Konzentrationsvermögen, sodass innere Differenzierungsmethoden basierend auf schülerzentriertem Unterricht oder selbständigen Sozialformen oft wenig effektiv sind (vgl. Kapitel 8.3.1).

Kaum/keine Abschiebungen

Die Befragten berichteten zu Beginn des Befragungszeitraums von nur sehr wenigen Abschiebebescheiden. Erst mit fortgeschrittener Befragungszeit häuften sich die Konfrontationen mit Abschiebebescheiden, womit das Belastungsempfinden zunahm (vgl. Kapitel 8.3.1). Diese Bewältigungsressource liegt jedoch nicht in der schulischen Entscheidungsbefugnis und ist insofern keine Ressource, die aktiv genutzt oder gefördert werden kann, was den Belastungsfaktor des Ohnmachtsgefühls verstärkt (vgl. Kapitel 8.3.1).

Sozialpädagogen

Sozialpädagogische Fachangestellte als weitere Anlaufstelle für individuelle Problemlagen der Schüler entlasten die BIK-Lehrkräfte. Auch in speziellen Situationen, wie folgende Lehrkraft schildert, helfen die sozialpädagogische Fachkompetenzen:

> *„Ich hatte einmal eine Situation, da kam tatsächlich dann die Polizei ins Klassenzimmer. Das war für mich schlimm und für die Schüler auch schlimm und das war echt so eine Situation, auf die ist man eigentlich nicht so vorbereitet und da weiß man dann auch nicht, was man machen soll und ich hab dann auch die – wir haben ja Gott sei Dank so eine Sozialpädagogin, die sich in so Krisensituationen ein bisschen auskennt."*

Verteilung der Aufmerksamkeit auf viele Schüler
Die Intensität der Beziehung zu Schülern ist nach Aussage der Lehrkräfte bei Klassenleitungen üblicherweise höher als bei Fachlehrkräften, die nur stundenweise in den Klassen unterrichten. Ist die Aufmerksamkeit auf viele verschiedene Klassen bzw. Schüler verteilt, hilft das den Lehrkräften, die nötige Distanz zu den Schicksalen und Problemen der Schüler zu halten (vgl. Kapitel 8.3.1).

"Ich war letztes Jahr hauptsächlich in einer Klasse drin und da kriegt man halt viel viel mehr mit #(.) [I: #hm=hm]. Und dieses Jahr bin ich eigentlich fast in ALLEN Klassen und jeweils nur ein paar Stunden [...] und dann streut sich das."

Ehrenamtliche Helfer und Betreuer
Ehrenamtliche Helfer und Betreuer der jungen Fluchtmigranten sind in bestimmten Situationen eine Hilfe für BIK-Lehrkräfte, obgleich die Entlastung durch ehrenamtliche Mithilfe aufgrund der mangelnden Professionalität teilweise auch unter den Lehrkräften kontrovers diskutiert wird (vgl. Riedl und Simml 2016, S. 32). Eine Lehrkraft berichtet dazu:

"Es gibt ja solche Helferkreise, die irgendwie tätig sind, auch wenn sie nicht immer alles richtig machen. Aber es ist doch erstaunlich, dass, Gott sei Dank, auch die Zivilbevölkerung noch viel tut und tuen will. [...] Also es ist schon nochmal eine andere Nummer, wenn jemand einen Betreuer hat, oder KEINEN. Wenn er keinen Betreuer hat, da habe ich auch den Fall, dann geh ICH halt mal mit zum Arzt, oder zu solchen Terminen, weil sonst niemand dabei ist."

Multiprofessionelles Team

"UND die Multiprofessionalität, aber das habe ich ja schon gesagt. #(.) [I: #hm=hm] Man braucht die unterschiedlichen Fachkräfte."

Eine Lehrkraft betont, wie bereichernd die verschiedenen Professionen im BIK-Team sind (vgl. 4.6.2). Allerdings ist eine effektive Zusammenarbeit zwischen mehreren Disziplinen nicht selbstverständlich, sondern benötigt gewisse Voraussetzungen und Rahmenbedingungen (vgl. Simml und Thiel 2019).

8.5.4 Soziale Unterstützung

Bevor auf die zugehörigen Kategorien aus den Interviews eingegangen wird, fließen Erkenntnisse, die aus dem Fragebogen AVEM zur empfundenen sozialen Unterstützung der Befragten hervorgehen, mit ein. Der eingesetzte Fragebogen

AVEM misst die subjektiv wahrgenommene soziale Unterstützung vonseiten der Lehrkräfte.[91]

Schaarschmidt (2005a), welcher den Fragebogen AVEM federführend konzipierte, schreibt zwischenmenschlichen Beziehungen ein großes Potential zu: „Es ist dabei insbesondere das Erleben sozialer Unterstützung, dem offensichtlich eine entscheidende Schutzfunktion in der Auseinandersetzung mit den täglichen Anforderungen zukommt" (ebd., S. 78). Dabei profitieren Frauen mehr von sozialer Unterstützung und sind gleichermaßen stärker von ihr abhängig (vgl. z.B. Schaarschmidt 2005a; Schwarzer und Leppin 1989).

Welche geschlechtsspezifische Wahrnehmung der sozialen Unterstützung aus AVEM bei den befragten Lehrkräften in Berufsintegrationsklassen resultiert, zeigt Abb. 28:

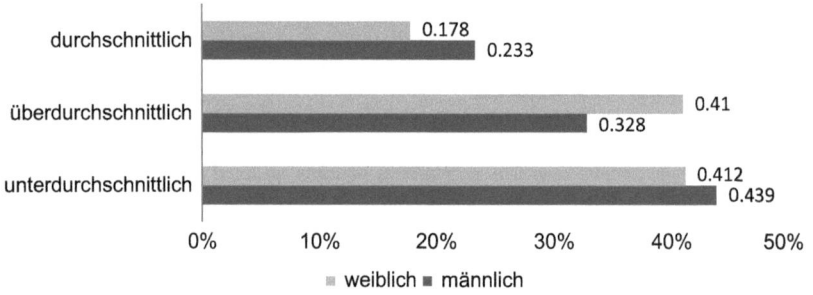

Abb. 28: Wahrnehmung sozialer Unterstützung nach Geschlecht

Hinsichtlich der Wahrnehmung sozialer Unterstützung unterscheiden sich die männlichen und weiblichen Fragebogen-Teilnehmer am stärksten im überdurchschnittlichen Bereich: 8,2% mehr Frauen als Männer nehmen die soziale Unterstützung überdurchschnittlich stark wahr. Dahingegen ähneln sich die Werte im unterdurchschnittlichen Bereich stark (Frauen 41,2%; Männer 43,9%). Im durchschnittlichen Bereich liegen die männlichen Lehrkräfte mit 23,3% vor den Frauen (17,8%).

---

91 Erhaltene Unterstützung bewirkt nicht zwingend eine positive Wirkung. Entscheidend ist die subjektive Bewertung des Betroffenen, also die *wahrgenommene* Unterstützung (vgl. Schwarzer 1996, S. 177).

Unabhängig von geschlechtsspezifischen Unterscheidungen veranschaulicht die folgende Abbildung des Weiteren die Wahrnehmung der sozialen Unterstützung zwischen den AVEM-Mustern:[92]

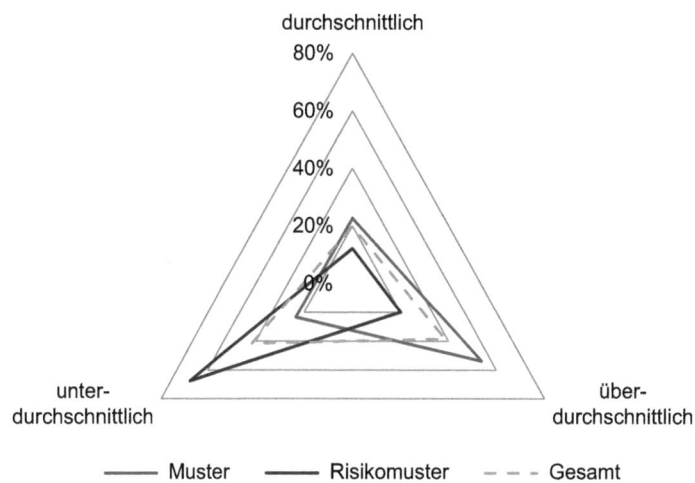

Abb. 29: Wahrnehmung sozialer Unterstützung nach (Risiko-)Muster

Insgesamt ist deutlich erkennbar, dass sich die Risikomuster A, B und A/B weniger sozial unterstützt fühlen als Muster G, S und G/S. So erzielen über zwei Drittel der Risikomuster (67,8%) einen Wert im unterdurchschnittlichen Bereich, wohingegen über die Hälfte der Muster (53,9%) einen überdurchschnittlichen Wert erreichen. Auch im Durchschnitt liegen die Muster mit 22,7% deutlich über den Risikomustern mit 12,1%. Insgesamt lässt sich in der Gesamtgruppe eine ausgewogene Verteilung zwischen über- und unterdurchschnittlichem Empfinden sozialer Unterstützung feststellen. 38,6% liegen im überdurchschnittlichen Bereich, 19,8% im Durchschnitt, der Rest (41,8%) erzielt einen unterdurchschnittlichen Wert.

---

92 „Erleben sozialer Unterstützung" ist die 11. Dimension des AVEM-Fragebogens (vgl. Kapitel 6.3.3), woraus die in Abb. 29 ersichtlichen Eckpunkte hervorgehen. Die Muster G, S, G/S werden als *Muster* und die Muster A, B und A/B als *Risikomuster* bezeichnet.

Soziale Unterstützung kann ganz konkret für verschiedene Personen unterschiedlich aussehen. Im Folgenden werden die Unterkategorien zur sozialen Unterstützung dargestellt, welche aus den Interviews resultieren:

Angenehme Atmosphäre im Team, wertschätzender Umgang
Lehrkräfte berichten, dass die angenehme Atmosphäre im Kollegium und der respektvolle und wertschätzende Umgang miteinander eine große Bewältigungsressource ist.

> *„Ja, was hilft – was hilft ist der WERTSCHÄTZENDE UMGANG miteinander. Das ist für mich das A und O."*

In der Lehrerbelastungsforschung kristallisiert sich häufig heraus, dass sich Lehrkräfte als Einzelkämpfer fühlen und ihnen die Unterstützung des Kollegiums fehlt (vgl. Kapitel 3.2.3). „Vor allem aber erscheint das Sprechen über den eigenen Unterricht problematisch: denn generell lassen sich im Unterricht Berufstätigkeit und Persönlichkeit nicht treffen. […] Erfolge und Misserfolge nehmen Lehrer selbst häufig als Ergebnis der eigenen Persönlichkeit und Qualifikation wahr" (Rothland 2007b, S. 259).

Lehrkräfte in Berufsintegrationsklassen berichten jedoch durchweg von einer offenen, wohltuenden und angstfreien Atmosphäre.

> *„Und ich glaube einfach auch, eine gute Atmosphäre am Arbeitsplatz ist, #(.) [I: #hm = hm] glaube ich, auch total entlastend, weil ich weiß, selbst wenn ich einfach mal jetzt einfach keine Ahnung, ein scheiß Gefühl habe, wenn ich aus einer Klasse raus komme #(.) [I: #hm = hm], dann wenn ich ins Büro komme, weiß ich, da IST jemand, mit dem kann man quatschen, sich mal schön – ja auf Gutdeutsch auskotzen"*

Enger Austausch sowie gegenseitige Hilfe und Zusammenarbeit im Team
Neben der emotionalen Unterstützung, sind auch materielle Hilfen und die reziproke Kooperation, aus welcher Synergien hervorgehen, große Bewältigungsressourcen für die Lehrkräfte:

> *„Gerade jetzt mit Ethik habe ich mich mit einer jungen Kollegin kurzgeschlossen, die in der Parallelklasse auch Ethik unterrichtet, und wir entwickeln beide unsere Arbeitsmaterialien und tauschen uns darüber aus. Das ist dann so ein Geben und Nehmen und man kommt dadurch auf neue Ideen und ganz andere Materialien. Das macht mir schon Spaß."*

Zerstreuung in der Freizeit
Lehrkräften hilft des Weiteren, wenn sie im Privatleben abgelenkt sind und nicht an die Arbeit denken:

> *„Es ist mir auch wichtig, dass es nicht die ganze Zeit Thema ist".*

Zerstreuung in der Freizeit und privater Ausgleich sind wichtig, um immer wieder Phasen der Entspannung zu erleben. Treten nach längeren Phasen der Anstrengung nicht wieder Erholungsphasen ein, äußert sich dies in psychischem und physischen Stress (Selye 1950, 1957).

> „Ein gutes Privatleben, auch ein Privatleben, das NICHTS mit Schule zu tun hat. Dieser Ausgleich hilft mir TOTAL, muss ich sagen. Ich habe auch KEIN schlechtes Gewissen: Wir haben uns jetzt ein Haus gekauft. Die Überlegung war auch, ob wir noch jemanden mit dort wohnen lassen, aber ich sagte: ‚NEIN das geht nicht!' […] Ich brauche am Abend und am Wochenende wirklich meine RUHE."

Gespräche mit Kollegen
Im Gegensatz zu nahestehenden Vertrauenspersonen im privaten Umfeld haben für manche Interviewpartner Gespräche mit Kollegen den Vorteil, dass sie die Gegebenheiten authentischer nachvollziehen und dadurch häufig empathischer regieren können:

> „Als Bewältigung ((lacht)) kann ich vielleicht noch sagen, auch DA finde ich das Team unglaublich hilfreich. Also es ist vielleicht auch eine Typ-Sache, aber ich bin einfach so: Ich muss mir Sachen von der Seele reden #(.) [I: #hm=hm]. Und ich mach das GERN mit den Leu-, also mir hilft das eigentlich auch fast NUR, das den Leuten zu erzählen, die wissen, von was ich rede #(.) [I: #hm=hm]. Also entweder hier in# [I: #hm=hm] Schule oder in der Fahrgemeinschaft #(.) [I: #hm=hm], die wir haben, wenn wir nach [Ort 2 in BAY] zurückfahren. ODER ich telefoniere mit meinen alten Kollegen #(.) [I: #hm=hm], da habe ich auch noch Kontakt, und erzähle DA was, da kann ich mir etwas von der Seele reden, das funktioniert nur ganz wenig mit meinen anderen Freunden, die auch Lehrer sind, VIELE #(.) [I: #hm=hm], aber die von dem ganzen Flüchtlingsbereich wenig Ahnung haben #(.) [I: #hm=hm]. Da funktioniert das nicht. Auch meinem Freund: Ich kann das dem ERZÄHLEN und er interessiert sich auch dafür, aber das hilft mir nicht so viel #(.) [I: #hm=hm]. […] da sind die Kollegen hier schon die Anlaufstelle Nummer eins."

Konstruktives Feedback und Lob
Konstruktives Feedback und Lob ist ebenfalls eine Form der erlebten positiven sozialen Unterstützung bei befragten Lehrkräften. Insbesondere schätzen Lehrkräfte hierbei positive Rückmeldungen vonseiten ihrer Abteilungsleitungen, welche ihnen Bestätigung und Sicherheit in ihrem Handeln gibt.

> „Von meinem Vorgesetzten, der versucht uns immer – also zumindest mir – immer Rückhalt zu geben und sagt, das ist alles richtig, was wir machen. Weil wir hatten ja bis vor kurzem keinen Lehrplan. Sogar jetzt ist der noch nicht offiziell abgesegnet, soweit ich weiß. Und man musste halt schon seine Linie finden."

Harmonisches soziales Umfeld und Unterstützung im Privatleben

Die Bewältigungsressource des harmonischen sozialen Umfelds nimmt Bezug auf nahestehende Menschen wie Freunde oder Familie sowie auf Rahmenbedingungen im privaten Bereich, die einem wohltuen und unterstützen.

> *„Wenn die Familie nicht dahintersteht, dann ist das das Letzte [...]. Die Familie MUSS dahinterstehen."*

Gefühl der Wertschätzung vonseiten der Schüler sowie der Schulleitung

Manche Interviewpartner berichten, dass sie von ihrer Schulleitung für ihre Tätigkeit in Berufsintegrationsklassen besonders geschätzt werden und viel Aufmerksamkeit erfahren. Dies ist möglicherweise auch der Aktualität und Relevanz des Themas Fluchtmigration innerhalb Deutschland zuzuschreiben sowie der BIK als neu eingeführten Klassenform.

Des Weiteren berichten vor allem die befragten Berufsschullehrkräfte[93] sehr positiv von dem erlebten Gefühl der Wertschätzung vonseiten der Schüler sowie auch vonseiten der Schulleitung.

In regulären Fachklassen der Berufsschule erleben die Berufsschullehrkräfte oft unmotivierte und undankbare Schüler, die oftmals keine Lust auf Bildung und Unterricht haben. Bei einem großen Teil der Schülerschaft in Berufsintegrationsklassen erleben die Lehrkräfte, dass Schule nicht für selbstverständlich gehalten wird und sie als Lehrperson für ihre Bemühungen geschätzt werden.

> *„Ich hab schon wieder das Gefühl, ich hab Schüler, die gerne da sind. Das vermisst man im deutschen Unterricht. Das ist für viele ne Qual die Schule. Aber wenn man einen Schüler hört – und ich kann keinen aufnehmen, weil die Klasse voll ist – und er sagt: ‚Ich brauch keinen Stuhl, nur einen Stift', dann ist das sowas, was total positiv ist. Und ich hab schon das Gefühl, dass die meisten Schülerinnen und Schüler gerne in die Schule gehen."*

Auch wenn der Lernfortschritt teilweise sehr langsam vorangeht, ist es für viele Lehrkräfte bereits eine Bewältigungsressource, den Willen und die Motivation beim Schüler bzw. der Schülerin zu erkennen:

> *„Die Flüchtlinge sind eher Leute, die NICHT KÖNNEN, aber wollen, auf Grund der Sprache, und dann gibt es noch ein anderes Metier, die sagen, dass sie können, aber NICHT WOLLEN. Es ist für mich auch sehr gewinnbringend, wenn man merkt, die Leute wollen lernen, haben Spaß daran und sehen einen Sinn dahinter."*

---

93 Personen, die Lehramt für berufliche Schulen studiert haben und bereits längere Zeit an der Berufsschule unterrichten.

Herzlichkeit der Schüler
Während in der Lehrerbelastungsforschung das Schülerverhalten häufig unter den stärksten Belastungsfaktoren ist (vgl. Kapitel 3.2.1), schreiben Lehrkräfte ihren Schülern in Berufsintegrationsklassen bereichernde Merkmale zu, wie auch die eben genannte Kategorie zur Wertschätzung vonseiten der Schüler bereits widerspiegelt. Darüber hinaus wurde häufig explizit auf die Herzlichkeit der Schüler als Bewältigungsressource hingewiesen:

„Ich gehe auch gerne in die Klasse und es freut mich sehr, wenn ich von den Schülern herzlich empfangen werde und sie sich freuen, wenn ich in die Klasse komme. Das ist auch motivierend für mich"

Vor allem im Abgleich zu anderen Klassen empfinden Lehrkräfte die Herzlichkeit in Berufsintegrationsklassen als sehr wohltuend.

„Also ich hab noch nie so viel Herzlichkeit erfahren irgendwo in Klassen wie da."

8.6 Übereinstimmende Mustertypen bei enger Zusammenarbeit

Im Rahmen des Modellprojekts „Perspektive Beruf für Asylbewerber und Flüchtlinge" wählen viele teilnehmende Schulen jeweils eine Lehrkraft aus, die zusammen mit der Projekt-/Abteilungsleitung[94] aktiv am Modellprojekt (z.B. an den regelmäßigen Arbeitstagungen) teilnimmt. Die Abteilungsleitung sowie die ausgewählte Lehrkraft stehen dadurch in engem Kontakt. Am Fragebogen AVEM haben sieben solcher „Pärchen" teilgenommen. Betrachtet man deren Muster-Ergebnisse, fallen pro Schulstandort Übereinstimmungen auf: In sechs Fällen sind die Musterzuordnungen der Abteilungsleitung sowie der Lehrkraft identisch. Jeweils zwei „Pärchen" erreichen die Muster G und A und zwei Kollegen stimmen im Muster S überein. In einem Fall stimmen die beiden Lehrkräfte darin überein, dass aus den von ihnen angegebenen Daten im Rahmen von AVEM keine Musterzuordnung vorgenommen werden kann, d.h. keines der Muster G, S, A oder B (oder Musterkombinationen daraus) treffen auf sie zu. Wenn man die Datensätze dieser beiden Lehrkräfte näher betrachtet, findet man trotzdem viele Parallelen: Beispielsweise liegen beide hinsichtlich ihres Erfolgserlebens im überdurchschnittlichen Bereich und können sich nur unterdurchschnittlich von ihrer Arbeit distanzieren.

---

94 Die Projektleitung ist in fast allen Fällen auch die Abteilungsleitung der Berufsintegration, deshalb werden die Begriffe innerhalb dieser Arbeit synonym verwendet.

Im einem von sieben „Pärchen" unterscheiden sich die Kollegen eines Schulstandortes in Bezug auf ihren Mustertyp: Die Abteilungsleitung erreicht die Musterkombination A/B, die kooperierende Lehrkraft G/A. Unterschiede zwischen den beiden liegen beispielsweise in den Kategorien Erfolgserleben oder der Wahrnehmung sozialer Unterstützung, in welchen die Lehrkraft im Gegensatz zur Abteilungsleitung jeweils im überdurchschnittlichen Bereich liegt. Die Kategorie Distanzierungsfähigkeit fällt hingegen bei beiden unterdurchschnittlich aus.

Dass sechs von sieben „Kollegenpärchen" in ihren Musterzuordnungen übereinstimmen, wirft unterschiedliche Hypothesen auf (vgl. auch Kapitel 9.2), die dieses Phänomen erklären könnten: Ein möglicher Erklärungsansatz könnte sin, dass die Führungskräfte bzw. in diesem Fall Abteilungsleitungen sich womöglich ihre assistierende Lehrkraft nach Verhaltensweisen und Eigenschaften ausgewählt haben, die den eigenen ähneln. Eine andere Hypothese wäre, dass die ausgewählten Lehrkräfte sich dem arbeitsbezogenem Verhalten der Abteilungsleitung angepasst haben und durch die enge Zusammenarbeit Arbeitsweisen und Einstellungen ihres Vorgesetzten übernommen haben. Des Weiteren sollten auch die unterschiedlichen Rahmenbedingungen der jeweiligen Schulstandorte als Einflussfaktor zur Musterprägung in Erwägung gezogen werden (vgl. hierzu auch Kapitel 8.3.5).

8.7 Unterschiede im Vergleich zu Tendenzen der bestehenden Lehrerbelastungsforschung

Kapitel 3.2 fasst zusammen, welche Belastungsmerkmale in der Lehrerbelastungsforschung wiederkehrend auftreten. In Anknüpfung daran wird im Folgenden dargestellt, ob und wo sich die Belastungsfaktoren von BIK-Lehrkräften von den Belastungsfaktoren aus der bisherigen[95] Lehrerbelastungsforschung (unter besonderer Berücksichtigung der beruflichen Schulen) unterscheiden.

8.7.1 Tätigkeiten

Unterrichten ist eine zentrale Tätigkeit jeder Lehrkraft. In verschiedenen Studien geben Lehrkräfte an, dass sie den Druck der „Stofffülle" und die Zwänge der Lehrpläne sowie die gezielte Prüfungsvorbereitung als belastend empfinden

---

95 Unter *bisheriger* Lehrerbelastungsforschung wird die bestehende Belastungsforschung bei Lehrkräften unterschiedlicher Schulformen verstanden. Lehrkräfte in Berufsintegrationsklassen wurden zum Erhebungszeitpunkt noch nicht auf das Belastungserleben untersucht.

(vgl. z.B. Merz 1979; Hüfner 2003). Im Gegensatz zu regulären Fachklassen an Berufsschulen sind Berufsintegrationsklassen nicht darauf ausgelegt, eine festgelegte Abschlussprüfung zu absolvieren,[96] eine gezielte Prüfungsvorbereitung ist nicht zwingend[97] notwendig. Auch der Lehrplan für Berufsintegrations- und Sprachintensivklassen (vgl. ISB 2017c) lässt den Lehrkräften viel Spielraum. Dementsprechend beklagen sich die Lehrkräfte zu keiner Zeit über den Druck durch die curricularen Inhalte, die sie in der begrenzten Zeit vermitteln müssen.

In der Lehrerbelastungsforschung ist auch die Belastung durch Vor-/Nachbereitung ein wiederkehrendes Thema. Sie wird verstärkt, je weniger Unterrichtsmaterialien zur Verfügung stehen und je größer die Schülergruppen sind (vgl. z.B. Redeker 1993; Engelhardt 1982; Landert 1999). Obwohl zum Zeitpunkt der Befragung kaum zielgruppenspezifische Unterrichtsmaterialien für die einzelnen beruflichen Fachbereiche zur Verfügung standen, die Heterogenität in den Berufsintegrationsklassen enorm ist und dadurch der Grad an notwendiger innerer Differenzierung steigt, hat sich die Vor-/ Nachbereitung bei BIK-Lehrkräften mit Ausnahme einer Nennung nicht als wesentliche Belastung herausgestellt.[98]

Ein besonderer Aspekt in der Lehrerbelastungsforschung an beruflichen Schulen ist, dass es den Lehrkräften schwerfällt,

„ohne Praxis mit der Veränderung der Berufspraxis z.B. durch neue Technologien, immer Schritt zu halten. In der Berufsschule unterliegen berufliche und fachliche Anforderungen, bedingt durch den Fortschritt der Technik, einem ständigen Wandel" (Wulk 1988, S. 81).

Fachwissenschaftliche Veränderungen und der Wandel der Technik beeinflussen Berufsintegrationsklassen hingegen nur sehr gering, da die fachlichen Schwerpunkte hier vor allem auf Grundlagenkompetenzen liegen (vgl. ISB 2017c).

In Bachmann und Grunders (1999) Untersuchung an Berufsschulen ist ein weiterer belastender Bereich das „Delegieren der Erziehung an die Schule" (ebd., S. 223). Dies steht womöglich in Verbindung mit Wulks (1988) Erkenntnis, dass sich die befragten Lehrkräfte mehr mit dem Unterrichtsfach identifizieren als

---

96 vgl. hierzu StMUK 2016
97 Einige wenige Schüler werden allerdings von manchen Schulen auf den qualifizierenden Mittelschulabschluss vorbereitet.
98 Eine Lehrkraft äußerte sich aufgrund des hohen Arbeitsaufwands negativ gegenüber dem Aspekt „zielgruppenspezifische Aufbereitung des Unterrichtsmaterials". Allerdings arbeiten Verlage mittlerweile verstärkt an geeigneten Unterrichtsmaterialien und auch der gegenseitige Austausch der nun erarbeiteten Unterrichtsmaterialien der Lehrkräfte sollte diesen Belastungsfaktor im Laufe der Zeit verringern.

mit der pädagogischen Aufgabe (ebd. S. 96). Wohingegen Lehrkräfte an beruflichen Schulen sich demnach scheinbar weniger in der Rolle des Erziehers sehen als in der Rolle des Wissens-/Fachvermittlers, ist dies bei vielen Lehrkräften in Berufsintegrationsklassen umgekehrt der Fall. Manche BIK-Lehrkräfte genießen darüber hinaus die pädagogische Komponente ihrer Tätigkeit in diesen Klassen besonders. Dazu muss gesagt werden, dass BIK-Lehrkräfte sich überwiegend freiwillig und aus humanitären Gründen sowie der Lust auf neue Herausforderungen zu der Tätigkeit entschieden haben (vgl. Kapitel 8.4).

> *„Ich habe das Gefühl, dass ich in diesen Klassen seit langem wieder Pädagoge sein kann. Dass ich Leute erziehen kann. Dass ich Leuten weiterhelfen kann. [...] Das vermisst man im deutschen Unterricht."*

8.7.2 Schüler

Demotivierte Schüler oder Disziplinschwierigkeiten in Form von beispielsweise Provokationen, Mitarbeitsverweigerung oder Autoritätsuntergraben hinsichtlich der Lehrkraft ist in vielen Lehrerbelastungsstudien ein schwerwiegender Faktor (vgl. z.B. Baeriswyl et al. 2014; Belschner 1976; Dunham 1977; Krause und Dorsemagen 2007). Auch an beruflichen Schulen fühlen sich Lehrkräfte in ihrer täglichen Arbeit von solchen Verhaltensweisen der Schüler (wie z.B. verbale Provokationen, Unterrichtsstörungen u.ä.) belastet (vgl. Bachmann und Grunder 1999; Gehrke 2003; Wulk 1988).

Lehrkräfte in vorliegender Untersuchung gaben das (zwischenmenschliche) Verhalten der Schüler in Berufsintegrationsklassen nicht als Belastungsfaktor, sondern als Bewältigungsressource an.

> *„Du bist ja hier nicht nur Lehrkraft, sondern wenn du die Schüler irgendwie auf der Straße siehst, dann herzen und drücken sie dich, wie ich es in einer deutschen Schule oder mit deutschen Schülern noch nie erlebt habe. Weil da natürlich eine andere Nähe da ist und trotzdem wirst du auch sehr WOHL in der Schule als Respektsperson wahrgenommen."*

Nach Aussagen der Lehrkräfte schätzen die Schüler die Bildung, sehen die Lehrkraft als Autorität an und sind überwiegend motiviert zu lernen, wenngleich die Probleme hier an anderen Stellen liegen: Der Großteil der Schüler *möchte* zwar lernen, vielen fehlen allerdings wichtige Lernstrategien, die nötige Konzentration u.ä., weshalb der Lernfortschritt nur sehr langsam gelingt (vgl. Kapitel 8.3.1).

Zwar gibt es in Berufsintegrationsklassen darüber hinaus auch Disziplinschwierigkeiten wie zum Beispiel die Unzuverlässigkeit bei Hausaufgaben oder den hohen Lärmpegel innerhalb der Klasse. Interviewpartner beklagen sich auch über die Unpünktlichkeit und die häufigen Fehlzeiten ihrer Schüler, wofür manche Lehrkräfte jedoch wiederum aufgrund des Fluchthintergrunds und deren privaten Probleme viel Verständnis aufbringen. Diese Art der Disziplinschwierigkeiten spielen für die meisten Befragten allerdings keine Rolle, wenn es um den persönlichen und zwischenmenschlichen Kontakt zwischen ihnen und ihren Schülern geht. BIK-Lehrkräfte haben als Belastungsfaktor keinerlei Hinweise auf mangelnden Respekt vor der Lehrkraft oder geringe Wertschätzung der Bildung vonseiten der Schüler gegeben. Im Gegenteil: Die Lehrkräfte betonten, wie hoch ihre Schüler Bildung und Lehrkraft wertschätzen und wie herzlich diese sind. Vor allem die Herzlichkeit der Schüler wurde als zentrale Bewältigungsressource für ihre Tätigkeit genannt (vgl. Kapitel 8.5.4).

8.7.3 Abgrenzung

Die „Abgrenzung von der Arbeit" steht in vielen quantitativen Belastungsstudien in Verbindung mit beispielsweise der Arbeitszeit oder dem Gefühl, nie Feierabend zu haben, weil Arbeitszeiten für beispielsweise die Vor-/Nachbereitung von Unterricht nicht konkret geregelt sind (vgl. Hüfner 2003; Wilbers 2004; Wulk 1988).

Bei den Lehrkräften in Berufsintegrationsklassen wurde im Rahmen dieser Erhebung die Arbeitszeit nie in den Vordergrund des Belastungsempfindens gerückt. Vielmehr fällt die emotionale Distanzierungsproblematik ins Gewicht.

„Bei den Flüchtlingen geht es noch mehr um Chancen als bei den Deutschen. Ich fühle mich für meine Flüchtlingsschüler mehr verantwortlich als für normale Schüler."

Viele Lehrkräfte sehen sich als Vertrauensperson der Schüler und fühlen sich ein Stück weit in der Verantwortung für ihren weiteren Lebensweg, weil sie merken, dass die jungen Menschen ohne ihre Hilfestellungen vieles nicht bewältigen könnten. Das liegt beispielsweise daran, dass ein großer Teil der jungen Fluchtmigranten keine Familie vor Ort hat, gesellschaftliche und wirtschaftliche Zusammenhänge in Deutschland kaum kennt, die Sprache nur wenig beherrscht und in einer anderen Kultur sozialisiert wurde. Deren emotionale und herzliche Art der Dankbarkeit berührt viele Lehrkräfte, was die Beziehung zu den jungen Erwachsenen intensiviert.

„Man merkt sehr schnell, man ist Familienersatz."

Die Schüler haben im Heimatland oder auf der Flucht häufig viele schlimme, teils traumatisierende Situationen erlebt. Manchmal vertrauen sie ihre Geschichte den Lehrkräften an. Dazu kommen aktuelle Schwierigkeiten bedingt durch die asylrechtlichen Hintergründe: Die Unsicherheiten der Gestattung, Arbeitsverbote, Angst vor Abschiebebescheiden und vollzogene Rückführungen. Lehrkräfte können sich häufig nicht von den Schicksalen der Schüler abgrenzen und fühlen sich davon belastet. Verstärkt wird diese Problematik, wenn die Lehrkräfte ihre Schüler auf solche Entwicklungen vorbereiten müssen.

> *„Es ist vergleichbar mit einem Doktor. Wenn ein Doktor zum Patienten eine Krebsdiagnose oder eine unheilbare Krankheit diagnostizieren muss, der muss auch erst damit umgehen können. Man lernt damit immer besser umzugehen, aber es bleibt doch dann schon ein Kratzer auf der Seele übrig, also das ist unbestritten."*

8.7.4 Kollegium

Elementare Belastungsfaktoren von Lehrkräften nehmen in vielen Studien auf das Kollegium Bezug: Beispielsweise der Mangel an Solidarität, teilweise konfliktbehaftete Beziehungen sowie mangelnde Unterstützung (vgl. z.B. Bickhoff 2000; Döring-Seipel und Dauber 2013; Hillert 2016; Kyriacou 2001). Gehrke (2003) stellt auch bei Berufsschul-Lehrkräften eine erhöhte Unzufriedenheit mit der mangelnden kollegialen Unterstützung fest (ebd., S. 35).

Im Gegensatz zu diesen Befunden berichten die Lehrkräfte, die in Berufsintegrationsklassen unterrichten, das Gegenteil: Niemand schreibt dem Kollegium eine belastende Wirkung zu, vielmehr wird es als starke Bewältigungsressource wahrgenommen.

> *„Geteiltes Leid ist halbes Leid. Wir haben am Freitag um halb eins ist die Schule aus, dann treffen sich auch wieder ein paar Kollegen und dann heulen wir gemeinsam den Mond an und dann gehts danach schon wieder."*

Die Befragten empfinden die angenehme Atmosphäre und den wertschätzenden Umgang im BIK-Kollegium sowie den engen Austausch, die gegenseitigen Hilfestellungen, die enge Zusammenarbeit als sehr wohltuend und entlastend. Auch Dohmann et al. (2017) haben den Blick aus der Perspektive der DaZ-/DaF-Didaktik auf den Unterricht bei neu zugewanderten Menschen an berufsbildenden Schulen gerichtet und kommen zu dem Ergebnis, dass der kollegiale Austausch zwischen den Lehrkräften eine wichtige Bewältigungsressource ist (ebd., S. 311).

8.8 Vergleichende Fallanalyse

Das folgende Kapitel schildert verschiedene Realfälle, die aus den Daten der Leitfaden-Interviews hervorgehen. Diese werden in Orientierung an das transaktionale Modell des Lehrerstresses von Kyriacou und Sutcliffe (1978) zusammengefasst und analysiert (vgl. Kapitel 6.4f). Unter Berücksichtigung des transaktionellen Stressmodells werden die empfundenen Belastungen der einzelnen Interviewpartner aus subjektiver Perspektive geschildert. In Verbindung damit werden die individuellen Besonderheiten der Person (z.B. Bedürfnisse, Persönlichkeit, Erfahrungen o.ä.) damit in Verbindung gebracht und Bewältigungsressourcen sowie Abhängigkeitsvariablen des Belastungsempfindens herausgearbeitet.

Vergleichende Fallanalyse 193

Bei der Auswahl der Fälle wurde darauf geachtet, dass unterschiedliche Mustertypen[99] vertreten sind und eine insgesamt möglichst große inhaltliche Bandbreite an Belastungsfaktoren und Bewältigungsressourcen abgedeckt werden kann.

8.8.1 Fallbeispiel A

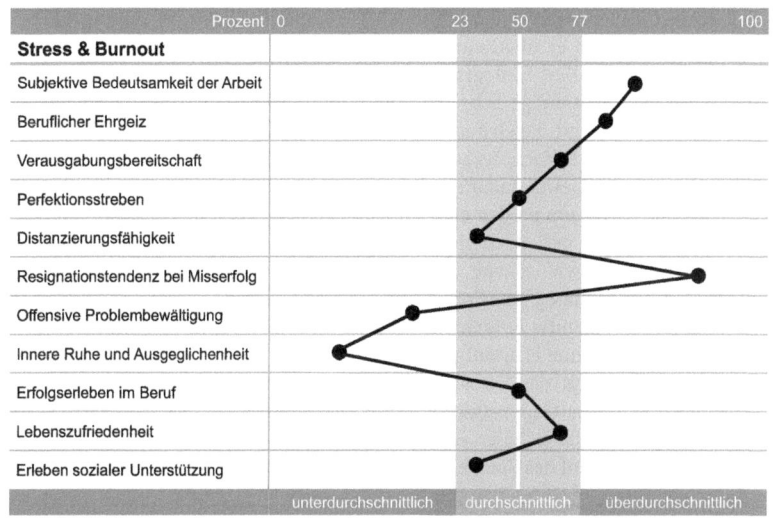

Fallbeispiel A:

Vorherrschendes Muster A

– *DaZ-Lehrkraft*
– *Studium Deutsch als Fremd-/Zweitsprache*
– *befristetes Arbeitsverhältnis auf ein Jahr*
– *seit vier Jahren in Berufsintegrationsklassen als Lehrkraft tätig*

Frau A hat Deutsch als Fremd-/Zweitsprache studiert. Vor ihrem Wechsel an die Berufsschule unterrichtete sie auf Honorarbasis bildungsstarke Einwanderer in Firmenkursen. Nebenher war sie auf konzeptioneller Ebene in dem Fachgebiet Deutsch als Fremd-/Zweitsprache (z.B. Erstellung von Lehrwerken) tätig.

---

99 Das höchste Risikomuster bei den Interviewpartnern ist die Musterkombination A/B; Es gab bei den Befragten der qualitativen Erhebung kein vorherrschendes Muster B.

> Zum Zeitpunkt der Befragung unterrichtet sie seit 4 Jahren in Berufsintegrationsklassen. Die sozialversicherungspflichtige Anstellung an der Berufsschule und das aus ihrer Sicht hohe Gehalt haben sie „gelockt". Sie war zu Beginn der Tätigkeit sehr motiviert und überzeugt davon, dass sie den jungen Fluchtmigranten mit ihrem großen Erfahrungsschatz in den beiden Berufsintegrationsjahren die deutsche Sprache lernen könne. Die subjektive Bedeutsamkeit ihrer Arbeit empfindet sie als überdurchschnittlich hoch.
> Mittlerweile überlegt sie allerdings, ihren Beruf als BIK-Lehrkraft zu wechseln. Sie fühlt sich seit ihrer Tätigkeit in Berufsintegrationsklassen stark belastet. Die hohe Motivation hat sich zur „Ausgelaugtheit" entwickelt.
> *„Ich bin ausgelaugt. Ich bin mit so viel Motivation gekommen. Also ich war so glücklich an dem Tag, als wir angefangen haben, vor vier Jahren. Und jetzt spekulier ich mit dem Gedanken, dass ich gehe. Ich brauch immer einen Ausgleich. Weil die Klassen sehr schwach sind. Das ist eine Pädagogik, die sehr sehr schleppend ist, sehr langsam ist. Es gibt viele Redundanzen, das nützt aber auch nichts, Hausaufgaben werden NICHT ernst genommen. Langsam hinterfrage ich meine Rolle in diesen Klassen."*
> Seit einiger Zeit verspürt sie arbeitsbedingte Kopfschmerzen, ist unausgeglichen und hinterfragt, ob es überhaupt Sinn macht, so viele Ressourcen und Mühen in die Schüler der Berufsintegrationsklassen zu stecken. Die hohe Lautstärke in den Klassen, das ständige Schreien, Disziplinschwierigkeiten und ausbleibende Erfolgserlebnisse sind die Gründe dafür. Die Resignationstendenz von Frau A ist überdurchschnittlich hoch. Kaum Schüler machen die Hausaufgaben und zeigen das Interesse, die Gewissenhaftigkeit und den Lernerfolg, den sie sich wünscht. Das lässt sie wiederum an den eigenen Kompetenzen als DaZ-Lehrkraft zweifeln. Ihr Ausgleich dazu ist jedoch eine leistungsstärkere Berufsintegrationsklasse, die sie unterrichtet, sowie externe Firmenkurse mit bildungsstarken Einwanderern, die in wenigen Monaten gute Sprachlernerfolge erzielen.
> Frau A hat folgendes Sprachlernverständnis, an welchem sie festhält: Sprachlernen geht nicht ohne Hausaufgaben und intensiver Auseinandersetzung mit der Sprache. Es benötigt das Verstehen von Strukturen, die aufeinander aufbauen. Ansonsten kann die DaZ-Lehrkraft keine Erfolge erzielen. Die feste Zielsetzung von Frau A ist, alle Schüler in Berufsintegrationsklassen innerhalb der zwei Beschulungsjahre auf das Sprachniveau A2 oder B1 zu bringen.

Frau A sieht sich in der Rolle der Fachvermittlerin des Deutschen als Zweitsprache und kann auch bei sehr leistungsschwachen Schülern nicht von dem Ziel-Sprachniveau A2 oder B1,[100] das sie für alle Schüler gleichermaßen festgelegt hat, abrücken (vgl. hierzu Kapitel 9.1.3).

---

100 Hinweis: Seit dem Schuljahr 2018/2019 (d.h. nach dem Zeitpunkt der Datenerhebung) ist vonseiten des Ministeriums vorgegeben, dass der Unterricht in Berufsintegrationsklassen „auf das Erreichen des Sprachniveaus B1 des Gemeinsamen Europäischen

„Ja ich bin DaZ Lehrkraft, ich möchte Ihnen DEUTSCH beibringen und ich möchte, dass es FUNKTIONIERT! Aber keine Sprache funktioniert, wenn – also lernen einer Sprache geht NICHT, ohne Hausaufgaben zu machen. […] Ich kann ihnen erklären, wie die Sprache funktioniert, die Strukturen plausibel erklären. Aber er kommt nichts zurück. Es wird nicht hinterfragt, es wird nicht vertieft, es werden KEINE Hausaufgaben gemacht. […] Wenn wir die Hausaufgaben nicht haben, können wir NICHT weiterunterrichten und die Sprache BAUT aufeinander auf. #(.) [I: #hm=hm] Meiner Meinung nach. Ich brauche eine Progression. Ich brauche Strukturen, die aufeinander bauen. Und wenn er mir ständig ohne Hausaufgabe kommt und die Sachen nicht lernt, dann kann ich ihn auch nicht weiterführen. […] Es helfen wenig Konsequenzen. Ich habe schon Verständnis, ich weiß wie die wohnen, ich bin geschult, mit was für Leuten ich zu tun habe. Mittlerweile gebe ich auch sehr wenig Hausaufgabe auf. Aber es REICHT NICHT. Wir haben auch ein ZIELniveau zu erreichen, das ist A2 oder B1."

Frau A sucht ihr Erfolgs-/und Selbstwirksamkeitserleben in erster Linie in den Leistungen ihrer Schüler. Als sie merkt, dass sie mit vielen Schülern das Ziel-Sprachniveau nicht erreichen kann, ist sie frustriert. Ihr Belastungsempfinden ist stark vom Erfolgserleben abhängig, was unter Berücksichtigung ihres Sprachlernverständnisses und ihrer hartnäckigen Zielverfolgung (vgl. Kapitel 9.1.3) dafür verantwortlich ist, dass Frau A sich im Gegensatz zu anderen Lehrkräften stärker vom langsamen Lernfortschritt und nicht gemachten Hausaufgaben belastet fühlt.

Erschwerend kommt hinzu, dass bisherige Bewältigungsmethoden bezüglich der Differenzierung heterogener Lerngruppen nicht funktionieren. Dass ihre Schüler beim Sprachlernen erfolgreich sind, ist ihr mitunter auch deshalb ungemein wichtig, weil sie daran ihre Kompetenzen als DaZ-Lehrkraft misst. Aufgrund solcher ausbleibenden Erfolgserlebnisse beginnt Frau A, an Ihrer eigenen Lehrerkompetenz zu zweifeln. Um dieser Belastung entgegenzuwirken, hilft es ihr, zusätzlich zu den Berufsintegrationsklassen leistungsstärkere Gruppen zu unterrichten.

„Ich prüfe hier im Landkreis die ganzen Integrationskurse und ich mache immer Kurse in Firmen, dort hab ich Inder, Engländer, die sehr schnell lernen. Und das ist dann MEIN persönlicher Ausgleich. Dass ich dann mit den schnellen Lernern das aufholen kann, was ich hier verliere. Verlieren im Sinne von meine Lehrerkompetenz. Weil man braucht ja schon irgendwie immer Bestätigung, dass jemand sagt: JA. Wenn ich sehe, dass der Kurs funktioniert. Aber das sind nicht die BIK-Klassen. Wenn ich meine Firmenkurse sehe, dass

---

Referenzrahmens (GER)" abzielt (StMUK 2018, S. 3). folgende Vorschrift für BIK erfolgt: Für den Lernbereich Spracherwerb Deutsch wurde der Zusatz „Der." aufgenommen. Die Benotung des Lernbereichs sowie der zugrundeliegende Unterricht sind entsprechend dieser Bemerkung vorzunehmen.

> *ich dort Erfolge verbuchen kann, dann denk ich mir: Es liegt doch nicht wirklich an mir, sondern an den Schülern, die wir hier an der Schule haben."*

Die Erfolge, die sie beim Unterrichten leistungsstärkerer Gruppen verspürt, helfen ihr, die empfundenen Misserfolge in Berufsintegrationsklassen nicht mehr internal, sondern external zu attribuieren (vgl. Kapitel 9.1.4). Gleichzeitig sind die bisherigen Erfahrungen mit leistungsstärkeren Migranten auch Grund für ihre hohe Erwartungshaltung an die Schüler in Berufsintegrationsklassen sowie die Enttäuschung über die nicht eintretenden Lernerfolge innerhalb der für sie langen Zeit von zwei Jahren.

> *„Auf zwei Jahre, das ist zum Beispiel im Vergleich mit den Integrationskursen, die dauern 6-9 Monate, das ist ja SEHR viel Zeit. Und TROTZDEM und trotzdem erreichen wir bei manchen Schülern dieses Niveau nicht."*

Frau A sieht keinen Sinn mehr in ihrer Tätigkeit und hat keinen Glauben an den Großteil ihrer BIK-Schüler:

> *„Wissen Sie, der wird dann von der Berufsschule in eine andere Maßnahme bei der bfz oder VHS reingesteckt. Da lernt er dann weitere Monate die Sprache, trotzdem hat er nichts gelernt. Der geht von Maßnahme zu Maßnahme. Und das ist alles ganz umsonst. Das ist Geld, was falsch investiert wurde".*

Frau A plant, sich zum nächsten Jahr auf eine andere Stelle zu bewerben und möchte nicht länger in Berufsintegrationsklassen unterrichten, obwohl sie das Arbeitsverhältnis und die finanzielle Entlohnung sehr schätzt:

> *„Ich war vorher Honorarlehrkraft und der Grund, dass ich hier angefangen habe, war das tolle Gehalt, die gute Bezahlung. Das ist eine sozialversicherungspflichtige Stelle, ich bin auch bei der Regierung angestellt. Ich bin zwar nicht verbeamtet, weil ich nicht Lehramt studiert habe, sondern Magister Deutsch als Fremdsprache. Das Gehalt ist wirklich toll, das kann man nicht mit einer Honorarlehrtätigkeit vergleichen. Man hat einen Vertrag bis zu einem Jahr und das ist ein bisschen Sicherheit im Vergleich zu einem Integrationskurs auf Honorarbasis."*

Im Gegensatz zu anderen Lehrkräften, die unzufrieden mit befristeten Arbeitsverhältnissen sind, empfindet Frau A ihren auf ein Jahr befristeten Arbeitsvertrag als Sicherheit und ist sehr zufrieden mit dem Gehalt. Dass Frau A dieses Arbeitsverhältnis als Entlohnung und somit als Bewältigungsressource anstatt als Belastung empfindet, hängt von ihrer Vergleichsvariable ab: Die vorherige Honorarlehrtätigkeit, welche neben dem schlechteren Verdienst nicht sozialversicherungspflichtig war. Anders ist dies jedoch bei befragten Gymnasiallehrkräften, die nach dem Referendariat aufgrund mangelnder freien Stellen keinen Platz an der Schule bekommen haben. Sie geben sich mit befristeten Verträgen nicht zufrieden, da das branchenübliche Angestelltenverhältnis und ihre Erwartung seit Beginn des Studiums die Verbeamtung waren (vgl. hierzu Kapitel 9.1.1).

8.8.2 Fallbeispiel B

Fallbeispiel B:

Kein vorherrschendes Muster

- *Abteilungsleitung für Berufsintegration und stellvertretende Schulleitung*
- *Studium Lehramt für berufliche Schulen*
- *verbeamtet*
- *seit vier Jahren Lehrkraft in BIK, seit über 20 Jahren an beruflichen Schulen*

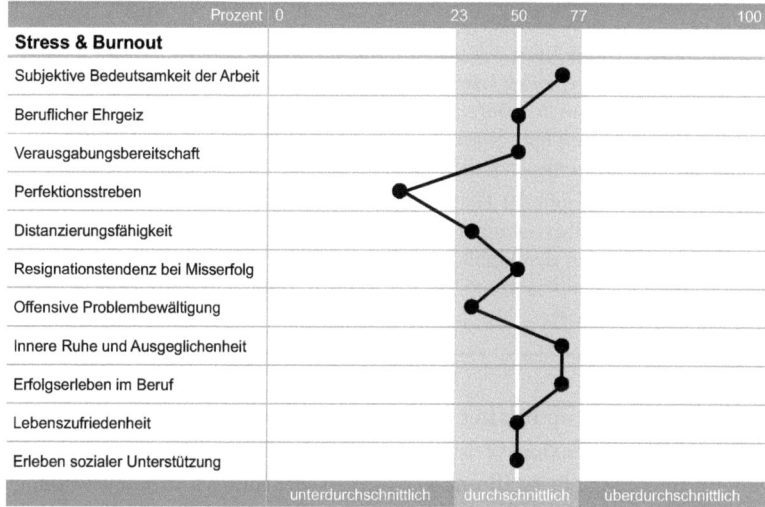

Herr B hat Lehramt für berufliche Schulen mit der Fachrichtung Metall und dem Unterrichtsfach Deutsch studiert. Er unterrichtet seit 4 Jahren in Berufsintegrationsklassen, wobei für ihn die konzeptionellen und organisatorischen Arbeiten durch die wachsenden Schülerzahlen zunehmen und die Lehrtätigkeit sinkt. Für ihn ist es eine Freude, dass er im Vergleich zu seinen vorherigen Regelklassen an der Berufsschule seiner Rolle als Pädagoge in den Berufsintegrationsklassen wieder nachkommen kann.

„*Dass ich Menschen auf den Weg setzen kann und dass das auch [von den Schülern] anerkannt wird. Das vermisst man im deutschen Unterricht.*"

Herr B war bereits vor seinem BIK-Einsatz ein ehrenamtlicher Helfer in Asylheimen. Die Einblicke und Erfahrungen, die er dort erlebt hat, fördern sein

> Verständnis für undisziplinierte Arbeitsweisen der Asylbewerber wie beispielsweise fehlende Hausaufgaben.
> Die gewinnbringenden Aspekte der BIK-Tätigkeit überwiegen für Herrn B den empfundenen Belastungsfaktoren. Schwierig macht ihm die Arbeit manchmal das Gefühl, als Abteilungsleitung für seine Schüler sowie Kollegen verantwortlich zu sein. Es belastet ihn teilweise, wenn Kollegen oder Schüler sich belastet fühlen. Ebenso fällt es ihm manchmal schwer, die richtige Balance zwischen Nähe und Distanz zu den Schülern zu halten. Darüber hinaus empfindet er die asylrechtlichen Hintergründe als problematisch.
> Herr B berichtet des Weiteren sehr konkret von für ihn elementaren Bewältigungsressourcen: Regelmäßige Supervisionen durchführen, keine zu hohen Ziele setzen, keine pauschalierende Ziele für alle Schüler gleichermaßen festlegen und die bereits geschafften Erfolge nicht aus den Augen verlieren. Er orientiert sich dabei jeweils an der individuellen Vorbildung der Schüler zu Beginn der Beschulung und dem entsprechenden Kompetenzzuwachs über die Schulzeit hinweg. Zudem reagiert Herr B flexibel, sobald Situationen anders als geplant verlaufen.
> *„Ich tu mich relativ leicht – meine Strategie, Belastung runterzufahren, ist, auch mal was anderes gelten zu lassen. Ich schau, wie sind die, wie reagieren die und wie kann ich die weiterbringen. Und in dem Moment, wo ich nicht mehr diesen hohen Anspruch hab, genau so ein Ziel hinzubringen und nur versuche, den nächsten Schritt zu machen, wird die Belastung deutlich geringer."*
> Im Allgemeinen empfindet Herr B seine Arbeit als bedeutsam und erfolgreich. Sein Perfektionsstreben ist unterdurchschnittlich. Er ist offen für Neues. Mitunter deshalb war für ihn der Einblick in neue Kulturen gewinnbringend, viel mehr jedoch die Auseinandersetzung mit der eigenen Kultur in Deutschland und eine Reflexion seiner selbst.

Herr B fühlt sich kaum belastet. Er sticht unter den Befragten besonders durch sein bewusstes Reflexionsvermögen verbunden mit einer eloquenten Ausdrucksweise heraus. Er weiß um Ressourcen, die ihm bei der Bewältigung des Arbeitsalltags helfen und fokussiert diese bewusst.

Zu Frau A unterscheidet Herr B sich besonders in seiner adaptiven Zielsetzung (vgl. Kapitel 9.1.3) und dem Erfolgserleben (vgl. Kapitel 9.1.4): Herr B hält sich ganz bewusst die einzelnen Lernfortschritte seiner Schüler vor Augen und orientiert sich dabei an der individuellen Bezugsnorm. Er legt keine fixen Ziele fest, sondern bleibt in seiner Planung und Umsetzung flexibel. Entgegengesetzt dazu hält Frau A an ihren anfangs festgelegten, jedoch in vielen Fällen nicht erreichbaren Zielen fest, was ihr Erfolgserleben negativ beeinflusst.

Je nach Situation passt Herr B seine Ziele in Form von Nahzielen an und verschafft sich Erfolgserleben, indem er bewusst den Blick auf das Positive lenkt. Hilfreich ist dabei für ihn ein externer Supervisor, der ihn über einen gewissen

Zeitraum auf Fortschritte bzw. Erfolge hinweist, für welche er selbst manchmal den Blick verliere.

Wie bei mehreren befragten Lehrkräften, die bereits in JoA-Klassen oder anderen Berufsschulklassen unterrichtet hatten, genießt Herr B die Dankbarkeit und Wertschätzung, die der Lehrkraft vonseiten der Schüler entgegengebracht wird:

"Ich habe das Gefühl, dass ich in diesen Klassen seit langem wieder Pädagoge sein kann. Dass ich Leute erziehen kann. Dass ich Leuten weiterhelfen kann, dass ich Menschen auf den Weg setzen kann und dass das auch anerkannt wird. Ich hab schon wieder das Gefühl, ich hab Schüler, die gerne da sind. Das vermisst man im deutschen Unterricht. Das ist für viele ne Qual die Schule."

Herr B hat das Gefühl, mit seiner Tätigkeit etwas Positives bewirken zu können, was er in anderen Berufsschulklassen vermisst hat. Ein weiterer Gewinn ist für den Befragten Herrn B, dass er persönlich gefordert ist, bestimmte Sachverhalte aus verschiedenen Perspektiven betrachten zu müssen, die für ihn vorher unhinterfragt als selbstverständlich galten. Die Tätigkeit in Berufsintegrationsklassen stößt bei ihm Reflexionsprozesse an, die er als horizonterweiternd betrachtet. Seither beschäftigt er sich im Abgleich zu anderen Kulturen bewusster mit den Besonderheiten seiner eigenen Kultur und sich selbst als darin sozialisierte Person.

8.8.3 Fallbeispiel C

Fallbeispiel C

Muster G

- *Abteilungsleitung für Berufsintegration und für Jugendliche ohne Ausbildung*
- *Fachlehrerausbildung für Metalltechnik*
- *verbeamtet*
- *seit 4 Jahren Lehrkraft in BIK, seit über 20 Jahren an beruflichen Schulen*

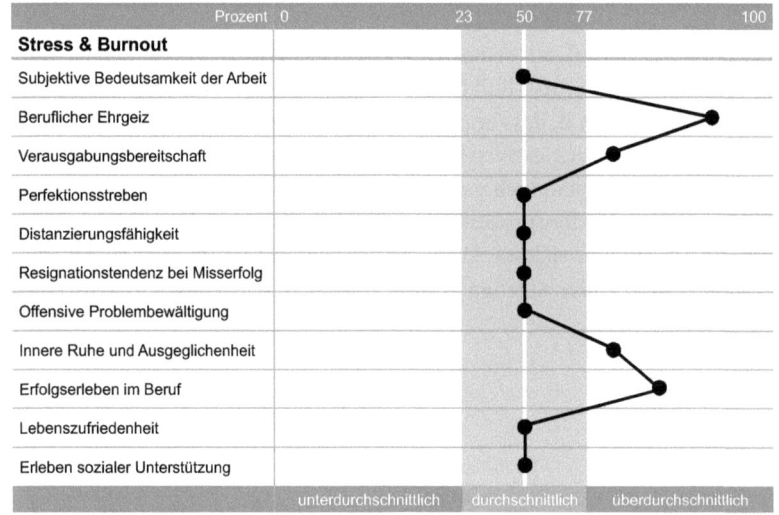

Herr C hat bereits viele Jahre als Abteilungsleitung für Jugendliche ohne Ausbildung an Berufsschulen gearbeitet, seit mehreren Jahren hat er dazu die Abteilung für Berufsintegration übernommen. Er fühlt sich nicht belastet, obwohl er die Arbeit im Vergleich mit anderen schulinternen Abteilungen als einen riesigen organisatorischen Aufwand mit permanenten Änderungen empfindet.

Sein beruflicher Ehrgeiz ist überdurchschnittlich, ebenso seine Verausgabungsbereitschaft, das Erfolgserleben im Beruf sowie seine innere Ruhe und Ausgeglichenheit.

Er genießt die Wertschätzung und die Freiheiten vonseiten des Schulleiters: „*Also, das liebe ich an meinem Job hier, weil ich mein eigener Chef bin*". Zudem fühlt sich Herr C in seinem Team sehr wohl: „*Gerade die Kollegen, wo bei mir jetzt da tätig sind, die ticken so ähnlich wie ich. Und solche Leute braucht man.*"

Die Tätigkeit in den Klassen ist für Herrn C insofern gewinnbringend, dass er den eigenen Lebensstandard in Deutschland noch bewusster schätzen lernt.

Herrn C gehe es nahe, wenn Schüler mit Abschiebebescheiden und Rückführungen konfrontiert werden. Allerdings versteht er es nicht, dass teilweise Kollegen und Sozialpädagogen seiner Schule diese Entscheidung nicht akzeptieren könnten und alle erdenklichen Möglichkeiten ausschöpfen wollen würden, um eine Rückführung zu vermeiden. Herr C äußert sich dazu folgendermaßen:

„Das ist halt unser System ((klopft bei jedem Wort zur Bekräftigung auf den Tisch)), das ist halt unser Asylgesetz, sage ich. Was soll man machen? Also, wenn man jetzt die anderen europäischen Länder anschaut, machen wir sowieso horrend viel, ja. Und jetzt, wenn ich sage, jetzt, wenn ich das System noch bezweifeln tue. […] Es IST HALT JETZT SO. Ich muss die politische Entscheidung von unserer Regierung muss ich annehmen. Das ist so."

Herr C fühlt sich nicht belastet und geht gerne zur Arbeit. Im Vergleich zu Frau A misst er seinen Erfolg im Beruf nicht an den Leistungen der Schüler, sondern an den Arbeitsbedingungen, dem angenehmen Arbeitsklima im Kollegium und den Freiheiten in seiner Funktion als Abteilungsleitung.

Der Kontakt zu den jungen geflüchteten Menschen beeinflusst Herrn C positiv in Bezug auf die Wertschätzung des eigenen Lebensstandards. Hierzu ein Beispielzitat:

„Und dann natürlich auch für mich, dass ich jetzt einmal sehe, wie gut gehts uns eigentlich in Deutschland. Ich sage das auch zu meinen Kindern oder so, wir wachsen behütet auf und das wird dir gerade da erst einmal klar, wenn du die Leute näher kennenlernst. Ich meine, für uns ist das eine Normalität #(.) [I: #hm = hm]. Was weiß ich, du hast halt Klamotten, du hast ein Handy, du hast was weiß ich was, du hast Kohle, kannst dir das leisten. Und wenn man halt mit diesen Leuten arbeitet, dann sieht man halt: Es ist keine Selbstverständlichkeit, ja. […] Da habe ich eigentlich schon viel gelernt, wo ich sage, also ich schätze mein Leben jetzt ein bisschen mehr, also ich habe es davor auch schon gut geschätzt, aber noch einmal besonders, wo ich sage, also wir haben eigentlich in Deutschland oder in Europa generell gut gegenüber anderen Ländern.""

Eine weitere starke Bewältigungsressource von Herrn C ist, Situationen akzeptieren und hinnehmen zu können, ohne sie ändern zu wollen. Besonders in Bezug auf die unsicheren Asylstatus und Abschiebebescheide, durch welche bei manchen Lehrkräften, wie zum Beispiel bei Herrn D (vgl. Kapitel 8.8.4), negative Gefühle von Ohnmacht oder Ungerechtigkeit und eine geringe Distanzierungsfähigkeit entstehen, reagiert Herr C gelassen. Er gibt die Entscheidungsmacht dahingehend an die verantwortlichen Behörden ab und vertraut auf die Berechtigung der entsprechenden Asylbescheide. Er betrachtet nicht nur die Einzelschicksale, sondern auch die übergeordnete Ebene der bundes- bzw.

europaweiten Konsequenzen in Bezug auf das Asylrecht, was ihm hilft, Abschiebungen und Rückführungen wertneutraler zu respektieren.

8.8.4 Fallbeispiel D

Fallbeispiel D:

Risikomuster-Kombination A/B

- *Abteilungsleitung für Berufsintegration und Jugendliche ohne Ausbildung*
- *Studium Lehramt an beruflichen Schulen*
- *verbeamtet*
- *seit 4 Jahren Lehrkraft in BIK, seit über 20 Jahren an beruflichen Schulen*

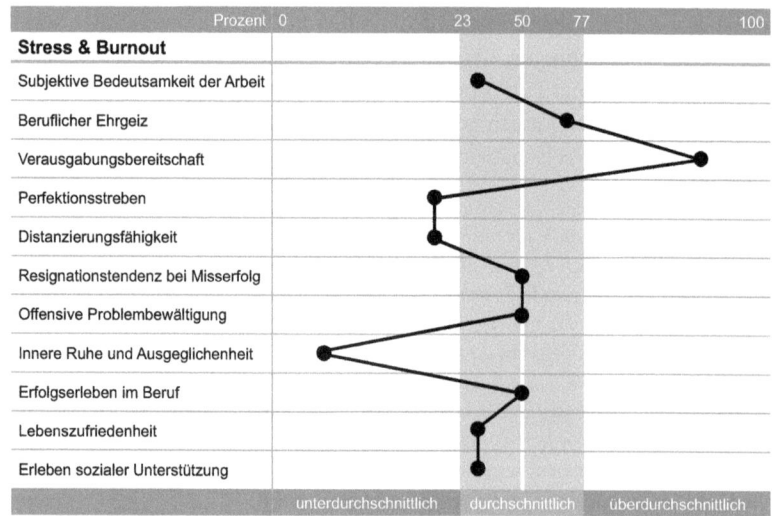

Herr D startete seine neue Tätigkeit mit hohem Engagement als Abteilungsleitung und war sehr glücklich über das motivierte Team und die ebenso motivierte Schülerschaft in den Berufsintegrationsklassen. Über die letzten Jahre sank seine Motivation jedoch erheblich. Das hat mehrere Gründe, welche den Abteilungsleiter stark belasten.

Trotz unterdurchschnittlichem Perfektionsstreben ist seine Verausgabungsbereitschaft stark überdurchschnittlich ausgeprägt. Im unterdurchschnittlichen Bereich liegt seine innere Ruhe und Ausgeglichenheit.

Herrn D belasten am meisten die asylrechtlichen Hintergründe. Nicht nur die Schicksale der Schüler bewegen ihn, auch die teilweise unüberwindbaren

Hürden, die dadurch entstehen. Darüber hinaus sei der diesbezügliche Verwaltungsaufwand enorm.

Seine Distanzierungsfähigkeit zur Arbeit ist unterdurchschnittlich ausgeprägt. Hinsichtlich seiner emotionalen Befindlichkeit in Bezug auf die Abschiebeproblematik artikuliert Herr D ganz klar: „*Nein, da kann man sich nicht abgrenzen. […] Diese emotionale Härte habe ich noch nicht.*"

Durch die Arbeit in Berufsintegrationsklassen veränderte sich der Blick von Herrn D auf seine gewohnte Umwelt:

„*Wenn man tagtäglich mit (denen) ihren Schicksalen zu tun hat, dann sieht man, dann verklärt, dann sieht man die normale Gesellschaft mit einem anderen Blick #(.) [I: #hm = hm]. Und dann denkt man sich oft: ‚Was ihr Probleme habt, was sind das für Probleme?'*"

Organisatorisch belastet ihn auch der häufige Wechsel des BIK-Personals, in erster Linie der Wechsel des Kooperationspartners. Dadurch müssten Routinen und Arbeitsweisen stets neu eingeführt werden und die neu hinzugekommen Lehrkräfte würden jedes Jahr Zeit benötigen, sich die nötige Expertise anzueignen.

Auch von manchen Schülern ist Herr D enttäuscht. Er berichtet von Fällen mit positiven Asylbescheiden, die den Versorgungsumfang in Deutschland genießen dürfen und sich seitdem nicht mehr anstrengen wollen.

„*UND DIE, WO sich schinden wollen, die haben keine Perspektive. Und das ist jetzt momentan das größte Problem. […] Da wird man als Lehrer grantig, da wird man als Eltern grantig sein. Und die Stimmung im Kollegium kippt langsam – ALSO nein, kippt ist zu viel*".

Insgesamt ist Herr D frustriert, dass er die Ziele, die er sich zu Beginn seiner Tätigkeit in Berufsintegrationsklassen gesetzt hat, nicht erreichen kann. Es belastet ihn, dass „*ZIELE, die man sich anfangs vorgenommen hat, wo man gedacht hat, das schafft man, SO mittlerweile eigentlich nicht realisierbar sind.*"

Herr D fühlt sich sehr belastet und das zunehmend stärker. Ein wesentlicher Grund dafür ist die mangelnde Distanzierungsfähigkeit zur Arbeit. Dass fleißigen und anständigen Schülern der Aufenthalt bzw. die Arbeitserlaubnis in Deutschland verwehrt bleibt und anderen, aus Sicht des Lehrers unverschämten Schülern nicht, nagt am seinem Gerechtigkeitsempfinden. Darüber hinaus erschwert diese Emotionslage das Ohnmachtsgefühl in Bezug auf die asylrechtlichen Entscheidungen. Stark frustriert ihn, dass er durch Entscheidungen anderer Institutionen in seiner Selbstwirksamkeit eingeschränkt wird. Im Gegensatz zu Herrn C kann Herr D asylrechtliche Entscheidungen weniger wertneutral hinnehmen. Hierbei spielt auch seine politische Haltung, die er während des Interviews betont, eine Rolle (vgl. Kapitel 9.1.2).

Herr D hält an den Zielen, die er sich zu Beginn der Beschulung gesetzt hat, fest, obwohl er sich bereits bewusst darüber ist, dass diese nicht realisierbar sind. Anders wie Herr B, der seine Ziele flexibel anpasst, bewirkt die hartnäckige Zielverfolgung bei Herrn D Gefühle wie Frust, Wut und Enttäuschung.

Die Konfrontation mit den Schicksalen und Lebenssituationen der BIK-Schüler ist bei Herrn D im Gegensatz zu Herrn C eine Frustrationsquelle: Herr C hat durch den Vergleich mit der Lebenssituation der Schüler bemerkt, wie gut es ihm bzw. den Deutschen geht. Neben der mangelnden Distanzierungsfähigkeit von den Schicksalen der Schüler verärgert es Herrn D dahingegen seither, wenn er auf deutsche Jugendliche trifft, die im Gegensatz zu den geflüchteten Schülern in BIK alle Voraussetzungen hätten, um etwas aus ihrem Leben zu machen, aber zu faul oder verwöhnt dazu wären.

8.8.5 Fallbeispiel E

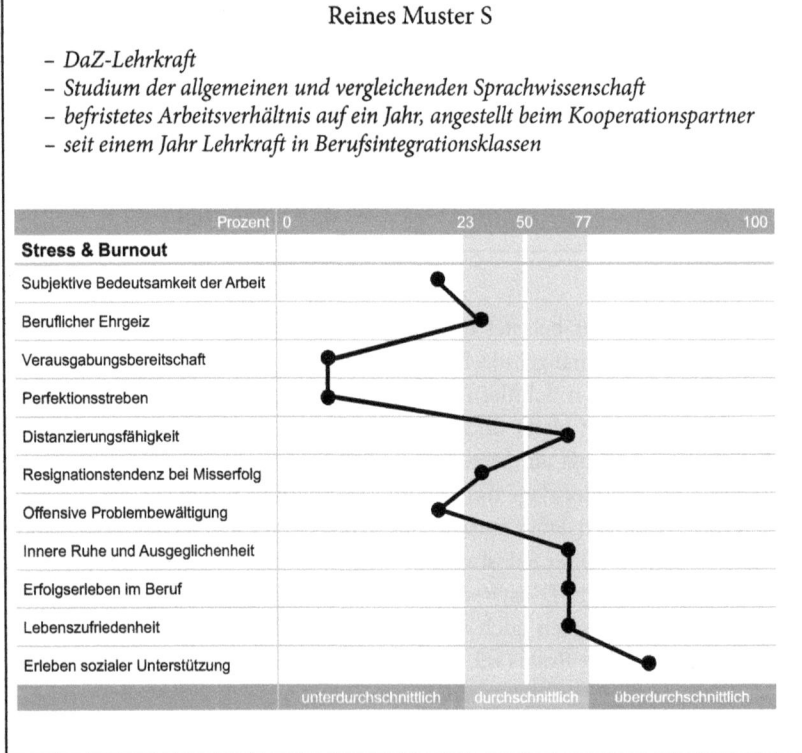

> Herr E hat allgemeine und vergleichende Sprachwissenschaften studiert, bisher Deutschkurse auf Honorarbasis gehalten und unterrichtet nun, angestellt beim Kooperationspartner der Berufsschule, das erste Jahr in Berufsintegrationsklassen. Das damit einhergehende befristete Angestelltenverhältnis empfindet er als großen Entlohnungsaspekt, was ihn sehr zufrieden macht:
> *„Ich empfinde das auch tatsächlich das erste Mal in meinem Leben, wo ich mir halt denke, dass die Vor- und Nachbereitung auch wirklich mit in die Arbeitszeit miteinberechnet ist, empfinde ich so in DIESER Hinsicht, was so den Unterricht anbelangt EIGENTLICH eher eine große Entlastung im Gegensatz zu meinen vorherigen Erfahrungen."*
> Die offensive Problembewältigung sowie seine Verausgabungsbereitschaft und das Perfektionsstreben sind unterdurchschnittlich ausgeprägt. Die subjektive Bedeutsamkeit der Arbeit ist für Herrn E ebenfalls unterdurchschnittlich.
> Besonders gefällt ihm der lustige Unterricht mit den „lebendigen" Schülern. Frontalunterricht meidet er. Herrn E ist wichtig, dass die Beziehung zu seinen Schülern freundschaftlicher Natur ist und nicht über autoritäre Strukturen verläuft. Er sieht sich selbst nicht als strengen Lehrer, sondern eher als eine *„Person, mit der man Spaß haben kann"*. Den langsamen Lernfortschritt nimmt er gelassen und geduldig hin.
> Ebenso wichtig ist ihm die entspannte und angstfreie Atmosphäre in seinem Kollegium, bei dem er weiß, dass er sich jederzeit Hilfe holen könnte. Zudem genießt er, dass ihm in seinem Handeln sehr viel Freiraum gelassen wird.
> Insgesamt bezeichnet sich Herr E als allgemein stressresistent: *„Ich bin allgemein so ne Person, ich lass mich nicht stressen. Das wird dann schon so passen [...] was Stress betrifft, kann ich das auf jeden Fall sehr gut ausblenden".*

Herr E fühlt sich nicht belastet. Der hohe Lärmpegel der Schüler sind im Gegensatz zu Frau A für Herrn E keine Belastung, sondern eine Bereicherung. Denn dadurch kommt aus seiner Sicht mehr Leben in den Unterricht, was ihm Spaß macht und wichtig ist. Ebenso ist ihm auch der langsame Lernfortschritt keine Belastung, weil Herr E andere Bedürfnisse hat, um sich in seiner Arbeit wohl zu fühlen (vgl. Kapitel 9.1.6). Er ist weniger leistungsorientiert, sondern legt mehr Wert auf ein angenehmes und entspanntes Arbeitsklima, was er mit seinem Kollegium gefunden hat. Hilfreich ist für ihn auch das Wissen, gegebenenfalls jederzeit Hilfe von seinen Kollegen erhalten zu können. Stress oder große Anstrengung meidet er.

Als großen Gewinn sieht Herr E das befristete und sozialversicherungspflichtige Angestelltenverhältnis, welches im Vergleich zu seinen vorherigen Tätigkeiten eine bessere Entlohnung samt Rahmenbedingungen bietet (vgl. Kapitel 9.1.1).

9 Interpretation der Ergebnisse

9.1 Abhängigkeitsvariablen des Belastungsempfindens

Die vergleichenden Fallanalysen aus Kapitel 8.8 zeigen,[101] dass bei den Lehrkräften in Berufsintegrationsklassen das Belastungsempfinden und die Bewältigungsressourcen in hohem Maß differieren. In der markantesten Form unterscheidet sich die Wahrnehmung insofern, dass dieselbe Kategorie von einem Interviewpartner als Belastung und von einem anderen als Bewältigungsressource empfunden wird. Dieses Kapitel geht der Frage nach, warum sich das Belastungsempfinden bei den unterschiedlichen Interviewpartnern, die als BIK-Lehrkraft alle mit ähnlichen Anforderungen konfrontiert sind, unterscheidet. Dafür wird Bezug auf verschiedene, aus den Fallvergleichen hervorgehende Faktoren genommen, welche das individuelle Belastungserleben sowohl positiv als auch negativ beeinflussen können. Solche Faktoren werden im Folgenden als „Abhängigkeitsvariablen" bezeichnet (vgl. Kapitel 2.2.3).

Materialbasierend ließen sich die in Abb. 30 gelisteten Abhängigkeitsvariablen identifizieren, die jeweils mit theoretisch fundierten Konzepten aus der Literatur (Fachbereich Psychologie)[102] hinterlegt sind. Die folgenden Ausführungen veranschaulichen diese unter Einbezug von Beispielen aus den Realfällen.

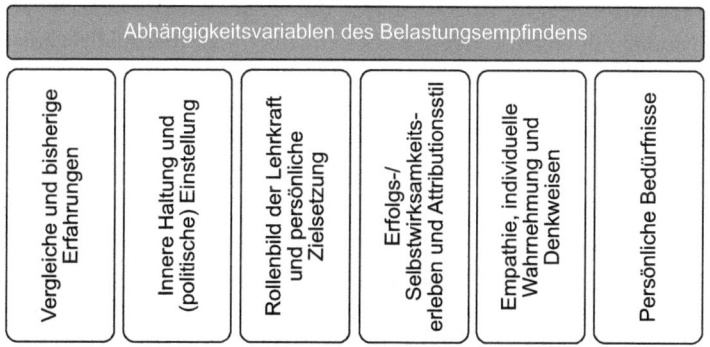

Abb. 30: Abhängigkeitsvariablen des Belastungsempfindens

---

101 Zur Veranschaulichung wurden in Kapitel 8.8 exemplarisch ausgewählte Realfälle erläutert. Das Kapitel 9 bezieht sich jedoch darüber hinaus auf die vergleichenden Fallanalysen aller Realfälle bzw. Interviews (vgl. Kapitel 8.1.1).
102 Die konkreten Belege werden in den einzelnen Unterkapiteln aufgeführt.

9.1.1 Vergleiche und bisherige Erfahrungen

Ein Abhängigkeitsfaktor, der das differierende Belastungsempfinden gleicher Anforderungen bei unterschiedlichen Interviewpartnern erklärt, ist der soziale Vergleich (vgl. Theorie der sozialen Vergleiche nach Festinger 1954). Personen betrachten die Meinungen, Leistungen, Probleme und Werte anderer Menschen und ziehen diese Beobachtungen heran, um die eigenen Leistungen u.ä. zu bewerten und zu beurteilen. Soziale Vergleiche wirken also auf Bewertungsprozesse und können sowohl negative wie auch positive Gefühle auslösen (vgl. Bierhoff 2017). Dabei gibt es aufwärts[103] und abwärts[104] gerichtete Vergleiche (vgl. Wills 1981). Beide Vergleichsrichtungen können mit positiven oder negativen Gefühlen in Verbindung stehen, wobei sich Abwärtsvergleiche üblicherweise günstig auf die Stimmung auswirken. Vergleichen sich Menschen mit Personen, denen es schlechter geht, erhöht sich also üblicherweise das subjektive Wohlbefinden ersterer (vgl. Bierhoff 2017).

Dies ist auch bei vielen BIK-Lehrkräften bemerkbar: Der stark abwärts gerichtete Vergleich zwischen der Lebenssituation der Geflüchteten und dem eigenen Lebensstandard verursacht bei manchen BIK-Lehrkräften ein Gefühl der intensiven Wertschätzung von Alltäglichem sowie den gewohnten Gegebenheiten in ihrem Leben in Deutschland, die vorher als selbstverständlich galten. Interviewpartner erläutern, dass sie durch diesen Abwärtsvergleich eine große Dankbarkeit und Zufriedenheit mit ihrem Leben verspüren. Eine andere Lehrkraft erläutert hingegen, dass sie seither die vergleichsweise kleinen Probleme ihrer Familie mit einem anderen Blick betrachtet und ungeduldiger mit (deutschen) Schülern anderer Klassen ist. Denn im Gegensatz zur Vergleichsgruppe der BIK-Schülerschaft hätten diese überwiegend gute Ausgangsbedingungen für einen erfolgreichen beruflichen Weg, wären aber oft undiszipliniert oder faul. Das damit einhergehende Ungerechtigkeitsempfinden frustriert und belastet den Interviewpartner zunehmend.

Die Vergleiche der Interviewpartner beziehen sich an verschiedenen Stellen auf unterschiedliche Bewertungsmaßstäbe bzw. Bezugsnormen, die aus ihren bisher gemachten (Lebens-) Erfahrungen hervorgehen. Unterschiede fallen hierbei beispielsweise zwischen DaZ-Lehrkräften und Berufspädagogen auf. Während die befragten DaZ-Lehrkräfte vorher häufig mit leistungsstarken und motivierten Migranten sehr zielgerichtet am Sprachniveau gearbeitet haben,

---

[103] Vergleich mit Personen „besserer" Leistungen, Werte, u.ä. als man selbst.
[104] Vergleich mit Personen „schlechterer" Leistungen, Werte, u.ä. als man selbst.

waren viele Berufs-/Wirtschaftspädagogen, die nun in BIK unterrichten, vorher in Klassen für Jugendliche ohne Ausbildung (JoA). Diese Schülergruppe zeichnet sich häufig durch mangelnde Motivation und geringem Lernfortschritt aus. Entsprechend dieser beiden jeweiligen Vergleichsgruppen sind viele befragte DaZ-Lehrkräfte enttäuscht vom als langsam bewerteten Lernfortschritt in den BIK, Berufs-/ Wirtschaftspädagogen hingegen empfinden die Lehre in diesen Klassen aufgrund überwiegend als motiviert bewertete Schüler als wohltuend.

Ebenso wirken sich die bisherigen Erfahrungen der Lehrkräfte auf deren Bewertungsmaßstäbe in Bezug auf ein befristetes Beschäftigungsverhältnis aus: Die befragten BIK-Lehrkräfte gleichen ihre vorherigen Arbeitsverhältnisse mit den zum Zeitpunkt der Befragung aktuellen Bedingungen ab. Während die befragten Berufs-/Wirtschaftspädagogen und Fachlehrkräfte verbeamtet sind, haben DaZ-Lehrkräfte und Gymnasiallehrkräfte zum Zeitpunkt der Befragung befristete Arbeitsverhältnisse. Je nachdem, ob das vorhergehende Beschäftigungsverhältnis bessere oder schlechtere Bedingungen geboten hat, entscheidet sich die Richtung des Auf- oder Abwärtsvergleichs. Hinzufügen ist hierbei, dass auch branchenübliche Arbeitsverhältnisse sowie alternative Arbeitsangebote einen starken Einfluss auf den Bewertungsmaßstab haben. Ein Beispiel für einen abwärts gerichteten Vergleich mit dem zuvor schlechteren Beschäftigungsverhältnis: Vorhergehende Arbeitgeber von DaZ-Lehrkräften waren häufig Universitäten oder andere externe Bildungsträger, bei welchen sie als Honorarkraft gearbeitet hätten. Im Vergleich mit den dort erlebten Arbeitsbedingungen bewerten sie das befristete Angestelltenverhältnis an der Berufsschule zum Befragungszeitpunkt sehr positiv. Entsprechende Interviewpartner berichten davon, dass zuvor die Vor- und Nachbereitung von Unterricht nie in die Arbeitszeit mit einging, Krankheitstage als Honorarkraft nicht bezahlt wurden und sie häufig mehrere Arbeitsverhältnisse parallel absolvieren mussten, weil sie bei den einzelnen Arbeitgebern keine 100%-Stelle erhielten – im Gegensatz zur anschließenden Tätigkeit als BIK-Lehrkraft an der Berufsschule. Das zuvor schlechtere Beschäftigungsverhältnis wird also bei der Bewertung des zum Befragungszeitpunkt aktuellen, befristeten Arbeitsverhältnis als Bezugsmaßstab herangezogen, wodurch die Anstellung an der Berufsschule als sehr positiv empfunden wird. Dahingegen erklärt eine Lehrkraft, die ursprünglich Gymnasiallehramt studiert hat, dass sie unzufrieden mit ihrem befristeten Angestelltenverhältnis sei. Dies ist durch die folgende Bezugsnorm zu erklären, woraus ein aufwärts gerichteter Vergleich resultiert: Die Interviewpartnerin strebt seit Beginn ihres Studiums die Verbeamtung an, welche als branchenübliche Beschäftigungsform einer Lehrkraft gilt. Das zum Befragungszeitpunkt befristete Arbeitsverhältnis weicht negativ von diesen Zielsetzungen bzw. Erwartungshaltungen ab, wodurch die geäußerte Unzufriedenheit entsteht.

Tendenziell ist jedoch erkennbar: Je länger Lehrkräfte, die bisher befristete Verträge oder Honorartätigkeiten gewohnt waren, mit den verbeamteten Lehrkräften in Berufsintegrationsklassen zusammenarbeiten, desto unzufriedener werden sie mit den befristeten Verträgen. Hinter diesem Phänomen verbirgt sich das Prinzip der *relativen Deprivation* verbunden mit dem Prinzip des *Adaptionslevels*, was den *Kontrasteffekt* im Rahmen eines aufwärts gerichteten sozialen Vergleichs bedingt. Die hier kursiv markierten Begriffe werden in Folgendem erläutert und in Kontext mit den entsprechenden Fallbeispielen gesetzt.

Das Prinzip des *Adaptionslevels* beschreibt die menschliche Tendenz, Urteile in Relation zu einem subjektiv gewählten „Nullpunkt" zu setzen, den wir selbst aufgrund unserer Erfahrungen bestimmt haben. Von diesem neutralen Punkt aus bewerten wir Gegebenheiten in eine bestimmte Richtung, also nach oben oder unten hin bzw. positiv oder negativ. Je nach neu gemachten Erfahrungswerten kann sich der bisherige „Nullpunkt" als Bezugsnorm in beide Richtungen verschieben (vgl. z.B. Myers et al. 2005, S. 561). Diese Verschiebung findet im eben beschriebenen Fallbeispiel satt: Die entsprechenden Lehrkräfte vergleichen ihr Arbeitsverhältnis zunehmend weniger mit den zuvor erfahrenen Arbeitsbedingungen, sondern gleichen die Bezugsnorm mehr und mehr den üblichen Bedingungen verbeamteter Lehrkräfte an Berufsschulen an. Der abwärts gerichtete Vergleich schwenkt dadurch nach und nach in einen aufwärts gerichteten sozialen Vergleich um.

Wie bereits erwähnt fokussieren aufwärts gerichtete soziale Vergleiche Personen, denen es besser geht als einem selbst (vgl. z.B. Bierhoff und Herner 2002). Der Effekt, der damit einhergeht, kann zum einen sein, dass der Selbstwert belastet wird. Das passiert, wenn die Unterschiede zur Vergleichsperson in den Mittelpunkt rücken. In diesem Fall spricht man vom *Kontrasteffekt* (vgl. z.B. Saudino et al. 2004; Mussweiler 2001). Möglich ist jedoch auch der gegenteilige Effekt der Selbstwerterhöhung, wenn die Assimilation, d.h. die Ähnlichkeiten zur erfolgreichen Vergleichsperson, betont werden (vgl. z.B. Mussweiler 2001; Piaget 1975). Im beschriebenen Fallbeispiel trifft ersterer Mechanismus des *Kontrasteffekts* zu. Die Lehrkräfte rücken zunehmend die unterschiedlichen Arbeitsbedingungen zwischen befristet angestellten und verbeamteten Lehrkräften in den Mittelpunkt ihrer Betrachtungsweise. An dieser Stelle setzt das Prinzip der *relativen Deprivation* an. Es beschreibt die Wahrnehmung, dass es einem selbst schlechter (bzw. besser bei abwärts gerichteten Vergleichen) geht als den Vergleichspersonen. Hier gilt also: Das Glücksempfinden ist relativ zum vermeintlichen Glück der mich umgebenden oder mir nahestehenden Menschen. Dieser

Mechanismus kann auch bei abwärts gerichteten Vergleichen stattfinden (vgl. Myers et al. 2005, S. 560).

9.1.2 Innere Haltung und (politische) Einstellung

Als ein weiteres Ergebnis der Fallvergleiche lassen sich Einstellungen und die innere Haltung von Lehrkräften als Abhängigkeitsvariable für das Belastungserleben identifizieren. Einstellung wird in der Persönlichkeits- und Sozialpsychologie als

> „Ausdruck relativ überdauernder Bewertungsmaßstäbe, die – durch persönliche Erfahrung und/oder Überlieferungen kultureller Werte die Einschätzung von Gegenständen oder Situationen durch das Einnehmen einer bestimmten Haltung prägen und damit das Verhalten beeinflussen" (Fröhlich 2014, S. 152).

Einstellungen, welche kulturell und durch individuelle Erfahrungen geprägt sind, äußern sich also durch das Einnehmen bestimmter Haltungen, was wiederrum Einfluss auf das Verhalten einer Person nimmt. Dass Einstellungen und innere Haltungen auch das Belastungsempfinden beeinflussen, bestätigen Döring-Seipel und Dauber (2010). Folgende Ausführungen erläutern die Einflussnahme der beiden Faktoren auf das Belastungsempfinden im Kontext der Berufsintegrationsklassen:

BIK-Lehrkräfte werden innerhalb der Beschulung von Asylbewerbern und Flüchtlingen mit Einzelschicksalen konfrontiert. Sie lernen die Schüler als Individuen kennen, wissen teilweise um ihre Vergangenheit, ihre Sorgen, Schicksale und Wünsche sowie ihre Anstrengungen und Mühen. Viele Lehrkräfte können sich davon schwer abgrenzen und fühlen sich dadurch belastet. Diese Art der Belastung ist stark abhängig von der inneren Haltung sowie den persönlichen bzw. politischen Einstellungen gegenüber Fluchtmigration nach Deutschland, denn die Beschulung von neu Zugewanderten und Geflüchteten wird stark von bundespolitischen sowie innen- und außenpolitischen Entscheidungen beeinflusst. In den Interviews kristallisierte sich als beispielsweise eine Belastungskategorie das *Ohnmachtsgefühl und Ungerechtigkeitsempfinden* (vgl. Kapitel 8.3.1) heraus, welche überwiegend in Zusammenhang mit den Abschiebebescheiden und Arbeitsverboten der Geflüchteten steht. Diesbezüglich ist ausschlaggebend, inwiefern jemand die Steuerung der Fluchtzuwanderung bzw. die jeweiligen politischen Maßnahmen unterstützt oder nicht. Viele Lehrkräfte sind der Meinung, dass die Entscheidungen des BAMF bzw. des Ausländeramtes willkürlich bzw. nach falschen Kriterien geschehen und/oder im Allgemeinen zu viele Fluchtmigranten zurückgeschickt werden. Manche empfinden Entscheidungen vonseiten staatlicher Ämter über den Aufenthaltsort von Menschen per se als unmenschlich. Dahingegen fühlen sich andere Lehrkräfte von dieser Kategorie nicht belastet, weil sie die Entscheidungen der zuständigen Behörden (bewusst) nicht anzweifeln. Eine Lehrkraft erläutert, dass aus ihrer Sicht Deutschland im Vergleich zu anderen europäischen Ländern ohnehin „horrend viel" für die Fluchtmigranten investiert und er deshalb auch negative Asylbescheide und andere Entscheidungen vonseiten der Regierung zu respektieren hätte.

Eine Rolle im Hinblick auf das Belastungsempfinden spielt es auch, inwiefern sich jemand auf die Zahlen der Fluchtzuwanderung im Allgemeinen konzentriert oder die individuellen Einzelfälle in den Fokus rückt. Nichtsdestotrotz erleben BIK-Lehrkräfte (v.a. Klassenlehrkräfte) durch ihre tägliche Arbeit unabhängig von ihrer politischen Einstellung viele Einzelschicksale, was die emotionale Abgrenzung erschwert und bei vielen zur Belastung führt.

9.1.3 Rollenbild der Lehrkraft und persönliche Zielsetzung

Wenn im Folgenden von „Rolle" die Rede ist, ist die individuelle Sicht auf die eigene Position und Funktion als Lehrkraft in Berufsintegrationsklassen gemeint. Aus den Interviews geht hervor, dass mit der eigenen Rollenzuschreibung bestimmte Filtermechanismen der Wahrnehmung und eine unterschiedliche Gewichtung der Brisanz bestimmter Aufgaben und Tätigkeiten verbunden sind. Die eigene Rollenzuschreibung ist zudem eng verbunden mit der persönlichen Zielsetzung. Dass beides das Belastungsempfinden beeinflusst, veranschaulichen folgende Beispiele:

Die befragten DaZ-Lehrkräfte, die kein grundständiges Lehramt studiert haben, sehen sich in erster Linie in der Rolle der Wissens-/Fachvermittler hinsichtlich Sprachkompetenzen. Sie setzen sich gewisse GER-Sprachniveaus zum Ziel, welche die Schüler nach verschiedenen Beschulungsabschnitten erreichen sollen. Dagegen haben die Interviewpartner, die ein grundständiges Lehramtsstudium absolviert haben, üblicherweise ein sehr vielschichtiges Rollenverständnis von sich. Aus ihrer Sicht sind verschiedene Rollen und Aufgabengebiete für Lehrkräfte in den Berufsintegrationsklassen relevant, *„weil einfach weit über den Unterricht hinausgeht"*. Die Fachvermittlung ist entsprechend für sie nur eine von vielen Aufgaben im Profil einer BIK-Lehrkraft, wobei manche Interviewpartner die Verantwortung hinsichtlich der *sprachlichen* Bildung auf die DaZ-Lehrkräfte übertragen. Dahingegen zählen viele interviewte Berufs-/Wirtschaftspädagogen sozialpädagogische Aufgaben durchaus zu ihrem Aufgabenbereich.

„Wir sind ja nicht nur Lehrer, wir sind Psychologen, wir sind Berater". Manche Lehrkräfte fühlen sich zum Familienersatz berufen oder gehen stark in der Rolle des Pädagogen auf. Besonders belastet fühlen sich diese, weil sie sich

insbesondere die individuellen Einzelschicksale ihrer Schüler vor Augen führen und eine sehr vertrauensvolle und enge Beziehung zu ihnen pflegen. Andere verorten sich (in erster Linie Abteilungsleitungen) vor allem als Organisator und Netzwerker. So erklärt beispielsweise eine Abteilungsleitung, ihre Rolle wäre es, den Kollegen den Rücken freizuhalten, Netzwerke zu knüpfen und zu pflegen oder Gelder für Schulprojekte zu besorgen, um verschiedene Konzepte verwirklichen zu können. Dass sich BIK-Lehrkräfte zunehmend mit juristischen Belangen auseinandersetzen müssen, widerstrebt ihnen. Ein derart weites Rollenverständnis möchten sie nicht für sich in Anspruch nehmen.

Die Zielsetzungen von Berufs-/Wirtschaftspädagogen sind also überwiegend breiter angelegt als bei DaZ-Lehrkräften, d.h. dass sie mehrere verschiedene Dimensionen umfassen, die zudem teilweise nur schwer messbar oder sichtbar gemacht werden können. Beispielsweise erklärt ein Interviewpartner, dass er die *„gesamte Integration"* seiner Schüler zum Ziel hat und er aber davon ausgeht, dass dies jedoch erst in ca. sechs bis zehn Jahren vollständig erreicht werden könne. Folglich kann die Lehrkraft nach den üblicherweise zwei Schuljahren der Berufsintegration nicht prüfen, ob dieses Ziel erreicht werden konnte.

Zusammenfassend lässt sich sagen: In Abhängigkeit vom eigenen Rollenverständnis definieren die befragten DaZ-Lehrkräfte als wesentliches Ziel häufig präzise, in Form von Performanz messbare (sprachliche) Kompetenzen, während die befragten Berufs-/Wirtschaftspädagogen sowie Fachlehrkräfte ihren Zielsetzungen mehr Interpretationsspielraum einräumen und diese nicht zwingend sichtbar gemacht werden (können). Für letztere stellt dies insofern eine Bewältigungsressource dar, weil die Wahrscheinlichkeit des Erlebens von Misserfolgs sowie des daraus resultierenden Belastungserlebens sinkt.

Abgesehen von den unterschiedlichen Zielsetzungen der Lehrkräfte spielen die Art der Zielsetzung sowie der Umgang damit eine Rolle hinsichtlich des Belastungserlebens: Bei der großen Heterogenität in Berufsintegrationsklassen gestaltet es sich schwierig, dass alle Schüler ein einheitliches Zielniveau erreichen. Schüler, die z.B. ohne Vorbildung das Berufsintegrationsjahr beginnen, können mit hoher Wahrscheinlichkeit nicht dieselbe Leistung erbringen wie Schüler, die bereits im Heimatland studiert haben. Eine hilfreiche Bewältigungsressource im Hinblick auf die Zielerreichung und das eigene Erfolgserleben ist deshalb für manche Lehrkräfte, sich an einer individuellen Bezugsnorm zu orientieren. Dazu gehört zum einen die Orientierung an den individuellen, prozesshaften Lernfortschritten der einzelnen Schüler, zum anderen der Einbezug der jeweiligen Vorbildung zu Beginn der Beschulung beim Formulieren von schulischen (Teil-)Zielen. Dabei ist es möglich, dass festgelegte Zielvorgaben im Laufe der Beschulung realistisch an die Gegebenheiten angepasst werden müssen. Aus den Fallanalysen kann abgeleitet werden: Die *hartnäckige Zielverfolgung (Assimilativer Modus)*[105] als eine festgelegte Ziel-Norm für alle führt in den Berufsintegrationsklassen häufig zur Frustration. Eine hilfreiche Bewältigungsstrategie für die Lehrkräfte ist hingegen eine *flexible Zielanpassung (Akkommodativer Modus)* in Verbindung mit der Wahl der individuellen Bezugsnorm bei der Leistungsbeurteilung. *Akkommodation* bezeichnet in der Psychologie im Allgemeinen einen (kognitiven) Anpassungsprozess an die Umwelt. Das Verhalten im akkommodativen Modus zeichnet sich durch die Ablösung von nicht erreichbaren Zielen aus (vgl. Brandstädter 2009, S. 86). Die individuelle Bezugsnorm misst den Fortschritt des einzelnen Schülers bzw. der einzelnen Schülerin an der vorhergehenden Leistung. Dabei gibt es drei Möglichkeiten der Entwicklung: Verbesserung, Verschlechterung oder gleichbleibende Leistung (vgl. Rheinberg 2009; Mischo und Rheinberg 1995; Heckhausen 1974). Die Grundlage des Beurteilungsprozesses bilden die Einstufungstests zur Diagnostik des vorhandenen Leistungsstands der Schüler in Berufsintegrationsklassen zu Beginn der Beschulung (vgl. Kapitel 4.5.2).

Ergänzt werden soll an dieser Stelle noch, dass die flexible Zielanpassung nicht in jedem Fall die beste Lösung sein muss. Manchmal kann ebenso sinnvoll sein, Soll-Ist-Diskrepanzen durch *hartnäckige Zielverfolgung* zu lösen, d.h. unter Einsatz aller verfügbaren Ressourcen weiterhin zu versuchen, das festgelegte Ziel zu erreichen. Nach Ansicht der befragten Lehrkräfte ist es im Fall der BIK jedoch so, dass die festgelegten Ziele (wie z.B. das Sprachniveau B1 oder ein Ausbildungsverhältnis nach Abschluss der BIK) in manchen Fällen durch gewisse Umstände wie Arbeitsverbote, Abschiebebescheide oder eine stark mangelnde Vorbildung nicht erreicht werden können. Die hartnäckige Zielverfolgung führt bei vielen Lehrkräften deshalb zu einem hohen Belastungserleben. Damit einher gehen sehr oft das Erleben von Misserfolg, Frustration und Selbstzweifel. Wichtig ist deshalb, seine persönlichen (Teil-)Ziele als Lehrkraft immer wieder auf Machbarkeit zu prüfen. „Jedes positive, im Rahmen der Arbeit erreichte Ziel motiviert, wiegt vorherige Anstrengungen auf, fördert das Gefühl, etwas bewirken zu können, und damit das Wohlbefinden" (Hillert 2016, S. 11).[106]

---

105 Das Verhalten im assimilativen Modus nach Brandstädter (2009) zeichnet sich durch eine Anstrengungssteigerung bei Behinderungen der Zielerreichung aus (vgl. ebd., S. 86). Weiterführende Literatur in Brandstädter und Renner 1990.
106 Hillert 2016 erhob, weshalb die Lehrkräfte einst den Beruf ergriffen haben und kam zu der Erkenntnis: „Nur wer entflammt war, kann ausbrennen". Die Lehrkräfte, die bei Berufsbeginn die Erwartungen hatten, „neue gesellschaftliche Ideale umzusetzen", waren signifikant häufiger in psychotherapeutischer Behandlung als andere. Das bedeutet nicht, dass starker Elan und eine hohe Erwartungshaltung ein schlechtes

9.1.4 Erfolgs-/Selbstwirksamkeitserleben und Attributionsstil

Dass Selbstwirksamkeitsüberzeugungen genauso wie das Erfolgserleben ausschlaggebend für die Gesunderhaltung bzw. die Ausprägung des Belastungsempfindens von Lehrkräften sind, ist bekannt (vgl. z.B. Döring-Seipel und Dauber 2010, S. 2; Rothland 2013; Schröder 1997). Auch in den Fallanalysen dieser Forschungsarbeit wird dies deutlich.

Es kam bereits im Kapitel 9.1.3 zur Sprache, dass die persönliche Zielsetzung von Menschen eng mit dem Erfolgserleben in Verbindung steht, ebenso wie das Selbstwirksamkeitserleben. Kurz gefasst definiert der Begriff „Selbstwirksamkeit", inwiefern eine Person durch eigenes Handeln bzw. eigene Ressourcen zum gewünschten Ziel gelangt, also selbst wirksam sein kann (vgl. Bandura 1977, 1997). Wird die gewünschte Zielsetzung nicht erreicht, bleibt das Erfolgserleben aus und die Selbstwirksamkeitsüberzeugungen, d.h. die subjektive Einschätzung eigener Kompetenzen und Fähigkeiten, verändern sich – je nach Attributionsstil – hin zum Negativen. Attributionstheorien erklären, welche Ursachen bestimmten Situationen und Erfahrungen zugeschrieben werden. Externale Attribution bedeutet, dass andere Personen oder Umstände verantwortlich für ein bestimmtes Ereignis gemacht werden, während sich die internale Attribution auf die eigene Person bzw. das eigene Handeln bezieht (vgl. Heider und Deffner 1977; Weiner 2012).

Diese theoretischen Untermauerungen werden anknüpfend an Fallbeispiel A (vgl. Kapitel 8.8.1) in den folgenden Ausführungen veranschaulicht: Eine DaZ-Lehrkraft, welche sich stark in der Rolle der Wissens-/Fachvermittlerin sieht, fühlt sich stark belastet, weil sie den Eindruck hat, dass bei ihren Schülern *„nichts hängen bleibt, obwohl ich sozusagen alles gegeben habe".* Sie verfolgt hartnäckig das Ziel, das sie zu Beginn des Schuljahres für alle Schüler gleichermaßen festgelegt hat, weshalb sich zunehmend das Gefühl des Misserfolgs einstellt. Denn ihren Erfolg als Lehrkraft misst sie an der Leistung ihrer Schüler, weil dies aus ihrer Sicht unmittelbar ihre Kompetenzen als Lehrkraft widerspiegelt. Sie attribuiert also an dieser Stelle internal, d.h. sie sucht die Ursachen für den Misserfolg bei sich selbst. Das hat zur Folge, dass sich ihre Selbstwirksamkeitsüberzeugungen hin zum Negativen verändern. Die Lehrkraft beschreibt sehr präzise, dass sie den Glauben an ihre eigene Lehrerkompetenz in diesen Klassen verliert und sucht sich deshalb bewusst Ressourcen zum Ausgleich: Neben ihrer Tätigkeit in Berufsintegrationsklassen gibt sie zusätzlich sehr leistungsstarken

---

Motiv seien. Dennoch ist entscheidend, ob das anfängliche Engagement in alltagsgerechte, konkrete und erreichbare Ziele transformiert werden kann.

Migranten in Firmen Deutsch-Kurse. Die schnellere Lernprogression in diesen Kursen hilft ihr, wieder die ursprünglichen Selbstwirksamkeitsüberzeugungen als DaZ-Lehrkraft herzustellen. Weil sie dort im Gegensatz zu ihrer Wahrnehmung als Lehrkraft in Berufsintegrationsklassen *„Erfolge verbuchen kann, dann denk ich mir: Es liegt doch nicht wirklich an mir, sondern an den Schülern, die wir hier an der Schule haben"*. Durch die externale Attribution des aus ihrer Sicht ausbleibenden Erfolgs in Berufsintegrationsklassen verringert sich der Zweifel an der eigenen Kompetenz als DaZ-Lehrkraft und dadurch das Belastungsempfinden.

9.1.5 Empathie, individuelle Wahrnehmung und Denkweisen

Aus den Fallvergleichen kristallisieren sich Empathie als Abhängigkeitsvariablen für das Belastungsempfinden heraus. Können befragte Lehrkräfte verschiedene Verhaltensweisen oder Begebenheiten verstehen, verbinden sie weniger negative Emotionen damit.

Theoretische Empathiekonzepte gibt es in der Forschungslandschaft verschiedene. Schmitt (1982) gibt einen Überblick zu einzelnen Definitionen (ebd., S. 2ff). Der Begriff der Empathie, wie er im folgenden Teilkapitel Verwendung findet, wird durch die Fähigkeit eines Menschen definiert, der sich in andere Personen hineinversetzen und seine Emotionen, Motive und Gedanken erkennen und verstehen kann.

Der Grad an Empathie-Empfinden steht in den Fallanalysen in Verbindung mit verschiedenen Denkweisen, Wahrnehmungs- und Erlebensprozessen. Wie bereits erwähnt schildern Lehrkräfte objektiv gleiche oder ähnliche Sachverhalte und Situationen aus ihrer subjektiven Perspektive unterschiedlich. Die Theorie des Konstruktivismus geht davon aus, dass das menschliche Erleben ein subjektives Konstrukt des Individuums ist. Denkweisen oder auch persönliche Überzeugungen stehen in wechselseitiger Beeinflussung mit den individuellen Realitätskonstrukten und erklären das eben erläuterte Phänomen unterschiedlicher Schilderungen eines gleichen Sachverhalts.[107] Einige Beispiele zur Veranschaulichung:

Während manche Lehrkräfte von ihren Schülern als fleißig und lernbereit sprechen, äußern andere, sie wären faul und bequem. Beide bestätigen, dass die Hausaufgaben häufig nicht gemacht werden, was letztere Gruppe als Bestätigung für ihre Schülerbeschreibung wahrnimmt, sich über das unzuverlässige Schülerverhalten ärgert und sich dadurch in ihrer Lehrerautorität angegriffen

---

[107] Weiterführende Literatur hierzu z.B. Kelly 1991; Westmeyer 1999.

fühlt. Dahingegen ist dies für die zuvor angesprochenen Lehrkräfte kein Grund zum Negieren ihres Schülerbilds, weil sie für fehlende Hausaufgaben Verständnis aufbringen können. Sie erklären im Interview, dass die Wohneinrichtungen ihrer Schüler kein geeigneter Lernort wären, weil man sich dort nicht konzentrieren könne. Negative Emotionen verbinden sie mit den fehlenden Hausaufgaben nicht.

Der gleiche Mechanismus ist bei wiederholten innerschulischen Regelverstößen vonseiten der Schüler (z.b. Unpünktlichkeit) zu beobachten. Während manche Lehrkräfte viel Verständnis dafür aufbringen, dass die neu zugewanderten jungen Menschen sich noch nicht an in Deutschland vorherrschenden (Schul-) Regeln gewohnt hätten, empfinden andere dies als Disziplinstörung und ärgern sich darüber.

Der Großteil der Lehrkräfte unterrichtet freiwillig aus humanitären Gründen in den Berufsintegrationsklassen[108] und bringt viel Verständnis für die Situationen der jungen Menschen auf. Jedoch gibt es auch vereinzelt Interviewpartner, die sich im Hinblick auf das Ohnmachtsgefühl und Ungerechtigkeitsempfinden bei asylrechtlichen Entscheidungen weniger belastet fühlen, weil sie für manche Verhaltensweisen der Schüler kein Verständnis aufbringen können. So sind sie vereinzelt der Meinung, dass in den Berufsintegrationsklassen nicht jeder, der Asyl beantragt hat, tatsächlich aus Gründen der Verfolgung oder Lebensbedrohung schutzbedürftig wäre, sondern aus wirtschaftlichen Gründen nach Deutschland gekommen sei. Sie gäben teilweise mutwillig falsche Informationen zu ihrer Person an, wofür nicht jede Lehrkraft gleichermaßen viel Verständnis aufbringt.

Allgemein fällt folgende Tendenz auf: Je mehr Verständnis und Empathie Lehrkräfte für die Verhaltensweisen und Situationen der jungen Zweitsprachlerner aufbringen, desto weniger fühlen sie sich zwar von Regelbrüchen o.ä. belastet, desto mehr sind sie allerdings vom belastenden Ohnmachtsgefühl und Ungerechtigkeitsempfinden bei Abschiebungen betroffen.

Wenig belastet von Regelverstößen oder einem Ohnmachts-/Ungerechtigkeitsempfinden verbunden mit geringem Verständnis zeigt allerdings ein Interviewpartner mit folgendem Standpunkt: Sobald ein neu zugezogener Schüler

---

108 Im Gegensatz zu den BIK-Lehrkräften, die überwiegend freiwillig und mit Verständnis für die Situation der (Flucht-)Migranten in Berufsintegrationsklassen unterrichten, nehmen laut deren Aussage einige Kollegen aus regulären Fachklassen an Berufsschulen eine kontroverse Haltung dazu ein: Manche hätten „gegenüber dem Ausbau von Berufsintegrationsklassen eine abneigende Haltung und möchten keinesfalls dort als Lehrkraft eingesetzt werden" (Riedl und Simml 2016, S. 18).

die Uhr lesen kann, gibt es kein Verständnis für Unpünktlichkeit. „*Weil, wenn die ans Sozialamt müssen und wissen, um dreizehn Uhr gibt es da ein Geld. Da habe ich bis jetzt noch nie einen gesehen, der wo da zu spät gekommen ist. Die sind da um dreizehn Uhr dort. Da funktioniert die Pünktlichkeit auch.*" Der hier zitierte Interviewpartner fällt besonders durch die Klarheit seiner Denkweisen und Überzeugungen auf. Sie geben ihm Orientierung und die Legitimation für sein Handeln, was für ihn eine große arbeitsbezogene Bewältigungsressource darstellt.

Eine weitere Bewältigungsressource zeigt folgender Interviewpartner: Um dem Ohnmachtsgefühl entgegenzusteuern, überträgt er gedanklich mehr Verantwortung für den Lernzuwachs und den weiteren Lebensweg seiner Schüler von sich auf die Schüler selbst. Er überträgt und reguliert sein Belastungsempfinden, indem er sich die Grenzen seiner Möglichkeiten als Lehrkraft vor Augen führt. „*Man kann sich nicht gegen den Staat stellen in irgendeiner Form, wenn er einen Beschluss gefasst hat. Was will man machen? Man kann es nur annehmen und den Leuten alles Gute wünschen. Mehr kann man nicht machen.*" Damit hält er sich die Grenzen seiner Wirkkraft vor Augen, weil ihm die Überzeugung hilft, dass er als Lehrkraft nicht mehr machen kann, als er ohnehin tut.

Je nach Denkweisen und Überzeugungen der Lehrkräfte unterscheidet sich ihre subjektive Wahrnehmung und Bewertung, was Auswirkungen auf das Empathie-Empfinden und damit auf ihr Belastungsgefühl hat. Wie Denkweisen und Überzeugungen entstehen, ist ein komplexer Entwicklungsprozess. Kurz gefasst sind Denkweisen und Überzeugungen von Personen eng verbunden mit der Sozialisation des Individuums (vgl. z.B. Alabay 2012).

> „Es gibt in jeder Kultur gewisse Normen, Werte, Überzeugungen und Verhaltensvorschriften, welche von den Mitgliedern der gleichen Kultur geteilt werden und das Wahrnehmen, Denken, Werten und Handeln ihrer Mitglieder beeinflussen" (Metzner 2005, S. 5).

An dieser Stelle soll noch ein weiterer Punkt angesprochen werden, der aus den erhobenen Daten hervorgeht: Die Denkweisen und persönlichen Überzeugungen der Schüler in Berufsintegrationsklassen unterscheiden sich an manchen Stellen von der in Deutschland vorherrschenden Sozialisation. In anderen Sozialisationen werden teilweise andere Bewertungsmaßstäbe angesetzt, auch „richtig" und „falsch" kann darin anders konnotiert sein (Hofstede und Hofstede 2011). Manche BIK-Lehrkräfte beschäftigen sich verstärkt mit den Ansichten und Lebensformen verschiedener Kulturen und reflektieren daran die eigenen Überzeugungen und Denkweisen. Sie empfinden solche Reflexionsprozesse als gewinnbringend und horizonterweiternd (vgl. Kapitel 8.5.2.1). Eine BIK-Lehrkraft verschließt sich dahingegen einer solchen Auseinandersetzung mit anderen Lebensformen, Betrachtungsweisen bzw. dem Prozess hin zum interkulturellen Verständnis. Ein weiterführender Erklärungsansatz dafür ist die Vermeidung zunehmender Komplexität hinsichtlich Weltanschauungen verbunden mit der Bedrohung eigener Überzeugungen bzw. des eigenen Realitätskonstrukts.

9.1.6 Persönliche Bedürfnisse

Mit persönlichen Bedürfnissen werden die Wünsche und Anliegen der jeweiligen Lehrkräfte bezeichnet, die es benötigt, damit sie sich in ihrer Arbeit wohl fühlen. Diese Bedürfnisse stellen in manchen Fällen eine Abhängigkeitsvariable für das Belastungsempfinden dar. Beispiele hierzu:

Die (Un-)Zufriedenheit mit befristeten Arbeitsverträge von Lehrkräften wurde bereits in Kapitel 9.1.1 in Zusammenhang mit den unterschiedlichen Bezugsnormen gebracht. Eine weitere entscheidende Variable für das diesbezügliche Belastungsempfinden ist, wie ausgeprägt das persönliche Bedürfnis bzw. der Wunsch nach Sicherheit ist. So erklärt beispielsweise eine ältere Lehrkraft, die in wenigen Jahren in Rente gehen wird, sehr unbeschwert, dass sie sich von der Befristung keineswegs belastet fühlt. *„Ja, ich sehe es locker, weil ich ja nur noch 2–3 Jahre habe. Da denke ich: Ist ja egal".* Eine andere Lehrkraft hingegen äußert, dass sie sich existenzielle Zukunftssorgen macht, weil durch die Befristung ihr Bedürfnis nach finanzieller Sicherheit nicht befriedigt wird.

Ein weiteres Beispiel: Manche Lehrkräfte fühlen sich stark vom Lärmpegel in der Klasse belastet. Sie möchten als Autoritätspersonen wahrgenommen werden und legen großen Wert auf Ruhe und Disziplin innerhalb der Klasse. Die Lehrkraft aus Fall E hingegen möchte als „Kumpeltyp" wahrgenommen werden und sieht die Lautstärke in den BIK nicht als Belastung, sondern empfindet den aus ihrer Sicht belebten Unterricht als Gewinn.

Je nachdem, was Personen zum Wohlbefinden benötigen, ändert sich die Relevanz unterschiedlicher Aspekte und damit das Potential, zur Belastung zu werden. Oder im Umkehrschluss: Was jemandem egal ist, kann ihn nicht belasten.

9.2 Im Überblick: Erkennbare Tendenzen und Hypothesen

Folgendes Kapitel fasst im Überblick deutlich werdende Tendenzen innerhalb der bisherigen Ergebnisdarstellung zusammen und generiert daraus weiterführende Hypothesen.

Zum Beschäftigungsverhältnis

Erkennbare Tendenzen

Wie im Kapitel 9.1.1 geschildert sind die befragten DaZ-Lehrkräfte insgesamt zufriedener mit befristeten Arbeitsverträgen als Personen mit einer klassischen Lehramtsausbildung wie z.B. Gymnasiallehrkräfte.[109] Dabei ist allerdings festzustellen: Je länger die DaZ-Lehrkräfte zusammen mit verbeamteten Lehrkräften (wie zum Befragungszeitpunkt die Berufs-/Wirtschaftspädagogen) arbeiten, desto mehr äußert sie in den Interviews Kritik an der Befristung.

Weiterführende Hypothesen:

- Personen werden mit ihrem Arbeitsverhältnis unzufriedener, je länger sie mit Kollegen zusammenarbeiten, die bei gleicher bzw. ähnlicher Tätigkeit ein besseres Arbeitsverhältnis haben.
- Die Zufriedenheit mit dem eigenen Arbeitsverhältnis ist abhängig von den branchenüblichen Arbeitsverträgen.
- DaZ-Lehrkräfte haben seit der bundesweiten Einführung von Klassen für (Flucht-)Migranten bessere Arbeitsverhältnisse als zuvor.
- Lehrkräfte, welche theoretisch die Möglichkeit auf Verbeamtung haben, sind weniger zufrieden mit befristeten Arbeitsverträgen als Lehrende ohne die Möglichkeit auf Verbeamtung.

Zum Erfolgserleben

Das Erfolgserleben ist bei den Befragten eine wichtige Komponente hinsichtlich des arbeitsbezogenen Belastungsempfindens (vgl. Kapitel 9.1.4). Je nach Ausbildung und Aufgabengebiet lassen sich diesbezüglich bei den Lehrkräften unterschiedliche Tendenzen feststellen:

Erkennbare Tendenzen
Berufs-/Wirtschaftspädagogen haben in Berufsintegrationsklassen tendenziell ein höheres Erfolgserleben als DaZ-Lehrkräfte. Begründungen dafür sind:

Berufspädagogen begegnen an den Berufsschulen einem sehr breiten Heterogenitätsspektrum an unterschiedlichen Bildungsverläufen und unterlaufen einer

---

[109] Alle befragten Berufs-/Wirtschaftspädagogen waren zum Befragungszeitpunkt verbeamtet. Gymnasiallehrkräfte, die aufgrund des Stellenmangels an Gymnasien nun in Berufsintegrationsklassen an Berufsschulen unterrichten, hatten ebenso wie DaZ-Lehrende zum Befragungszeitpunkt überwiegend ein befristetes Angestelltenverhältnis ohne Aussicht auf (baldige) Verbeamtung.

Realitätsanpassung im Hinblick auf verschiedene schulische Maßnahmeerfolge. Vor allem Berufspädagogen, die vorher Jugendliche ohne Ausbildung (JoA)[110] unterrichtet hatten, fühlen sich weniger vom langsamen Lernfortschritt belastet und bewerten die Motivation der geflüchteten jungen Menschen positiver als andere Lehrkräfte, mitunter Lehrkräfte für Deutsch als Zweitsprache. Grund dafür ist die Bezugsnorm zum vorhergehenden Schülerklientel, welches bei DaZ-Lehrkräften häufig bildungsstärkere Migranten sind, die im Gegensatz zu Jugendlichen ohne Ausbildung motiviert wie fleißig lernen möchten.

DaZ-Lehrkräfte setzen sich eher fixe, messbare und sehr sprachbezogene Ziele, während Berufspädagogen ihre Ziele sehr ganzheitlich und teilweise schwer messbar oder unkonkret wählen wie beispielsweise „die Integration in Deutschland". Solche Zielsetzungen geben der Lehrkraft einen größeren Interpretationsspielraum hinsichtlich erreichten Erfolge. Konkret messbare Zielsetzungen geben dahingegen keinen Spielraum.

Möglicherweise lassen sich diese unterschiedlichen Tendenzen der beiden Professionen durch die Prägung des jeweils absolvierten Studiums erklären: Während in DaZ-Studiengängen der Erwerb sprachdidaktischer Kompetenzen eine sehr zentrale Rolle spielt, werden Berufspädagogen sehr breit für verschiedene berufliche Schularten und Fächer ausgebildet.

<u>Weiterführende Hypothesen:</u>

- Die zu Grunde liegende Ausbildung sowie die Erfahrung am Lernort Berufsschule prägt die Zielsetzung und das Erfolgserleben der Lehrenden in Berufsintegrationsklassen.
- Die Überzeugung, dass Schüler trotz nicht beobachtbarer Performanzen während des Unterrichts trotzdem Kompetenzen erworben haben können,[111] beeinflusst das Erfolgserleben von Lehrkräften positiv.
- Würde sich der Fokus (in DaZ-Studiengängen) stärker auf ganzheitliche Spracherwerbstheorien[112] richten, würden sich die Zielsetzungen von DaZ-Lehrkräften weniger auf das sprachliche Regelsystem beschränken.

---

110 In JoA-Klassen sind überwiegend leistungsschwache junge Menschen, die derzeit nicht an einer Ausbildung interessiert sind (vgl. Kapitel 4.4.3 sowie Schelten et al. 2007 und Vollmar 2013).
111 vgl. hierzu z.B. ISB 2016b, S. 18
112 vgl. hierzu beispielsweise Mitchell et al. 2013

Zum Grund des Einsatzes als Lehrkraft in Berufsintegrationsklassen

Erkennbare Tendenzen

Die Lehrkräfte in Berufsintegrationsklassen unterrichten aus unterschiedlichen Motiven in diesem Bereich, jedoch zeichnet alle ein besonderes Interesse an der Zielgruppe aus. Bei manchen BIK-Lehrkräften ist ein starkes Helfer-Motiv verbunden mit Abgrenzungsschwierigkeiten erkennbar. Im Gegensatz dazu bemerken diese bei vielen Lehrkräften in regulären Fachklassen eine abneigende Haltung gegenüber der jungen neu zugewanderten Menschen.

Weiterführende Hypothesen:

- Je stärker das Helfer-Motiv ausgeprägt ist, desto schwerer kann sich die BIK-Lehrkraft von den Problemen der Schüler abgrenzen.
- Lehrkräfte, die in Berufsintegrationsklassen unterrichten, zeigen eine größere Bereitschaft, sich mit sprachsensiblen Fachunterricht auseinanderzusetzen als Lehrkräfte in regulären Fachklassen.

Zur Abteilungsleitung

Erkennbare Tendenzen

Die vorliegende Untersuchung wurde im Kontext des Modellprojekts „Perspektive Beruf für Asylbewerber und Flüchtlinge" durchgeführt. Im Rahmen des Modellprojekts arbeiten in erster Linie zwei gleichbleibende Akteure der unterschiedlichen Schulen auf den Arbeitstagungen mit: Eine Lehrkraft und die Projekt-/Abteilungsleitung[113] der Berufsintegrationsklassen. Dieses Team zeichnet sich durch eine enge Zusammenarbeit und leitende Aufgaben an der Schule innerhalb der Abteilung aus. Auffällig ist bei der Auswertung der quantitativen Ergebnisse, dass alle teilnehmenden „Lehrerpärchen" jeweils das gleiche AVEM-Muster erreichen.[114] Folgende Hypothesen sind potentielle Erklärungsansätze für dieses Phänomen.

---

113 Die Projektleitung ist in fast allen Fällen auch die Abteilungsleitung der Berufsintegration, deshalb werden die Begriffe innerhalb dieser Arbeit synonym verwendet.
114 Es sind insgesamt sieben zusammengehörige „Pärchen", die an der Untersuchung teilgenommen haben; Davon stimmen sechs in ihren Mustertypen direkt überein, in einem Fall gehört die Abteilungsleitung der Musterkombination A/B an und die partnerschaftliche Lehrkraft dem Muster A.

Im Überblick: Erkennbare Tendenzen und Hypothesen 223

Weiterführende Hypothesen:

- Die Abteilungsleitung sucht sich für eine enge Zusammenarbeit eine Lehrkraft aus, die ihr im arbeitsbezogenen Verhalten und Erleben ähnlich ist.
- Das arbeitsbezogene Verhalten und Erleben der Abteilungsleitung überträgt sich durch die enge Zusammenarbeit auf die Lehrkraft.
- Das arbeitsbezogene Verhalten und Erleben der Lehrkraft überträgt sich durch die enge Zusammenarbeit auf die Abteilungsleitung.

Zur Interkulturellen Arbeit

Erkennbare Tendenzen

BIK-Lehrkräfte arbeiten mit Schülern unterschiedlicher Herkunftskulturen und Lebenswelten. Manche beschäftigen sich stark mit interkulturellen Ansätzen und setzen sich mit unterschiedlichen Lebens-/Denkweisen ihrer Schüler auseinander. Sie empfinden dies als bereichernden Input zur Selbstreflexion sowie zur Horizonterweiterung. Dahingegen fällt insbesondere eine Lehrkraft auf, welche eine solche Perspektivenübernahme negativ sieht. Sie vertritt die Erwartung der „Assimilation"[115] vonseiten der (Flucht-)Migranten an deutsche Normen und Gegebenheiten und zeichnet sich im Allgemeinen durch klare Überzeugungen und Denkweisen aus. Die eigene Sozialisation zu hinterfragen und sich auf interkulturelle Perspektivenübernahmen einzulassen, sei aus Sicht der Lehrkraft unnötig und bringe eher Verunsicherungen oder Chaos anstatt Gewinn für das eigene Handeln mit sich.

Weiterführende Hypothese:

- Die Auseinandersetzung mit anderen Lebenswelten kann interindividuell einen bereichernden oder einen verunsichernden Einfluss auf die eigene Identität haben.
- Die als positiv bewertete eigene Sozialisation gibt einen Orientierungsrahmen, welcher Unsicherheiten bei Entscheidungen und der Lebensgestaltung reduziert.

Zur multidisziplinären Zusammenarbeit

Erkennbare Tendenzen

In Kapitel 4.4.2 werden bereits unterschiedliche Professionen, die im Team der Berufsintegrationsabteilung an Berufsschulen zusammenarbeiten, erläutert: Berufs- und Wirtschaftspädagogen, Lehrende für Deutsch als Fremd-/

---

115 vgl. hierzu das Modell von Berry (1990)

Zweitsprache (DaF/DaZ), Sozialpädagogen[116] und teilweise Gymnasiallehrkräfte. Um dem Anforderungsspektrum innerhalb der BIK gerecht zu werden und die Schulentwicklung im Rahmen der eingeführten Berufsintegrationsmaßnahme voranzutreiben, profitieren die Akteure untereinander von den verschiedenen Fachkompetenzen. Gleichermaßen empfinden alle Lehrkräfte die kollegiale Atmosphäre und Zusammenarbeit als bereichernd und angenehm.[117]

Im Hinblick auf den Unterricht ist die Zusammenarbeit von Berufs-/Wirtschaftspädagogen und DaZ-Lehrkräften von besonderer Bedeutung, weil sie zusammen zwei zentrale Elemente der Berufsintegrationsklasse vereinen, nämlich die Sprachförderung und die Berufsvorbereitung.

Weiterführende Hypothese:

- Eine gegenseitige Abhängigkeit in Bezug auf die unterschiedlichen Fachkompetenzen der einzelnen Disziplinen verstärkt die kollegiale Zusammenarbeit und fördert die gegenseitige Wertschätzung.
- Eine Förderung der Kooperation zwischen Lehrkräften fördert gleichzeitig eine positive Atmosphäre im Kollegium.

---

116 Sozialpädagogen werden in der Stichproben-Grundgesamtheit dieser Untersuchung nicht berücksichtigt (vgl. Kapitel 6.2).
117 Allgemeine Informationen zur Lehrer-Kooperation als wichtiges Kriterium zur Schuleffektivität vgl. Bauer 2002; Fend 1998; Scheerens und Bosker 1997; Steinert et al. 2006.

10 Konklusion: Prävention und Intervention

10.1 Ansätze zur Gesundheitsförderung

Ein Ergebnis dieser Forschungsarbeit ist: Lehrkräfte in Berufsintegrationsklassen zeichnen sich gemessen an den Arbeitsbezogenen Erlebens- und Verhaltensmustern (AVEM) als weniger belastet aus als Lehrkräfte anderer Klassen-/ Schulformen.[118] Dafür lassen sich innerhalb des erhobenen Datensatzes mehrere Ressourcen verantwortlich machen. Zentrale Aspekte werden in den Abschnitten zur *Teambildung* und *Sinngebung* aufgegriffen. Des Weiteren geht aus der Forschungsarbeit hervor, dass sich die Belastungsfaktoren der befragten BIK-Lehrkräfte trotz gleichem bzw. ähnlichem Tätigkeitsprofil stark unterscheiden. Welche Überlegungen daraus für Prä-/Interventionsangebote[119] folgen, erläutert folgender Abschnitt.

Individuelle und prozessbegleitende Ausrichtung
Obwohl sich die Forschungsarbeit auf ein einheitliches Tätigkeitsspektrum innerhalb eines Berufs fokussiert, zeigt sich: Einheitliche arbeitsbezogene Belastungsfaktoren und Ressourcen gibt es nicht. Dementsprechend eignen sich als Prä-/Intervention v.a. individuell ausgerichtete Beratungsangebote und Trainings für die Lehrkräfte, die prozessbegleitend stattfinden.[120] Beginnend mit einer Bedarfsanalyse können individuelle Maßnahmen zur Gesundheitsförderung ausgearbeitet werden, die vorhandene Ressourcen der jeweiligen Lehrkraft sowie geeignete Regulationsmodi zur Steuerung des Belastungsempfindens identifizieren und nutzen.

Mögliche Ansatzpunkte zur Regulation ergeben sich auch innerhalb dieser Forschungsarbeit aus den Abhängigkeitsvariablen in Kapitel 9.1. Beispiele sind

---

118 Dieses Ergebnis resultiert aus dem Abgleich von AVEM-Ergebnissen verschiedener Studien in Kapitel 8.2.
119 Während gesundheitliche Intervention bei Personen ansetzt, die durch das Belastungsempfinden bereits gesundheitlich oder psychisch erkrankt sind, sorgt die Prävention vor, Gesundheit zu erhalten und Belastung vorzubeugen. Auf eine strikte Abgrenzung der beiden Begriffe wird hier jedoch verzichtet.
120 Fröhlich-Gildhoff und Rönnau-Böse (2015) kommen auf Basis unterschiedlicher Studien (wie z.B. den Analysen von Greenberg et al. 2000) zu dem Schluss, dass „ein langfristig eingesetztes Programm erfolgreicher ist als kurze Programme oder einzelne Training" (Fröhlich-Gildhoff und Rönnau-Böse 2015, S. 61).

die Relativierung von Vergleichsmaßstäben bzw. Bezugsnormen, die Reflexion eigener Rollenzuschreibung und damit verbundene Dynamiken, die Anpassung von unrealistischen Zielen oder das Aufzeigen alternativer Wahrnehmungs-/ Interpretationsmöglichkeiten einer Situation zur Förderung von gesundheitsstärkenden Effekten wie z.b. dem Erfolgserleben. Grundsätzlich gilt für jede Lehrkraft: Stärken stärken und Schwächen schwächen. Auch hier sollte ressourcenorientiert vorgegangen werden, indem sich der Fokus zuerst auf die individuellen Stärken richtet. Verbunden damit ist es wichtig, selbstregulatorische Fähigkeiten auszuprägen sowie die psychische Widerstandsfähigkeit (Resilienz[121]) auszubauen. Die eigenen Stärken zu kennen, auf sie zu vertrauen und Misserfolge sowie eigene Selbstwirksamkeitsüberzeugungen konstruktiv zu reflektieren sind hierfür grundlegende Komponenten. Selbstwirksamkeitsüberzeugungen sind zudem besonders relevant für Menschen, die sich als Opfer der eigenen Umstände fühlen. Betroffene sollen lernen, als eigenverantwortlicher Akteur lösungsorientiert an Probleme heranzutreten. Auch hierfür ist es förderlich, Lehrkräfte in ihrer Entwicklung realistischer Selbstwirksamkeitserwartungen prozessorientiert zu begleiten, vorhandene Ressourcen zu mobilisieren bzw. auszubauen und ihnen individuell Wege aufzuzeigen, wie sie an entsprechende Problemsituationen herangehen können. Besonders praktische Anwendungen bzw. Trainings konkreter Verhaltenskompetenzen in Prä-/Interventionsmaßnahmen sind gewinnbringend (vgl. z.B. Beelmann 2006; Farrington und Welsh 2003; Bakermans-Kranenburg et al. 2003).

Darüber hinaus sollten bei Bedarf auch notwendige Veränderungen im sozialen Umfeld bzw. auf schulorganisatorischer Ebene (multimodale oder systemische Perspektive) in Betracht gezogen werden (Setting-Prävention). Auch hierbei ist die individuelle Ausrichtung der Maßnahmen auf die Gegebenheiten des jeweiligen Schulstandorts wichtig.

Teambildung
Durch die Interviews zieht sich wiederkehrend eine starke Ressource zur arbeitsbezogenen Gesunderhaltung: Die entgegengebrachte Wertschätzung vonseiten der Kollegen, der Schulleitung sowie der Schüler. Weitere wünschenswerte Merkmale einer angenehmen Atmosphäre im Kollegium sind: Zusammenhalt, Kooperation und Hilfsbereitschaft sowie Spaß und Wohlgefühl auf zwischenmenschlicher Ebene.

Wie kann man diese Ressourcen fördern? Eine bedeutsame Rolle spielen hierbei und allgemein bei der Reduzierung psychischer Belastungen Führungskräfte

---

[121] Weiterführende Informationen hierzu s. z.B. Fröhlich-Gildhoff und Rönnau-Böse 2015

bzw. im schulischen Kontext die Schul-/Abteilungsleitungen (Schaarschmidt 2005a; Rosenbusch 2007; Dadaczynski 2012; Orthmann et al. 2009; Stadler und Spieß 2003.). Der Führungsstil der Schulleitung hat Einfluss auf den gegenseitigen Umgang und die Zusammenarbeit im Kollegium sowie auf die gesamte schulische Atmosphäre. Zahlreiche Forschungsarbeiten beschreiben, welche Auswirkungen unterschiedliches Leitungsverhalten auf Ebene der Mitarbeiter nach sich zieht (vgl. z.b. Buchen und Rolff 2016; Dadaczynski 2012; Felfe 2009; Lorenz und Rohrschneider 2013; Philipp 2015). Damit Schulleitungen verschiedene Ressourcen entsprechend nutzen können, benötigt es einschlägige Schulungen, Beratungen und Trainings, welche insbesondere die soziale Unterstützung innerhalb des Kollegiums in den Mittelpunkt rücken. Um die entsprechenden Inhalte langfristig in den schulischen Alltag zu integrieren, werden auch hier prozessbegleitende Maßnahmen als wichtig erachtet.

Darüber hinaus ist es substanziell, als Schulleitung selbst eine Vorbildfunktion einzunehmen und Werte sowie Prinzipien, die für eine wertschätzende, menschenfreundliche und kollegiale Schulkultur wichtig sind, zu verkörpern (Hedderich 2011; Hoy et al. 1992; Institute for Educational Leadership 2000; Pfeiffer 2002). Dass den Führungspersonen ihre Wirkungskraft und die daraus resultierende Verantwortung hinsichtlich der Gesunderhaltung ihrer Mitarbeiter bewusst ist, ist eine wichtige Voraussetzung dafür (vgl. z.B. Badura et al. 2011; Kroll und Dzudzek 2010). Gleichzeitig dürfen die Gesundheit der Schulleitungen selbst nicht außer Acht gelassen werden.[122]

Die eben genannten Ausführungen zur gesundheitsförderlichen Wirkungskraft von Führungspersonen plädieren dafür, bei der Wahl von Schul-/Abteilungsleitungen nicht nur formale oder fachliche Kompetenzen in den Vordergrund zu stellen, sondern vor allem soziale und kommunikative Kompetenzen.

Neben Teamentwicklungsprogrammen bzw. Teambildungsmaßnahmen[123] (oder anderen kollegialen Unterstützungssystemen)[124] ist eine weitere und die hier letzte aufgeführte Maßnahme, um den Zusammenhalt und die Zusammenarbeit

---

122 Näheres zu Entlastungsstrategien für Schulleiter s. z.B. Bartsch 2013.
123 An dieser Stelle sei darauf hingewiesen, dass im Rahmen des Modellprojekts (vgl. Kapitel 4.3) die regelmäßigen, 2-tätigen Arbeitstagungen und der dort stattfindende informelle Austausch wesentlich zu einer positiven Atmosphäre und gegenseitigen Unterstützung unter den beteiligten Kollegen und deren Zusammenarbeit beigetragen hat (s. Riedl und Simml 2018).
124 Nähere Informationen zu Teamentwicklung und kollegialen Unterstützungssystemen s. z.B. Philipp 2015; Mutzeck und Schlee 2008; Buhren 2015.

im Kollegium zu fördern, die kollegiale Fallberatung[125]. Empfehlenswert ist, kollegiale Fallberatungen im Rahmen der jeweiligen Abteilungen anzubieten, sobald Bedarf vonseiten der Lehrkräfte gemeldet wird. Ziel soll sein, konkrete Problemfälle (z.b. in Bezug auf bestimmte Schüler) im Team zu diskutieren und gemeinsam Lösungswege zu erarbeiten. Für ein erfolgreiches Gelingen sind eine strukturierte Durchführung sowie eine empathische und wertschätzende Kommunikation untereinander wichtig.

Sinngebung
Bei mehreren Interviewpartnern mit Muster G wurde deutlich, dass sie mit ihrer Tätigkeit als Lehrkraft in Berufsintegrationsklassen („endlich wieder") eine große Sinnhaftigkeit verbinden. „Endlich wieder" als Zusatz für diejenigen Interviewpartner, die während ihrer vergangenen Zeit in anderen Klassenformen zunehmend weniger das Gefühl gehabt hätten, etwas bewirken zu können und die Tätigkeit in BIK – mitunter bedingt durch eine als dankbar empfundene Schülerschaft – als große Bereicherung empfinden. Dahingegen fühlen sich andere Interviewpartner belastet, die aufgrund asylrechtlicher Hürden den Sinn ihrer Tätigkeit in Berufsintegrationsklassen stark hinterfragen.

Einen Sinn in seiner beruflichen Tätigkeit zu sehen ist eine Ressource zur Gesunderhaltung. Nindl (2006) kann sogar einen signifikanten Zusammenhang zwischen Burnout und dem Ausmaß mangelnder Sinnerfüllung bei Lehrkräften feststellen.

Sinngebung ist als subjektive Geisteshaltung zu verstehen, die sich je nach Person individuell unterscheiden kann. Bei Lehrkräften in Berufsintegrationsklassen fällt diesbezüglich auf, dass häufig humanitäre Aspekte wie „Ich kann anderen Menschen helfen" oder „Ich tue Gutes" im Vordergrund stehen. Darüber hinaus sind weitere Aspekte der Sinnstiftung die der Tätigkeit zugeschriebene hohe Verantwortung oder der Spaß an der Arbeit.

Die Sinnstiftung als Ressource zur Belastungsregulation eignet sich als Ansatzpunkt für individuelle Maßnahmen zur Prä-/Intervention. Besonders die Aspekte sollen herausgearbeitet und bestärkt werden, welche aus subjektiver Sicht des Klienten als bedeutungsvoll erscheinen.

---

125 Nähere Informationen zu kollegialen Fallberatungen s. z.B. Franz und Kopp 2010, 2003; Rimmasch 2015.

10.2 Prä-/Interventionsbedarfe in Berufsintegrationsklassen

Der folgende Abschnitt geht auf Prä-/Interventionsbedarfe ein, welche speziell aus verschiedenen Anforderungen und Rahmenbedingungen in Berufsintegrationsklassen resultieren. An dieser Stelle soll allerdings betont werden, dass die folgenden Aspekte nicht alle befragten BIK-Lehrkräfte betreffen und dementsprechend die Empfehlung einer möglichst individuellen Ausrichtung von Prä-/Interventionsmaßnahmen aus Kapitel 10.1 nicht abschwächt.

Bei Lehrkräften, die in Berufsintegrationsklassen unterrichten, lohnt es sich, den Blick auf deren Motive, Erwartungen und Zielsetzungen zu richten. Einigen fällt es schwer, die Leistungsniveaus der neu zugewanderten jungen Menschen einschätzen zu können und dementsprechend realistische Zielsetzungen vorzunehmen. Die fehlenden Zeugnisse, die unterschiedlichen und unbekannten Bildungsniveaus im Heimatland sowie die mangelnden Sprachkenntnisse der Schüler sind Gründe dafür.

Wie sich in der Untersuchung herausgestellt hat, sind unrealistische Zielsetzungen und die hartnäckige Zielverfolgung bei manchen BIK-Lehrkräften die Ursache von daraus folgenden Belastungsfaktoren. Verbunden damit ist das fehlende Erfolgserleben. Das Schaffen von Erfolgserleben ist eine wichtige Ressource zur Belastungsprävention. Dabei ist entscheidend, „ob es gelingt, die Begeisterung für den Beruf in alltagsnahe, konkrete und erreichbare Ziele zu übersetzen" (Hillert 2016, S. 11). Vor allem für neue Lehrkräfte wäre es hilfreich, vor Beginn der Beschulung Hintergrundinformationen zur Lebenssituation der jungen Menschen zu bekommen, damit sie einen realistischen Erwartungshorizont aufbauen können, verschiedene Situationen nachvollziehen können und einer destruktiven Attribution bei Enttäuschungen vorgebeugt wird.

Zudem ist es förderlich für das Selbstwirksamkeits- und Erfolgserleben, Entwicklungsprozesse und erreichte Teilziele zu betonen. Supervisionen wurden von Interviewpartnern hierfür bereits sehr positiv bewertet. Regelmäßige Supervisionen eignen sich darüber hinaus auch zur Förderung eines angenehmen Schulklimas, Klärungsbedarfe herauszuarbeiten und anzugehen, kollegiale Konflikte zu bearbeiten, gemeinsam Problemfälle zu besprechen oder Erfolge aufzuzeigen und so dem Belastungserleben vorzubeugen. Supervision ist ein „universell einsetzbares Instrument, wenn eine Förderung individueller Kommunikations- und teambezogener Kompetenz angestrebt wird" (Siller 2008, S. 61). Evaluationsstudien bestätigen die Wirksamkeit von Supervision auch im schulischen Bereich (Denner 2000; Erbring 2009; Jugert 1998; Neuschäfer 2004).

> „Es geht [dabei] vornehmlich um Reflexions- und Klärungsprozesse. Damit ist in aller Regel ein erheblicher psychohygienischer Effekt verbunden. Wer sich in seinem

Berufsalltag als wirksam(er) erlebt, kann verständlicherweise eine größere Zufriedenheit entwickeln, die sich ihrerseits wiederum auf andere Bereiche förderlich auswirken kann. Nicht zuletzt auf die eben erwähnte (psychische) Gesundheit. Ebenfalls ist durch Supervision eine Verbesserung der kollegialen Zusammenarbeit zu erwarten. Dies gilt insbesondere, wenn mehrere oder gar alle Kolleginnen gemeinsam an einer (Team-)supervision teilnehmen" (Schlee 2008, S. 14).

Die Angebote der staatlichen Schulberatung in Bayern zur Supervision, Coaching u.ä. sollten also weiterhin gefördert und ausgebaut werden. Hierbei stellt sich die Frage, die es als Weiteres zu beforschen gilt, inwieweit diese Angebote an Berufsschulen genutzt werden, für die Bedarfe der Schulen ausreichen und in welcher konkreten organisatorischen und inhaltlichen Ausgestaltung und Einbettung sie als besonders hilfreich wahrgenommen werden.

Des Weiteren benötigen mehrere Lehrkräfte in Berufsintegrationsklassen Prä-/Intervention bezüglich der Distanzierung und Abgrenzung von den Schicksalen der Schüler. In der Interview-Befragung zeigte sich bei unterschiedlichen Personen ein hohes Verantwortungsgefühl für die jungen Menschen mit Fluchthintergrund. Dass sie von diesen jungen Menschen, die zu großen Teilen ohne Familie in Deutschland sind, als Vertrauensperson herangezogen werden, verstärkt die emotionale Bindung und die mangelnde Distanzierungsfähigkeit ebenso wie das ihnen anvertraute Wissen um die Ängste und Schicksalsschläge „ihrer Schützlinge" und die Ungewissheit um die Zukunft vieler Asylbewerber. Laut Aussage verschiedener BIK-Lehrkräfte hilft ihnen an dieser Stelle der informelle und empathische Austausch unter Kollegen als Ressource.

Berufsintegrationsklassen haben zum Hauptziel, die neu zugewanderten Menschen im Arbeitsmarkt zu integrieren. Einigen Schülern erteilt das Ausländeramt allerdings Arbeitsverbote, manche erhalten im Laufe der Beschulung vom Bundesamt für Migration und Flüchtlinge (BAMF) Abschiebebescheide, sodass bei den Betroffenen das Ziel der Beschulung formal gar nicht erreicht werden kann. Dadurch sind viele BIK-Lehrkräfte frustriert und hinterfragen den Sinn ihrer Bemühungen. Das Ohnmachtsgefühl und Ungerechtigkeitsempfinden bezüglich der asylrechtlichen Entscheidungen verstärkt die diesbezügliche emotionale Belastung. An dieser Stelle besteht der Bedarf, den Fokus auf die realisierbaren Ziele sowie bereits erreichte Erfolge zu lenken, um die Sinnbildung im Rahmen der eigenen Arbeitstätigkeit zu stärken. Zum anderen bedarf es das Erarbeiten einer professionellen Distanzierungsfähigkeit, damit betroffene BIK-Lehrkräfte die Grenzen ihres Wirkens akzeptieren können und mit den damit einhergehenden negativen Emotionen umgehen lernen.

11 Zusammenfassung

Die vorliegende Untersuchung findet im Schuljahr 2016/17 im Kontext des Modellprojekts „Perspektive Beruf für Asylbewerber und Flüchtlinge" statt, in dem bayerische Berufsschulen neu zugewanderte Menschen in einer dafür ausgerichteten Beschulungsmaßnahme, den „Berufsintegrationsklassen", auf eine geeignete Anschlussoption wie z.b. einer Berufsausbildung oder einer weiterführenden Schule vorbereiten. Die Erhebung verknüpft einen qualitativen Ansatz in Form von Leitfadeninterviews mit einem quantitativen Ansatz, für welchen der Fragebogen zum arbeitsbezogenen Erlebens- und Verhaltensmuster (AVEM) nach Schaarschmidt und Fischer (2001) ausgewählt wurde. Die Daten dieser beiden Erhebungsstränge bilden die Basis für darauf aufbauende Fallvergleiche.

In der Beschulung von geflüchteten und neu zugewanderten jungen Menschen an Berufsschulen[126] ergeben sich Belastungsschwerpunkte, die für Lehrkräfte anderer Klassen-/ Schulformen nicht oder weitaus weniger relevant sind. Viele Belastungsfaktoren resultieren aus den asylrechtlichen Hintergründen[127] der Schüler. Trotzdem erzielen die Lehrkräfte in Berufsintegrationsklassen hinsichtlich der Arbeitsbezogenen Erlebens- und Verhaltensmuster (AVEM)[128] nach Schaarschmidt und Fischer (2001) positive Ergebnisse: Im Vergleich zu Lehrkräften anderer Klassen-/ Schulformen (vgl. Schaarschmidt 2005a; Schaarschmidt und Kieschke 2007) erreichen sie eine niedrigere prozentuale Häufigkeit bezüglich der Übereinstimmung mit dem Risikomuster B (Burnout) sowie einen höheren Wert bezüglich des Musters G (Gesundheit). Die prozentualen Werte zur Übereinstimmung mit dem Muster S (Schonung) und dem Risikomuster A (Anstrengung) kongruieren dahingegen in den genannten Erhebungen der unterschiedlichen Lehrergruppen.

---

126 In Bayern heißen die Klassen für neu Zugewanderte und Geflüchtete *Berufsintegrationsklassen (BIK)*.
127 Zum Erhebungszeitpunkt waren überwiegend junge Menschen, die einen Asylantrag in Deutschland gestellt haben, in den Klassen.
128 AVEM (Arbeitsbezogene Verhaltens- und Erlebensmuster) ist ein Fragebogen von Schaarschmidt und Fischer (2001), welcher den Teilnehmenden unterschiedliche Erlebens- und Verhaltensmuster zuordnet: Muster G (Gesund), Muster S (Schonung), Risikomuster A (Anstrengung) und Risikomuster B (Burnout). Das Risikomuster A weist bereits ein erhöhtes Krankheitsrisiko auf, während das Risikomuster B bereits Symptome aufweist, die vergleichbar mit dem fortgeschrittenen Stadium von Burnout sind (Schaarschmidt 2006 S. 5ff; Schaarschmidt und Kieschke 2007, S. 86ff).

Um Erklärungsansätze für die positiven AVEM-Ergebnisse zu generieren, helfen die arbeitsbezogenen Bewältigungsressourcen der BIK-Lehrkräfte, die neben den erfragten Belastungsfaktoren aus den Interviews hervorgehen. Die Interviewauswertung ergab eine Vielzahl an Bewältigungsressourcen, die dem Belastungsempfinden vorbeugen oder entgegenwirken.

Im Abgleich mit den bestehenden Erkenntnissen aus der Lehrerbelastungsforschung kristallisieren sich mehrere Ressourcen heraus, die besonders hervorstechen: Beispielsweise ist die Wertschätzung von Bildung, die Motivation und vor allem die Herzlichkeit vonseiten der Schüler in Berufsintegrationsklassen für viele Lehrkräfte in Berufsintegrationsklassen eine große Bewältigungsressource. In anderen Klassen-/ Schulformen ist sehr oft das Gegenteil der Fall, was ausschlaggebend für ein hohes Belastungsempfinden ist.

Zudem ist auch der hohe Gestaltungsspielraum im Rahmen des Lehrplans für Sprachintensiv-/ und Berufsintegrationsklassen ein Beispiel einer entlastenden Ressource für BIK-Lehrkräfte, die dadurch verstärkt wird, dass am Ende der Berufsintegrationsmaßnahme keine festgelegte Abschlussprüfung stattfindet. Die Lehrkräfte genießen die kreative Freiheit, welche durch diese Rahmenbedingungen möglich ist. Auch die zum Befragungszeitpunkt aktuelle Präsenz des Themas Fluchtmigration in der Gesellschaft trägt zu einem positiven Gefühl der eigenen Relevanz als BIK-Lehrkraft bei.

Berücksichtigt man die Forschungsergebnisse zur Bedeutung der Kollegialität im Kontext Arbeit und Beruf, zeigt sich im Rahmen dieser Untersuchung die angenehme Atmosphäre und der Zusammenhalt im Kollegium als großer Einflussfaktor zur Gesunderhaltung der Lehrkräfte. Während in der Lehrerbelastungsforschung negative Aspekte häufig Bezug auf das Kollegium nehmen, stellt sich in dieser Untersuchung das Kollegium ausschließlich als eine starke arbeitsbezogene Bewältigungsressource heraus.

Natürlich darf bei der Interpretation der AVEM-Muster auch nicht außer Acht gelassen werden, dass die BIK-Lehrkräfte überwiegend freiwillig in diesen Klassen unterrichten und dadurch ohnehin ein spezielles Interesse an dem Tätigkeitsprofil vorhanden ist. Würden Lehrkräfte verpflichtend in diesen Klassen eingesetzt werden, liegt die Annahme nahe, dass die Risikomuster bei den Lehrkräften weitaus häufiger auftreten würden.

Darüber hinaus liegt im Forschungsfokus der Arbeit, welche Abhängigkeitsvariablen dafür verantwortlich sind, dass sich verschiedene Lehrkräfte von gleichen oder ähnlichen Anforderungen und Rahmenbedingungen unterschiedlich belastet fühlen. Dafür sorgen vor allem vergleichende Fallanalysen für einen Erkenntnisgewinn. Die Zusammenhänge zwischen einzelnen Faktoren des Belastungserlebens oder der Bewältigungsstrategien sind stark individuell und werden von vielen Komponenten beeinflusst. Beispielsweise sind die individuellen Bedürfnisse verbunden mit den persönlichen Überzeugungen, dem eigenen Rollenbild als Lehrkraft, der inneren Haltung und die politischen Einstellungen Variablen, die das Belastungserleben der Interviewpartner steuern. Gleichermaßen sind die persönlichen Zielsetzungen verbunden mit dem Erfolgs-/Selbstwirksamkeitserleben, dem richtigen Maß an Empathie und Verständnis, der Attributionsstil und die Bezugsnorm bei Vergleichen wesentliche Mechanismen, die das Belastungserleben der Lehrkräfte beeinflussen.

Im Hinblick auf Prä- und Interventionsmaßnahmen wird in der Konsequenz deutlich, dass die arbeitsbezogenen Rahmenbedingungen und Anforderungen an sich als Steuerungsmechanismus des Belastungsempfindens nur bedingt greifen, viel wichtiger ist die Mobilisierung der individuellen Bewältigungsressourcen. Dafür eignen sich Prä- und Interventionsangebote, die prozessbegleitend und individuell auf die jeweiligen Betroffenen bzw. den jeweiligen Schulstandort ausgerichtet sind.

Trotzdem kristallisieren sich auch bestimmte übergreifende Aspekte als Anknüpfungspunkte für generell empfehlenswerte Prä-/Interventionsmaßnahen heraus. So ist beispielsweise eine angenehme Atmosphäre im Kollegium, der Zusammenhalt sowie die innerschulische Kooperation zwischen den Lehrkräften eine starke Bewältigungsressource, wofür insbesondere der Schulleitung eine bedeutende Rolle zukommt. Auch das subjektive Erleben von Sinnhaftigkeit im Hinblick auf die eigene Arbeit ist ein gesunderhaltender Faktor, was entsprechende Maßnahmen zur Prä-/Intervention als Ansatzpunkt aufgreifen sollen.

Abbildungsverzeichnis

Abb. 1: A theoretical schematization of stress, coping, and adaptation (Lazarus und Folkman 1984, S. 305) 21
Abb. 2: Vereinfachte Darstellung des untersuchungsleitenden Konzepts dieser Arbeit (eigene Darstellung) 33
Abb. 3: Entscheidungsmöglichkeiten im nationalen Asylverfahren einer volljährigen Person in vereinfachter Darstellung (BAMF 2016a) 55
Abb. 4: Asylanträge (Erst- und Folgeanträge) in Deutschland seit 1953; Zahlenquelle (BAMF 2018c) 56
Abb. 5: Ausbau der Berufsintegrationsklassen in Bayern (Angaben des Kultusministeriums von 26. November 2017 und Dezember 2018 in gerundeten Zahlen) 59
Abb. 6: Konzeption der Berufsintegrationsmaßnahme 62
Abb. 7: Berufliche Schulen in Bayern (StMUK 2017) 66
Abb. 8: Die drei Phasen des Flüchtlingsmanagements in Deutschland (BAMF 2016b) 70
Abb. 9: Schulbildung der geflüchteten Schüler in der Heimat (Baumann und Riedl 2016, S. 100) 72
Abb. 10: Familienmitglieder in Deutschland (Baumann und Riedl 2016, S. 64) 78
Abb. 11: Methodisches Vorgehen der Untersuchung 84
Abb. 12: Die elf Dimensionen des AVEM (Schaarschmidt 2006, S. 3) 90
Abb. 13: Unterscheidung nach vier Bewältigungsmustern (Schaarschmidt 2006, S. 5) 91
Abb. 14: Raster zur Einordnung empirischer Untersuchungen der Lehrerbelastungsforschung (Krause und Dorsemagen 2007) 97
Abb. 15: Transaktionales Modell des Lehrerstress (Kyriacou und Sutcliffe 1978, S. 3) 112
Abb. 16: Ausbildung/Studium der Interviewpartner 125
Abb. 17: Alter der Interviewpartner 126
Abb. 18: Einsatzjahre in BIK 126
Abb. 19: Prozentuale Häufigkeiten der Risiko-/Mustertypen 128
Abb. 20: Prozentuale Häufigkeiten der Muster nach Geschlecht 150
Abb. 21: Prozentuale Verteilung der (Risiko-)Muster an den unterschiedlichen Bildungsträgern 152
Abb. 22: Prozentuale Verteilung aller AVEM-Muster an den unterschiedlichen Bildungsträgern 153

Abb. 23: Prozentuale Verteilung der (Risiko-)Muster nach Schulstandort 154
Abb. 24: Prozentuale Verteilung aller AVEM-Muster nach Schulstandort ... 156
Abb. 25: Erfolgserleben der Lehrkräfte 165
Abb. 26: Distanzierungsfähigkeit der Lehrkräfte 170
Abb. 27: Netzwerkpartner in der Berufsintegration (Riedl und Simml 2016, S. 17) 179
Abb. 28: Wahrnehmung sozialer Unterstützung nach Geschlecht 182
Abb. 29: Wahrnehmung sozialer Unterstützung nach (Risiko-)Muster 183
Abb. 30: Abhängigkeitsvariablen des Belastungsempfindens 208

Tabellenverzeichnis

Tab. 1:	Durchschnittlicher Vor- und Nachbereitungsaufwand für eine Unterrichtsstunde (Mummert 2005, S. 45)	41
Tab. 2:	Durchschnittliche Arbeitszeitanteile nach Aufgabenbereichen (Mummert 2005, S. 47)	46
Tab. 3:	Übersicht zu den Beschulungsangeboten für Geflüchtete und neu Zugewanderte an bayerischen Berufsschulen (in Anlehnung an Riedl und Simml 2016, S. 9)	63
Tab. 4:	AVEM-Musterbeschreibung (Schaarschmidt 2006 S. 5ff)	92
Tab. 5:	Ablaufschema und Umsetzung der Kategorienbildung	102
Tab. 6:	Beispiel zur induktiven Herangehensweise der Kategorienbildung	103
Tab. 7:	Deduktive Tabelle zu den Belastungen von BIK-Lehrkräften	107
Tab. 8:	Deduktive Tabelle zu den Bewältigungsressourcen von BIK-Lehrkräften	109
Tab. 9:	Ablaufschema und Umsetzung der Fallauswahl	111
Tab. 10:	Interviewpartner	124
Tab. 11:	Geschlechtsspezifische Unterscheidung nach Kooperationspartner und Berufsschule	127
Tab. 12:	AVEM-Werte verschiedener Untersuchungen	129
Tab. 13:	Quantifizierendes Kategoriensystem zu den Belastungsfaktoren von Lehrkräften in BIK	131
Tab. 14:	Prozentuale Häufigkeit der Muster nach Geschlecht im Vergleich	151
Tab. 15:	Motive für die Arbeit in BIK	157
Tab. 16:	Quantifizierendes Kategoriensystem zu den Bewältigungsressourcen von Lehrkräften in BIK	160

Literaturverzeichnis

Alabay, B. (2012): Kulturelle Aspekte der Sozialisation. Junge türkische Männer in der Bundesrepublik Deutschland. Wiesbaden: Imprint VS Verlag für Sozialwissenschaften.

Antonovsky, A. (1979): Health, stress and coping. San Francisco, CA: Jossey-Bass.

Antonovsky, A. (1987): Unraveling the mystery of health. How people manage stress and stay well. San Francisco, CA: Jossey-Bass.

Antonovsky, A. (1997): Salutogenese. Zur Entmystifizierung der Gesundheit. Tübingen: dgvt Verlagsgesellschaft.

Arold, H. (2005): Beanspruchungsmuster und Intervention. In: U. Schaarschmidt (Hg.): Halbtagsjobber? Psychische Gesundheit im Lehrerberuf – Analyse eines veränderungsbedürftigen Zustandes. 2. Aufl. Weinheim, Basel: Beltz Verlag, S. 104–123.

Arslan, M. (2016): Deutsch als Zweitsprache lehren und lernen. Jugendliche mit Zuwanderungsgeschichte adäquat unterrichten. In: *berufsbildung* 70 (158), S. 24–27.

Aumüller, J.; Daphi, P.; Biesenkamp, C. (2015): Die Aufnahme von Flüchtlingen in den Bundesländern und Kommunen. Behördliche Praxis und zivilgesellschaftliches Engagement. Hg. v. Robert Bosch Stiftung. Stuttgart. Online verfügbar unter http://www.bosch-stiftung.de/sites/default/files/publications/pdf_import/Studie_Aufnahme_Fluechtlinge_2015.pdf, zuletzt geprüft am 16.04.2018.

Bachmann, K.; Grunder, H.-U. (1999): Lust oder Last. Berufszufriedenheit und Belastung im Beruf bei Lehrerinnen und Lehrern an berufsbildenden Schulen. Baltmannsweiler: Schneider-Verlag Hohengehren.

Bachmann, N. (1998): Die Entstehung von sozialen Ressourcen abhängig von Individuum und Kontext. Ergebnisse einer Multilevel-Analyse. Münster: Waxmann (Texte zur Sozialpsychologie, 3).

Badura, B.; Ducki, A.; Schröder, H.; Klose, J.; Macco, K. (2011): Fehlzeiten-Report 2011. Führung und Gesundheit: Zahlen, Daten, Analysen aus allen Branchen der Wirtschaft. Berlin, Heidelberg: Springer (Fehlzeiten-Report, 2011).

Baeriswyl, S.; Krause, A.; Kunz Heim, D. (2014): Arbeitsbelastungen, Selbstgefährdung und Gesundheit bei Lehrpersonen – eine Erweiterung des Job Demands – Resources Modells. In: *Empirische Pädagogik* 28 (2), S. 128–146.

Bakermans-Kranenburg, M. J.; van Ijezendoorn, M. H.; Juffer, F. (2003): Less is more: Meta-analysis of sensitivity and attachment interventions in early childhood. In: *Psychological Bulletin* 129 (2), S. 195–215.

Bamberg, E.; Busch, C.; Ducki, A. (2003): Stress und Ressourcenmanagement: Strategien und Methoden für die neue Arbeitswelt. Bern: Huber.

BAMF (2016a): Ablauf des deutschen Asylverfahrens. Ein Überblick über die einzelnen Verfahrensschritte und rechtlichen Grundlagen. Niestetal: Silber Druck oHG (Stand August 2016).

BAMF (2016b): Integriertes Flüchtlingsmanagement – Zielsystem Deutschland. Nürnberg: Bundesamt für Migration und Flüchtlinge. Online verfügbar unter https://www.bamf.de/SharedDocs/Anlagen/DE/Publikationen/Broschueren/broschuere-integriertes-fluechtlingsmanagement.pdf;jsessionid=1A4B1011 3EEA37B5ECE92ACD39E32C4E.1_cid294?__blob=publicationFile, zuletzt geprüft am 02.11.2017.

BAMF (2016c): Zuständige Aufnahmeeinrichtung. Online verfügbar unter http://www.bamf.de/DE/Fluechtlingsschutz/AblaufAsylv/MeldungAE/meldung-aufnahmeeinrichtung-node.html, zuletzt geprüft am 21.02.2018.

BAMF (2016d): Politisch Verfolgte genießen Asyl. Asylrecht hat in Deutschland Verfassungsrang. Bundesamt für Migration und Flüchtlinge. Online verfügbar unter http://www.bamf.de/DE/Migration/AsylFluechtlinge/Asylrecht/asylrecht-node.html, zuletzt geprüft am 21.03.2016.

BAMF (2017): Zugang zum Arbeitsmarkt für geflüchtete Menschen. Hg. v. Bundesamt für Migration und Flüchtlinge. Online verfügbar unter https://www.bamf.de/SharedDocs/Anlagen/DE/Downloads/Infothek/Asyl/faq-arbeitsmarktzugang-gefluechtete-menschen.pdf?__blob=publicationFile, zuletzt geprüft am 28.01.2018.

BAMF (2018a): Das Bundesamt in Zahlen 2017. Asyl. Stand: März 2018. Hg. v. Bundesamt für Migration und Flüchtlinge. Online verfügbar unter http://www.bamf.de/SharedDocs/Anlagen/DE/Publikationen/Broschueren/bundesamt-in-zahlen-2017-asyl.pdf?__blob=publicationFile, zuletzt geprüft am 16.04.2018.

BAMF (2018b): Glossar: Gemeinschaftsunterkunft. Online verfügbar unter https://www.bamf.de/DE/Service/Left/Glossary/_function/glossar.html?lv3=7788990&lv2=5831822, zuletzt geprüft am 20.02.2018.

BAMF (2018c): Schlüsselzahlen Asyl 2017. Stand: Januar 2018. Bundesamt für Migration und Flüchtlinge. Online verfügbar unter http://www.bamf.de/SharedDocs/Anlagen/DE/Publikationen/Flyer/flyer-schluesselzahlen-asyl-2017.pdf?__blob=publicationFile, zuletzt geprüft am 11.04.2018.

Bandura, A. (1977): Self-efficacy: Toward a unifying theory of behavioral change. In: *Psychological Review* 84 (2), S. 191–215.

Bandura, A. (1997): Self-efficacy: The exercise of control. New York: Freeman.

Bartsch, S. (2013): Entlastungsstrategien für Schulleiterinnen und Schulleiter. In: C. G. Buhren und B. Gasch (Hg.): Das Handwerkszeug für die Schulleitung. Management – Moderation – Methoden; Beltz DAPF-Kongressband Schulleitungskongress 2012. Weinheim: Beltz (Pädagogik Schulleitung), S. 58–69.

Bauer, A.; Schreyer, F. (2016): Sinnvoll ist Unterstützung über Volljährigkeit hinaus. Ausbildung von unbegleiteten minderjährigen Flüchtlingen. Hg. v. Institut für Arbeitsmarkt und Berufsforschung (IAB) der Bundesagentur für Arbeit. Nürnberg (IAB-Kurzbericht, 13). Online verfügbar unter http://doku.iab.de/kurzber/2016/kb1316.pdf, zuletzt geprüft am 02.11.2017.

Bauer, I. (2017): Unterbringung von Flüchtlingen in deutschen Kommunen: Konfliktmediation und lokale Beteiligung. Flucht: Forschung und Transfer. State-of-Research Papier 10 I Juli 2017. Online verfügbar unter https://flucht-forschung-transfer.de/wp-content/uploads/2017/05/FFT_SoR-10_Bauer_Unterbringung_Konflikte-Mediation_25-07-2017.pdf, zuletzt geprüft am 21.02.2018.

Bauer, J.; Stamm, A.; Virnich, K.; Wissing, K.; Müller, U.; Wirsching, M.; Schaarschmidt, U. (2006): Correlation between burnout syndrome and psychological ans psychosomativ symptoms among teachers. In: *International Archives of Occupational and Environmental Health* 79 (3), S. 199–204.

Bauer, K. O. (2002): Lehrerinteraktion und -kooperation. In: W. Helsper und W. Böhme (Hg.): Handbuch der Schulforschung. Wiesbaden: Verlag für Sozialwissenschaften, S. 813–831.

Baumann, B.; Riedl, A. (2016): Neu zugewanderte Jugendliche und junge Erwachsene an Berufsschulen. Ergebnisse einer Befragung zu Sprach- und Bildungsbiografien. Frankfurt am Main: Peter Lang (Beiträge zur Arbeits-, Berufs- und Wirtschaftspädagogik, 34).

Becker, P. (1986): Theoretischer Rahmen. In: P. Becker und B. Minsel (Hg.): Psychologie der seelischen Gesundheit. Persönlichkeitspsychologische Grundlagen. Bedindungsanalysen und Förderungsmöglichkeiten, Bd. 2. Göttingen: Hogrefe.

Becker, P. (1990): Prävention. In: R. Schwarzer (Hg.): Gesundheitspsychologie – Ein Lehrbuch. Hogrefe: Göttingen, S. 429–438.

Becker, P. (2006): Gesundheit durch Bedürfnisbefriedigung. Hogrefe: Göttingen.

Beelmann, A. (2006): Wirksamkeit von Präventionsmaßnahmen bei Kindern und Jugendlichen: Ergebnisse und Implikationen der integrativen Erfolgsforschung. In: *Zeitschrift für Klinische Psychologie und Psychotherapie* 35 (2), S. 151–162.

Belschner, W. (1976): Schulprobleme: Schwierigkeiten in der Beziehung zwischen Lehrer und Schüler. In: W. Belschner, M. Hoffmann, F. Schott und C. Schulze (Hg.): Verhaltenstherapie in Erziehung und Unterricht. 1 Band. Stuttgart: Klett.

Berry, J. W. (1990): Psychology of acculturation: Understandind individuals moving between cultures. In: R. W. Brislin (Hg.): Applied cross-cultural psychology. Newbury Park: Sage, S. 232–253.

Bickhoff, M. (2000): Psychische und körperliche Belastung bei Lehrkräften. Dissertation. Katholische Universität, Eichstätt-Ingolstadt.

Bierhoff, H. W. (2017): Sozialer Vergleich. In: M. A. Wirtz (Hg.): Dorsch – Lexikon der Psychologe. Online verfügbar unter https://portal.hogrefe.com/dorsch/sozialer-vergleich/, zuletzt geprüft am 08.08.2017.

Bierhoff, H. W.; Herner, M. J. (2002): Begriffswörterbuch Sozialpsychologie. 1. Aufl. Stuttgart: Kohlhammer.

Blossfeld, H.-P.; Bos, W.; Daniel, H. D.; Hannover, B.; Lenzen, D.; Prenzel, M. (2014): Psychische Belastungen und Burnout beim Bildungspersonal. Empfehlungen zur Kompetenz- und Organisationsentwicklung. Gutachten. Hg. v. Vereinigung der Bayerischen Wirtschaft (vbw). Münster.

Bortz, J.; Döring, N. (1995): Forschungsmethoden und Evaluation. 2. Aufl. Berlin: Springer (Springer-Lehrbuch).

Bourdieu, P. (1986): The Forms of Capital. In: J. G. Richardson. (Hg.): Handbook of Theory and Research for the Sociology of Education. New York: Greenwood Press, S. 241–258.

Bourdieu, P. (2015): Ökonomisches Kapital – Kulturelles Kapital – Soziales Kapital. Durchgesehene Neuauflage der Erstausgabe 1992. In: M. Steinrücke (Hg.): Die verborgenen Mechanismen der Macht. Hamburg: VSA, S. 49–80.

Brandstädter, J.; Renner, G. (1990): Tenacious goal pursuit and flexible goal adjustment: Explication and age-related analysis of assimilative and accommodative strategies of coping. In: *Psychology and Aging* 5 (1), S. 58–67.

Brandstädter, V. (2009): Persistenz und Zielablösung. In: V. Brandstätter, J. H. Otto und J. Bengel (Hg.): Handbuch der allgemeinen Psychologie – Motivation und Emotion. Göttingen: Hogrefe (Handbuch der Psychologie, 11), S. 79–88.

Brücker, H. (2016): Typisierung von Flüchtlingsgruppen nach Alter und Bildungsstand. Hg. v. Institut für Arbeitsmarkt und Berufsforschung (IAB) der Bundesagentur für Arbeit. Nürnberg (IAB Kurzbericht, 6). Online verfügbar unter http://doku.iab.de/aktuell/2016/aktueller_bericht_1606.pdf, zuletzt geprüft am 02.11.2017.

Brücker, H.; Kunert, A.; Mangold, U.; Kalusche, B.; Siegert, M.; Schupp, J. (2016a): Geflüchtete Menschen in Deutschland – eine qualitative Befragung.

IAB-Forschungsbericht 9. Nürnberg. Online verfügbar unter http://doku.iab.de/forschungsbericht/2016/fb0916.pdf, zuletzt geprüft am 21.02.2018.

Brücker, H.; Rother, N.; Schupp, J. (2016b): IAB-BAMF-SOEP-Befragung von Geflüchteten: Überblick und erste Ergebnisse. Forschungsbericht 29. Online verfügbar unter https://www.bamf.de/SharedDocs/Anlagen/DE/Publikationen/Forschungsberichte/fb29-iab-bamf-soep-befragung-gefluechtete.pdf?__blob=publicationFile, zuletzt geprüft am 12.04.2018.

Brücker, H.; Rother, N.; Schupp, J. (2017): IAB-BAMF-SOEP-Befragung von Geflüchteten 2016. Studiendesign, Feldergebnisse sowie Analysen zu schulischer wie beruflicher Qualifikation, Sprachkenntnissen sowie kognitiven Potenzialen. Forschungsbericht 30. Online verfügbar unter https://www.bamf.de/SharedDocs/Anlagen/DE/Publikationen/Forschungsberichte/fb30-iab-bamf-soep-befragung-gefluechtete-2016.pdf?__blob=publicationFile, zuletzt geprüft am 12.04.2018.

Brücker, H.; Rother, N.; Schupp, J. (2016c): IAB-BAMF-SOEP-Befragung von Geflüchteten. Überblick und erste Ergebnisse. Berlin: DIW Berlin Deutsches Institut für Wirtschaftsforschung (DIW Berlin, 116).

Buchen, H.; Rolff, H.-G. (2016): Professionswissen Schulleitung. 4. Aufl. Weinheim, Basel: Beltz.

Buhren, C. G. (2015): Kollegiale Hospitation – Verfahren und Methoden im Überblick. In: C. G. Buhren (Hg.): Handbuch Feedback in der Schule. Weinheim und Basel: Beltz (Pädagogik), S. 149–166.

Bundesagentur für Arbeit (2017): Fluchtmigration. Statistik. Nürnberg (Arbeitsmarkt kompakt). Online verfügbar unter https://statistik.arbeitsagentur.de/Statischer-Content/Statistische-Analysen/Statistische-Sonderberichte/Generische-Publikationen/Fluchtmigration.pdf, zuletzt geprüft am 24.10.2017.

Bundesagentur für Arbeit (2018): Fluchtmigration. Arbeitsmarkt kompakt. März 2018. Online verfügbar unter https://statistik.arbeitsagentur.de/Statischer-Content/Statistische-Analysen/Statistische-Sonderberichte/Generische-Publikationen/Fluchtmigration.pdf, zuletzt geprüft am 12.04.2018.

Bundesregierung (1992): Antwort der Bundesregierung. Asylbeschleunigung. Drucksache 12/3589. Online verfügbar unter http://dipbt.bundestag.de/doc/btd/12/035/1203589.pdf, zuletzt geprüft am 10.04.2018.

Bundesregierung (2004): Migrationsbericht 2004. Bericht des Sachverständigenrates für Zuwanderung und Integration im Auftrag der Bundesregierung. in Zusammenarbeit mit dem europäischen forum für migrationsstudien (efms) an der Universität Bamberg. Online verfügbar unter http://www.bundesregierung.de/Content/DE/Publikation/IB/Anlagen/themen-zuwanderung-migrationsbericht-2004.pdf?__blob=publicationFile, zuletzt geprüft am 10.04.2018.

Christ, S.; Meininghaus, E.; Röing, T. (2017): „All Day Waiting", Konflikte in Unterkünften für Geflüchtete in NRW. BICC Working Paper 3. Bonn. Online verfügbar unter https://www.bicc.de/uploads/tx_bicctools/BICC_WP_3_2017_web.pdf, zuletzt geprüft am 21.02.2018.

Coelen, T. (2008): Grundbegriffe Ganztagsbildung. Das Handbuch. 1. Aufl. Wiesbaden: VS Verlag für Sozialwissenschaften.

Cohen, S.; Syme, L. (1985): Social support and health. New York: Academic Press.

Cremer, H. (2014): Menschenrechtliche Verpflichtungen bei der Unterbringung von Flüchtlingen. Empfehlungen an die Länder, Kommunen und den Bund. Policy Paper Nr. 26. Deutsches Institut für Menschenrechte. Online verfügbar unter http://www.institut-fuer-menschenrechte.de/uploads/tx_commerce/Policy_Paper_26_Menschenrechtliche_Verpflichtungen_bei_der_Unterbringung_von_Fluechtlingen_01.pdf, zuletzt geprüft am 21.02.2018.

Dadaczynski, K. (2012): Die Rolle der Schulleitung in der guten gesunden Schule. In: DAK-Gesundheit und Unfallkasse NRW (Hg.): Handbuch Lehrergesundheit. Impulse für die Entwicklung guter gesunder Schulen. Köln: Carl Link, S. 197–227.

DAK-Gesundheit; Unfallkasse NRW (2012): Handbuch Lehrergesundheit. Impulse für die Entwicklung guter gesunder Schulen. Köln: Carl Link. Online verfügbar unter http://www.handbuch-lehrergesundheit.de/downloads/Handbuch-Lehrergesundheit.pdf, zuletzt geprüft am 18.10.2017.

Dalin, P. (1999): Theorie und Praxis zur Schulentwicklung. Neuwied: Luchterhand.

Deci, E.; Ryan, R. (2000): The „What" and „Why" of Goal Pursuits: Human Needs and the Self-Determination of Behavior. In: *Psychological Inquiry* 11 (4), S. 227–268.

Demerouti, E. (2012): Psychische Belastung und Beanspruchung am Arbeitsplatz. Inklusive DIN EN ISO 10075-1 bis 3. 1. Aufl. Berlin: Beuth.

Denner, L. (2000): Gruppenberatung für Lehrer und Lehrerinnen. Eine empirische Untersuchung zur Wirkung schulinterner Supervision und Fallbesprechung. Bad Heilbrunn: Klinkhardt.

Denzin, N. K. (1970): The research act in sociology. A theoretical introduction to sociological methods. 2. Aufl. London, Chicago: Butterworths; Aldine (Methodological perspectives).

Dohmann, O.; Havkic, A.; Domenech, M.; Niederhaus; C. (2017): Unterrichten neu zugewanderter Schüler*innen im Fachunterricht an berufsbildenden Schulen – Anforderungen und Ressourcen. In: I. Fuchs, S. Jeuk und W. Knapp (Hg.): Mehrsprachigkeit: Spracherwerb, Unterrichtsprozesse, Seiteneinstieg. Beiträge aus dem 11. Workshop „Kinder und Jugendliche mit

Migrationshintergrund", 2015. 1. Aufl. Stuttgart: Fillibach bei Klett (Beiträge aus dem Workshop „Kinder mit Migrationshintergrund"), S. 297–312.

Döring, N. (2017): Mixed-Methods-Ansatz. In: M. A. Wirtz (Hg.): Dorsch – Lexikon der Psychologe. Online verfügbar unter https://portal.hogrefe.com/dorsch/mixed-methods-ansatz/, zuletzt geprüft am 28.08.2017.

Döring, N.; Bortz, J. (2016): Forschungsmethoden und Evaluation in den Sozial- und Humanwissenschaften. 5. Aufl. Berlin, Heidelberg: Springer (Springer-Lehrbuch).

Döring-Seipel, E. (2014): Lehrer-/-innen-Gesundheit – eine ressourcenorientierte Betrachtung. In: *Die berufsbildende Schule* 66 (1), 19–22.

Döring-Seipel, E.; Dauber, H. (2010): Was hält Lehrer und Lehrerinnen gesund – die Bedeutung von Ressourcen, subjektiver Bewertung und Verarbeitung von Belastung für die Gesundheit von Lehrern und Lehrerinnen. In: *Schulpädagogik heute* 1 (2). Online verfügbar unter http://www.humanistische-paedagogik.de/mediapool/92/927547/data/Doering-Seipel_Dauber_SALUTOa.pdf, zuletzt geprüft am 27.09.2016.

Döring-Seipel, E.; Dauber, H. (2013): Was Lehrerinnen und Lehrer gesund hält. Empirische Ergebnisse zur Bedeutung psychosozialer Ressourcen im Lehrerberuf. 1. Aufl. s.l.: Vandenhoeck Ruprecht (Kölner Reihe – Materialien zu Supervision und Beratung, 4).

Dudenhöffer, S. (2014): Prävalenz von spezifischen psychischen Belastungen und Beanspruchungen bei speziellen Berufen. Lehrkräfte. In: A. Nienhaus (Hg.): RiRe – Risiken und Ressourcen in Gesundheitsdienst und Wohlfahrtspflege. Heidelberg, Hamburg: Ecomed Medizin Verl.-Gruppe Hüthig Jehle Rehm, S. 169–180.

Dunham, J. (1977): The signs, causes and reduction of stress in teachers. In: Clwyd County Council (Hg.): The Management of Stress in Schools. Mold: Education Department, Clwyd County Council, S. 30–41.

Efing, C. (2015): Sprache und Kommunikation in der beruflichen Bildung. Modellierung – Anforderungen – Förderung. Hochschultage Berufliche Bildung; Fachtagung Sprachen. Frankfurt am Main, Bern, Bruxelles, New York, Oxford, Warszawa, Wien: Peter Lang Edition (Wissen – Kompetenz – Text, Band 9).

Eisele, F. B. M (2015): Die Theorie der Ressourcenerhaltung in der Arbeitswelt. Dissertation. Bergische Universität, Wuppertal. Online verfügbar unter http://elpub.bib.uni-wuppertal.de/servlets/DerivateServlet/Derivate-5460/se1601.pdf, zuletzt geprüft am 08.09.2017.

Eisnecker, P.; Schupp, J. (2016): Stimmungsbarometer zu Geflüchteten in Deutschland. Deutsches Institut für Wirtschaftsforschung (DIW). Online verfügbar unter https://www.diw.de/documents/publikationen/73/diw_01.c.530922.de/diw_sp0833.pdf, zuletzt geprüft am 07.09.2017.

Erbring, S. (2009): Pädagogisch professionelle Kommunikation. Eine empirische Studie zur Professionalisierung von Lehrpersonen unter Supervision. Dissertation. 2. Aufl. Baltmannsweiler: Schneider-Verl. Hohengehren.

Euler, D. (2016): Schaffen wir das? – Herausforderungen und Gestaltungsansätze für die Berufsbildung von Flüchtlingen. In: *Zeitschrift für Berufs- und Wirtschaftspädagogik* 112 (3), S. 341–359.

Fang, W. & Yan, X. (2004). Job burnout among elementary and high school teachers: Characteristics and relationship with social support. In: *Acta-Psychologica-Sinica* 36 (5), S. 568–574.

Farrington, D. P.; Welsh, B. C. (2003): Family based prevention of offending: A meta-analysis. In: *The Australian and New Zealand Journal of Criminology* 36 (2), S. 127–151.

Felfe, J. (2009): Mitarbeiterführung. Praxis der Personalpsychologie: Göttingen: Hogrefe.

Fend, H. (1998): Qualität im Bildungswesen. Schulforschung zu Systembedingungen, Schulprofilen und Lehrerleistung. Weinheim: Juventa.

Festinger, L. (1954): A theory of social comparison processes. In: *Human Relations* 7 (2), S. 117–140.

Flick, U. (2004): Triangulation. Eine Einführung. Wiesbaden: VS Verlag für Sozialwissenschaften (Qualitative Sozialforschung, 12).

Flick, U. (2015): Triangulation in der qualitativen Forschung. In: U. Flick, E. von Kardorff und I. Steinke (Hg.): Qualitative Forschung. Ein Handbuch. 11. Aufl. Reinbek bei Hamburg: rowohlts enzyklopädie im Rowohlt Taschenbuch Verlag (Rororo Rowohlts Enzyklopädie, 55628), S. 309–318.

Forneck, H.; Schriever, F. (2000): Die individualisierte Profession. Untersuchung der Lehrer/-innenarbeitszeit und -belastung im Kanton Zürich. Zürich. Online verfügbar unter http://www.mvz.ch/dokumente/Arbeitszeit_MLP_Forneck_2000.pdf, zuletzt geprüft am 03.08.2016.

Franz, H. W.; Kopp, R. (2003): Die kollegiale Fallberatung: ein einfaches und effektives Verfahren zur „Selbstberatung". In: *Sozialwissenschaften und Berufspraxis* 26 (3), S. 285–294. Online verfügbar unter http://www.ssoar.info/ssoar/handle/document/3808, zuletzt geprüft am 13.11.2017.

Franz, H. W.; Kopp, R. (2010): Kollegiale Fallberatung. State of the art und organisationale Praxis. 2. Aufl. Bergisch Gladbach: Humanistische Psychologie (EHP-Praxis).

Friedman, I. A. (2006). Classroom management and teacher stress and burnout. In: C. M. Evertson und C. S. Weinstein, Handbook of classroom management. Mahwah, N.J.: Lawrence Erlbaum Associates, S. 925–944.

Friedman, M.; Rosenman, R. H. (1974): Type A behavior and your heart. New York: Knopf.

Fröhlich, W. D. (2014): Wörterbuch Psychologie. 29. Aufl. München: Dt. Taschenbuch-Verl.

Fröhlich-Gildhoff, K.; Rönnau-Böse, M. (2015): Resilienz. 4., Aufl. München, Basel, Stuttgart: Ernst Reinhardt Verlag; UTB GmbH.

Gärtner, E. (2016): Klassenführung als Ressource für die Lehrergesundheit. Eine salutogene Interventionsstudie mit erfahrenen Lehrkräften. München: Herbert Utz Verlag.

Gehrke, J. (2003): DAK-Report Berufsschullehrer. Belastungsschwerpunkte von Berufsschullehrern – Ergebnisse einer Befragung. Unter Mitarbeit von Projektteam Lehrergesundheit der Universität Lüneburg. Hg. v. DAK Team Prävention und Gesundheitsberatung. s.l. Online verfügbar unter http://www.emil-possehl-schule.de/gfx/info/lehrerfortbildung/lehrergesundheit/dak_untersuchung.pdf, zuletzt geprüft am 01.08.2016.

Gläser-Zikuda, M. (2012): Mixed methods in der empirischen Bildungsforschung. [74. Tagung der Arbeitsgruppe Empirische Pädagogische Forschung (AEPF) im September 2010 in Jena]. Deutsche Gesellschaft für Erziehungswissenschaft. Münster: Waxmann.

Greve, W. (1997): Sparsame Bewältigung – Perspektiven für eine ökonomische Taxonomie von Bewältigungsformen. In: C. Tesch-Römer, C. Salewski und G. Schwarz (Hg.): Psychologie der Bewältigung. Weinheim: Psychologie Verlags-Union, S. 18–41.

Guglielmi, R. S.; Tatrow, K. (1998): Occupational stress, burnout, and health in teachers: A methodological and theoretical analyses. In: *Review of Educational Research* 68 (1), S. 61–99.

Hacker, W.; Richter, P. (1984): Psychische Fehlbeanspruchung. Psychische Ermüdung, Monotonie, Sättigung und Streß. (Spezielle Arbeits- und Ingenieurpsychologie in Einzeldarstellungen). 2. Aufl. 2 Bände. Berlin, Heidelberg: Springer.

Hackman, J. R.; Oldham, G. R. (1980): Work redesign. Reading: Addison-Wesley.

Hahn, A. (2011): Arbeitsbelastung an kaufmännischen beruflichen Schulen – eine qualitative Einzelfallstudie. Berichte zur Wirtschaftspädagogik und Personalentwicklung. Nürnberg. Online verfügbar unter https://www.wipaed.rw.fau.de/files/2017/02/Arbeitsbelastung-an-kaufm%C3%A4nnischen-beruflichen-Schulen.pdf, zuletzt geprüft am 02.11.2017.

Hardwig, T.; Mußmann, F. (2018): Zeiterfassungsstudien zur Arbeitszeit von Lehrkräften in Deutschland. Konzepte, Methoden und Ergebnisse von Studien zu Arbeitszeiten und Arbeitsverteilung im historischen Vergleich. Göttingen: GOEDOC, Dokumenten- und Publikationsserver der Georg-August-Universität. Online verfügbar unter http://webdoc.sub.gwdg.de/pub/mon/2018/1-mussmann.pdf, zuletzte geprüft am 10.12.2018.

Heckhausen, H. (1974): Leistung und Chancengleichheit. Göttingen: Hogrefe (Motivationsforschung, 2).

Hedderich, I. (2011): Schulische Belastungssituationen erfolgreich bewältigen. Ein Praxishandbuch für Lehrkräfte. Bad Heilbrunn: Klinkhardt.

Heider, F.; Deffner, G. (1977): Psychologie der interpersonalen Beziehungen. 1. Aufl. Stuttgart: Klett (Konzepte der Humanwissenschaften).

Heinrichs, K.; Kärner, T.; Ziegler, S.; Neubauer, J. (2016): Die Implementierung neuer Konzepte zur Beschulung von Flüchtlingen und Asylsuchenden – Herausforderungen und Chancen aus organisationstheoretischer Perspektive. In: *Gruppe. Interaktion. Organisation* 47 (3), S. 231–241.

Helfferich, C. (2011): Die Qualität qualitativer Daten. Manual für die Durchführung qualitativer Interviews. Wiesbaden: VS Verlag für Sozialwissenschaften.

Hemming, K. (2015): Freizeitaktivitäten, chronischer Stress und protektive Ressourcen. Längsschnittstudie zu hohen Leistungsanforderungen in Sport und Musik im Kindesalter. Wiesbaden: Springer VS.

Herzog, S. (2007): Beanspruchung und Bewältigung im Lehrerberuf. Eine salutogenetische und biografische Untersuchung im Kontext unterschiedlicher Karriereverläufe. Dissertation. Münster: Waxmann (Pädagogische Psychologie und Entwicklungspsychologie, 58).

Heyse, H. (2004): Lehrergesundheit. Eine Herausforderung für Schule und Schuladministration. In: A. Hillert und E. Schmitz (Hg.): Psychosomatische Erkrankungen bei Lehrerinnen und Lehrern. Stuttgart: Schattauer, S. 223–239.

Hillert, A. (2016): Lehrergesundheit. AGIL – das Präventionsprogramm für Arbeit und Gesundheit im Lehrerberuf. 2. Aufl. Stuttgart: Schattauer.

Hillert, A.; Schmitz, E. (Hg.) (2004): Psychosomatische Erkrankungen bei Lehrerinnen und Lehrern. Stuttgart: Schattauer.

Hobfoll, S. E. (1988): The ecology of stress. New York: Hemisphere.

Hobfoll, S. E. (1998): Stress, culture and community. New York: Plenum.

Hochleitner, T. (2016): Beschulungsmodell für junge Asylbewerber und Flüchtlinge in Berufsintegrationsklassen in Bayern. In: *berufsbildung* 70 (158), S. 11–13.

Hoffmann-Riem, C. (1980): Die Sozialforschung einer interpretativen Soziologie. Der Datengewinn. In: *Kölner Zeitschrift für Soziologie und Sozialpsychologie* 32 (2), S. 339–372.

Hoffman, K.; Sallen, J.; Albert, K.; Richartz, A. (2010): Zeitaufwendungen von Spitzensportlern in Leistungssport- und Bildungs-/Berufskarriere: Eine empirische Studie zum Zusammenhang mit chronischem Belastungserleben. In: *Leipziger Sportwissenschaftliche Beiträge* 51 (2), S. 75–93.

Hofstede, G.; Hofstede, G. J. (2011): Lokales Denken, globales Handeln. Interkulturelle Zusammenarbeit und globales Management. Unter Mitarbeit von Petra Mayer und Martina Sondermann. Originalausgabe, 5., durchgesehene Auflage. München: Deutscher Taschenbuch Verlag, Verlag C. H. Beck. Online verfügbar unter https://books.google.de/books?hl=de& lr=&id=mnbxHD_ F0O8C&oi =fnd&pg=PR5&dq=Hofstede& ots=i_WCnYmFmy&sig=8feZ-zyj43PVvlSQRQHmTFK8OXxY#v=onepage&q=Hofstede&f=false, zuletzt geprüft am 03.01.2017.

Hopf, C. (1995): Qualitative Interviews in der Sozialforschung. Ein Überblick. In: U. Flick, E. von Kardorff und H. Keupp (Hg.): Handbuch qualitative Sozialforschung. Grundlagen, Konzepte, Methoden und Anwendungen. 2. Aufl. Weinheim: Beltz (Grundlagen Psychologie), S. 177–185.

Hornung, R.; Gutscher, H. (1994): Gesundheitspsychologie: Die psychosoziale Perspektive. In: P. Schwenkmezger und L. R. Schmidt (Hg.): Lehrbuch der Gesundheitspsychologie. Stuttgart: Enke, S. 65–87.

Hoy, W. K.; Tarter C. J.; Wiskowskie, L. (1992): Faculty trust in colleagues: Linking the principal with school effectiveness. In: *Journal of Research and Development in Education* 26 (1), S. 38–45.

Hüfner, G. (2003): Arbeitsbelastung in Schulen. Ausmaß und Bereiche von Belastungen. Möglichkeiten der Entlastung. Hg. v. BLLV. Online verfügbar unter https://www.bllv.de/fileadmin/Dateien/Land-PDF/Pressemitteilungen/Pressekonferenzen/20030514_arbis/arbis.pdf, zuletzt geprüft am 01.08.2016.

Hundeloh, H. (2012): Gute gesunde Schule – mit Gesundheit gute Schule entwickeln. Ein innovatives Konzept zur schulischen Prävention und Gesundheitsförderung. In: DAK-Gesundheit und Unfallkasse NRW (Hg.): Handbuch Lehrergesundheit. Impulse für die Entwicklung guter gesunder Schulen. Köln: Carl Link, S. 25–40.

Institute for Educational Leadership (2000): Leadership for student learning. Reinventing the principalship: School Leadership for the 21st Century Initiative: a report of the Task Force on the Principalship. Washington, D.C.: Institute for Educational Leadership.

ISB (2015): Berufsschulpflichtige Asylbewerber und Flüchtlinge. Beschulung von berufsschulpflichtigen Asylbewerbern und Flüchtlingen an bayerischen

Berufsschulen. München. Online verfügbar unter www.km.bayern.de/download/10538_handreichung_baf_beschulung.pdf, zuletzt geprüft am 08.06.2016.

ISB (2016a): Lehrplan für die Berufsschule und Berufsfachschule. Unterrichtsfach: Deutsch. Jahrgangsstufen 10 bis 12/13. Bayerisches Staatsministerium für Bildung und Kultur, Wissenschaft und Kunst. Online verfügbar unter https://www.isb.bayern.de/download/18189/lehrplan_d_bs_genehmigt_07.2016.pdf, zuletzt geprüft am 25.08.2017.

ISB (2016b): Überfachliche Kompetenzen einschätzen und entwickeln – unterstützt durch Kompetenzraster: dargestellt an Beispielen aus dem Bereich der Beruflichen Schulen. Hg. v. Staatsinstitut für Schulqualität und Bildungsforschung. München. Online verfügbar unter https://www.isb.bayern.de/download/17752/isb_ueberfachliche_kompetenzen_ges._22.02.2016.pdf, zuletzt geprüft am 16.01.2017.

ISB (2017a): Berufsschulpflichtige Asylbewerber und Flüchtlinge. Beschulung von berufsschulpflichtigen Asylbewerbern und Flüchtlingen an bayerischen Berufsschulen. Hg. v. Staatsinstitut für Schulqualität und Bildungsforschung. München. Online verfügbar unter https://www.isb.bayern.de/download/19761/handreichung_asylbewerber_und_fluechtlinge_2017_08.pdf, zuletzt geprüft am 11.09.2017.

ISB (2017b): Erster Zwischenbericht der Evaluation des Modellprojektes „Perspektive Beruf für Asylbewerber und Flüchtlinge". Hg. v. Staatsinstitut für Schulqualität und Bildungsforschung. München.

ISB (2017c): Lehrplan für die Berufsintegrations- und Sprachintensivklassen. 1. und 2. Schuljahr. August 2016. Bayerisches Staatsministerium für Bildung und Kultur, Wissenschaft und Kunst. München. Online verfügbar unter https://www.isb.bayern.de/download/19734/lp_berufsintegrationsklassen_07_2017.pdf, zuletzt geprüft am 24.08.2017.

ISB (2017d): Schwerpunktbericht zum zweiten Erhebungszeitpunkt der Evaluation des Modellprojektes „Perspektive Beruf für Asylbewerber und Flüchtlinge". Hg. v. Staatsinstitut für Schulqualität und Bildungsforschung München. München.

ISB (2017e): Schwerpunktbericht zum zweiten Erhebungszeitpunkt der Evaluation des Modellprojetes „Perspektive Beruf für Asylbewerber und Flüchtlinge". Hg. v. Staatsinstitut für Schulqualität und Bildungsforschung. München.

Janke, W.; Erdmann, G. (1985): Stressverarbeitungsfragebogen (SVF). Göttingen: Hogrefe.

Johannson, S. (2016): Was wir über Flüchtlinge (nicht) wissen. Der wissenschaftliche Erkenntnisstand zur Lebenssituation von Flüchtlingen in Deutschland. Eine Expertise im Auftrag der Robert Bosch Stiftung und des

SVR-Forschungsbereichs. Berlin. Online verfügbar unter https://www.fh-dortmund.de/de/hs/medien/Was-wir-ueber-Fluechtlinge-nicht-wissen.pdf, zuletzt geprüft am 21.02.2018.

Jugert, G. (1998): Zur Effektivität pädagogischer Supervision. Eine Evaluationsstudie schulinterner Gruppen-Supervision mit Lehrern. Dissertation. Frankfurt am Main, Berlin: Peter Lang (Europäische Hochschulschriften Reihe 6, Psychologie, 608).

Kaempf, S.; Krause, A. (2004): Gefährdungsbeurteilungen zur Analyse psychischer Belastungen am Arbeitsplatz Schule. In: W. Bungard, B. Koop und C. Liebig (Hg.): Psychologie und Wirtschaft leben – Aktuelle Themen der Wirtschaftspsychologie in Forschung und Praxis. München: Rainer Hampp, S. 314–319.

Kaluza, G. (2015): Stressbewältigung. Trainingsmanual zur psychologischen Gesundheitsförderung. 3. Aufl. Berlin, Heidelberg: Springer.

Kaluza, G.; Klus, H.; Kranke, E.; Pilz-Oertel, M. (2002): Salutogenese in der Praxis: Indikationsübergreifendes, ressourcenorientiertes Gesundheitsprogramm für chronisch kranke Mesnchen – Interventionskonzept und Evaluation. In: *Praxis Klinische Verhaltensmedizin und Rehabilitation* 15 (58), S. 148–155.

Karasek, R.; Theorell, T. (1990): Healthy Work – Stress, Productivity, and the Reconstruction of Working Life. New York: Basic Books.

Kärner, T.; Steiner, N.; Achatz, M.; Sembill, D. (2016): Tagebuchstudie zu Work-Life-Balance, Belastung und Ressourcen bei Lehrkräften an beruflichen Schulen im Vergleich zu anderen Berufen. In: *Zeitschrift für Berufs- und Wirtschaftspädagogik* 2 (112), S. 270–294.

Kassner, D. (2002): Humor im Unterricht. Bedeutung – Einfluss – Wirkungen. Können schulische Leistungen und berufliche Qualifikationen durch Pädagogischen Humor verbessert werden? Hohengehren: Schneider.

Kelle, U.; Erzberger, C. (2015): Qualitative und quantitative Methoden: Kein Gegensatz. In: U. Flick, E. von Kardorff und I. Steinke (Hg.): Qualitative Forschung. Ein Handbuch. 11. Aufl. Reinbek bei Hamburg: rowohlts enzyklopädie im Rowohlt Taschenbuch Verlag (Rororo Rowohlts Enzyklopädie, 55628), S. 299–309.

Kelly, G. A. (1991): A theory of personality. London: Routledge (The psychology of personal constructs, Vol. 1).

Kimmelmann, N. (2013): Sprachförderung im fachlichen Unterricht an der berufsbildenden Schule – Herausforderungen und notwendige Kompetenzen von Lehrkräften für eine neue pädagogische Aufgabe. In: *Die berufsbildende Schule* 65 (5), S. 153–159.

Kimmelmann, N. (2015): Sprachliche Diversität meistern – Sprachkompetenzen im Rahmen der Lehrerausbildung fördern. In: B. Hoyer (Hg.): Migration und Gender. Bildungschancen durch Diversity-Kompetenz. Leverkusen-Opladen: Budrich Uni Press.

Klauer, T. (2009): Soziale Unterstützung. In: J. Bengel und M. Jerusalem (Hg.): Handbuch der Gesundheitspsychologie und medizinischen Psychologie. Göttingen: Hogrefe (Handbuch der Psychologie, 12), S. 80–85.

Kleist, J. O. (2015): Über Flucht forschen. Herausforderungen der Flüchtlingsforschung. Online verfügbar unter http://www.researchgate.net/profile/J_Kleist/publication/283355228_ber_Flucht_forsc, zuletzt geprüft am 24.08.2017.

Klemm, H.; Schick, S. (2003): Soziales Training Gesundheitsförderung: gesundes Verhalten – gesunde Verhältnisse. Darmstadt: Hiba.

König, S. (2003): Der Einfluss von Ungewissheitstoleranz auf den Umgang von Lehrenden mit schulischen Belastungen – eine quantitative Analyse an Berufsschulen. Online verfügbar unter https://sundoc.bibliothek.uni-halle.de/diss-online/03/03H104/prom.pdf, zuletzt geprüft am 03.08.2016.

König, S.; Dalbert, C. (2004): Ungewissheitstoleranz, Belastung und efinden bei BerufsschullehrerInnen. In: *Zeitschrift für Entwicklungspsychologie und Pädagogische Psychologie*, 36 (4), S. 190–199.

Kramis-Aebischer, K. (1995): Stress, Belastungen und Belastungsverarbeitung im Lehrerberuf. 2. Aufl. Bern/Stuttgart/Wien: Haupt.

Krause, A. (2002): Psychische Belastungen im Unterricht – ein aufgabenbezogener Untersuchungsansatz. Analyse der Tätigkeit von Lehrerinnen und Lehrern. Dissertation. Universität Freiburg. Online verfügbar unter https://www.mangold-international.com/_Resources/Persistent/02db43f61ee3482abde3cdde2635e3e74ffdbf08/Psychische_Belastungen_im_Unterricht.pdf, zuletzt geprüft am 21.03.2017.

Krause, A.; Dorsemagen, C. (2007): Ergebnisse der Lehrerbelastungsforschung: Orientierung im Forschungsdschungel. In: M. Rothland (Hg.): Belastung und Beanspruchung im Lehrerberuf. Modelle, Befunde, Interventionen. 1. Aufl. Wiesbaden: VS Verlag für Sozialwissenschaften/GWV Fachverlage GmbH Wiesbaden, S. 52–80.

Krause, A.; Dorsemagen, C.; Baeriswyl, S. (2013): Zur Arbeitssituation von Lehrerinnen und Lehrern: Ein Einstieg in die Lehrerbelastungs- und -gesundheitsforschung. Online verfügbar unter https://www.researchgate.net/publication/273800217_Zur_Arbeitssituation_von_Lehrerinnen_und_Lehrern_Ein_Einstieg_in_die_Lehrerbelastungs-_und_-gesundheitsforschung, zuletzt geprüft am 30.12.2018.

Krause, A.; Dorsemagen, C.; Alexander, T. (2011): Belastung und Beanspruchung im Lehrerberuf – Arbeitsplatz- und bedingungsbezogene Forschung. In E. Terhard, H. Bennewitz; M. Rothland (Hg): Handbuch der Forschung zum Lehrerberuf. Münster: Waxmann, S. 788–813.

Kretschmann, R. (2001): Belastungen und Belastungsfolgen. In: R. Kretschmann (Hg.): Stressmanagement für Lehrerinnen und Lehrer. 2. Aufl. Weinheim, Basel: Beltz, S. 12–20.

Kroll, D.; Dzudzek, J. (2010): Neue Wege des Gesundheitsmanagements. „Der gesunderhaltende Betrieb" – Das Beispiel Rasselstein. Wiesbaden: Gabler Verlag, Springer Fachmedien Wiesbaden GmbH.

Kuckartz, U. (2010): Einführung in die computergestützte Analyse qualitativer Daten. 3. Aufl. Wiesbaden: VS Verlag für Sozialwissenschaften (Lehrbuch).

Kuckartz, U. (2014): Mixed Methods. Methodologie, Forschungsdesigns und Analyseverfahren. Wiesbaden: Springer VS.

Kuckartz, U. (2016): Qualitative Inhaltsanalyse. Methoden, Praxis, Computerunterstützung. 3. Aufl. s.l.: Beltz Juventa.

Kuckartz, U.; Dresing, T.; Rädiker, S.; Stefer, C. (2008): Qualitative Evaluation. Der Einstieg in die Praxis. 2. Aufl. Wiesbaden: VS Verlag für Sozialwissenschaften/GWV Fachverlage GmbH Wiesbaden.

Kyriacou, C. (1998): Teacher stress: Past and present. In: J. Dunham und V. Varma (Hg.): Stress in teachers: Past, present and future. London: Whurr Publishers.

Kyriacou, C. (2001): Teacher stress: Directions for future research. In: *Educational Research* 53 (1), S. 27–35.

Kyriacou, C.; Sutcliffe, J. (1978): A model of teacher stress. In: *Educational Studies* 4 (1), S. 1–6.

Landert, Ch. (1999): Die Arbeitszeit der Lehrpersonen in der Deutschschweiz. Zürich: LCH.

Landert, Ch.; Brägger, M. (2009): LCH Arbeitszeiterhebung 2009 (AZE '09). Bericht zur Erhebung bei 5000 Lehrpersonen im Zeitraum Oktober 2008 – September 2009. Zürich: Landert Partner. Online verfügbar unter https://www.lch.ch/fileadmin/files/documents/Positionspapiere/091208_LCH_Arbeitszeiterhebung_2009.pdf, zuletzt geprüft am 10.12.2018.

Laux, L.; Weber, H. (1990): Bewältigung von Emotionen. In: K. R. Scherer (Hg.): Psychologie der Emotionen. Enzyklopädie der Psychologie, C,/IV. Göttingen: Hogrefe (3), S. 560–629.

Lazarus, R. S. (1991): Emotion and Adaptation. Oxford: Oxford University Press.

Lazarus, R. S.; Folkman, S. (1984): Stress, appraisal, and coping. New York: Springer.

Lazarus, R. S.; Folkman, S. (1987): Transactional theory and research on emotions and coping. In: *European Journal of Personality* 1 (3), S. 141–169.

Lazarus, R. S.; Launier, R. (1978): Stress related transactions between person and environment. In: L. A. Pervin und M. Lewis (Hg.): Perspectives in international psychology. New York: Plenum, S. 287–327.

Lorenz, M.; Rohrschneider, U. (2013): Praxishandbuch Mitarbeiterführung. Grundlagen – Führungstechniken – Gesprächsleitfäden. 3. Aufl. Freiburg, München: Haufe Gruppe.

Lukanov, K. (2006): Interviewereffekte im Telefoninterview. In: C. Buchwald (Hg.): Das Telefoninterview – Instrument der Zukunft? Forschungsberichte aus dem Zentrum für Sozialforschung Halle e.V. an der Martin-Luther- Universität Halle-WIttenberg, S. 68–90.

Mack, W. (2008): Bewältigung. In: T. Coelen (Hg.): Grundbegriffe Ganztagsbildung. Das Handbuch. 1. Aufl. Wiesbaden: VS Verlag für Sozialwissenschaften.

Maslach, C.; Jackson, S. E. (1986). Maslach Burnout Inventory (MBI). Manual. Palo Alto: Consulting Psychologists Press.

Massumi, M.; Dewitz, N. von; Griesbach, J.; Terhart, H.; Wagner, K.; Hippman, K. (2015): Neu zugewanderte Kinder und Jugendliche im deutschen Schulsystem. Bestandsaufnahme und Empfehlungen. Online verfügbar unter https://www.mercator-institut-sprachfoerderung.de/fileadmin/Redaktion/PDF/Publikationen/MI_ZfL_Studie_Zugewanderte_im_deutschen_Schulsystem_final_screen.pdf; zuletzt geprüft am 13.02.2019.

Mayer, H. O. (2013): Interview und schriftliche Befragung. Grundlagen und Methoden empirischer Sozialforschung. 6. Aufl. München: Oldenbourg.

Mayring, P. (2002): Einführung in die qualitative Sozialforschung. Eine Anleitung zu qualitativem Denken. 5. Aufl. Weinheim: Beltz (Studium Paedagogik).

Mayring, P. (2003): Qualitative Inhaltsanalyse. Grundlagen und Techniken. Weinheim und Basel: Beltz Verlag.

Mayring, P. (2007): Designs in qualitativ orientierter Forschung. In: *Journal für Psychologie* 15 (2). Online verfügbar unter https://www.journal-fuer-psychologie.de/index.php/jfp/article/view/127/111, zuletzt geprüft am 24.10.2017.

Merz, J. (1979): Berufszufriedenheit von Lehrern. Eine empirische Untersuchung. Weinheim: Beltz.

Metz, A.-M.; Rothe, H.-J. (2017): Screening psychischer Arbeitsbelastung. Ein Verfahren zur Gefährdungsbeurteilung. Wiesbaden: Springer.

Metzner, C. (2005): Deutsche Kulturstandards als Gegenstand interkultureller Trainings für ausländische Mitarbeiter in multinationalen Unternehmen. Hamburg: Diplomica GmbH.

Mischo, C.; Rheinberg, F. (1995): Erziehungsziele von Lehrern und individuelle Bezugsnormen der Leistungsbewertung. In: *Zeitschrift für Pädagogische Psychologie* 9 (3/4), S. 139–151. Online verfügbar unter https://www.researchgate.net/profile/Falko_Rheinberg/publication/300184001_Erziehungsziele_von_Lehrern_und_individuelle_Bezugsnormen_der_Leistungsbeurteilung_Educational_goals_and_teachers'_preference_of_individual_reference-norms_in_evaluating_academic_achievement/links/5709e73d08ae2eb9421e3586.pdf, zuletzt geprüft am 10.10.2017.

Mitchell, R.; Myles, F.; Marsden, E. (2013). (Third edition). London: Routledge. (2013): Second language learning theories. London: Routledge.

Mohr, G.; Udris, I. (1997): Gesundheit und Gesundheitsförderung in der Arbeitswelt. In: R. Schwarzer (Hg.): Gesundheitspsychologie. Ein Lehrbuch. 2. Aufl. Göttingen: Hogrefe, S. 553–575.

Morgenroth, S. (2015): Lehrerkooperation unter Innovationsstress. Soziale Stressbewältigung als wertvoller Wegweiser. Wiesbaden: Springer VS

Müller, A. (2014): Unbegleitete Minderjährige in Deutschland. Fokus-Studie der deutschen nationalen Kontaktstelle für das Europäische Migrationsnetzwerk (EMN). Hg. v. Bundesamt für Migration und Flüchtlinge (BAMF). Online verfügbar unter https://www.bamf.de/SharedDocs/Anlagen/DE/Publikationen/EMN/Studien/wp60-emn-minderjaehrige-in-deutschland.pdf?__blob=publicationFile, zuletzt geprüft am 21.02.2018.

Müller, D.; Nägele, B.; Petermann, F. (2014): Jugendliche in unsicheren Aufenthaltsverhältnisse im Übergang Schule-Beruf. Online verfügbar unter http://www.frsh.de/fileadmin/beiboot/BB13/BB-13-12-Anlage.pdf, zuletzt geprüft am 08.09.2017.

Müller-Limmroth, W. (1980): Arbeitszeit – Arbeitsbelastung im Lehrerberuf. Eine arbeitsphysiologische Bewertung der Belastung des Pädagogen unter Berücksichtigung der Lehrerarbeitszeit. Frankfurt: Gewerkschaft Erziehung und Wissenschaft.

Mulot, R.; Schmitt, S. (2017): Fachlexikon der Sozialen Arbeit. 8. Aufl. Baden-Baden: Nomos.

Mummert (2005): Das Lehrerarbeitszeitmodell in Hambug. Bericht zur Evaluation. Hamburg. Online verfügbar unter https://www.gew-hamburg.de/sites/default/files/laz-bericht.pdf, zuletzt geprüft am 06.11.2017.

Mussweiler, T. (2001): Focus of comparison as a determinant of assimilation versus contrast in social comparison. In: *Personality and Social Psychology Bulletin* 27 (1), S. 38–47.

Mußmann, F.; Riethmüller, M.; Hardwig, T. (2016): Niedersächsische Arbeitszeitstudie Lehrkräfte an öffentlichen Schulen 2015/2016. Ergebnisbericht.

Kooperationsstelle Hochschulen und Gewerkschaften der Georg-August-Universität Göttingen. Online verfügbar unter http://www.nds-zeitschrift.de/fileadmin/user_upload/nds_6-7-2018/PDFs/19_Niedersaechsische_Arbeitszeitstudie2015-2016_Endbericht.pdf, zuletzt geprüft am 10.12.2018

Mutzeck, W.; Schlee, J. (Hg.) (2008): Kollegiale Unterstützungssysteme für Lehrer. Gemeinsam den Schulalltag bewältigen. Stuttgart: Kohlhammer.

Myers, D. G.; Grosser, C.; Wahl, S.; Hoppe-Graff, S. (2005): Psychologie. Heidelberg: Springer (Springer-Lehrbuch).

Neske, M.; Rich, A.-K. (2016): Sozialstruktur, Qualifikationsnivaeu und Berufstätigkeit. BAMF Kurzanalyse 04I2016. Hg. v. Bundesamt für Migration und Flüchtlinge. Online verfügbar unter http://www.bamf.de/SharedDocs/Anlagen/DE/Publikationen/Kurzanalysen/kurzanalyse4_sozial-komponentenerstes-halbjahr%202016.pdf;jsessionid=66D26FC0B9E7491F6B92A23B4505D076.1_cid286?__blob=publicationFile, zuletzt geprüft am 12.04.2018.

Neumann, J.; Schröder, H.; Voß, P. (1989): Psychische Gesundheit – Konzepte und Aufgaben aus psychologischer und psychiatrischer Sicht. In: J. Neumann (Hg.): Psychische Gesundheit und Wohlbefinden innerhalb des Konzeptes der Gesundheitsförderung: Dresden, 26. bis 30. Juni 1989; ausgewählte Beiträge. Dresden: Dt. Hygiene-Museum in der DDR, S. 26–38.

Neuschäfer, K. (2004): Supervisorinnen und Supervisoren in der Schule. Organisationsinterne Supervision der Schulabteilung der Bezirksregierung. In: *Forum Supervision* 18 (23), S. 70–84.

Nindl, A. (2006): Zwischen existentieller Sinnerfüllung und Burnout. Eine empirische Studie aus existenzanalytischer Perspektive. Online verfügbar unter https://www.researchgate.net/profile/Alfried_Laengle/publication/225409563_Zwischen_existentieller_Sinnerfullung_und_Burnout_eine_empirische_Studie_aus_existenzanalytischer_Perspektive/links/581f02b408aeccc08af08f76/Zwischen-existentieller-Sinnerfuellung-und-Burnout-eine-empirische-Studie-aus-existenzanalytischer-Perspektive.pdf, zuletzt geprüft am 20.08.218.

Nübling, M. (2010): Erhebung psychischer Belastungen bei Lehrkräften im Rahmen von Gefährdungsbeurteilungen. Beispiele – Anforderungen – Erfahrungen – Durchsetzungen. FFAS: Freiburger Forschungsstelle Arbeits- und Sozialmedizin. Berlin, Fachtagung Hans-Böckler-Stiftung und GEW. Online verfügbar unter http://www.boeckler.de/pdf/v_2010_03_01_nuebling.pdf, zuletzt geprüft am 07.10.2016.

Oesterreich, R. (1981): Handlungsregulation und Kontrolle. München: Urban & Schwarzenberg.

Orthmann, A.; Gunkel, L.; Schwab, K.; Grofmeyer, E. (2009): Psychische Belastungen reduzieren – Die Rolle der Führungskräfte. In: B. Badura, H. Schröder, J. Klos und K. Macco (Hg.): Fehlzeiten-Report 2009. Arbeit und

Psyche: Belastungen reduzieren – Wohlbefinden fördern Zahlen, Daten, Analysen aus allen Branchen der Wirtschaft. Berlin, Heidelberg: Springer, S. 227–239.

Ostermann, D. (2010): Gesundheitscoaching. Wiesbaden: VS Verlag für Sozialwissenschaften/GWV Fachverlage GmbH.

Paulus, P. (2009): Anschub.de – ein Programm zur Förderung der guten gesunden Schule. Münster, New York, NY, München, Berlin: Waxmann.

Petersen, T. (2000): Keine Alternativen: Telefon- und Face-to-Face-Umfragen. In: Statistisches Bundesamt (Hg.): Neue Erhebungsinstrumente und Methodeneffekte. Stuttgart: Metzler-Poeschel (Schriftenreihe Spektrum Bundesstatistik, 15), S. 22–41.

Pfeiffer, H. (2002): Forschung zur Schulleitung – Schwerpunkte und Perspektiven. In: J. Wissinger und S. G. Huber (Hg.): Schulleitung – Forschung und Qualifizierung. Wiesbaden: VS Verlag für Sozialwissenschaften, S. 21–32.

Philipp, E. (2015): Teamentwicklung in der Schule. Konzepte und Methoden. Weinheim und Basel: Beltz.

Phyältö, K.; Pietarinen, J.; Salmela-Aro, K. (2011): Teacher-working-environment fit as a framework for burnout experienved by Finnsih teachers. In: *Teaching and Teacher Education* 27 (7), S. 1101–1110.

Piaget, J. (1975): Der Aufbau der Wirklichkeit beim Kind. Neuenburg: Klett.

Pschyrembel, W. (2014): Klinisches Wörterbuch. 266. Aufl. Berlin, Boston: de Gruyter.

Redeker, S. (1993): Belastungserleben im LehrerInnenberuf. Eine Untersuchung der Arbeitserfahrungen von LehrerInnen der Sekundarstufe II. Dissertation, Frankfurt am Main.

Reimann, S.; Hammelstein, P. (2006): Ressourcenorientierte Ansätze. In: B. Renneberg und P. Hammelstein (Hg.): Gesundheitspsychologie. Berlin, Heidelberg: Springer Medizin Verlag (Springer-Lehrbuch), S. 13–27.

Rheinberg, F. (2009): Bezugsnormorientierung. In: H.-K. Arnold, U. Sandfuchs und J. Wiechmann (Hg.): Handbuch Unterricht. Bad Heilbrunn: Klinkhardt, S. 643–648.

Richartz, A.; Hoffmann, K.; Sallen, J. (2009). Kinder im Leistungssport. Chronische Belastungen und protektive Ressourcen. Schorndorf: Hofmann.

Richmond, M. (1917): Social Diagnosis. New York: Russell Sage Foundation.

Richmond, M. (1922): What is Social Case Work? New York: Russell Sage Foundation.

Richter, G. (2000): Stress, psychische Ermüdung, Monotonie, psychische Sättigung. Arbeitswissenschaftliche Erkenntnisse Nr. 116. Psychische Belastung und Beanspruchung. Hg. v. Bundesanstalt für Arbeitsschutz und Arbeitsmedizin. Dortmund. Online verfügbar unter http://www.baua.de/de/Publikationen/AWE/Band4/AWE116.pdf?__blob=publicationFile, zuletzt aktualisiert am 13.10.2016.

Richter, P.; Hacker, W. (1998): Belastung und Beanspruchung: Streß, Ermüdung und Burnout im Arbeitsleben. Heidelberg: Asanger.

Riedl, A.; Simml, M. (2016a): Ergebnisse, Erkenntnisse und Empfehlungen der qualitativen Evaluation aus dem ersten Projektschuljahr – Zusammenfassung. Modellprojekt „Perspektive Beruf für Asylbewerber und Flüchtlinge" der Stiftung Bildungspakt Bayern. Online verfügbar unter https://www.ma.edu.tum.de/fileadmin/tueds11/www/pdf/Destillat_Zwischenbericht2016.pdf, zuletzt geprüft am 28.03.2017.

Riedl, A.; Simml, M. (2016b): Zwischenbericht 2016. Modellprojekt Perspektive Beruf für Asylbewerber und Flüchtlinge. Qualitative Evaluation der wissenschaftlichen Begleitung. Hg. v. Stiftung Bildungspakt Bayern. Online verfügbar unter https://www.ma.edu.tum.de/fileadmin/tueds11/www/pdf/RiedlSimml2016ZwischenberichtPerspektiveBeruf.pdf, zuletzt geprüft am 13.02.2019.

Riedl, A.; Simml, M. (2017a): Ergebnisse, Erkenntnisse und Empfehlungen der qualitativen Evaluation aus dem zweiten Projektschuljahr – Zusammenfassung. Modellprojekt „Perspektive Beruf für Asylbewerber und Flüchtlinge" der Stiftung Bildungspakt Bayern. Online verfügbar unter https://www.ma.edu.tum.de/fileadmin/tueds11/www/pdf/RiedlSimml2017KurzberichtPerspektiveBeruf.pdf, zuletzt geprüft am 13.02.2019.

Riedl, A.; Simml, M. (2017b): Zwischenbericht 2017. Modellprojekt Perspektive Beruf für Asylbewerber und Flüchtlinge. Qualitative Evaluation der wissenschaftlichen Begleitung. Online verfügbar unter https://www.ma.edu.tum.de/fileadmin/tueds11/www/pdf/RiedlSimml2017ZwischenberichtPerspektive-Beruf.pdf, zuletzt geprüft am 12.02.2019.

Riedl, A.; Simml, M. (2018): Zwischenbericht 2018. Modellprojekt Perspektive Beruf für Asylbewerber und Flüchtlinge. Qualitative Evaluation der wissenschaftlichen Begleitung. Hg. v. Stiftung Bildungspakt Bayern. Online verfügbar unter https://www.ma.edu.tum.de/fileadmin/tueds11/www/pdf/RiedlSimml2018ZwischenberichtPerspektiveBeruf.pdf, zuletzt geprüft am 13.02.2019.

Rimmasch, R. (2015): „Ich hab da nie drüber nachgedacht" – Führungsfeedback durch Kollegiale Fallberatung. In: C. G. Buhren (Hg.): Handbuch Feedback in der Schule. Weinheim und Basel: Beltz (Pädagogik), S. 318–348.

Roche, J., Terrasi-Haufe, E. (2017): Handlungsorientierter Unterricht an beruflichen Schulen in Bayern. In: C. Efing und K.-H. Kiefer (Hg.): Sprachbezogene

Curricula und Aufgaben in der beruflichen Bildung. Aktuelle Konzepte und Forschungsergebnisse. Frankfurt: Peter Lang.

Romiti, A.; Brücker, H.; Fendel, T.; Kosyakova, Y.; Liebau, E.; Rother, N. (2016): Bildung und Sprache. In: H. Brücker, N. Rother und J. Schupp (Hg.): IAB-BAMF-SOEP-Befragung von Geflüchteten: Überblick und erste Ergebnisse. Forschungsbericht 29, S. 36–47.

Rosenbusch, H. (2007): Schulleitung – ihre Bedeutung und zukünftige Entwicklung. In: *Schule NRW* 59 (5), S. 231–234.

Rosenthal, G. (2005): Interpretative Sozialforschung. Weinheim und München: Juventa Verlag.

Rothland, M. (Hg.) (2007a): Belastung und Beanspruchung im Lehrerberuf. Modelle, Befunde, Interventionen. 1. Aufl. Wiesbaden: VS Verlag für Sozialwissenschaften/GWV Fachverlage GmbH Wiesbaden.

Rothland, M. (2007b): Soziale Unterstützung, Bedeutung und Bedingungen im Berufsalltag von Lehrerinnen und Lehrern. In: M. Rothland (Hg.): Belastung und Beanspruchung im Lehrerberuf. Modelle, Befunde, Interventionen. 1. Aufl. Wiesbaden: VS Verlag für Sozialwissenschaften/GWV Fachverlage GmbH Wiesbaden, S. 249–266.

Rothland, M. (Hg.) (2013): Belastung und Beanspruchung im Lehrerberuf. Modelle, Befunde, Interventionen. 2. Aufl. Wiesbaden: Springer VS.

Rudow, B. (1994): Die Arbeit des Lehrers. Bern: Huber.

Rudow, B. (2001): Arbeits- und Gesundheitsschutz im Lehrerberuf. In: B. Badura, M. Litsch und C. Vetter (Hg.): Fehlzeiten-Report. Gesundheitsmanagement im öffentlichen Sektor. Berlin, Heidelberg: Springer, S. 136–149.

Saudino, K. J.; Wertz, A. E.; Gagne, J. R.; Chawla, S. (2004): Night and day: Are siblings as different in temperament as parents say they are? In: *Journal of Personality and Social Psychology* 87 (5), S. 698–706.

Schaarschmidt, U. (2005a): Halbtagsjobber? Psychische Gesundheit im Lehrerberuf – Analyse eines veränderungsbedürftigen Zustandes. 2. Aufl. Weinheim, Basel: Beltz Verlag.

Schaarschmidt, U. (2005b): Psychische Belastung im Lehrerberuf. Online verfügbar unter http://www.dgfe-paedagogik-humanistische-psychologie.de/mediapool/92/927547/data/Doering-Seipel_Dauber_SALUTOa.pdf, zuletzt geprüft am 19.05.2016.

Schaarschmidt, U. (2006): AVEM – ein persönlichkeitsdiagnostisches Instrument für die berufsbezogene Rehabilitation. In: Arbeitskreis Klinische Psychologie in der Rehabilitation BDP (Hg.): Psychologische Diagnostik – Weichenstellung für den Reha-Verlauf. Bonn: Deutscher Psychologen Verlag GmbH, S. 59–82.

Schaarschmidt, U.; Arold, H.; Kieschke, U. (2000): Die Bewältigung psychischer Anforderungen durch Lehrkräfte. (Information über ein Forschungsprojekt an der Universität Potsdam). Online verfügbar unter http://www.uni-konstanz.de/FuF/SozWiss/fg-psy/ag-moral/moral/artikel-frei/schaarschmidt-2000_stress-bei-lehrern.pdf, zuletzt geprüft am 06.09.2016.

Schaarschmidt, U.; Fischer, W. A. (2001): Bewältigungsmuster im Beruf. Göttingen: Vandenhoeck&Ruprecht.

Schaarschmidt, U.; Fischer, W. A. (2008): Arbeitsbezogenes Verhaltens- und Erlebensmuster. AVEM (Standardform) AVEM-44 (Kurzform). Manual. London. Online verfügbar unter http://www.pearsonassessment.de/out/pictures/media/366601.pdf, zuletzt geprüft am 06.11.2017.

Schaarschmidt, U.; Fischer, W. A.; Sieland, H.; Rahm, T.; Tarnowski, T. (2007): Die Arbeitszeit der Lehrerinnen und Lehrer in Nordrhein-Westfalen. Ergebnisse und Vorschläge der Projektgruppe QuAGiS zur Entwicklung eines zukunftsfähigen Arbeitszeitmodells. Online verfügbar unter https://docplayer.org/9165614-Die-arbeitszeit-der-lehrerinnen-und-lehrer-in-nordrhein-westfalen.html, zuletzt geprüft am 11.12.2018.

Schaarschmidt, U.; Kieschke, U. (2007): Beanspruchungsmuster im Lehrerberuf. Ergebnisse und Schlussfolgerungen aus der Potsdamer Lehrerstudie. In: M. Rothland (Hg.): Belastung und Beanspruchung im Lehrerberuf. Modelle, Befunde, Interventionen. 1. Aufl. Wiesbaden: VS Verlag für Sozialwissenschaften/GWV Fachverlage GmbH Wiesbaden, S. 81–98.

Schaarschmidt, U.; Fischer, A. W. (2013): Lehrergesundheit fördern – Schulen stärken. Ein Unterstützungsprogramm für Kollegium und Leitung. Weinheim, Basel: Beltz (Pädagogik).

Schaufeli, W. B.; Bakker, A. B. (2004): Job demands, job resources, and their relationship with burnout and engagement: a mulit-sample study. In: *Journal of Organizational Behavior* 25 (3), S. 293–315.

Scheerens, J.; Bosker, R. (1997): The Foundations of Educational Effectiveness. Oxford: Pergamon.

Scheible, J. (2018): Deutschkenntnisse und Förderbedarfe von Erst- und Zweitschriftlernenden in Integrationskursen. BAMF-Kurzanalyse 01|2018. Hg. v. Bundesamt für Migration und Flüchtlinge. Online verfügbar unter http://www.bamf.de/SharedDocs/Anlagen/DE/Publikationen/Kurzanalysen/kurzanalyse10_iab-bamf-soep-befragung-gefluechtete-alphabetisierung.pdf?__blob=publicationFile, zuletzt geprüft am 12.04.2018.

Schelten, A. (2009): Der Übergangssektor – ein großes strukturelles Problem. In: *Die berufsbildende Schule* 61 (4), S. 107–108. Online verfügbar unter http://scheltenpublikationen.userweb.mwn.de/pdf/bbschuebergangssektor-schelten2009.pdf, zuletzt geprüft am 06.11.2017.

Schelten, A.; Folgmann, M.; Erban, T.; Riedl, A. (2007): Modellversuch Jugendliche ohne Ausbildungsplatz. Zwischenbericht der wissenschaftlichen Begleitung: München. Online verfügbar unter http://www.paed.edu.tum.de/fileadmin/tueds02/www/pdfs/modellversuchsforschung/joa/Zwischenbericht_JoA.pdf, zuletzt geprüft am 02.11.2017.

Schiefer, D. (2017): Was wirklich wichtig ist: Einblick in die Lebenssituation von Flüchtlingen. Kurzinformation des SVR-Forschungsbereichs 2017-1. Hg. v. Forschungsbereich beim Sachverständigenrat deutscher Stiftungen für Integration und Migration (SVR). Online verfügbar unter https://www.svr-migration.de/wp-content/uploads/2017/07/SVR-FB_Lebenslage_Fluechtlinge.pdf, zuletzt geprüft am 19.02.2018.

Schier, F. (2017): Welche schulische Vorbildung bringen Geflüchtete für die Berufsausbildung mit? Bundesinstitut für Berufsbildung. Bonn. Online verfügbar unter https://web.archive.org/web/20170930041019/https://www.bibb.de/dokumente/pdf/a21_schier_schulische_vorbildung_2017.pdf, zuletzt geprüft am 12.04.2017.

Schlee, J. (2008): Kollegiale Beratung und Supervision für pädagogische Berufe. Hilfe zur Selbsthilfe. Stuttgart: Kohlhammer.

Schmitt, M. (1982): Empathie: Konzepte, Entwicklung, Quantifizierung. Online verfügbar unter http://psydok.psycharchives.de/jspui/bitstream/20.500.11780/281/1/beri009.pdf, zuletzt geprüft am 23.11.2017.

Schmitz, G. S. (2001): Kann Selbstwirksamkeitserwartung Lehrer vor Burnout schützen? Eine Längsschnittstudie in zehn Bundesländern. In: *Psychologie in Erziehung und Unterricht* 48 (1), S. 49–67.

Schönig, W. (1991): Belastung und Streß am Arbeitsplatz des Lehrers – Perspektiven zur Entlastung. In: Verband Bildung und Erziehung e.V. (Hg.): Schule und Streß. Bildung zwischen Leistungsdruck und Müßiggang – Wie kann die Bildungspolitik das Schulklima verbessern? Bonn: VBE, S. 18–36.

Schönpflug, W. (1985). Verhaltensökonomie und Emotionen. In: D. Albert (Hg.), Bericht über den 34. Kongreß der Deutschen Gesellschaft für Psychologie in Wien 1984. Band I: Grundlagenforschung. Göttingen: Hogrefe, S. 297–299.

Schröder, K. (1997): Persönlichkeit, Ressourcen und Bewältigung. In: R. Schwarzer (Hg.): Gesundheitspsychologie. Ein Lehrbuch. 2. Aufl. Göttingen: Hogrefe, S. 319–349.

Schubert, F.-C.; Knecht, A. (2015): Ressourcen – Merkmale, Theorien und Konzeptionen im Überblick: eine Übersicht über Ressourcenansätze in Soziologie, Psychologie und Sozialpolitik. Online verfügbar unter https://www.ssoar.info/ssoar/bitstream/handle/document/50698/ssoar-2015-schubert_et_al-Ressourcen__Merkmale_Theorien_und.pdf?sequence=1, zuletzt geprüft am 14.11.2018.

Schuhfried (o.J.): Über uns. Digitales Testen mit dem Wiener Testsystem. Online verfügbar unter https://www.schuhfried.at/%C3%BCber-uns/, zuletzt geprüft am 17.04.2018.

Schulberatung Bayern (o.J.): Brückenangebote für Jugendliche ohne Ausbildungsplatz. Online verfügbar unter https://www.schulberatung.bayern.de/imperia/md/content/schulberatung/pdfndb/links/iischularten/brueckenangebote_jugendl_ohne_ausb.pdf, zuletzt geprüft am 07.09.2016.

Schulz, M.; Ruddat, M. (2012): „Let's talk about sex!" Über die Eignung von Telefoninterviews in der qualitativen Sozialforschung. Hg. v. Forum: Qualitative Sozialforschung (FQS). Online verfügbar unter http://www.qualitative-research.net/index.php/fqs/article/view/1758/3399, zuletzt geprüft am 25.05.2018.

Schumacher, L. (2012): Wege zu einer guten gesunden Schule – Gesundheitsförderung durch Organisationsentwicklung. In: DAK-Gesundheit und Unfallkasse NRW (Hg.): Handbuch Lehrergesundheit. Impulse für die Entwicklung guter gesunder Schulen. Köln: Carl Link, S. 97–126.

Schütze, F. (1993): Die Fallanalyse: zur wissenschaftlichen Fundierung einer klassischen Methode der Sozialen Arbeit. In: T. Rauschenbach, F. Ortmann und M.-E. Karsten (Hg.): Der sozialpädagogische Blick: lebensweltorientierte Methoden in der Sozialen Arbeit. Weinheim: Juventa-Verlag, S. 191–221. Online verfügbar unter http://www.ssoar.info/ssoar/handle/document/5308, zuletzt geprüft am 08.11.2016.

Schwarzer, R.; Leppin, A. (1989): Sozialer Rückhalt und Gesundheit. Eine Meta-Analyse. Göttingen: Hogrefe.

Schwarzer, R. (1996): Psychologie des Gesundheitsverhaltens. 2. Aufl. Göttingen: Hogrefe Verl. für Psychologie (Reihe Gesundheitspsychologie, 1).

Seibert, N.; Krejcí, M. (2012): PACZion – Binationale Dokumentation der Projektergebnisse zum Nachweis der Effizienz einer systematischen Gesundheitsförderung im Lehrberuf. Abschlussbericht; Interreg-IV-A, Nr. 16: Passauer und Budweiser Union zur Gesunderhaltung im Lehrberuf. Passau: Univ. Lehrstuhl für Schulpädagogik. Online verfügbar unter http://www.gesundheit-und-schule.info/userfiles/PACZion2012.pdf, zuletzt geprüft am 20.10.2017.

Seipel, C.; Rieker, P. (2003): Integrative Sozialforschung. Konzepte und Methoden der qualitativen und quantitativen empirischen Forschung. München: Juventa.

Selye, H. (1950): The Physiology and Pathology of Exposure to Stress. Montreal, Canada: Acta Endoerinologica.

Selye, H. (1957): Stress beherrscht unser Leben. Düsseldorf: Econ.

Selye, H. (1974): Stress. Bewältigung und Lebensgewinn. München: Piper.

Siegrist, J. (1991): Contributions of sociology to the prediction of heart disease and their implications for public health. In: *European Journal of Public Health* 1 (1), S. 10–21.

Siegrist, J. (1996): Adverse Health Effects of High-Effort/Low Reward Conditions. In: *Journal of Occupational Health Psychology* 1 (1), S. 27–41. Online verfügbar unter http://web.comhem.se/u68426711/24/Siegrist1996AdverseHealthEffectsHighEffortLowRewardConditions.pdf, zuletzt geprüft am 14.09.2016.

Sieland, B.; Heyse, H. (2012): Schulentwicklung – vom Änderungsbedarf zum Handlungsplan. In: DAK-Gesundheit und Unfallkasse NRW (Hg.): Handbuch Lehrergesundheit. Impulse für die Entwicklung guter gesunder Schulen. Köln: Carl Link, S. 151–194.

Siller, G. (2008): Professionalisierung durch Supervision. Perspektiven im Wandlungsprozess sozialer Organisationen. Wiesbaden: VS Verlag für Sozialwissenschaften/GWV Fachverlage GmbH Wiesbaden.

Simml, M.; Thiel, B. (2019): Berufsintegrationsklassen: Arbeit in interdisziplinären Teams. In: fadaf-Band, S. 238–258.

Skaalvik, E. M.; Skaalvik, S. (2010): Teacher self-efficacy and teacher burnout: A study of relations. In: *Teaching and Teacher Education* 26 (4), S. 1059–1069.

Sogl, P.; Reichel, P.; Geiger, R. (2013): „Berufssprache Deutsch" – Ein Projekt zur berufsspezifischen Sprachförderung im Unterricht an der Berufsschule bzw. Berufsfachschule. [bwp@ Spezial 6 – Hochschultage Berufliche Bildung 2013, Fachtagung 18]. Online verfügbar unter http://www.bwpat.de/ht2013/ft18/sogl_etal_ft18-ht2013.pdf, zuletzt geprüft am 11.02.2019.

Spielberger, C. D. (1972): Anxiety as an emotional state. In: C. D. Spielberger (Hg.): Anxiety: current trends in theory and research. New York: Academic Press.

Starke, D. (2000): Kognitive, emotionale und soziale Aspekte menschlicher Problembewältigung: Ein Beitrag zur aktuellen Stressforschung. Münster: Lit (Medizinsoziologie, 12).

Steinbrück, P. (2015): Wider die Radikalisierung unserer Gesellschaft! 17.12.2015. In: *Die ZEIT* (51). Online verfügbar unter http://www.zeit.de/2015/51/fluechtlingspolitik-peer-steinbrueck-angela-merkel-deutschland-kritik, zuletzt geprüft am 14.11.2016.

Steinert, B.; Klieme, E.; Maag, M. K.; Döbrich, P. Halbheer, U.; Kunz, A. (2006): Lehrerkooperation in der Schule: Konzeption, Erfassung, Ergebnisse. In: *Zeitschrift für Pädagogik* 52 (2), S. 185–204.

Steinke, I. (1999): Kriterien qualitativer Forschung. Weinheim: Juventa.

Steinke, I. (2000): Gütekriterien qualitativer Forschung. In: U. Flick, E. von Kardorff und I. Steinke (Hg.): Qualitative Forschung. Ein Handbuch. Reinbek bei Hamburg: Rowohlt Taschenbuch, S. 319–331.

Steuber, A.; Gillen, J. (2016): Sprachförderung in der beruflichen Bildung. In: *berufsbildung* 70 (158), S. 17–20.

Stiftung Bildungspakt Bayern (2016): Modellprojekt „Perspektive Beruf für Asylbewerber und Flüchtlinge". Konzept. München. Online verfügbar unter http://bildungspakt-bayern.de/wp-content/uploads/2016/06/2016_06_23_Konzept_Perspektive_Beruf_f.pdf, zuletzt geprüft am 11.04.2018.

StMUK (2012): Die beruflichen Schulen in Bayern. Hg. v. Bayerisches Staatsministerium für Bildung und Kultus, Wissenschaft und Kunst. Online verfügbar unter https://www.km.bayern.de/download/826_beruflicheschulen.pdf, zuletzt geprüft am 16.03.2017.

StMUK (2016): Berufsintegrationsklassen an beruflichen Schulen im Schuljahr 2016/2017. KMS vom 14.10.2016, Az.: VI.1-BS 9400.10-1-7a.102 360. München.

StMUK (2017): Das bayerische Schulsystem. Bayerisches Staatsministerium für Bildung und Kultus, Wissenschaft und Kunst. Online verfügbar unter https://www.km.bayern.de/schularten, zuletzt geprüft am 24.08.2017.

StMUK (2018): Zeugnisse Berufsintegrationsklassen. KMS vom 22.06.2018, Az.: SF-BS9400.10-1/91/2. München.

StMUK (2018): Beschulung von berufsschulpflichtigen Asylbewerbern und Flüchtlingen – Deutschklassen an Berufsschulen im Schuljahr 2018/19. KMS vom 25.06.2018, Az.: SF-BS9400.10-1/117/1. München.

Streinz, A. (2015): Berufsschulpflichtige Asylbewerber und Flüchtlinge an bayerischen Berufsschulen. In: *Die berufsbildende Schule* 67 (4), S. 131–138.

Terrasi-Haufe, E.; Baumann, B. (2016): „Ich will Ausbilding lernen damit im zukunft arbeiten kann" – Sprachvermittlung und Ausbildungsvorbereitung für Flüchtlinge an Berufsschulen. In: *ÖDaF-Mitteilungen* 32 (1), S. 45–62.

Terrasi-Haufe, E.; Baumann, B.; Riedl, A. (2017a): Berufsvorbereitung und -ausbildung. In: *Jugendhilfe* 55 (2), S. 150–155.

Terrasi-Haufe, E.; Baumann, B.; Riedl, A. (2017b): Berufsvorbereitung und -ausbildung. In: *Jugendhilfe* 55 (2), S. 113–204.

Terrasi-Haufe, E.; Börsel, A. (Hg.) (2017): Sprache und Sprachbildung in der beruflichen Bildung. Waxmann Verlag. 1. Auflage. Münster: Waxmann (Sprachliche Bildung, Band 4).

Thoma, B. (1986): Berufliche Belastung aus der Sicht der Lehrer. 35 Interviews zum Belastungsempfinden und zur Belastungsbewältigung von

Primarlehrerinnen und Primarlehrern. Unter Mitarbeit von Projektleitung SIPRI. Bern: Schweizerische Konferenz der kantonalen Erziehungsdirektoren.

Troch, A.; Freud, S.; Adler, A. (1979): Stress und Persönlichkeit. Eine problemorientierte Einführung in die Tiefenpsychologie von Sigmund Freud und Alfred Adler. München: Reinhardt (Psychologie und Person, 24).

Udris, I. (1990): Organisationale und personale Ressourcen der Salutogenese – Gesund bleiben trotz oder wegen Belastung? In: *Zeitschrift für die gesamte Hygiene* 36 (8), S. 453–455.

Udris, I.; Kraft, U.; Mussmann, C.; Rimann, M. (1992): Arbeiten, gesund sein und gesund bleiben: Theoretische Überlegungen zu einem Ressourcenkonzept. In: *Psychosozial* 15 (52), S. 9–22.

Udris, I.; Rimann, M. (1999): SAA und SALSA: zwei Fragebögen zur subjektiven Arbeitsanalyse. In: H. Dunckel (Hg.): Handbuch psychologischer Arbeitsanalyseverfahren. Zürich: vdf Hochschulverlag, S. 397–419.

Ulich, E. (2005): Arbeitspsychologie. 6. Aufl. Stuttgart: Schäffer-Poeschel.

Ulich, E.; Wülser, M. (2009): Gesundheitsmanagement in Unternehmen: Arbeitspsychologische Perspektiven. 3. Aufl. Wiesbaden: Gabler.

Ulich, K. (1996): Beruf Lehrer/in. Arbeitsbelastungen, Beziehungskonflikte, Zufriedenheit. Weinheim: Beltz.

UNHCR (2017): Fragen&Antworten: Flüchtling. Online verfügbar unter http://www.unhcr.de/questions-und-answers/fluechtling.html, zuletzt geprüft am 21.08.2017.

Unterbrink, T.; Zimmermann, L.; Pfeifer, L.; Wirsching, R.; Brähler, M.; Bauer, E. (2008): Parameters influencing health variables in a sample of 949 German Teachers. In: *International Archives of Occupational and Environmental Health*, 82 (1), S. 117–123.

Unterbrink, T.; Zimmermann, L.; Pfeifer, R.; Rose, U.; Joos, A.; Hartmann, A. et al. (2010): Improvement in school teacher's mental health by a manual based psychological Group Program. In: *Psychotherapy and Psychosomatics* 79 (4), S. 262–264.

Veeman, S. (1984): Perceived problems of beginning teachers. In: *Review of Educational Research* 54 (2), S. 143–178.

Vögele, C. (2013): Was ist Gesundheit? In: *Verhaltenstherapie* 23 (4), S. 232–233. Online verfügbar unter http://www.karger.com/Article/Pdf/356956, zuletzt geprüft am 08.11.2017.

Vollmar, M. (2013): Berufsbildung auf einen Blick. Hg. v. Statistisches Bundesamt. Wiesbaden. Online verfügbar unter https://www.destatis.de/DE/Publikationen/Thematisch/BildungForschungKultur/BeruflicheBildung/

BerufsbildungBlick0110019129004.pdf?__blob=publicationFile, zuletzt aktualisiert am März 2013, zuletzt geprüft am 18.08.2016.

van Dick, R. (1999): Streß und Arbeitszufriedenheit im Lehrerberuf. Eine Analyse von Belastung und psychologischer Konzepte. Marburg: Tectum.

van Dick, R.; Stegmann, S. (2007): Belastung, Beanspruchung und Stress im Lehrerberuf – Theorien und Modelle. In: M. Rothland (Hg.): Belastung und Beanspruchung im Lehrerberuf. Modelle, Befunde, Interventionen. 1. Aufl. Wiesbaden: VS Verlag für Sozialwissenschaften/GWV Fachverlage GmbH Wiesbaden, S. 34–51.

von Engelhardt, M. (1982): Die pädagogische Arbeit des Lehrers. Paderborn: Schöningh (Uni-Taschenbücher, 1146).

Wältz, B. (1980): Berufsbelastung und Realitätsdeutung von Lehrern. Eine empirische Untersuchung. Bensheim: päd. extra buchverlag (päd.-forschung).

Weber, S.; Mühlemann, S. (2018): Berufliche Bildung im Spiegel der Zuwanderung von Geflüchteten und Migranten. In: *Unterrichtswissenschaft* 46 (1), S. 1–5.

Weber, A.; Lederer, P. (2006): Morbidität und vorzeitige Dienstunfähigkeit von Lehrkräften an beruflichen Schulen. In: *Versicherungsmedizin* 58 (1), S. 22–30. Online verfügbar unter https://www.aerzteblatt.de/pdf/101/13/a850.pdf, zuletzt geprüft am 23.08.2017.

Weiner, B. (2012): Atributional theory of motivation and emotion. Heidelberg: Springer.

Wentura, D.; Greve, W.; Klauer, T. (2015): Theorien der Bewältigung. In: D. Frey und M. Irle (Hg.): Motivations-, Selbst- und Informationsverarbeitungstheorien. 2. Aufl. Bern: Huber (Psychologie-Lehrtexte, 3), S. 101–125. Online verfügbar unter http://www.pedocs.de/volltexte/2011/4533/pdf/ZfE_1999_04_Westmeyer_Konstruktivismus_Psychologie_D_A.pdf, zuletzt geprüft am 10.10.2017.

Westmeyer, H. (1999): Konstruktivismus und Psychologie. In: *Zeitschrift für Erziehungswissenschaft* 2 (4), S. 507–525.

WHO (2014): Verfassung der Weltgesundheitsorganisation. Online verfügbar unter https://www.admin.ch/opc/de/classified-compilation/19460131/201405080000/0.810.1.pdf, zuletzt geprüft am 05.12.2017.

Wesselborg, B. (2017): Lehrergesundheit im Zusammenhang mit Lehrer-Schüler-Beziehungen – Zentrale Befunde und Perspektiven für die Forschung. In: U. Weyland; K. Reiber (Hg): Entwicklungen und Perspektiven in den Gesundheitsberufen – aktuelle Handlungs- und Forschungsfelder. Bonn, S. 247–267. Online verfügbar unter https://www.agbfn.de/dokumente/pdf/agbfn_20_wesselborg.pdf, zuletzt geprüft am 19.11.2018.

Wiener Testsystem (2016): MANUAL. Arbeitsbezogenes Verhaltens- und Erlebensmuster. Kurzbezeichnung AVEM. Version 24 – Revision 1. Mödling.

Wilbers, K. (2004): Soziale Netzwerke an berufsbildenden Schulen. Paderborn: Eusl.

Wills, T. A. (1981): Downward comparison principles in social psychology. In: *Psychological* Bulletin 90 (2), S. 245–271.

Winkelmann, C.; Gienke, F. (2007): Schülerbedingte Hindernisse im Unterricht. Eine Beobachtungsstudie zur Lehrerbelastung an berufsbildenden Schulen. Online verfügbar unter https://www.asu-arbeitsmedizin.com/gentner.dll/ASU-2007-07-396-402_MzA4MDUz.PDF?, zuletzt geprüft am 21.11.2018.

Worbs, S.; Bund, E.; Böhm, A. (2016): Asyl – und dann? Die Lebenssituation von Asylberechtigten und anerkannten Flüchtlingen in Deutschland. BAMF-Flüchtlingsstudie 2014. Unter Mitarbeit von Forschungsbericht 28. Online verfügbar unter http://www.bamf.de/SharedDocs/Anlagen/DE/Publikationen/Forschungsberichte/fb28-fluechtlingsstudie-2014.pdf?__blob=publicationFile, zuletzt geprüft am 12.04.2018.

Wößmann, L. (2016): Integration durch Bildung. Für eine realistische Flüchtlingspolitik. Online verfügbar unter http://www.forschung-und-lehre.de/wordpress/?p=20106, zuletzt geprüft am 09.09.2017.

Wulk, J. (1988a): Lehrerbelastung. Qualitative und quantitative Aspekte der psychischen und physischen Belastung von Lehrern. Eine arbeitspsychologische Untersuchung an Lehrern beruflicher Schulen. Frankfurt am Main: Peter Lang.

Wulk, J. (1988b): Lehrerbelastung. Qualitative und quantitative Aspekte der psychischen und physischen Belastung von Lehrern; eine arbeitspsychologische Untersuchung an Lehrern beruflicher Schulen. Dissertation. Frankfurt am Main: Peter Lang (Europäische Hochschulschriften Reihe 11, Pädagogik, 356).

BEITRÄGE ZUR ARBEITS-, BERUFS- UND WIRTSCHAFTSPÄDAGOGIK

Band 1 Otto B. Flicke: Lernprozesse und Partizipation bei Arbeitsstrukturierung. Ein arbeitspädagogischer Beitrag zur Humanisierung der Arbeitswelt. 1979.

Band 2 Gerhard P. Bunk/Andreas Schelten: Ausbildungsverzicht-Ausbildungsabbruch-Ausbildungsversagen. Jugendliche Problemgruppen unter empirischem Aspekt. 1980.

Band 3 Jürgen J. Justin: Berufsvorbereitung und Berufsgrundbildung. Ein Beitrag zur Grundlegung eines modernen Ausbildungskonzepts – dargestellt am Beispiel historischer Schulprogramme. 1982.

Band 4 Andreas Schelten: Motorisches Lernen in der Berufsausbildung. 1983.

Band 5 Josef A. Feld: Das Berufsvorbereitungsjahr. Mädchen ohne Ausbildungsverhältnis als Problem der Berufsschule. 1983.

Band 6 Günter Siehlmann: Die berufliche Integration lernbeeinträchtigter Jugendlicher. Eine empirische Untersuchung der Berufswege ehemaliger Teilnehmer einer berufsvorbereitenden Maßnahme. 1983.

Band 7 Gabriele Schneider: Selbstverständnis und Strukturen der Wirtschaftspädagogik. 1984.

Band 8 Michael Stentzel: Lernschwierigkeiten von Erwachsenen in der beruflichen Weiterbildung. 1986.

Band 9 Michael Stentzel: Berufserziehung straffälliger Jugendlicher und Heranwachsender. Empirische Untersuchungen in Justizvollzugsanstalten, in privaten Initiativen der Straffälligenhilfe und in sozialpädagogisch betreuten Beschäftigungsprojekten. 1990.

Band 10 Bruno Dorn: Landwirtschaftliche Berufsausbildung in Betrieb und Berufsschule nach dem Zweiten Weltkrieg. Unter besonderer Berücksichtigung der Verhältnisse in Bayern. 1990.

Band 11 Erwin Rothgängel: Berufliche Grundbildung im Wandel: Intention – Implementation – Realisation – Evaluation, am Beispiel des Landes Rheinland-Pfalz. 1991.

Band 12 Johann Hermann Roß: Didaktische Parallelität im dualen System der kaufmännischen Berufsausbildung. Curriculumentwicklung und -revision in Berufsschule und Betrieb. 1993.

Band 13 Dieter Katz: Leseverhalten von Berufsschülern. 1994.

Band 14 Brigitta Michel-Schwartze: Die Fortbildungspolitik der Bundesanstalt für Arbeit und ihre pädagogischen Konsequenzen. 1994.

Band 15 Ralf Tenberg: Schülerurteile und Verlaufsuntersuchung über einen handlungsorientierten Metalltechnikunterricht. 1997.

Band 16 Karl Glöggler: Handlungsorientierter Unterricht im Berufsfeld Elektrotechnik. Untersuchung einer Konzeption in der Berufsschule und Ermittlung der Veränderung expliziten Handlungswissens. 1997.

Band 17 Alfred Riedl: Verlaufsuntersuchung eines handlungsorientierten Elektropneumatikunterrichts und Analyse einer Handlungsaufgabe. 1998.

Band 18 Uwe Girke: Subjektive Theorien zu Unterrichtsstörungen in der Berufsschule. Ein Vergleich von Lehrern als Lehramtsstudenten und Referendaren sowie Lehrern im ersten Berufsjahr. 1999.

Band 19 Fritz Acksteiner: Schüleraktiver Experimentalunterricht in der Berufsschule. Experimentalübungen, untersucht am Einsatz eines mobilen Lehrsystems im elektrotechnischen Unterricht. 2001.

Band 20 Clemens Espe: Komplexes Problemlösen und Zusammenhangswissen in der beruflichen Bildung. Evaluation eines Unterrichtskonzeptes zur Verbesserung des Erwerbs von Zusammenhangswissen und dessen Anwendung beim komplexen Problemlösen mittels einer Verlaufsuntersuchung und einem computersimulierten Problemlöseszenario. 2001.

Band 21 Ralf Tenberg: Multimedia und Telekommunikation im beruflichen Unterricht. Theoretische Analyse und empirische Untersuchungen im gewerblich-technischen Berufsfeld. 2001.

Band 22 Michael Vögele: Computerunterstütztes Lernen in der beruflichen Bildung. Analyse von individuellen Lernwegen beim Einsatz einer Unterrichtssoftware und Darstellung eines Unterrichts in den Ausbildungsberufen der Informations- und Telekommunikationstechnik. 2003.

Band 23 Robert Geiger: Systematik- und beispielorientierte Gestaltungsvarianten eines handlungsorientierten technischen beruflichen Unterrichts. Eine Gegenüberstellung von systematik- und beispielorientierten Gestaltungsvarianten eines Automatisierungstechnikunterrichts bei Mechatronikern. 2005.

Band 24 Susanne Schollweck: Lernprozesse in einem handlungsorientierten beruflichen Unterricht aus Sicht der Schüler. 2007.

Band 25 Markus Müller: Schulleiter und Personalauswahl. Eine Untersuchung über Entscheidungen von Schulleitern zum Eingehen eines langfristigen Personalverhältnisses in der zweiten Phase der Lehrerbildung für berufliche Schulen. 2008.

Band 26 Uwe Buchalik: Fachgespräche. Lehrer-Schüler-Kommunikation in komplexen Lehr-Lern-Umgebungen. 2009.

Band 27 Axel Grimm: Lehrerhandeln im computerunterstützten Berufsschulunterricht. Handlungsmuster von Berufsschullehrern in elektro- und metalltechnischen Lehr-Lernarrangements. 2010.

Band 28 Edda Fiebig: Technikzugang, Technikhaltung und Berufsorientierung bei Schülerinnen und Schülern. Ein Berufsinformationsprojekt. 2010.

Band 29 Tanja Erban: Das Berufsvorbereitungsjahr als Übergang von der Schule zum Beruf. Eine Längsschnittuntersuchung zum Verbleib eines Absolventenjahrgangs und zur Wirksamkeit des Berufsvorbereitungsjahres. 2010.

Band 30 Manfred Müller: Qualitätsorientierte Schulentwicklung an der Berufsschule. Entwicklung von Unterrichtsqualität mit Lehrerklassenteams. 2011.

Band 31 Laura Flacke: Transnationale Kompetenzanerkennung. Anerkennung von im Ausland erworbenen Fachkompetenzen in der Berufsausbildung. 2015.

Band 32 Tobias Greiner: Die Tätigkeit von Schulpsychologen. Eine Untersuchung an beruflichen Schulen in Bayern. 2015.

Band 33 Marcus Dengler: Empirische Analyse lernfeldbasierter Unterrichtskonzeptionen in der Metalltechnik. 2016.

Band 34 Barbara Baumann / Alfred Riedl: Neu zugewanderte Jugendliche und junge Erwachsene an Berufsschulen. Ergebnisse einer Befragung zu Sprach- und Bildungsbiografien. 2016.

Band 35 Lisa Röder: Kollegiale Teamarbeit an berufsbildenden Schulen in Hessen. Empirische Befunde zu Implementierung und Qualität. 2017.

Band 36 Kerstin Seitz: Feedback in Fachgesprächen. Der Einfluss von Feedback in Fachgesprächen auf die Lernwirksamkeit im Metalltechnikunterricht. 2018.

Band 37 Antje Eder: Implementierung des Lernfeldkonzepts im landwirtschaftlichen Unterricht in Bayern. 2019.

Band 38 Maria Simml: Belastungserleben und Bewältigungsressourcen bei Lehrkräften in Berufsintegrationsklassen. 2019.

www.peterlang.com